Réno-Dépôt/The Building Box
Vice-Président Marketing : Paul Hétu
Directeur Marketing : David Giguère
Coordonnateur de projet : Miguel Cabral
Réviseurs : Josée Verreault, Jean Martel,
 Marc-Alain Nantel

**Un remerciement spécial aux experts
de Réno-Dépôt/The Building Box :**
Daniel Borduas
Martin Bouchard
Patrick Charest
Linda Charette
Lucie Charron
Charles Cigna
David Colangelo
Martin Cyr
Christian Drouin
Michel Jalbert
Marc Onegow-Cyr
Michel Richer
Normand Rondeau

St. Remy Media Inc.
Président : Pierre Léveillé
Vice-présidente aux finances et au fonctionnement :
 Natalie Watanabe
Directrice de la rédaction : Carolyn Jackson
Directrice artistique : Diane Denoncourt
Directeur des systèmes : Edward Renaud
Directeur du développement commercial :
 Christopher Jackson

Équipe de *101 Projets faciles pour chez-soi*
Rédacteur principal : Marc Cassini
Rédacteur principal à la production : Brian Parsons
Recherchiste principale : Heather Mills
Recherchistes : Tal Ashkenazi, Peter A. Fedun
Traductrice : Martine Chapdelaine
Correctrice d'épreuves : Céline Arcand
Directeur artistique : Robert Paquet
Graphiste : Roxanne Tremblay
Illustrateurs : Gilles Beauchemin, François Daxhelet,
 Vincent Gagnon, Jacques Perrault
Coordonnatrice de la production : Dominique Gagné
Technicien à la pré-presse : Jean Angrignon Sirois
Opérateur de scanneur : Martin Francoeur

*Les personnes suivantes ont aussi participé à la
préparation de ce livre :*
Danny-Pierre Auger, Lorraine Doré, Joey Fraser,
Pierre Home-Douglas, Pascale Hueber, Solange Laberge,
Monique Riedel

Données de catalogage avant publication de la
 Bibliothèque nationale du Canada

Vedette principale au titre :
 101 projets faciles pour chez-soi

Traduction de : 101 quick fixes in and around your home.
En tête du titre : Réno Dépôt.
ISBN 1-894827-09-0

 1. Habitations—Entretien et réparations—Manuels
d'amateurs.
I. Magasins Réno-Dépôt II. Titre: Cent un projets faciles
pour chez-soi.

TH4817.3.O5414 2001   643'.7   C2001-903314-1

Dépôt légal
Bibliothèque nationale du Québec
Bibliothèque nationale du Canada

Note au lecteur :
En raison de la diversité des conditions de travail, des outils utilisés
et des habiletés individuelles, Réno-Dépôt/The Building Box et
St. Remy Media Inc. ne peuvent être tenus responsables de
quelque dommage, blessure ou perte que ce soit qui résulteraient
de travaux entrepris en suivant l'information contenue dans ce
livre. Avant d'entreprendre un projet, lisez attentivement la procédure et les instructions et, si vous avez des doutes ou des ques-
tions, consultez les autorités ou les spécialistes locaux. Les codes
et les règlements locaux peuvent varier considérablement d'un
endroit à un autre : assurez-vous toujours auprès des autorités
locales que le projet que vous désirez entreprendre est conforme
à tous les codes et règlements pertinents. Lisez et observez
toujours toutes les consignes de sécurité émises par les fabricants
d'outils ou de matériaux, et suivez toutes les règles de sécurité
courantes.

101 PROJETS FACILES POUR CHEZ-SOI

RÉNO DÉPÔT®

The BuildingBox™

POUR CHEZ-SOI

ST·REMY MEDIA

TABLE DES MATIÈRES

Chapitre 1
LA PLOMBERIE

Avec un peu de temps et d'efforts, vous pourrez résoudre vous-même de nombreux problèmes de plomberie dans votre maison. Les réparations proposées dans ce chapitre, qu'il s'agisse d'un robinet qui coule, d'un renvoi bouché ou d'une douchette qui fonctionne mal, peuvent toutes être effectuées rapidement. Elles ne requièrent aucune expérience en plomberie, et que des outils de base. Des appareils de plomberie qui fonctionnent correctement rendront votre cuisine et votre salle de bain plus fonctionnelles, et empêcheront les problèmes mineurs de se transformer en problèmes majeurs.

Pour le propriétaire moyen, l'usage largement répandu des tuyaux de cuivre et de plastique a facilité la prise en charge de travaux de plomberie plus importants, comme le remplacement d'une section de tuyau endommagée, sans que le recours à un plombier soit nécessaire.

Évidemment, les travaux de plomberie présentés ici ne sont pas tous conçus pour solutionner des problèmes urgents. Vous pouvez par exemple améliorer le confort

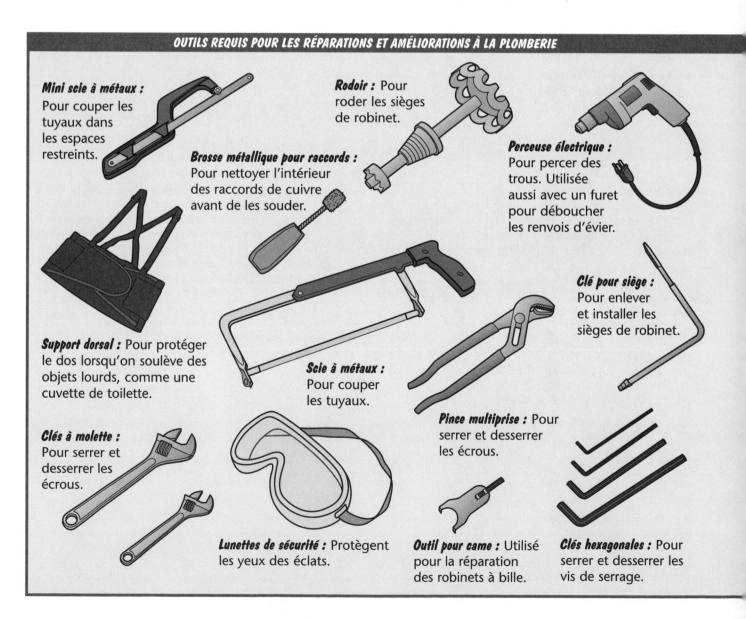

OUTILS REQUIS POUR LES RÉPARATIONS ET AMÉLIORATIONS À LA PLOMBERIE

Mini scie à métaux : Pour couper les tuyaux dans les espaces restreints.

Rodoir : Pour roder les sièges de robinet.

Perceuse électrique : Pour percer des trous. Utilisée aussi avec un furet pour déboucher les renvois d'évier.

Brosse métallique pour raccords : Pour nettoyer l'intérieur des raccords de cuivre avant de les souder.

Clé pour siège : Pour enlever et installer les sièges de robinet.

Support dorsal : Pour protéger le dos lorsqu'on soulève des objets lourds, comme une cuvette de toilette.

Scie à métaux : Pour couper les tuyaux.

Pince multiprise : Pour serrer et desserrer les écrous.

Clés à molette : Pour serrer et desserrer les écrous.

Lunettes de sécurité : Protègent les yeux des éclats.

Outil pour came : Utilisé pour la réparation des robinets à bille.

Clés hexagonales : Pour serrer et desserrer les vis de serrage.

de votre cuisine ou de votre salle de bain, et les mettre au goût du jour, en renouvelant une installation. Ces projets plus exigeants peuvent nécessiter un outillage plus spécialisé et plus que de simples habiletés de base. Mais que vous désiriez remplacer une toilette ou une baignoire, installer un évier, un broyeur à déchets ou un purificateur d'eau sous l'évier, vous découvrirez qu'aucune des améliorations proposées dans ce chapitre n'est au-delà de vos capacités.

Les travaux de plomberie extérieure, comme l'installa-tion d'un robinet pour tuyau d'arrosage ou d'un système d'irrigation par égouttement ne sont pas très différents des travaux effectués à l'intérieur. Ils peuvent toutefois rendre vos travaux de jardinage et autres tâches réalisées à l'extérieur plus simples et plus agréables.

Les projets étape par étape qui suivent sont conformes aux normes nationales de plomberie, mais consultez les codes locaux du bâtiment avant d'entreprendre toute rénovation qui impliquerait l'ajout d'une installation ou le prolongement d'une tuyauterie.

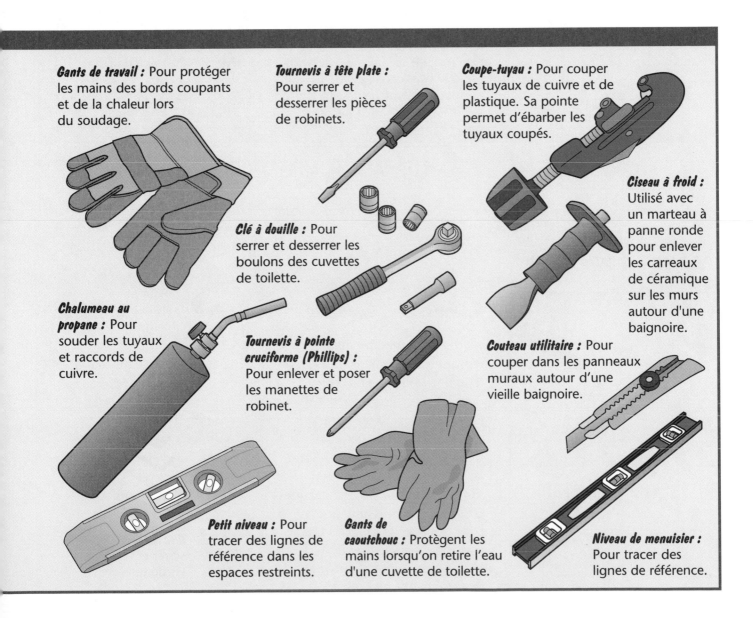

Gants de travail : Pour protéger les mains des bords coupants et de la chaleur lors du soudage.

Tournevis à tête plate : Pour serrer et desserrer les pièces de robinets.

Coupe-tuyau : Pour couper les tuyaux de cuivre et de plastique. Sa pointe permet d'ébarber les tuyaux coupés.

Clé à douille : Pour serrer et desserrer les boulons des cuvettes de toilette.

Ciseau à froid : Utilisé avec un marteau à panne ronde pour enlever les carreaux de céramique sur les murs autour d'une baignoire.

Chalumeau au propane : Pour souder les tuyaux et raccords de cuivre.

Tournevis à pointe cruciforme (Phillips) : Pour enlever et poser les manettes de robinet.

Couteau utilitaire : Pour couper dans les panneaux muraux autour d'une vieille baignoire.

Petit niveau : Pour tracer des lignes de référence dans les espaces restreints.

Gants de caoutchouc : Protègent les mains lorsqu'on retire l'eau d'une cuvette de toilette.

Niveau de menuisier : Pour tracer des lignes de référence.

RÉPARER UN ROBINET

Il existe quatre grands types de mécanismes de robinets : à pression, à disque de céramique, à bille rotative, et à manchon. Les robinets à pression comportent d'habitude deux manettes et ils se caractérisent par la pression qu'il faut appliquer pour les fermer. Les autres types de robinets ont une position « fermée » distincte. Le robinet à bille rotative est contrôlé par le mouvement circulaire d'une seule manette. Les robinets à disque de céramique et à manchon sont généralement contrôlés par une seule manette qui va de l'avant à l'arrière et d'un côté à l'autre. Il existe aussi des robinets à manchon à deux manettes. On peut trouver des ensembles de pièces de rechange pour chaque type de robinet.

Avant de commencer, fermez le robinet d'arrêt sous l'évier, puis ouvrez les robinets au maximum pour vider l'eau.

TEMPS REQUIS
De deux à quatre heures

OUTILS
• Clés à molette de 8 et de 10 pouces • Pince à joint coulissant • Tournevis à pointe plate • Tournevis à pointe cruciforme • Clés hexagonales • Clé pour siège • Rodoir

MATÉRIAUX
• Rondelles de tige • Joints toriques • Sièges • Came et rondelle pour came • Bille rotative • Ensemble de réparation de bille rotative (incluant bille, joint d'étanchéité, ressorts, came, rondelle pour came et outil pour came) • Cartouche pour plaque de céramique • Cartouche pour manchon • Mastic de plombier • Silicone

ROBINET À PRESSION

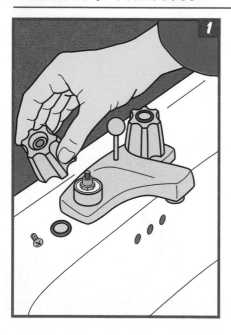

1. Enlever la manette

Un robinet à pression qui fuit requiert généralement l'installation d'un nouveau siège ou d'une nouvelle rondelle de siège. Les fuites autour de la manette sont causées par l'usure des joints toriques autour de la tige. Toutes les parties remplaçables sont situées sous chacune des manettes.

☞ Avec un petit tournevis à pointe plate, soulevez le capuchon de la manette, pour exposer la vis.

☞ Dévissez la vis et enlevez la manette (1).

2. Enlever l'assemblage de la tige

Pour inspecter et remplacer les rondelles et les joints toriques, l'assemblage de la tige doit être retiré.

☞ Avec une clé à molette de 8 pouces, desserrer l'écrou de retenue hexagonal (2) et tirez l'assemblage hors du siège.

Note : *Si l'écrou est rond, utilisez une pince à joint coulissant.*

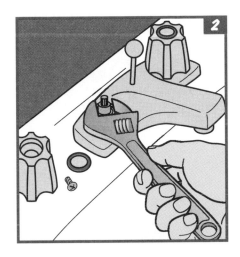

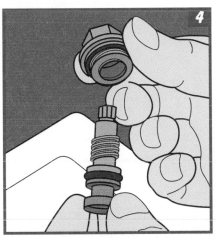

4. Remplacer le joint torique

Le joint torique est une bague de caoutchouc située près du centre de l'assemblage de la tige qui empêche les fuites autour des manettes.

🔨 Dévissez la tige filetée (la partie centrale de l'assemblage de la tige) de l'écrou de retenue (4).

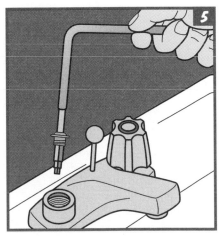

3. Remplacer la rondelle de tige

🔨 Dévissez et enlevez la vis située au fond de l'assemblage de la tige (3).

🔨 Enlevez et examinez la rondelle de tige (A). Si elle semble usée, remplacez-la par une autre rondelle de la même taille.

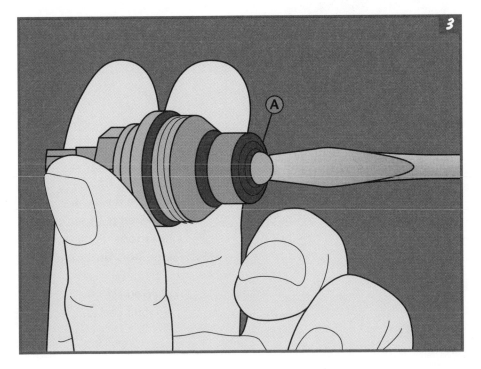

🔨 Glissez la pointe d'un tournevis à pointe plate entre le joint torique et la tige filetée. Soulevez le joint et faites-le glisser hors de la tige filetée.

🔨 Remplacez le joint torique par un joint neuf de la même taille, en le lubrifiant d'abord. Si la tige est en cuivre, utilisez du mastic de plombier. Si elle est en plastique, utilisez du silicone.

5. Remplacer le siège

Le siège repose contre la rondelle de tige pour fermer le robinet.Des saletés ou de la rouille peuvent en user la surface, causant ainsi des fuites.

🔨 Avec une clé pour siège, dévissez le siège en insérant le bout de la clé et en tournant dans le sens contraire des aiguilles d'une montre (5).

🔨 Avec la clé, remplacez le siège par un siège neuf de la même taille.

🔨 Remontez le robinet.

Note : *Si le siège ne peut être enlevé, il peut être rectifié avec un rodoir, qui meule et polit les défauts de surface.*

ROBINET À DISQUE DE CÉRAMIQUE

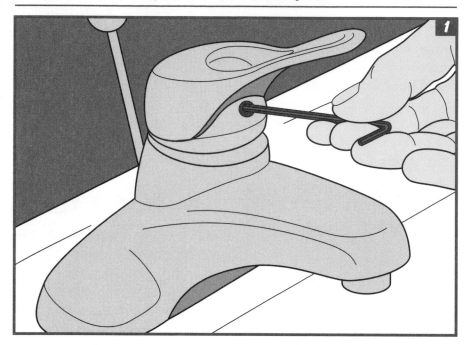

ROBINET À BILLE ROTATIVE

1. Enlever la manette

Une manette de robinet à bille rotative qui fuit peut se réparer en serrant la rondelle d'ajustement située sous la manette. Un robinet qui dégoutte se répare en remplaçant les joints d'étanchéité et les ressorts qui se trouvent sous la bille.

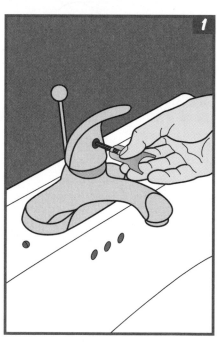

1. Enlever la manette

Un robinet à disque de céramique qui dégoutte ou fuit ne peut être réparé qu'en remplaçant entièrement la cartouche du disque.

☞ Levez la manette aussi haut que possible. Localisez le trou de la vis de serrage, qui est généralement recouvert d'un petit capuchon de plastique.

☞ Insérez une clé hexagonale dans le trou de la vis (1), dévissez la vis et enlevez la manette.

2. Désassembler le robinet

☞ Avec la pince à joint coulissant, dévissez et retirez le capuchon de l'applique (A) sous la manette (entourez d'abord les mâchoires de la pince avec du ruban-cache pour

éviter d'égratigner le capuchon).

☞ Avec une clé à molette de 10 pouces, dévissez l'écrou de retenue (B) qui maintient la cartouche du disque de céramique en place.

☞ Soulevez et remplacez la cartouche (2).

☞ Assemblez la manette.

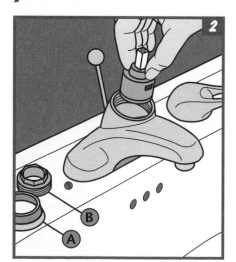

☞ Soulevez la manette et retirez le capuchon de plastique recouvrant la vis de serrage.

☞ Dévissez-la en utilisant la clé hexagonale de l'outil pour came fourni avec l'ensemble de réparation de la bille rotative (1). Soulevez la manette.

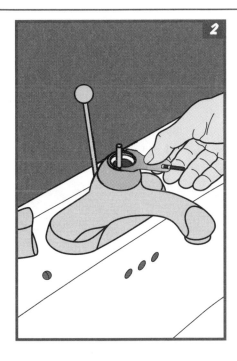

2. Desserrer la rondelle d'ajustement

Pour réparer une fuite autour de la manette, serrez la rondelle d'ajustement en vous servant de l'outil pour came. Pour démonter le robinet davantage, desserrez plutôt la rondelle d'ajustement (2).

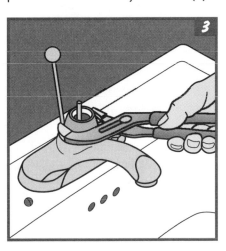

3. Démonter le robinet

Une fois la rondelle d'ajustement desserrée, retirez le capuchon avec la pince à joint coulissant dont les mâchoires sont recouvertes de ruban-cache (3).

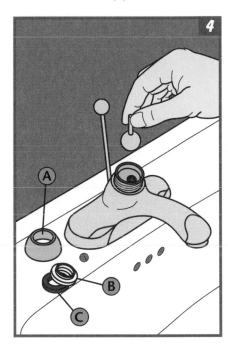

4. Parvenir à la bille

Un problème de robinet qui dégoutte peut être causé par des joints d'étanchéité, ou des ressorts usés, qui sont situés sous la bille.

☞ Située sous le capuchon du robinet (A), la came (B) contrôle les mouvements directionnels de la bille. Soulevez-la, ainsi que la rondelle (C) qui est dessous, hors de l'assemblage de la tige.

☞ Soulevez et retirez la bille (4).

5. Remplacer les joints d'étanchéité et les ressorts

☞ Insérez le bout d'un tournevis à pointe plate dans chaque joint d'étanchéité et retirez le joint et le ressort en même temps.

☞ Lubrifiez les bords des nouveaux joints avec un peu de silicone avant de les réinsérer dans les robinets (5).

☞ Réinstallez la bille. Si elle semble usée, remplacez-la par une bille neuve.

☞ Installez une nouvelle came et une nouvelle rondelle pour came.

☞ Assemblez la manette du robinet.

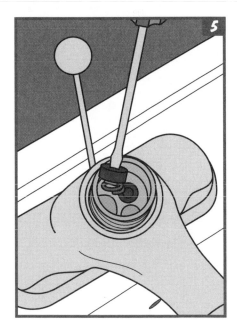

NETTOYER UN RENVOI

LA PLOMBERIE

Comme bien des commodités, on tient les éviers et lavabos pour acquis... jusqu'à ce qu'ils se bouchent! Les bouchons dans les salles de bain sont causés d'ordinaire par une accumulation de cheveux et de savon et, dans la cuisine, par de la graisse. Il peut être tentant de solutionner ce problème en ayant recours à des nettoyants chimiques pour renvois mais ces produits sont caustiques et peuvent endommager votre plomberie si vous les utilisez trop souvent. Et parfois, ils sont tout simplement inefficaces.

Dans la plupart des cas, il est possible de défaire un bouchon en travaillant au-dessus de l'évier ou du lavabo avec un plongeur ou un furet. Toutefois, si cela ne fonctionne pas, il faudra travailler sous l'évier, ce qui peut signifier devoir défaire le siphon.

Si votre évier de cuisine est doté d'un broyeur à déchets, n'utilisez pas de furet. Essayez d'abord le plongeur. Si cela ne fonctionne pas, vous devrez enlever et nettoyer le siphon.

TEMPS REQUIS
Moins de deux heures

OUTILS
• Plongeur • Furet manuel • Furet électrique • Pince multiprise • Seau (ou casserole) • Couteau à mastic • Tournevis • Perceuse sans fil • Brosse à dents

MATÉRIAUX
• Nettoyant abrasif • Chiffon • Gelée de pétrole • Cintre • Ruban • Mastic de plombier (ou scellant au silicone et au caoutchouc) • Écrous coulissants

1. Enlever le bouchon

Enlevez d'abord le bouchon.

☞ Soulevez le bouchon et retirez-le

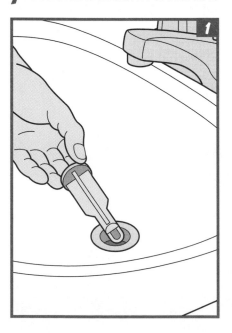

de l'ouverture du renvoi (1). Si vous ne pouvez le retirer directement, tournez-le vers la gauche pour le libérer de la tige du pivot. Certains modèles sont accrochés au bout de la tige du pivot et doivent être enlevés en dévissant la vis de retenue située sous le lavabo. Dans ce cas, déposez un seau ou une casserole sous le lavabo pour recueillir l'eau qui refluerait.

2. Nettoyer le bouchon

☞ Si le bouchon comporte un joint torique (A), retirez-le (2).
☞ Lavez le dessous du bouchon avec un nettoyant abrasif et une brosse à dents mouillée, puis rincez bien.

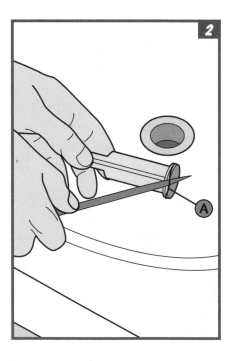

☞ Si le joint torique présente des signes d'usure, remplacez-le avec un joint semblable.

3. Utiliser un plongeur

☞ Bouchez l'ouverture du trop-plein avec un chiffon mouillé.

☞ Couvrez de gelée de pétrole le bord de la ventouse.

☞ Remplissez le lavabo avec suffisamment d'eau pour couvrir la ventouse.

☞ Déposez le plongeur sur le renvoi et appuyez la ventouse contre le lavabo pour expulser l'air et retenir l'eau (3).

☞ Pompez rapidement de haut en bas plusieurs fois, sans briser l'effet de succion, puis retirez le plongeur du lavabo. Répétez au besoin. Si le renvoi demeure bouché, passez à l'étape suivante.

4. Utiliser un furet manuel

☞ Faites pénétrer le furet dans le renvoi jusqu'à ce que vous sentiez l'obstruction (4).

☞ Glissez la poignée jusqu'à ce qu'elle soit à quelques pouces du renvoi, et resserrez la vis à oreilles (A).

☞ Avec les deux mains, tournez la poignée vers la droite et poussez le furet plus profondément dans le renvoi. Repositionnez la poignée au besoin. Continuez de tourner et de pousser jusqu'à ce que la tige métallique pénètre le bouchon ou que le furet n'avance plus.

☞ Retirez le furet doucement, tout en tournant vers la droite, pour enlever les débris.

☞ Si le lavabo est toujours bouché, passez à l'étape suivante.

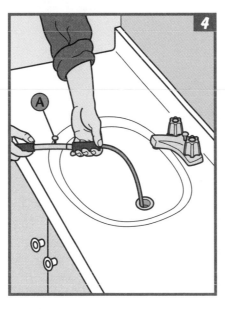

5. Nettoyer le siphon

Certains siphons sont dotés d'un bouchon spécial qui permet de les nettoyer sans devoir les enlever. Placez une casserole ou un seau sous le siphon avant d'enlever ce bouchon. Si vous avez utilisé auparavant un nettoyant chimique, portez des gants de caoutchouc et protégez vos yeux. Si le siphon n'a pas de tel bouchon, passez à l'étape suivante.

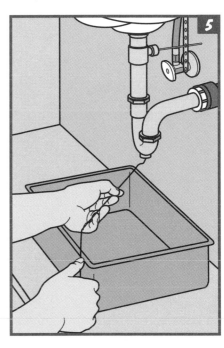

☞ Desserrez le bouchon avec une pince multiprise et retirez-le à la main.

☞ Glissez une tige de cintre pliée dans l'ouverture (5) et sondez les deux côtés du siphon pour accrocher et retirer les débris.

☞ Reposez le bouchon. Si le renvoi est toujours bouché, passez à l'étape suivante.

Note : *Pour empêcher que l'écrou du bouchon du siphon ne s'égratigne, entourez de ruban les dents de la pince.*

LA PLOMBERIE

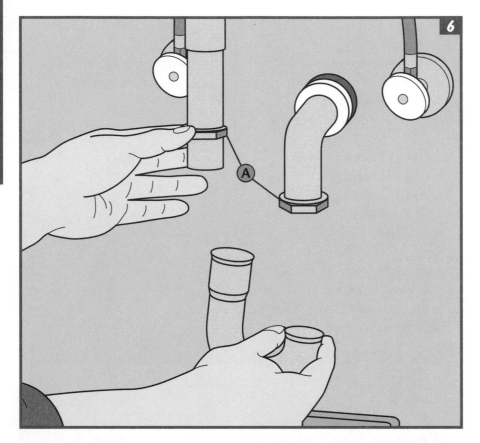

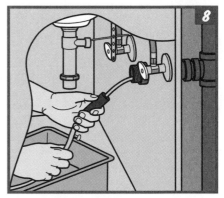

S'il y a une applique contre le mur, retirez-la avec un couteau à mastic ou un tournevis.

Après avoir entouré les mâchoires de la pince avec du ruban, dévissez l'écrou coulissant qui relie le tuyau d'évacuation du siphon à l'adaptateur du tuyau (7). Retirez le tuyau d'évacuation.

Nettoyez le tuyau d'évacuation du siphon comme vous l'avez fait avec le coude.

6. Enlever le coude du siphon

Videz le plus d'eau possible du lavabo et placez un seau ou une casserole sous le siphon.

Desserrez les écrous coulissants (A) du coude avec une pince multiprise, et retirez le siphon (6).

Tenez le siphon au-dessus d'un seau ou d'une casserole et insérez-y le furet pour enlever les débris. Rincez le siphon avec de l'eau à un autre lavabo.

Note : Si les écrous coulissants sont corrodés et ne se dévissent pas, coupez-les avec une scie à métaux. Remplacez l'ancien siphon par un neuf.

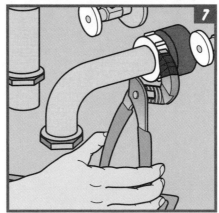

7. Enlever le tuyau d'évacuation du siphon

Enlevez le tuyau d'évacuation du siphon pour le nettoyer et avoir un meilleur accès au tuyau de renvoi situé derrière le mur.

8. Utiliser un furet manuel

Faites pénétrer un furet dans le renvoi jusqu'à ce que vous sentiez l'obstruction.

Glissez la poignée jusqu'à ce qu'elle soit à quelques pouces du renvoi, et resserrez la vis à oreilles.

Avec les deux mains (8), tournez la poignée vers la droite pour que la tige pénètre l'obstruction.

Retirez doucement le furet pour enlever les débris.

Continuez de faire pénétrer le furet et repositionnez la poignée au besoin, pour retirer d'autres débris.

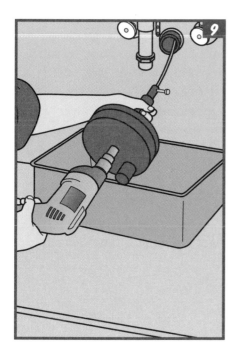

9. Utiliser un furet électrique

Le furet électrique est fixé à une perceuse électrique. Parce qu'il est dangereux d'utiliser des outils électriques près de l'eau, utilisez une perceuse à pile.

☞ Avant de fixer le furet à la perceuse, insérez-le dans le tuyau de renvoi jusqu'à ce qu'il entre en contact avec l'obstruction.

☞ Fixez le furet à la perceuse.

☞ Tenez la perceuse dans une main et l'embouchure du furet dans l'autre, et mettez en marche la perceuse.

☞ Pour aider à briser l'obstruction, faites des mouvements de va-et-vient avec le furet (9).

☞ Une fois les débris débloqués, arrêtez la perceuse, détachez le furet, et retirez lentement le furet et les débris.

10. Rattacher le tuyau d'évacuation du siphon

☞ Avant de remettre en place le tuyau d'évacuation du siphon, essuyez tout débris qui pourrait se trouver dans l'ouverture du renvoi.

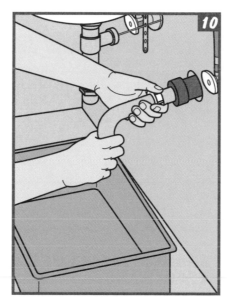

☞ Glissez un bout du bras à environ $1\frac{1}{2}$ pouce dans l'ouverture du renvoi (10) et serrez l'écrou coulissant à la main.

11. Réinstaller le siphon

☞ Posez un joint d'étanchéité en nylon ou en cahoutchouc sur la face intérieure des écrous coulissants de l'about du tuyau d'évacuation et du siphon pour empêcher les fuites. Glissez les écrous en place.

☞ Faites glisser le long bout du coude dans l'about jusqu'à ce que l'autre bout s'aligne sur le bras. Vous devrez peut-être repositionner le bras du siphon dans l'ouverture du renvoi.

☞ Resserrez les écrous (11), mais pas trop. Les écrous coulissants empêcheront les fuites.

☞ Repoussez l'applique sur le mur.

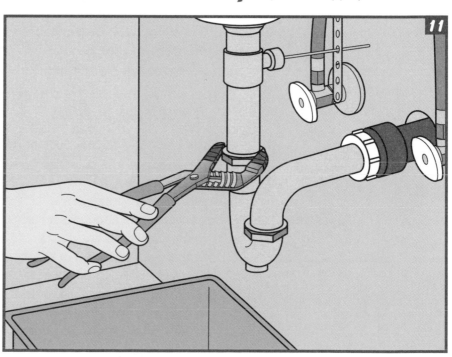

NETTOYER UN AÉRATEUR OU UNE DOUCHETTE

Les aérateurs et douchettes incorporés à un robinet d'évier de cuisine mélangent l'air à un flot régulier d'eau pour améliorer le pouvoir nettoyant de l'eau et en réduire la consommation. De temps à autre, les filtres et crapaudines situés à l'intérieur de ces dispositifs se bouchent à cause de dépôts minéraux et doivent être enlevés et nettoyés. D'autres composantes, comme les rondelles et les tuyaux, peuvent s'user ou s'endommager et causer des fuites. Toutes ces pièces sont faciles à enlever et remplacer. Apportez les vieilles pièces avec vous chez Réno-Dépôt. Si un aérateur ou une douchette continue de fuir une fois les pièces remplacées, remplacez l'appareil au complet.

TEMPS REQUIS	OUTILS	MATÉRIAUX
Moins de deux heures	• Tournevis • Pince à long bec • Pince multiprise • Clé pour évier • Brosse à dents	• Ruban • Vinaigre blanc

NETTOYER UN AÉRATEUR

1. Enlever l'aérateur

☞ Enroulez de ruban les mâchoires d'une pince multiprise.

☞ Desserrez l'aérateur en le tournant vers la gauche avec la pince (1), et retirez-le à la main.

2. Nettoyer le filtre

L'intérieur d'un aérateur comporte une crapaudine et/ou un ou deux filtres de métal.

☞ Défaites l'aérateur, en remarquant comment les pièces s'ajustent les unes aux autres.

☞ Inspectez les pièces et remplacez celles qui sont usées ou brisées.

☞ Faites tremper le filtre dans du vinaigre blanc pendant environ 5 minutes, puis grattez-le avec une brosse à dents pour enlever les dépôts (2). Rincez-le bien.

☞ Assemblez l'aérateur et vissez-le en place, en serrant avec une pince multiprise.

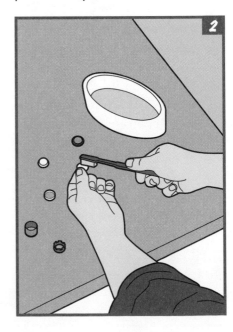

NETTOYER UNE DOUCHETTE

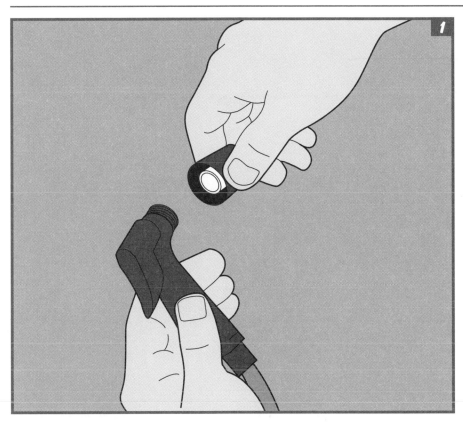

🔧 Enlevez les pièces situées à l'intérieur du manchon, en remarquant comment elles s'ajustent les unes aux autres.

🔧 Inspectez-les et remplacez celles qui sont endommagées ou usées.

🔧 Faites tremper la crapaudine dans du vinaigre blanc pendant environ 5 minutes, puis grattez-la avec une brosse à dents (2) et rincez-la.

🔧 Remontez la buse.

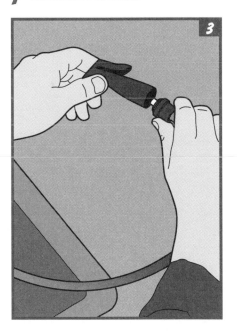

1. Enlever le manchon

Les modèles de douchettes varient : retirez la buse du manchon de la façon qui convient.

🔧 Dévissez le manchon à la main (1) ou enlevez la vis de retenue située au bout de la buse avec un tournevis. Si la vis est cachée par un couvercle, retirez-le doucement avec un tournevis.

2. Nettoyer la buse

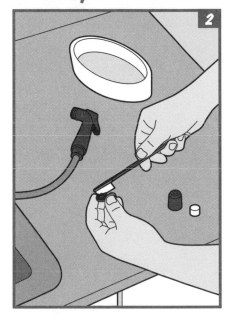

3. Réparer une douchette bouchée

🔧 Dévissez la douchette du raccord (3).

🔧 Si la rondelle est usée ou endommagée, remplacez-la.

🔧 Faites tremper la douchette dans du vinaigre blanc pendant environ 5 minutes et rincez-la.

LA PLOMBERIE

NETTOYER UNE DOUCHETTE (SUITE)

4. Enlever le raccord

🔨 Soulevez la pince de retenue et retirez le raccord du tuyau (4). Remplacez la rondelle si elle est usée.

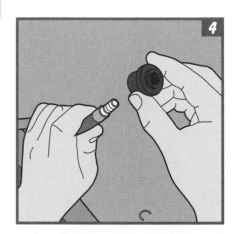

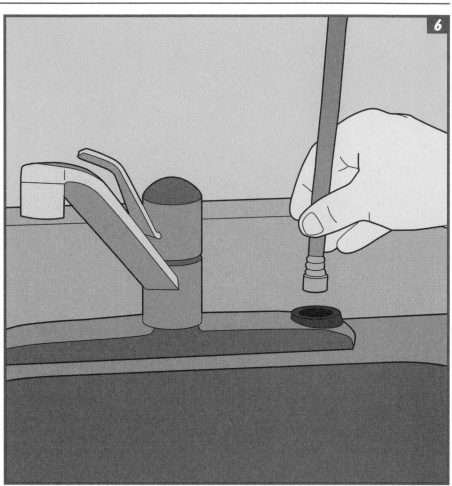

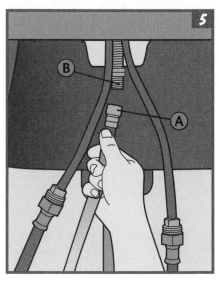

5. Remplacer le tuyau

🔨 Desserrez l'écrou de raccord (A) de l'about (B) avec une clé pour évier. Enlevez le tuyau à la main (5).

6. Insérer le tuyau de remplacement

🔨 Faites passer le nouveau tuyau, l'écrou de raccord en premier, dans la base du robinet (6).
🔨 Raccordez l'écrou, la pince de retenue et la douchette.

7. Fixer le tuyau

🔨 Raccordez le tuyau en vissant l'écrou de retenue à la descente avec une clé pour évier (7).

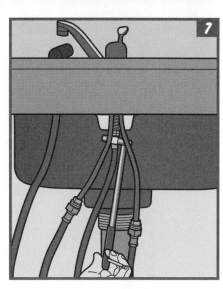

REMPLACER UN TUYAU DE CUIVRE

Pour remplacer une petite section de tuyau de cuivre, il suffit de couper et d'enlever la partie endommagée et de la remplacer par un tuyau neuf qui sera soudé à des raccords. Bien que la procédure soit assez simple, il serait avisé que le débutant pratique la technique de soudage sur des pièces à jeter avant d'entreprendre une réparation de la tuyauterie d'une maison.

Avant de commencer, fermez le robinet d'arrêt de l'alimentation en eau du tuyau : s'il n'y a pas de robinet d'arrêt à proximité, fermez le robinet d'arrêt général. Retirez le plus d'eau possible du tuyau en ouvrant les robinets. Ayez un seau ou une casserole à portée de la main pour recueillir le reste de l'eau lorsque vous couperez le tuyau.

Note : *Achetez un tuyau de remplacement de quelques pouces plus long que nécessaire et coupez-le de la longueur voulue à la maison. Le Code du bâtiment exige l'utilisation d'une soudure sans plomb pour les tuyaux d'alimentation.*

TEMPS REQUIS

Moins de deux heures

OUTILS

• Coupe-tuyau • Seau (ou casse-role) • Ruban à mesurer • Brosse métallique pour raccords • Chalumeau au propane (et briquet) • Gants de travail • Lunettes de sécurité

MATÉRIAUX

• Tuyau et raccords de cuivre
• Toile d'émeri de plombier
• Flux à souder • Soudure en fil
• Plaque résistante à la chaleur

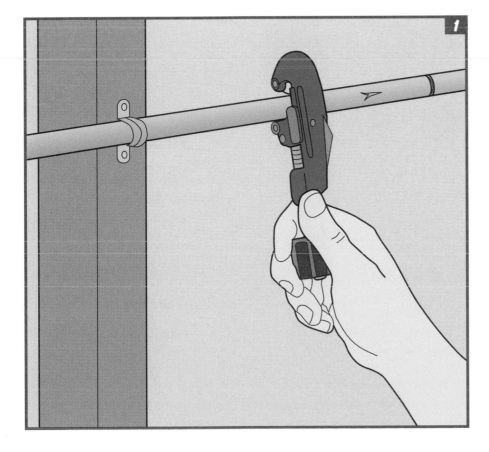

1. Couper le tuyau endommagé

Enlevez une section de tuyau d'au moins 3 pouces afin d'avoir suffisamment de place pour souder chaque bout de la nouvelle section.

🔧 Placez le coupe-tuyau sur le tuyau et serrez la manette jusqu'à ce que la roulette coupante commence à couper.

🔧 Faites faire une rotation à l'outil autour du tuyau et resserrez à nouveau la roulette. Répétez jusqu'à ce que la roulette coupe complètement le tuyau.

🔧 Faites la seconde coupe (1) et enlevez la section endommagée.

🔧 Mesurez la distance entre les bouts du tuyau en place et coupez la nouvelle section de la longueur requise.

Note : *Si l'espace est trop restreint pour que vous puissiez utiliser un coupe-tuyau, coupez la section endommagée avec une mini-scie à métaux et limez les bords du tuyau en place.*

2. Ébarber les bouts de tuyau

Sortez la pointe à ébarber du coupe-tuyau et lissez les surfaces internes des bouts du tuyau en place et de la pièce de remplacement.

☞ Appuyez la pointe à ébarber dans le bout du tuyau coupé et tournez à quelques reprises (2).

☞ Répétez l'opération aux trois autres bouts de tuyau.

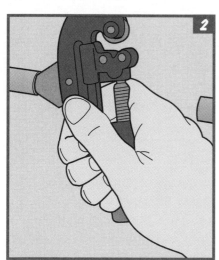

3. Préparer les bouts coupés

Préparez les bouts coupés du tuyau en place et du tuyau de remplacement avec une toile d'émeri de plombier.

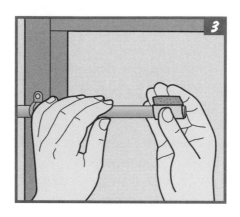

☞ Frottez les deux bouts du tuyau en place (3) jusqu'à ce que la surface brille.

☞ Préparez les bouts du tuyau de remplacement de la même façon.

Note : *Préparez les bouts de tuyau sur une surface légèrement plus longue que la largeur des raccords qui les couvriront.*

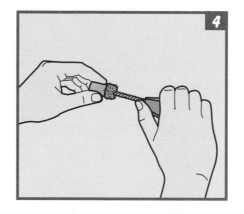

4. Nettoyer les raccords

Assurez-vous que la brosse métallique utilisée pour nettoyer les raccords est de la bonne grandeur.

☞ Frottez fermement les surfaces internes des deux raccords avec la brosse métallique pour raccords (4).

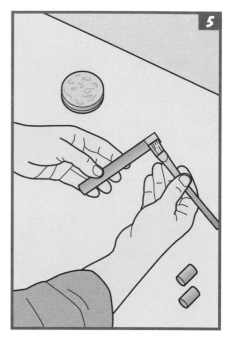

5. Appliquer du flux

Le flux, vendu ordinairement avec un petit applicateur, est une pâte à souder sans plomb qui nettoie les surfaces de cuivre pour que la soudure pénètre dans les joints. Le Code du bâtiment exige l'utilisation d'une soudure sans plomb pour les tuyaux d'alimentation.

☞ Étalez-en une fine couche sur les surfaces externes des bouts coupés des deux tuyaux (5) et sur les surfaces internes des raccords.

6. Assembler les tuyaux et les raccords

☞ Faites glisser un bout du tuyau de remplacement dans un raccord, jusqu'à la marque indiquant la moitié (6) (la plupart des raccords ont des marques de référence). Faites glisser l'autre bout du tuyau

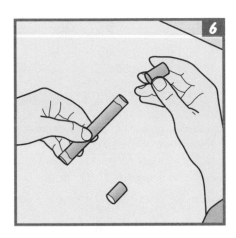

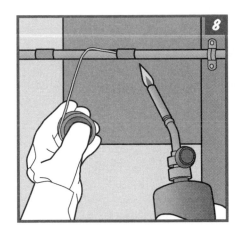

jours le chalumeau lorsque vous le déposez au sol. Les tuyaux deviennent très chauds lors du soudage, aussi, portez des gants de travail pour protéger vos mains. Enfin, le port de lunettes de sécurité est essentiel si la soudure est faite au-dessus de votre tête.

👉 Déroulez environ 8 pouces de soudure en fil et pliez-en les 2 premiers pouces à angle droit.

👉 Allumez le chalumeau au propane avec un briquet (7).

👉 Ajustez la flamme afin qu'elle ait 1½ pouce de long.

8. Faire fondre la soudure

👉 Chauffez le raccord jusqu'à ce que le flux commence à grésiller, en laissant le bout de la flamme contre le raccord.

👉 Touchez un joint avec la soudure à plusieurs endroits afin qu'elle fonde au contact du métal (8).

9. Souder les joints

👉 Retirez la flamme dès que la soudure commence à fondre (trop de chaleur brûlera le flux et la soudure ne coulera pas bien).

👉 Maintenez la soudure en place de manière à ce qu'elle soit attirée dans le joint (9) et qu'un fin bourrelet de soudure se forme autour du raccord.

👉 Soudez le joint de l'autre côté du raccord de la même façon, puis chaque joint de l'autre raccord.

de remplacement dans l'autre raccord de la même façon.

👉 Faites glisser un bout du raccord posé au tuyau de remplacement dans un bout du tuyau en place.

👉 En poussant légèrement dans son support le tuyau en place, raccordez l'autre bout du tuyau.

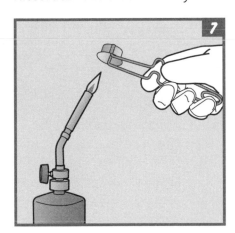

7. Allumer le chalumeau au propane

Utiliser un chalumeau au propane peut être dangereux : soyez prudent. Placez une plaque résistante à la chaleur derrière la surface à souder. Ayez un extincteur de feu à portée de la main et fermez tou-

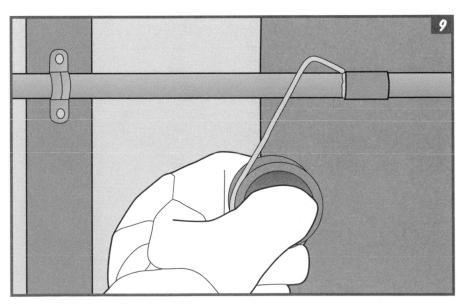

REMPLACER UN TUYAU DE PLASTIQUE

Les tuyaux de plastique sont faciles à réparer. Parmi les types de plastiques offerts, on compte le PVC-C (polychlorure de vinyle surchloré) et l'ABS (acrytonitrile-butadiène-styrène). L'apprêt et la colle à solvant utilisés doivent être compatibles avec le matériau de fabrication du tuyau. Le PEX (polyéthylène réticulé) est aussi utilisé, mais la méthode de remplacement d'un tuyau de PEX est différente de celle montrée ici.

La technique présentée ici pour remplacer un coude s'applique aussi au remplacement d'un tuyau droit ou en T. Lorsque vous mesurez la longueur du tuyau de remplacement, ajoutez ½ pouce à chaque bout pour l'insertion dans un raccord et pour combler l'espace entre les bouts de tuyau causé par le raccordement.

Avant de commencer, fermez le robinet d'arrêt du tuyau : s'il n'y a pas de robinet d'arrêt à proximité, fermez le robinet d'arrêt général. Retirez le plus d'eau possible du tuyau en ouvrant les robinets. Ayez un seau ou une casserole à portée de la main pour recueillir le reste de l'eau lorsque vous couperez le tuyau.

Note : *Achetez un tuyau de remplacement de quelques pouces plus long que nécessaire et coupez-le de la longueur voulue à la maison.*

TEMPS REQUIS

Moins de deux heures

OUTILS

• Mini-scie à métaux (ou coupe-tuyau ou coupe-tuyau de plastique) • Seau ou casserole • Ruban à mesurer • Boîte à onglets et scie à métaux (ou scie à dos à dents fines)

MATÉRIAUX

• Tuyau et raccords de plastique
• Papier à poncer • Apprêt
• Colle à solvant

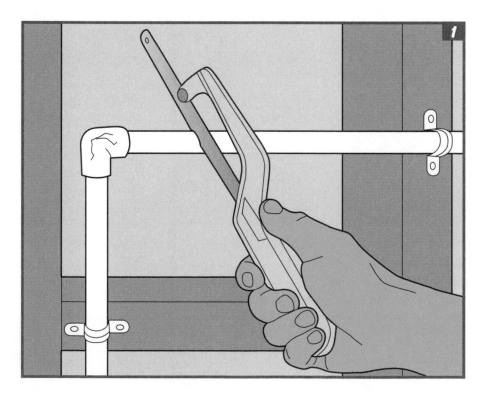

1. Couper le tuyau endommagé

Différents outils peuvent être utilisés pour couper un tuyau de plastique, incluant une mini scie à métaux (montrée ici), un coupe-tuyau muni de la lame qui convient, ou un coupe-tuyau de plastique spécial qui coupe comme des ciseaux.
☞ Coupez le tuyau à au moins 3 pouces de chaque côté de la section endommagée (1).

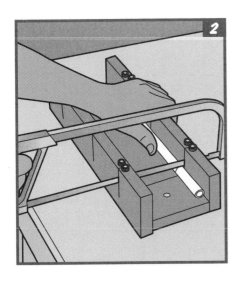

2. Couper le tuyau de remplacement

Coupez le tuyau de remplacement de la longueur requise, en ajoutant ½ pouce à chaque bout pour l'insertion dans un raccord.

☞ Marquez la longueur de tuyau requise.

☞ Coupez le tuyau dans une boîte à onglets avec une scie à métaux (2) ou une scie à dos à dents fines.

☞ Lissez les bouts coupés du tuyau avec du papier à poncer.

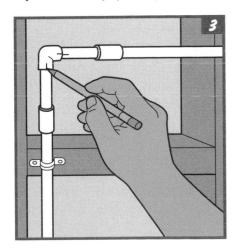

3. Vérifier la longueur du tuyau

☞ Vérifiez la longueur du tuyau de remplacement et son ajustement dans les raccords. Si le tuyau est trop long, coupez-le à nouveau, lissez-en les bords avec un papier à poncer, et vérifiez à nouveau.

☞ Tracez une ligne le long des joints entre le coude et le tuyau (3), qui servira de référence lorsque vous assemblerez les pièces avec de la colle (les lignes de référence ne sont pas nécessaires pour les raccords de tuyaux droits).

☞ Défaites l'assemblage.

4. Poser un apprêt

L'apprêt nettoie et décape les surfaces de plastique afin que la colle à solvant y adhère bien. Suivez les directives du fabricant.

☞ Avec un pinceau, appliquez l'apprêt également sur l'extérieur des bouts du tuyau de remplacement et du tuyau en place et à l'intérieur des raccords et du coude (4).

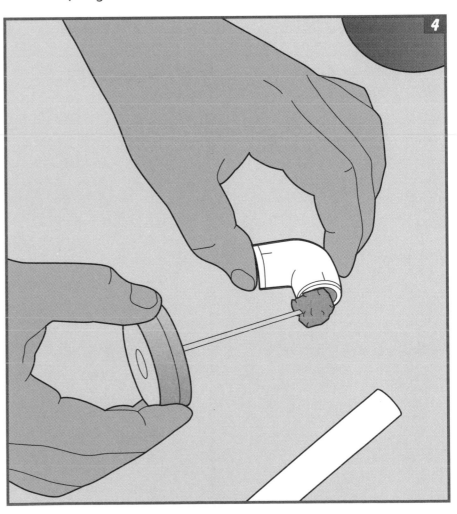

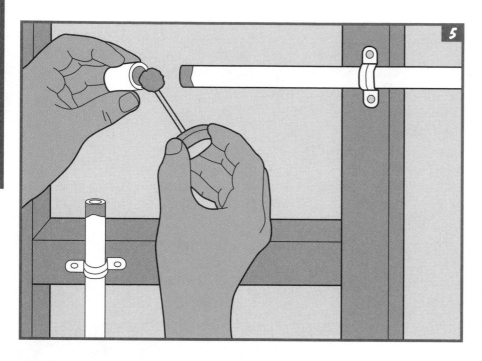

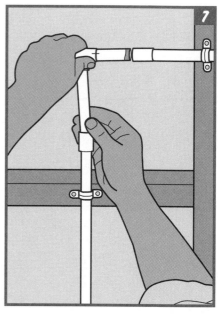

7. Installer la nouvelle section

☞ Ajustez la section dans les écrous (7). Tournez de gauche à droite quelques fois pour répartir la colle uniformément.

5. Appliquer de la colle à solvant

Parce que la colle à solvant émet des vapeurs toxiques et qu'elle est inflammable, ventilez bien la pièce, ne fumez pas et n'allumez pas d'allumette. Travaillez rapidement car la colle à solvant fige en moins d'une minute.

☞ Appliquez la colle également aux bouts apprêtés du tuyau en place et aux surfaces internes des raccords (5).

☞ Faites glisser les raccords sur les bouts du tuyau en place, en tournant de gauche à droite quelques fois pour répartir la colle uniformément.

6. Coller le tuyau au coude

☞ Appliquez de la colle aux bouts du tuyau de remplacement et à l'intérieur du coude. Insérez le tuyau dans le coude et tournez quelques fois pour répartir la colle.

☞ Alignez les marques qui se trouvent sur le tuyau avec celles du coude (6).

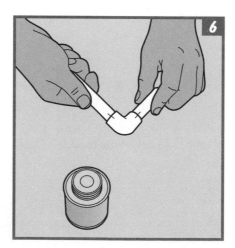

☞ Tenez l'assemblage ensemble pendant 15 à 20 secondes, jusqu'à ce que la colle prenne.

☞ Laissez sécher en suivant les directives du fabricant avant de faire couler de l'eau dans le tuyau.

RACCORDER UN TUYAU DE PLASTIQUE ET UN TUYAU DE CUIVRE

Substituer un tuyau de cuivre à une section endommagée de tuyau de plastique peut être pratique. Certaines municipalités interdisent toutefois de joindre les tuyaux de plastique aux tuyaux de cuivre : consultez votre Code local du bâtiment.

Un adaptateur plastique-cuivre comporte d'ordinaire quatre pièces : un raccord en cuivre (soudé au tuyau de cuivre en place); un raccord en plastique (collé au nouveau tuyau de plastique); une rondelle (placée entre les raccords); et un écrou de raccordement.

Avant de commencer, fermez le robinet d'arrêt de l'alimentation en eau du tuyau : s'il n'y a pas de robinet d'arrêt à proximité, fermez le robinet d'arrêt général. Retirez le plus d'eau possible du tuyau en ouvrant les robinets. Ayez un seau ou une casserole à portée de la main pour recueillir le reste de l'eau lorsque vous couperez le tuyau.

Note : *Achetez un tuyau de remplacement de quelques pouces plus long que nécessaire et coupez-le de la longueur voulue à la maison. Le Code du bâtiment exige l'utilisation d'une soudure sans plomb pour les tuyaux d'alimentation.*

TEMPS REQUIS
Moins de deux heures

OUTILS
• Coupe-tuyau • Seau (ou casserole) • Ruban à mesurer • Brosse métallique pour raccord • Chalumeau au propane (et briquet) • Gants de travail • Lunettes de sécurité • Boîte à onglets et scie à métaux (ou scie à dos à dents fines) • Clé à molette • Pince multiprise

MATÉRIAUX
• Tuyau de plastique
• Adaptateurs plastique-cuivre
• Toile d'émeri de plombier
• Plaque résistante à la chaleur
• Flux à souder • Papier à poncer
• Apprêt • Colle à solvant

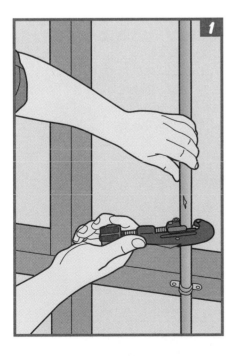

1. Enlever le tuyau endommagé

Enlevez une section de tuyau d'au moins 3 pouces afin d'avoir suffisamment de place pour poser un adaptateur à chaque bout.

☞ Placez le coupe-tuyau sur le tuyau et serrez la manette jusqu'à ce que la roulette coupante commence à couper (1).

☞ Faites faire une rotation à l'outil autour du tuyau et resserrez à nouveau la roulette. Répétez jusqu'à ce que la roulette coupe complètement le tuyau.

☞ Faites la seconde coupe de la même façon de l'autre côté de la section endommagée et enlevez la section.

Note : *Si l'espace est trop restreint pour que vous puissiez utiliser un coupe-tuyau, coupez la section endommagée avec une mini scie à métaux et limez les bords du tuyau en place.*

25

2. Ébarber les bouts de tuyau

Sortez la pointe à ébarber du coupe-tuyau et lissez les surfaces internes des bouts du tuyau de remplacement.

☞ Appuyez la pointe à ébarber dans le bout du tuyau coupé et tournez à quelques reprises (2).

☞ Répétez l'opération à l'autre bout coupé.

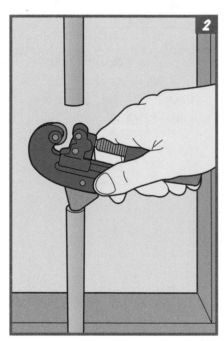

3. Souder le raccord en cuivre

Préparer les surfaces à souder requiert l'usage d'une toile d'émeri de plombier et de flux, une pâte qui nettoie les surfaces et aide à attirer la soudure dans le joint.

Utiliser un chalumeau au propane peut être dangereux : soyez pru-

dent. Placez une plaque résistante à la chaleur derrière la surface à souder. Ayez un extincteur de feu à portée de la main et fermez toujours le chalumeau lorsque vous le déposez au sol. Portez des gants de travail, ainsi que des lunettes de sécurité si la soudure est faite au-dessus de votre tête.

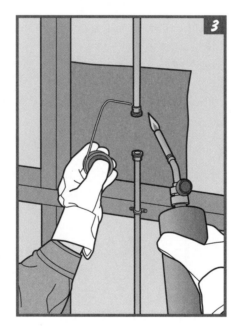

☞ Frottez les bouts externes du tuyau en place et les bouts internes des raccords en cuivre avec une toile d'émeri de plombier, jusqu'à ce qu'ils brillent.

☞ Avec un pinceau, étalez également du flux sur les surfaces brillantes, puis glissez les raccords en place.

☞ Allumez le chalumeau et ajustez la flamme afin qu'elle ait 1½ pouce de long.

☞ Placez le bout de la flamme sur le joint entre l'adaptateur et le tuyau, en chauffant le joint en

entier aussi également que possible.

☞ Touchez le joint avec une longueur de 8 pouces de soudure en fil afin qu'elle fonde (3).

☞ Ajoutez de la soudure dans le joint jusqu'à ce qu'un fin bourrelet se forme sur le bord. Laissez refroidir.

4. Marquer le nouveau tuyau

☞ Insérez le raccord de plastique et les rondelles dans le raccord de cuivre, puis vissez les écrous de raccordement.

☞ Placez un morceau de tuyau en plastique contre les adaptateurs et tracez des lignes de coupe (4), en ajoutant ½ pouce à chaque bout pour l'insertion d'un raccord de plastique.

☞ Dévissez les écrous du raccord de cuivre et enlevez les raccords en plastique.

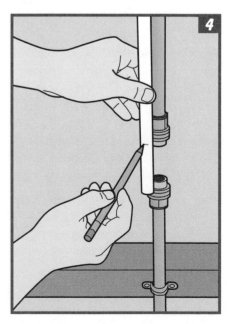

5. Lisser les bouts de tuyau

🔨 Coupez le tuyau de remplacement de la longueur requise avec une scie à métaux et une boîte à onglets.

🔨 Lissez les bouts coupés du tuyau avec un papier à poncer (5).

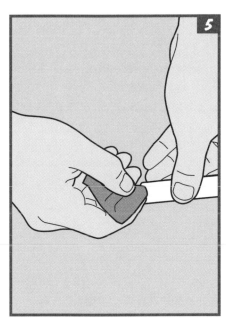

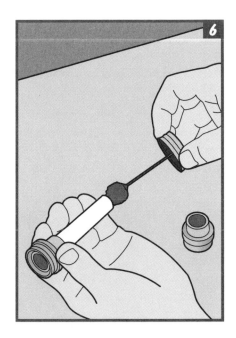

remplacement et à l'intérieur d'un raccord, et laissez sécher.

🔨 Appliquez la colle sur les mêmes surfaces, puis ajustez le tuyau de remplacement dans le raccord en plastique.

🔨 Posez un raccord à l'autre bout du tuyau de raccordement de la même façon (6).

6. Poser l'apprêt et la colle

L'apprêt nettoie et décape les surfaces de plastique afin que la colle à solvant y adhère correctement. Parce que la colle à solvant émet des vapeurs toxiques et qu'elle est inflammable, ventilez bien le lieu, ne fumez pas et n'allumez pas d'allumette. Travaillez rapidement car la colle à solvant fige en moins d'une minute.

🔨 Avec un pinceau, appliquez de l'apprêt sur un bout du tuyau de

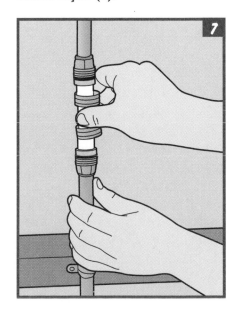

7. Installer le tuyau de remplacement

🔨 Faites glisser les écrous sur le tuyau de remplacement, puis mettez le tuyau en place de manière à ce que les rondelles s'ajustent bien aux raccords en cuivre (7).

🔨 Serrez à la main les écrous dans les raccords en cuivre.

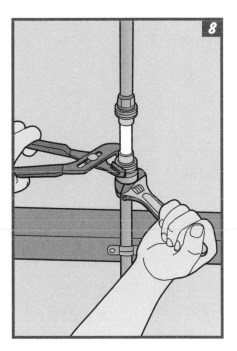

8. Serrer les écrous

🔨 En maintenant fermement un raccord en cuivre avec une clé à molette, serrez l'écrou de raccordement d'un demi-tour avec une pince multiprise (8). Ne serrez pas trop.

🔨 Serrez l'autre écrou de la même manière.

🔨 Attendez le temps recommandé par le fabricant de colle avant d'ouvrir l'eau.

REMPLACER UNE TOILETTE

LA PLOMBERIE

Remplacer une toilette parce qu'elle est défectueuse ou pour changer de style n'est pas difficile. Toutefois, si la toilette a eu de légères fuites pendant une longue période, il faudra appeler un spécialiste car le plancher pourrait être pourri.

Avant d'acheter une toilette neuve, mesurez la distance séparant le mur (et non les plinthes) des boulons qui maintiennent la cuvette au plancher (c'est-à-dire

l'écart). L'écart standard est de 12 pouces, mais il peut varier selon l'âge et le style de la toilette. Assurez-vous que la nouvelle toilette conviendra. De plus, vérifiez si dans votre secteur vous devez poser une toilette à faible débit d'eau. Une fois la toilette achetée, retirez l'emballage et inspectez-la soigneusement pour vous assurer qu'il n'y a pas de fissures ou de taches sur la porcelaine qui auraient pu se produire au cours du transport.

TEMPS REQUIS
De deux à quatre heures

OUTILS
• Clés à molette • Clé à douille • Mini scie à métaux • Couteau à mastic • Tournevis à pointe plate • Tournevis à pointe cruciforme • Support dorsal • Gants de caoutchouc • Éponge • Seau

MATÉRIAUX
• Toilette • Boulons pour la bride de parquet • Rondelle de cire • Siège de toilette

1. Débrancher l'alimentation en eau

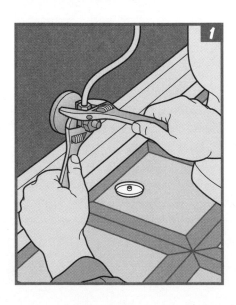

☞ Fermez l'alimentation en eau de la toilette au moyen du robinet d'arrêt d'eau situé à côté de la toilette. S'il n'y a pas de robinet, fermez l'alimentation principale en eau de la maison.

☞ Tirez la chasse.

☞ En portant des gants de caoutchouc, et avec une éponge, retirez l'eau qui reste dans le réservoir. Avec un récipient, retirez le plus d'eau possible de la cuvette.

☞ Dévissez la poignée du robinet. Avec deux clés à molette, débranchez le tuyau d'alimentation en eau du robinet (1) et du réservoir de la toilette.

2. Enlever le vieux réservoir

☞ Avec une clé à douille, dévissez les écrous des boulons qui maintiennent en place le réservoir de la toilette (2). Tenez les boulons

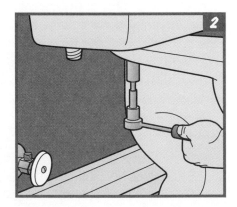

qui se trouvent à l'intérieur du réservoir avec un tournevis tandis que vous dévissez les écrous.

🔨 Soulevez le réservoir de la cuvette et retirez-le de l'espace de travail.

CONSEIL DE SÉCURITÉ *Le réservoir et la cuvette sont lourds. Aussi, portez un support dorsal et faites porter le poids sur vos jambes. Si possible, demandez l'aide d'un assistant.*

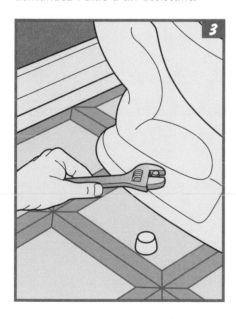

3. Libérer la vieille cuvette

🔨 Utilisez un tournevis pour soulever les capuchons des boulons des deux côtés de la base de la toilette.

🔨 Retirez les écrous des boulons du plancher avec une clé à molette (3).

Note : *Si les écrous qui maintiennent la toilette en place ne tournent pas, utilisez une mini scie à métaux pour couper les boulons.*

4. Retirer la vieille cuvette

🔨 Effectuez des mouvements de va-et-vient pour briser le sceau de cire entre la toilette et la bride du parquet. Soulevez la cuvette hors des boulons. Avec un assistant, retirez la cuvette de l'espace de la base de la cuvette, et déposez-la sur du carton ou du papier.

🔨 Bouchez le tuyau de vidange avec un torchon pour empêcher les odeurs de l'égout de s'échapper et pour qu'aucun outil n'y tombe. Si vous n'installez pas la toilette neuve immédiatement, couvrez le trou d'évacuation d'un carton recouvert d'un bloc de ciment pour éliminer tout risque qu'un rongeur ne remonte de l'égout.

🔨 Retirez les boulons de la bride et, avec un couteau à mastic, grattez la cire (4) qui se trouve sur la bride de parquet. Nettoyez bien la bride avec un torchon.

🔨 Inspectez la bride attentivement pour vous assurer qu'elle n'est pas fissurée ou pliée. Le cas échéant, faites-la remplacer par un plombier.

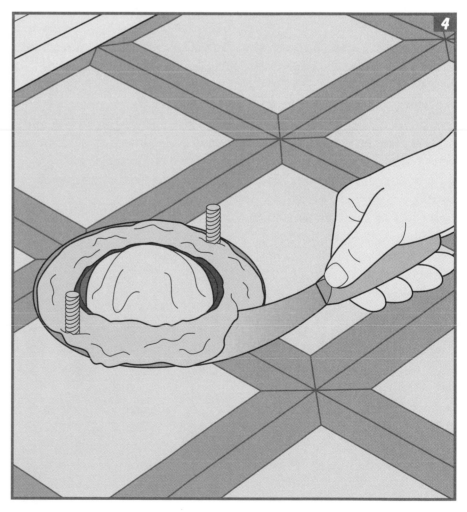

5. Préparer la cuvette neuve

La toilette est scellée au tuyau de vidange au moyen d'un anneau de cire placé autour de l'orifice de la cuvette. Inspectez le tuyau de drainage. Si le tuyau scellé à la bride de parquet est fait de plastique rigide, utilisez un anneau de cire muni d'un manchon de plastique. Si le tuyau est en plomb, il faut poser un anneau de cire sans manchon de plastique.

☞ Retournez la nouvelle cuvette à l'envers et mettez en place le nouvel anneau de cire sur l'orifice (5). Si vous utilisez un anneau de cire avec manchon, installez l'anneau de cire directement sur la cuvette.

☞ Retirez le plastique protecteur de l'anneau de cire.

6. Installer la cuvette

☞ Insérez les nouveaux boulons dans les fentes pour boulons de la bride de parquet, en les positionnant à égale distance du mur, d'habitude 12 pouces.

☞ Retirez le torchon du tuyau de drainage.

☞ Retournez la cuvette à l'endroit et faites-la descendre sur les boulons (6).

☞ Déposez la cuvette et faites-lui faire des mouvements de va-et-vient afin de compresser et étaler la cire.

☞ Si la cuvette ne repose pas à plat contre le plancher, calez-la avec une rondelle de cuivre ou de laiton.

☞ Posez une base en plastique pour capuchon sur chaque boulon, puis une rondelle de caoutchouc et un écrou. Avec une clé à molette, serrez les écrous également de chaque côté. Ne serrez pas trop et ne forcez pas les écrous car ils pourraient fissurer la cuvette. Vous poserez les capuchons de plastique plus tard au cas où les écrous auraient besoin d'être resserrés.

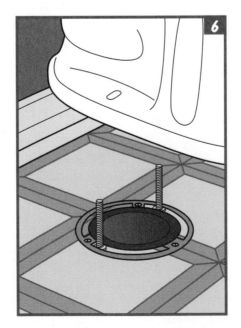

7. Préparer le réservoir

☞ Si le robinet à flotteur et la soupape de chasse d'eau ne sont pas déjà installés dans le réservoir, suivez les directives du fabricant pour les poser. Remettez l'installation de la manette de chasse d'eau et du flotteur à plus tard afin que ces derniers n'interfèrent pas avec le serrage des boulons du réservoir.

☞ Retournez le réservoir à l'envers et posez la rondelle du tube de raccordement sur le bout de la soupape de chasse d'eau (7).

8. Installer le réservoir

☞ Soulevez le réservoir et déposez-le sur la cuvette en abaissant la rondelle du tube de raccordement dans l'ouverture de l'entrée d'eau (8).

☞ Déplacez légèrement le réservoir jusqu'à ce que les trous des boulons à l'intérieur s'alignent sur ceux de la cuvette.

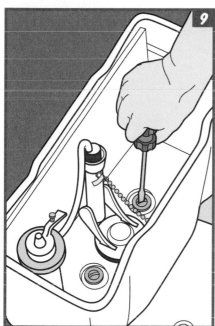

9. Fixer le réservoir

☞ Placez une rondelle de caoutchouc sur chaque boulon et glissez-les dans les trous du réservoir par l'intérieur.

☞ Sous le bord arrière de la cuvette, placez une rondelle de caoutchouc et un écrou sur chaque boulon. En tenant les boulons avec un tournevis de l'intérieur du réservoir (9), serrez les écrous avec une clé à molette. Rappelez-vous qu'il ne faut pas trop serrer.

☞ Installez la manette et le flotteur en suivant les directives du fabricant.

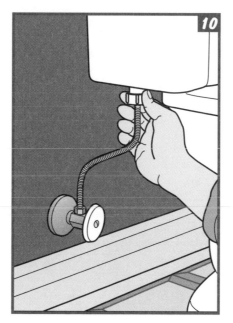

10. Brancher l'alimentation en eau

Il est possible que la forme du tuyau d'alimentation en cuivre ou en chrome ne convienne pas à la nouvelle installation, et il peut être difficile de plier le tuyau sans le bloquer. Il est préférable de le remplacer par un tube tressé souple. Assurez-vous d'en acheter une longueur suffisante pour brancher le réservoir au robinet.

☞ Fixez le nouveau tube d'alimentation au robinet d'arrêt d'eau et serrez-le avec la clé à molette. Replacez la manette du robinet. Serrez à la main le tube d'alimentation à la base du robinet à flotteur sous le réservoir (10).

☞ Ouvrez l'alimentation en eau. Une fois le réservoir rempli, tirez la chasse et inspectez attentivement les joints et pour voir s'il y a des fuites. Serrez plus fermement les boulons du réservoir ou de la cuvette au besoin.

☞ Posez les capuchons de plastique sur les boulons de la cuvette. Au besoin, coupez un bout des boulons avec une scie à métaux.

11. Installer le siège de toilette

Glissez les boulons du siège dans les trous de montage, le siège et la cuvette. Vissez les écrous sur les boulons par en dessous (11). En tenant l'écrou, serrez le boulon avec un tournevis.

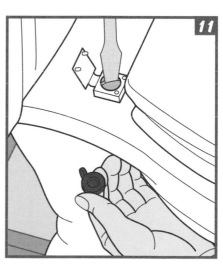

REMPLACER UNE BAIGNOIRE

L ors du remplacement d'une baignoire, le plus difficile peut être de retirer l'ancienne baignoire, en particulier si elle est en fonte. La plupart des nouvelles baignoires sont faites de plastique acrylique, de fibre de verre ou d'acier, et elles peuvent être déplacées facilement sans aide.

Vous devez avoir accès à la plomberie derrière le mur du côté des manettes. S'il n'y a pas de panneau d'accès à cette tuyauterie, vous devez en couper un avant de commencer le travail. Vous devrez aussi avoir accès à la tuyauterie de la baignoire par l'étage du dessous. Il faudra remplacer l'assemblage du renvoi d'eau (voir ci-dessous, C à I). Ces pièces sont vendues dans un assemblage comportant un renvoi et un trop-plein, et sont faites de métal ou de plastique (ABS). Bien que vous n'ayez pas à travailler sur les tuyaux d'alimentation d'eau, sauf pour enlever les poignées du robinet et le bec, il est préférable de fermer l'arrivée d'eau à la baignoire avant de commencer le travail.

TEMPS REQUIS	OUTILS	MATÉRIAUX
Plus de quatre heures	• Ruban à mesurer • Tournevis à pointe plate • Pince à long bec • Pince multiprise • Marteau • Marteau à panne ronde • Ciseau à froid • Levier • Perceuse sans fil • Niveau de 2 pieds • Truelle rectangulaire • Couteau universel • Gants de travail • Lunettes de sécurité	• Baignoire • Ensemble de renvoi et de trop-plein • Attaches et vis pour rebord • Mastic de plombier • Ruban en téflon • Mortier prémélangé • 1 x 4, 2 x 4 • Cales en cèdre • Vis à bois n° 8 de 2½ pouces

Anatomie d'une baignoire

Une baignoire en fonte ou en acier possède un rebord (A) le long de sa partie intérieure qui est fixé à une lambourde (M), elle-même fixée aux colombages du mur. L'assemblage de renvoi et de trop-plein (C à I) est fixé au renvoi (J et K). Les tuyaux d'eau chaude et froide (K) et le bec (B) ne sont pas directement fixés à la baignoire mais le bec et les robinets doivent être détachés avant que l'ancienne baignoire ne soit enlevée.

A   Rebord de la baignoire
B   Bec
C   Collet d'écoulement
D   Coude de renvoi
E   Tuyau de renvoi
F   Trop-plein
G   Tuyau de trop-plein
H   Raccord en T
I   About
J   Siphon
K   Embranchement
L   Tuyau d'alimentation d'eau
M   Lambourde

1. Enlever les manettes des robinets, le bec, le trop-plein et son couvercle

☞ Avec un tournevis à pointe plate, soulevez le couvercle des manettes des robinets et retirez les vis. Enlevez les manettes.

☞ Pour enlever le bec, insérez le tournevis dans son ouverture. Dévissez le bec de son tuyau fileté (1).

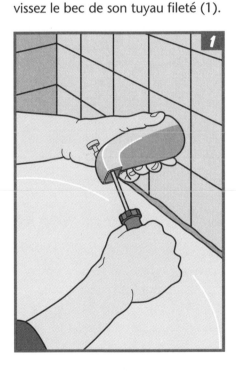

☞ Desserrez les vis qui retiennent le couvercle du trop-plein (voir étape 12). Retirez-le avec la tige de levage du bouchon qui y est attachée.

☞ Soulevez le mécanisme de levage du bouchon et retirez-le du renvoi.

☞ Pour enlever le collet d'écoulement, dévissez-le du coude de

renvoi (étape 11). Insérez le bout d'une pince à long bec dans le renvoi et tournez dans le sens contraire des aiguilles d'une montre.

2. Enlever l'assemblage de renvoi

☞ En travaillant sous la baignoire, dévissez l'about (A) du raccord en T (B). Pour les tuyaux filetés en acier, desserrez le collet de métal avec une pince multiprise (2). Si l'about et le raccord en T sont faits de plastique, coupez l'about avec une scie à métaux. Assurez-vous de couper bien droit. Sinon, vous

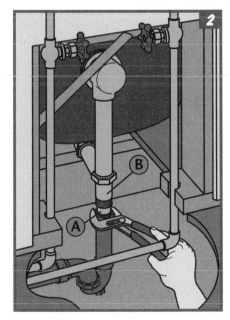

devrez le recouper plus tard lorsque vous installerez le nouvel assemblage du renvoi.

☞ Retirez l'assemblage de la baignoire.

☞ Si vous retirez une baignoire

en acrylique ou en fibre de verre, passez à l'étape 4. Pour la fonte ou l'acier, poursuivez à l'étape 3.

3. Mettre à découvert le rebord de la baignoire

Pour une baignoire en acier, vous devez découvrir le rebord qui est fixé aux colombages du mur le long de la baignoire. Vous devrez enlever les 8 premiers pouces de carreaux de céramique et de panneau mural au-dessus de la baignoire.

☞ En portant des lunettes de sécurité, cassez les carreaux avec un marteau à panne ronde et un ciseau à froid.

☞ Avec un niveau, tracez une ligne à 6 pouces au-dessus de la baignoire sur le panneau mural.

☞ Avec un couteau universel, coupez dans le panneau le long de la ligne (3), puis retirez les morceaux de panneau mural.

4. Enlever l'ancienne baignoire

☞ Si vous retirez une baignoire en acier, dévissez les vis qui retiennent les deux attaches aux colombages. Pour une baignoire en acrylique ou en fibre de verre, coupez tout simplement le calfeutrage et tout ciment pouvant se trouver entre la baignoire et le mur. Les baignoires en acrylique ou fibre de verre peuvent être calées dans le mortier, sur le plancher. Le cas échéant, vous devrez briser la baignoire en morceaux avec une scie alternative ou une masse. Vous devrez aussi enlever le mortier.

☞ Avec un levier, soulevez le devant de la baignoire et insérez dessous deux planches de 1 x 4 enduites de savon. Les planches serviront de patins sur lesquels la baignoire pourra glisser.

☞ En portant des gants et, au besoin, en vous faisant aider, retirez la baignoire du mur (4).

☞ Si vous installez une baignoire en acrylique ou en fibre de verre, préparez un lit de mortier (étape 7). Une baignoire en acier requiert la pose d'une lambourde (étapes 5 et 6).

5. Positionner une lambourde

La lambourde est un support fait d'un 2 x 4 qui soutient l'arrière d'une baignoire en acier. Si une lambourde de la bonne hauteur est déjà présente, elle peut être utilisée pour la nouvelle baignoire.

☞ Mesurez la hauteur de la baignoire, du fond jusqu'au dessous du rebord.

☞ Transférez la mesure sur un des colombages du mur arrière, en partant du plancher. Transférez la marque sur les autres colombages en vous servant d'un niveau (5).

6. Installer la lambourde

Faites la lambourde avec un 2 x 4 coupé de la longueur de la baignoire, qui mesure

généralement 5 pieds.

☞ Alignez le bord du dessus de la lambourde sur les marques des colombages et fixez-la avec deux vis de $2\frac{1}{2}$ pouces à chaque colombage (6). Les baignoires d'acier ne requièrent pas de lit de mortier (étape 7) : vous pouvez passer à l'installation (étape 8).

7. Poser un lit de mortier

Les baignoires d'acrylique et de fibre de verre ne sont pas aussi rigides que celles d'acier : elles requièrent donc une base rigide faite d'un lit de mortier entre le plancher et la baignoire.

☞ Préparez le mortier avec un peu plus d'eau que la quantité recommandée par le fabricant.

☞ Avec une truelle rectangulaire, étalez un lit de 2 pouces de mortier sur le plancher à l'endroit où sera posée la baignoire (7). Installez-la (étape 8), puis asseyez-vous dedans pendant quelques minutes pour bien la caler avant que le mortier ne durcisse.

8. Installer la baignoire

☞ Placez deux planches de
1 x 4 recouvertes de savon sur le
plancher. Avec de l'aide, déposez
la nouvelle baignoire sur ces patins
et faites-la glisser à sa place. Pour
un modèle en acier, soulevez la
baignoire et placez le rebord du
fond sur la lambourde.

☞ Avec un niveau de charpentier,
assurez-vous que la baignoire est
de niveau. Si elle ne l'est pas,
placez une cale de cèdre sous
la partie la plus basse et enfoncez-
la jusqu'à ce qu'elle soit de
niveau (8).

☞ Avec un couteau universel,
coupez le bout des cales qui
dépassent de la baignoire.

☞ Si vous installez une baignoire
d'acrylique ou de fibre de verre,
vous pouvez à présent installer
l'assemblage du renvoi (étape 10).
Pour une baignoire en acier, fixez
d'abord le rebord aux colombages
(étape 9).

9. Fixer la baignoire aux colombages

Les baignoires en acier sont fixées
aux colombages à l'aide d'attaches de métal spéciales. Ces
attaches doivent être également
réparties. Pour une baignoire
standard de 5 pieds, posez une
attache sur les deuxième et
troisième colombages à partir du
côté où se trouvent les manettes.

☞ Positionnez les attaches de
métal sur le rebord de la baignoire
et fixez-les avec les vis qui sont
fournies (9).

10. Installer l'assemblage du renvoi

☞ Branchez le tuyau du trop-
plein (A) au tuyau de renvoi (B)
avec un raccord en T (C). Serrez
le collet (D) au moyen d'une
pince multiprise.

☞ Mettez en place le joint
en caoutchouc fourni avec
l'assemblage sur le coude de
renvoi (E) et le trop-plein (F).

☞ Mettez l'assemblage en
position (10), en pressant
fermement les joints contre la
bride du trop-plein et les trous
d'évacuation. Vous devez tenir
l'assemblage en place pendant
qu'un aide attache la bride du
renvoi et la tige de levage du
bouchon au couvercle du trop-
plein (étapes 11 et 12).

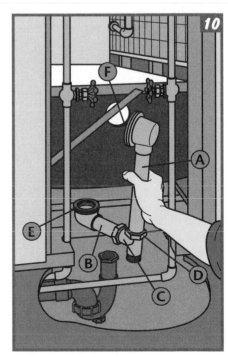

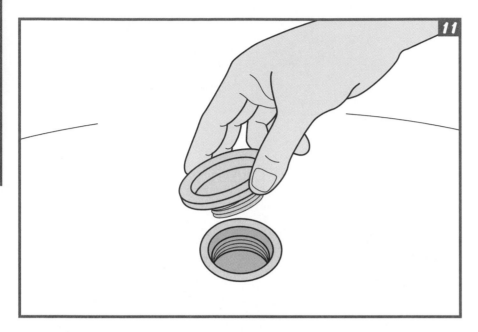

11. Attacher le collet d'écoulement

La bride du renvoi est fixée à la baignoire par le collet d'écoulement.

☛ Appliquez un bourrelet de mastic de plombier sous le collet.

☛ Vissez le collet dans le coude du renvoi (11), puis enlevez le surplus de mastic.

12. Installer la tige de levage du bouchon

La tige de levage est attachée au couvercle du trop-plein. Ensemble, ils ouvrent et ferment mécaniquement le bouchon et retiennent le haut du trop-plein contre la baignoire.

☛ Placez le bouchon dans le collet.

☛ Insérez la tige de levage dans le tuyau du trop-plein (12). Puis, en tenant le couvercle du trop-

plein en position sur l'ouverture, essayez le mécanisme de renvoi avec le levier qui se trouve sur le couvercle. Le bouchon devrait ouvrir et fermer. Au besoin, retirez la tige et ajustez le mécanisme en changeant la position du raccord fileté au bas de la tige.

☛ Une fois le mécanisme de renvoi bien ajusté, vissez le couvercle du trop-plein.

13. Poser le siphon

Pour raccorder l'assemblage du renvoi au siphon, vous devrez travailler sous la baignoire.

☛ Pour un joint étanche entre le raccord en T (A) et l'about (B), enroulez d'abord un ruban de téflon autour du filetage de l'about.

☛ Insérez le bout sans ruban de l'about dans l'adaptateur situé au-dessus du siphon, puis insérez le bout avec ruban dans le raccord en T et serrez (13).

☛ Avec une pince multiprise, serrez le collet entre le siphon et le raccord en T.

☛ Remplacez le panneau mural et les carreaux de céramique que vous avez enlevés. Installez le bec et les manettes du robinet, puis faites couler l'eau. Remplissez la baignoire et posez un matériau d'étanchéité sur son pourtour.

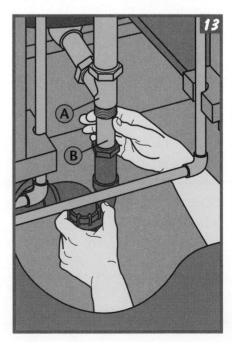

INSTALLER UN BROYEUR À DÉCHETS

Le principal défi lorsqu'on installe un broyeur à déchets est de le fixer au système de renvoi de l'évier. La plupart des broyeurs à déchets sont vendus accompagnés d'un coude de vidange : les autres raccords requis dépendront du fait que vous ayez un évier simple ou double. Dans le cas d'un évier simple, le coude de vidange est raccordé au siphon au moyen d'un adaptateur. Dans le cas d'un évier double, tel que montré ici, un renvoi en T est requis. Si votre lave-vaisselle est situé près de l'évier, l'eau d'écoulement peut passer dans le broyeur. Vous n'avez qu'à retirer la débouchure du mamelon situé juste au-dessus du coude de vidange et à raccorder le tuyau d'évacuation au mamelon avec des brides pour tuyau.

Un câble à gaine non métallique connecté à un circuit distinct fournit l'électricité requise par le broyeur. Vous devrez peut-être installer un câble et une boîte électrique pour le broyeur et le brancher au tableau de distribution. D'autres modèles se branchent directement au tableau de distribution. Faites appel à un électricien pour brancher le câble à votre tableau de distribution. Ne travaillez qu'avec des fils non connectés.

TEMPS REQUIS

Plus de quatre heures

OUTILS

- Coupe-fils • Pince universelle
- Tournevis • Clé • Pince multiprise

MATÉRIAUX

- Broyeur à déchets et raccords
- Ensemble renvoi-crépine
- Mastic de plombier • Colle à solvant • Câble à gaine non métallique • Boîte électrique
- Ensemble interrupteur-prise
- Serre-fils

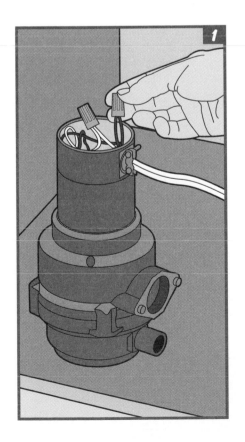

1. Installer le câble au broyeur

☞ Coupez une longueur de câble à gaine non métallique suffisante pour courir du broyeur à la boîte électrique que vous comptez installer ou au tableau de distribution, selon le modèle.

☞ Avec une pince universelle, séparez la gaine du câble sur 4 pouces de longueur. Retirez la gaine pour dénuder les fils noir et blanc et le fil de mise à la terre en cuivre.

☞ Retirez ¾ de pouce d'isolant des fils noir et blanc.

☞ Dévissez et enlevez le panneau inférieur du broyeur.

☞ Glissez les câbles dans le trou d'accès ainsi que ½ pouce de câble non dénudé. Resserrez la bride à l'entrée du trou, sur le câble.

☞ Attachez le fil de mise à la terre à la vis de terre sur le corps du broyeur.

☞ Torsadez le fil blanc au fil blanc du broyeur et posez un serre-fils, puis faites la même chose avec les fils noirs (1).

2. Enlever l'ensemble du renvoi

Un broyeur à déchets requiert un ensemble renvoi-crépine spécial. Avec la pince multiprise, desserrez les écrous coulissants du tuyau de renvoi et dévissez les écrous de retenue de l'about et de la crépine.

☞ Desserrez les écrous coulissants du tuyau de renvoi et enlevez-le.

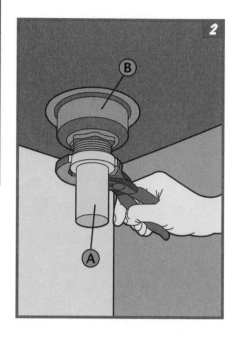

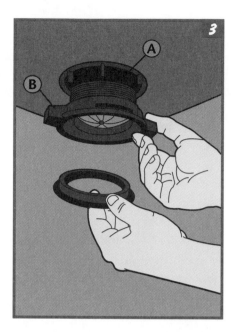

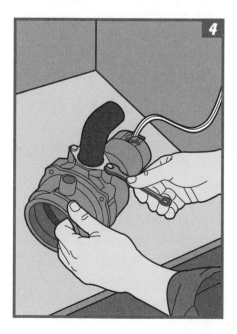

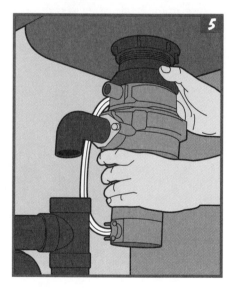

☞ Enlevez l'about (A) en dévissant l'écrou de retenue qui le fixe à la crépine (2).

☞ Dévissez l'écrou de retenue sous le manchon (B) et soulevez la crépine et le manchon par le dessus de l'évier.

3. Installer le nouvel ensemble renvoi-crépine

L'installation varie selon les modèles : suivez les directives du fabricant.

☞ Appliquez du mastic de plombier sous la bride. En travaillant par le dessus de l'évier, poussez la crépine dans le trou du renvoi en appuyant fermement pour assurer un bon scellement.

☞ Par le dessous de l'évier, glissez un joint de fibre sur l'about et vissez l'écrou de retenue (A).

☞ Glissez l'anneau de montage (B) sur l'about et fixez-le avec le joint de caoutchouc (3).

4. Préparer le broyeur

☞ Glissez le joint de caoutchouc sur le bout du coude de vidange et fixez le coude avec la bride fournie par le fabricant, en serrant avec une clé (4) ou un tournevis, selon le cas.

5. Fixer le broyeur

☞ Glissez les saillies du bord supérieur du broyeur dans les fentes correspondantes sur l'anneau de montage. Positionnez le broyeur de manière à ce que le coude de vidange soit aligné au-dessus de l'assemblage principal du renvoi (5).

☞ Tournez l'anneau de montage vers la droite pour le verrouiller.

6. Raccorder le broyeur au renvoi

Deux pièces sont nécessaires pour raccorder le coude de vidange au renvoi : un raccord de vidange en T et un adaptateur avec joint d'étanchéité intégré (B). Ajustez les pièces l'une à l'autre à sec, puis collez-les avec de la colle à solvant et maintenez-les en place avec des écrous coulissants.

☞ Raccordez le raccord en T au tuyau de vidange menant au

second évier et au tuyau menant au coude du siphon.

🔨 Raccordez le raccord en T et le coude de vidange au moyen d'un adaptateur, le côté comportant un joint vers le haut. Serrez l'écrou coulissant au bout du coude de vidange pour le fixer à l'adaptateur (6).

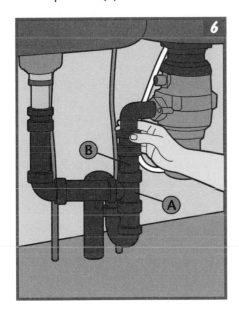

🔨 L'assemblage terminé, faites couler de l'eau chaude pendant environ 2 minutes pour vous assurer qu'il n'y a pas de fuite.

7. Préparer le filage électrique

Si le code local du bâtiment le permet, l'ensemble interrupteur-prise est un choix pratique pour un broyeur.

🔨 Installez une boîte électrique dans un endroit pratique, près du câble d'alimentation en électricité du broyeur.

🔨 Dénudez sur 6 pouces les fils du tableau de distribution et du câble du broyeur.

🔨 Dénudez de ¾ de pouce l'isolant du bout des fils blanc et noir du câble électrique.

🔨 Faites passer les câbles dans la boîte par les trous d'accès et serrez les brides pour les maintenir en place.

🔨 Connectez le fil noir du câble du broyeur à la vis de cuivre la plus proche de l'interrupteur, et le fil noir de l'autre câble à la vis de cuivre la plus proche de la prise.

🔨 Torsadez les deux fils blancs et une courte longueur additionnelle de fil blanc. Posez un serre-fils, puis connectez le bout du fil blanc additionnel à la vis d'argent la plus près de la prise.

🔨 Connectez la bretelle verte à la vis de mise à la terre de la boîte et une autre bretelle à la vis de mise à la terre de l'ensemble interrupteur-prise. Torsadez les fils de mise à la terre et les fils de raccord, et posez un serre-fils aux quatre fils (7).

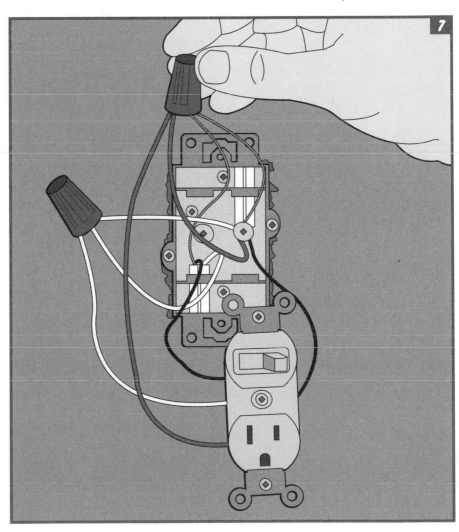

INSTALLER UN ÉVIER DOUBLE À REBORD

LA PLOMBERIE

Fatigué de voir la vaisselle s'empiler sur votre comptoir de cuisine parce qu'il n'y a pas de place dans l'évier? Pourquoi ne pas installer un évier double? Quelle que soit la raison qui motive votre décision de poser un nouvel évier, un évier (simple ou double) à rebord est le choix tout indiqué pour le bricoleur. Vous n'avez qu'à découper un trou dans le comptoir, à y déposer l'évier, à effectuer quelques travaux de plomberie, et le tour est joué!

Le plastique ABS (acrytonitrile-butadilène-styrène) est le matériau de choix pour les tuyaux car il est peu coûteux, léger et facile à travailler. Si vous raccordez le tuyau de renvoi à un tronçon de raccordement fait d'un matériau différent, vous aurez besoin d'un adaptateur. Si cela est possible avec le modèle d'évier que vous aurez choisi, raccordez les robinets avant d'installer l'évier car ces raccords peuvent être difficiles à effectuer par le dessous.

TEMPS REQUIS
Plus de quatre heures

OUTILS
• Tournevis • Perceuse électrique • Scie sauteuse • Scie-cloche • Pistolet à calfeutrer • Clés à molette • Gants de travail

MATÉRIAUX
• Évier à rebord (et gabarit de coupe) • Ruban-cache • 1 x 2 • Vis à bois • Produit d'étanchéité au silicone • Mastic de plombier • Tuyau de renvoi • About • Raccord en T • Coudes • Siphon en S (ou en P) • Apprêt • Colle à solvant

1. Tracer l'ouverture

Les éviers à déposer dans un trou fait dans un comptoir sont vendus avec un gabarit en carton qui aide à tracer les lignes de coupe.

☛ Placez le gabarit sur le comptoir, au-dessus du tronçon de raccordement du renvoi.
☛ Tracez des lignes de coupe pour l'évier et les robinets.
☛ Posez du ruban-cache le long des lignes de coupe et tracez à nouveau les lignes (1). Le ruban-cache empêchera les rives de se fendre lors de la coupe.
☛ Enlevez le gabarit.

2. Découper l'ouverture

☛ Placez une chute de bois de 1 x 2 plus long que la largeur du tracé à travers l'évier et vissez-la au centre du tracé. Cela empêchera les pièces de bois de tomber avant que vous n'ayez terminé la coupe.

☛ Percez un trou d'entrée pour la lame de la scie sauteuse dans un coin intérieur du tracé.
☛ Posez à la scie sauteuse une lame convenant au matériau du comptoir, puis coupez en partant

du trou vers les lignes, puis le long des lignes (2). Déplacez légèrement le 1 x 2 pour laisser passer la scie, puis remettez-le en place.

🔨 Percez des trous pour les robinets avec une scie-cloche.

3. Étanchéiser l'évier

Les éviers n'ont pas tous besoin d'être étanchéisés. Certains modèles sont vendus avec des tampons recouverts de mousse sur un côté qui doivent être collés. D'autres sont déjà dotés de tampons. D'autres encore sont vendus avec du mastic de plombier qui doit être appliqué à la main.

🔨 Installez les robinets sur l'évier en suivant les directives du fabricant.

🔨 Placez l'évier à l'envers sur le comptoir et, en suivant les directives du fabricant, appliquez une lisière de produit d'étanchéité au silicone sur le pourtour de l'évier (3) avec un pistolet à calfeutrer, puis mettez les tampons adhésifs en place ou appliquez le mastic de plombier.

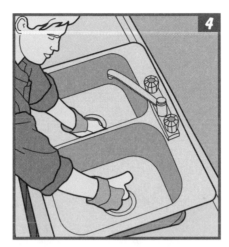

4. Mettre en place l'évier

🔨 En portant des gants de travail pour protéger vos mains des bords coupants, tenez l'évier par les ouvertures des renvois, et abaissez-le dans l'ouverture découpée, en insérant les tiges des robinets dans leurs trous (4).

🔨 Poussez fermement sur l'évier pour bien l'asseoir.

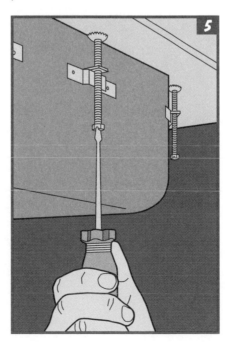

5. Poser des boulons de retenue

🔨 En travaillant par le dessous, vissez des boulons de retenue le long des côtés de l'évier, en vous assurant qu'ils s'appuient fermement contre le dessous du comptoir (5).

🔨 Enlevez tout excédent de produit d'étanchéité ou de mastic autour de l'évier.

6. Raccorder les tuyaux d'alimentation

🔨 Raccordez les tuyaux d'alimentation aux abouts des robinets et aux robinets d'arrêt, en serrant les écrous à la main.

🔨 Continuez de serrer les écrous avec deux molettes, l'une tenant l'about du robinet et le robinet d'arrêt, et l'autre serrant l'écrou d'un quart de tour (6).

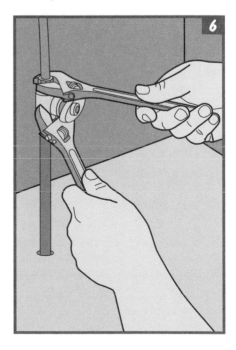

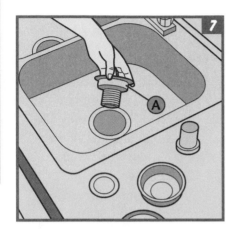

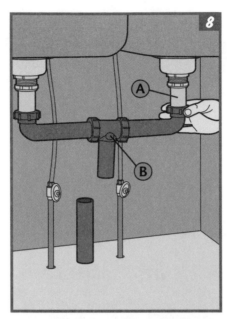

7. Préparer l'assemblage du renvoi

☞ Appliquez du mastic de plombier sur le dessous du bord de la crépine (A). Poussez la crépine dans l'ouverture du renvoi (7), en appuyant fermement sur le bord contre l'évier.

☞ En travaillant sous l'évier, insérez un joint et un manchon de crépine sur la crépine, et fixez-les en serrant l'écrou de retenue avec une pince multiprise.

☞ Répétez la procédure pour l'autre ouverture de renvoi.

☞ Essuyez tout excédent de mastic dans l'évier.

8. Raccorder l'assemblage du renvoi

☞ Posez un about (A) à chaque renvoi et serrez avec un écrou de retenue.

☞ Raccordez un raccord en T (B) à une paire de coudes puis raccordez-les aux abouts (8). Serrez les écrous coulissants d'un quart à un demi-tour avec la pince multiprise.

9. Installer le siphon

Lorsque le code local du bâtiment le permet, installez un siphon en S si le tronçon de raccordement sort du plancher. S'il sort du mur, installez un siphon en P. Assurez-vous que l'apprêt et la colle à solvant utilisés sont compatibles avec le plastique des tuyaux.

☞ Raccordez le siphon au raccord en T et ajoutez un tuyau de renvoi qui ira jusqu'au tronçon, en collant les pièces ensemble et en serrant les écrous coulissants sur le siphon en S (9).

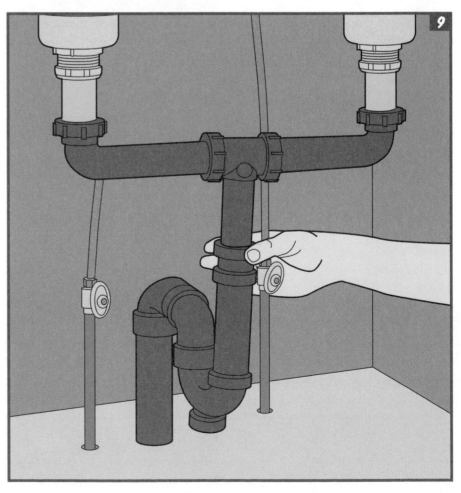

INSTALLER UN PURIFICATEUR D'EAU SOUS UN COMPTOIR

Un purificateur d'eau améliorera le goût de l'eau que vous buvez et dissipera vos inquiétudes concernant de possibles impuretés. Plusieurs modèles sont offerts, du petit système de filtration fixé à un robinet (le plus facile à installer), aux grands appareils qui se fixent sous le comptoir et qui filtrent plus d'eau en moins de temps. Les modèles à installer sous le comptoir fonctionnent avec des filtres au charbon activé (les plus courants) ou des filtres haut de gamme à osmose inversée.

Pour installer un purificateur d'eau sous le comptoir, il faudra monter l'appareil sur le mur arrière de l'armoire, sous l'évier, puis couper le tuyau d'alimentation d'eau froide et le raccorder à l'appareil au moyen de raccords et de tuyaux.

TEMPS REQUIS	OUTILS	MATÉRIAUX
Moins de deux heures	• Petit niveau • Perceuse électrique • Tournevis • Coupe-tuyau • Couteau utilitaire • Clé à molette	• Purificateur d'eau à poser sous le comptoir • Vis à bois • Raccords à double compression • Chiffon

1. Monter l'appareil

Installez l'appareil sous le comptoir près du tuyau d'alimentation en eau froide. Assurez-vous d'avoir suffisamment d'espace pour changer les cartouches : 3 à 4 pouces suffisent d'ordinaire.

🔨 Avec un niveau, tracez une ligne sur le mur arrière de l'armoire à la hauteur désirée. Le petit niveau montré ici est pratique pour travailler dans les espaces restreints.

🔨 Tenez l'appareil sur la ligne et marquez l'emplacement des trous de vis dans le support de montage.

🔨 Creusez des trous de guidage aux marques et vissez à moitié. Suspendez l'appareil sur les vis, puis serrez-les (1).

🔨 Fermez le robinet d'arrêt de l'eau froide et ouvrez le robinet de l'évier pour vider le plus possible le tuyau d'alimentation.

2. Couper le tuyau d'alimentation

Utilisez un coupe-tuyau pour enlever 5 pouces de longueur au tuyau d'alimentation, 3 pouces au-

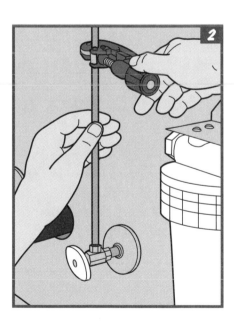

dessus du robinet d'arrêt. Ayez un chiffon à portée de la main pour essuyer l'eau retenue dans le tuyau.

🔨 Placez le coupe-tuyau sur le tuyau d'alimentation et tournez la manette jusqu'à ce que la roulette commence à couper le tuyau (2).

🔨 Faites faire une rotation à l'outil autour du tuyau et resserrez à nouveau la roulette. Répétez jusqu'à ce que la roulette coupe complètement le tuyau.

🔨 Faites une seconde coupe 5 pouces plus haut de la même manière et enlevez la longueur de tuyau.

3. Ébarber les bouts de tuyau

Couper du métal provoque des aspérités qui peuvent retenir des débris et bloquer l'écoulement de l'eau. Il faut donc lisser les bords de la pièce coupée.

🔨 Lissez les aspérités du tuyau en place en vous servant de la pointe à ébarber du coupe-tuyau et en tournant l'outil à plusieurs reprises dans le tuyau (3).

4. Fixer les raccords

🔨 Glissez un raccord à double compression sur chaque bout du tuyau en place (4) et serrez-les à la main.

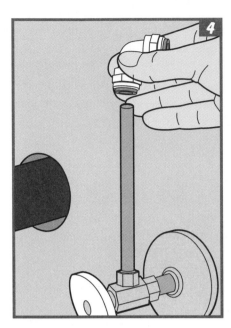

🔨 Serrez les raccords d'un quart de tour avec une clé à molette pour bien sceller.

5. Raccorder l'appareil

L'appareil est vendu avec deux tuyaux de plastique. Coupez-les de la longueur requise avec un couteau utilitaire, mais pas trop courts au point de les écraser.

🔨 Glissez le bout d'un tuyau dans le raccord à compression du haut et l'autre bout dans la sortie de l'appareil (A).

🔨 Glissez un bout de l'autre tuyau dans le raccord à compression du bas et l'autre bout dans l'entrée (B) de l'appareil (5).

🔨 Ouvrez le robinet d'arrêt de l'eau froide, puis le robinet d'eau froide, et laissez couler l'eau pendant environ 5 minutes pour nettoyer la cartouche.

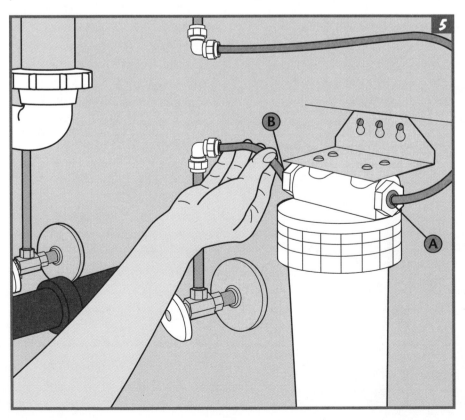

INSTALLER UN ROBINET POUR TUYAU D'ARROSAGE

Amener une alimentation en eau jusqu'à un robinet de tuyau d'arrosage exige que l'on perce un trou dans le mur et que l'on branche un tuyau d'alimentation d'eau froide. L'emplacement du robinet dépendra de l'emplacement désiré du tuyau d'arrosage à l'extérieur, mais aussi de celui des tuyaux d'alimentation situés à l'intérieur de la maison. Dans la plupart des cas, les tuyaux d'alimentation sont fixés au bas des solives, sous le plancher, au niveau de la fondation. Un robinet de tuyau d'arrosage requiert un tuyau d'alimentation de ½ pouce de diamètre. Ajoutez un robinet de purge afin de pouvoir vider l'eau avant que les températures ne tombent sous le point de congélation car de l'eau gelée endommagerait le tuyau et le robinet.

Préparez les surfaces à souder avec une toile d'émeri de plombier ou une brosse métallique pour raccord et appliquez du flux : une pâte à souder qui nettoie et décape les surfaces de cuivre pour aider la soudure à pénétrer dans les joints.

Utiliser un chalumeau au propane peut être dangereux : soyez prudent. Placez une plaque résistante à la chaleur derrière la surface à souder. Ayez un extincteur de feu à portée de la main et fermez toujours le chalumeau lorsque vous le déposez au sol. Les tuyaux deviennent très chauds lors du soudage, aussi, portez des gants de travail pour protéger vos mains. Enfin, le port de lunettes de sécurité est essentiel si la soudure est faite au-dessus de votre tête. Vous pouvez aussi installer un robinet antigel dont le tuyau est en pente vers l'extérieur. Dans certaines régions, l'utilisation d'une soupape antivide est exigée.

TEMPS REQUIS

Plus de quatre heures

OUTILS

- Ruban à mesurer • Tournevis
- Perceuse électrique (et mèche torsadée) • Mèche plate • Coupe-tuyau • Brosse métallique pour raccords
- Seau • Chalumeau au propane (et briquet) • Gants de travail
- Lunettes de sécurité

MATÉRIAUX

- Robinet pour tuyau d'arrosage
- Tuyau de cuivre • Raccord en T
- Robinet de purge • Toile d'émeri de plombier • Flux à souder • Soudure en fil
- Matériau d'étanchéité au silicone • Plaque résistante à la chaleur

Anatomie d'un robinet pour tuyau

Branchez le tuyau d'alimentation en eau (A) au moyen d'un raccord en T (B). Installez un robinet de purge (C) sur le tuyau, après le raccord en T. Percez un trou dans la solive du pourtour (D) pour insérer le tuyau d'alimentation jusqu'au robinet.

1. Percer un trou dans le mur

☞ De l'intérieur, percez un trou au centre de la solive du pourtour en vous servant d'une mèche torsadée de ¼ de pouce.

☞ À l'extérieur, posez à la perceuse une mèche qui convient au diamètre de l'adaptateur du robinet : si le robinet n'a pas d'adaptateur, utilisez une mèche plate de ¾ de pouce.

☞ Placez le bout de la mèche plate dans le trou de guidage et percez un trou plus grand (1).

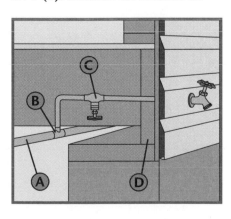

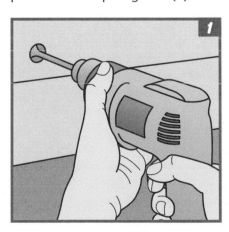

LA PLOMBERIE

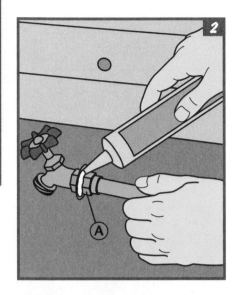

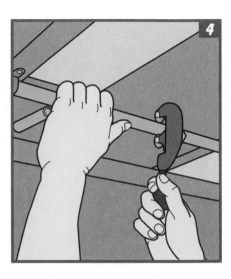

Appliquez une lisière de matériau d'étanchéité au silicone sur le bord intérieur du collet du robinet (2).

3. Fixer le robinet au mur

☞ Insérez le bout du tuyau dans le trou du mur.

☞ Appuyez fermement le collet du robinet contre le mur et fixez-le avec des vis (3).

2. Assembler le robinet

☞ Avec un coupe-tuyau, coupez une longueur de tuyau de cuivre 6 pouces plus longue que l'épaisseur du mur.

☞ Sortez la pointe à ébarber du coupe-tuyau, et lissez les bords du nouveau tuyau, en insérant la pointe aussi loin que possible dans le tuyau et en faisant plusieurs rotations.

☞ Avec la toile d'émeri de plombier, frottez un des bouts du tuyau jusqu'à ce que sa surface brille.

☞ Frottez fermement l'intérieur de l'adaptateur (A) avec une brosse métallique pour raccord.

☞ Étalez une couche mince de flux de 1 pouce de largeur sur un bout du tuyau et à l'intérieur de l'adaptateur.

☞ Soudez l'adaptateur (A) au bout du tuyau, en chauffant le joint et en y posant de la soudure, jusqu'à ce qu'un bourrelet se forme tout autour.

4. Brancher le tuyau d'alimentation

Avant de couper le tuyau d'alimentation, fermez le robinet d'arrêt général et ouvrez les robinets pour vider l'eau des tuyaux. Ayez un seau à portée de la main pour recueillir l'eau. Faites une coupe suffisamment large pour accommoder un raccord en T dans le tuyau, directement devant le centre du tuyau du robinet.

☞ Placez le coupe-tuyau sur le tuyau et serrez la manette jusqu'à ce que la roulette coupante commence à couper (4).

☞ Faites faire une rotation à l'outil autour du tuyau et resserrez à nouveau la roulette. Répétez jusqu'à ce que la roulette coupe complètement le tuyau.

☞ Effectuez la seconde coupe de la même manière.

5. Souder le raccord en T

Assurez-vous que les tuyaux sont secs avant de poser un raccord en T car les tuyaux mouillés ne deviennent pas suffisamment chauds pour que la soudure se fasse. Placez une plaque résistante à la chaleur (A) sur les surfaces de bois environnantes.

☞ Préparez les surfaces à souder. Ébarbez les bouts du tuyau et frottez-les avec une toile d'émeri. Frottez les bouts du raccord en T avec une brosse métallique. Appliquez du flux.

🔨 Glissez le raccord en T en place et chauffez-le avec un chalumeau au propane jusqu'à ce que le flux commence à grésiller, puis touchez le joint avec la soudure afin qu'elle fonde au contact du métal (5).

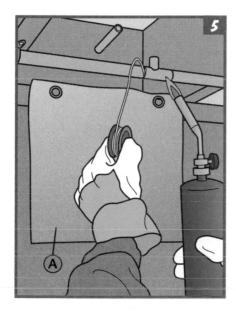

🔨 Au fur et à mesure que la soudure est attirée dans le joint, ajoutez du flux jusqu'à ce qu'un bourrelet se forme autour du joint.
🔨 Soudez l'autre joint de la même manière.

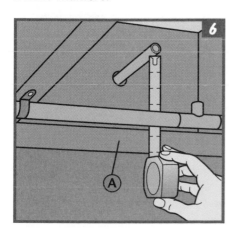

6. Mesurer le tuyau de raccord

🔨 Mesurez la distance entre le haut de la lisse basse (A) et le bas du tuyau menant au robinet (6), puis coupez un tuyau de cette longueur.
🔨 Insérez un bout de ce tuyau dans le raccord en T.

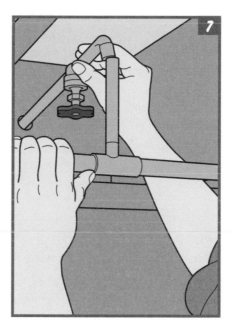

7. Ajouter un robinet de purge

Lorsque vous coupez et mesurez les longueurs de tuyau, ajoutez ½ pouce à chaque bout qui s'insérera dans le robinet de purge, le raccord en T ou le coude. Assemblez ces éléments avant de commencer à souder pour vous assurer que les tuyaux sont de la bonne longueur.
🔨 Placez le robinet de purge au bout du tuyau branché au robinet.

Orientez la manette de manière à ce qu'elle soit facile à atteindre par la suite.
🔨 Mesurez la distance entre le robinet de purge et le tuyau vertical en place, puis coupez un tuyau de cette longueur.
🔨 Insérez le tuyau dans le robinet de purge et terminez le raccordement avec un coude (7).

8. Souder les raccords

🔨 Après avoir assemblé les éléments pour s'assurer que les longueurs sont correctes, désassemblez-les et préparez les surfaces pour la soudure.
🔨 Soudez les joints un à la fois (8).
🔨 Ouvrez l'eau pour voir s'il y a des fuites.

INSTALLER UN SYSTÈME D'IRRIGATION GOUTTE À GOUTTE

Dans un jardin, un système d'irrigation goutte à goutte est une option pratique qui consiste en une grille faite de tuyaux d'arrosage branchés à un robinet. Les petits trous faits dans les tuyaux sont alimentés par des tuyaux d'approvisionnement et il ne laissent s'écouler que la quantité d'eau requise. En produisant un égouttement d'eau régulier au niveau du sol au lieu d'une pulvérisation intermittente sur un grand secteur, ce système perd très peu d'eau par évaporation. Et puisque les feuilles demeurent sèches, les plantes sont protégées de la moisissure.

Les systèmes d'irrigation goutte à goutte sont vendus en ensembles de pièces à monter qui comprennent divers raccords et brides. Les sections de tuyau (de l'alimentation principale, secondaire et tertiaire), doivent être coupées sur le terrain. La plupart des systèmes d'irrigation comprennent un dispositif anti-refoulement : un appareil qui se fixe au robinet et qui empêche l'eau des tuyaux d'être repoussée vers la source d'alimentation.

Planifiez votre système sur une feuille de papier afin de déterminer quelle est la quantité de tuyau requise. Mesurez soigneusement la longueur de chaque section de tuyau. Prenez aussi en considération le type de sol lorsque vous espacez les tuyaux : installez un tuyau tous les 12 pouces dans un sol sablonneux, tous les 18 pouces pour un sol riche, et tous les 24 pouces pour un sol très argileux.

TEMPS REQUIS

De deux à quatre heures

OUTILS

• Coupe-tuyau pour plastique (ou couteau utilitaire) • Tournevis

MATÉRIAUX

• Système d'irrigation goutte à goutte • Dispositif antirefoulement • Adaptateur pour tuyau • Brides pour tuyau

Anatomie d'un système d'irrigation goutte à goutte

Dans un système d'irrigation goutte à goutte typique, comme celui présenté ici, un robinet de tuyau d'arrosage (A) comportant un dispositif anti-refoulement et un adaptateur est raccordé au tuyau principal (B). Un tuyau secondaire (C) est doté d'un raccord en T (D) ou d'un coude (E) : le bout du tuyau est bouché. Chaque raccord de tuyau est fixé au moyen d'une bride. Un tuyau tertiaire (F) est raccordé à un trou dans le tuyau secondaire et est doté d'un diffuseur.

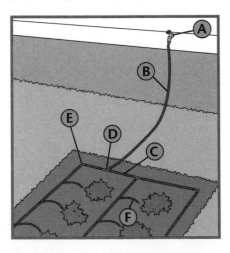

1. Faire la mise en place

☞ Coupez des sections de tuyau de la longueur voulue au moyen d'un coupe-tuyau pour plastique (1) ou d'un couteau utilitaire, et déposez-les à leur place sur le sol.

☞ Vissez un dispositif antirefoulement sur le robinet d'arrosage, puis vissez un adaptateur pour tuyau sur le dispositif.

👈 Glissez une bride en acier inoxydable pour tuyau sur le bout de l'alimentation principale, puis insérez le tuyau dans l'adaptateur et serrez la bride avec un tournevis.

2. Raccorder les tuyaux

👈 Raccordez l'alimentation principale à un tuyau secondaire perpendiculaire au moyen d'un raccord en T et de trois brides.

👈 Raccordez les autres tuyaux au tuyau secondaire au moyen d'un raccord en T ou un coude et des brides (2).

3. Percer des trous dans les tuyaux tertiaires

Un système d'irrigation goutte à goutte comporte ordinairement un outil spécial pour percer les trous requis.

👈 Percez un trou dans le tuyau à chaque emplacement désiré pour les tuyaux tertiaires (3).

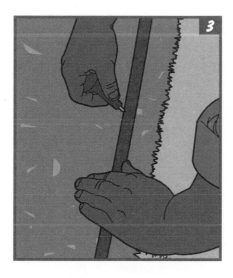

4. Installer les tuyaux tertiaires

👈 Insérez un raccord (A) dans chaque trou et insérez un tuyau tertiaire sur le manchon (4).

👈 Installez un diffuseur au bout ouvert de chaque tuyau tertiaire.

👈 Positionnez chaque tuyau tertiaire de manière à ce que le diffuseur repose à seulement quelques pouces des tiges des plantes.

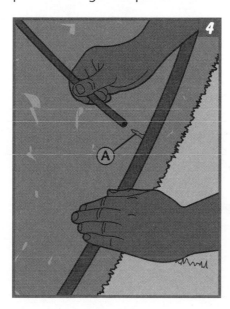

Note : *Faites tremper les tuyaux tertiaires dans de l'eau chaude pour pouvoir les insérer plus facilement sur les raccords.*

5. Poser des bouchons aux tuyaux

👈 Faites couler de l'eau dans le système d'irrigation pendant quelques minutes.

👈 Fermez l'eau, puis posez un bouchon à tous les bouts de tuyau (5) et fixez le bouchon avec une bride.

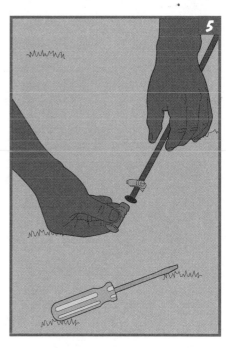

LA PLOMBERIE

Chapitre 2
L'ÉLECTRICITÉ ET LE CHAUFFAGE

De nombreux propriétaires croient que leurs systèmes d'électricité et de chauffage sont compliqués et ils estiment trop dangereux d'y travailler. Pourtant, le filage électrique d'une maison est fait conformément à des normes établies et avec des pièces standardisées, et la plupart des travaux que l'on peut y effectuer sont simples et sécuritaires.

Que vous remplaciez un luminaire ou installiez un nouvel interrupteur ou un thermostat programmable, il vous suffit de couper le courant, de déconnecter l'ancien luminaire ou appareil, et de relier les nouveaux fils à ceux qui sont déjà présents.

Pour certains projets de ce chapitre (installation d'un ventilateur d'aspiration ou ajout d'un système d'éclairage extérieur basse tension, par exemple) le circuit électrique devra être prolongé jusqu'à un nouveau secteur de votre maison ou de votre terrain, ce qui n'est pas difficile. Il suffit généralement de faire passer un nouveau câble,

OUTILS REQUIS POUR LES RÉPARATIONS ET AMÉLIORATIONS À L'ÉLECTRICITÉ ET AU SYSTÈME DE CHAUFFAGE

Couteau à mastic : Pour sceller le ventilateur d'aspiration avec du mastic pour toiture.

Gants de caoutchouc : Protègent les mains de l'isolant en fibre de verre.

Scie alternative : Pour couper dans le toit une ouverture pour le ventilateur d'aspiration.

Détecteur de tension : Pour vous assurer que le courant est coupé avant de faire une réparation.

Scie à guichet : Pour faire des ouvertures dans les murs pour les boîtes électriques.

Marteau : Utilisé avec un chasse-clou pour enlever les débouchures dans un tableau de distribution.

Lunettes de sécurité : Protègent les yeux des particules dans l'air.

Pince universelle : Pour enlever la gaine isolante des fils.

Chasse-clou : Pour enlever les débouchures dans un tableau de distribution.

Bêche : Pour creuser des tranchées dans un terrain afin d'installer un filage basse tension.

Gants de travail : Protègent les mains lors du creusage de la terre.

d'effectuer quelques travaux de menuiserie de base, et de faire des connexions électriques simples.

Éliminez tout danger en prenant quelques précautions toutes simples. Coupez toujours le courant du circuit sur lequel vous travaillez. Utilisez un vérificateur de tension pour vous assurer que l'électricité est coupée et laissez une note sur votre tableau de distribution afin que personne ne remette accidentellement le courant sous tension pendant que vous travaillez. Ne remettez jamais en fonction un circuit avant d'avoir terminé votre travail. Les installations électriques doivent être conformes à des normes nationales et locales. Informez-vous avant de commencer.

Pour améliorer l'efficacité de votre système de chauffage, assurez-vous de conserver la chaleur à l'intérieur de votre maison et empêchez le froid d'y pénétrer. L'isolation de l'entretoit et le calfeutrage des fuites d'air sont des travaux faciles à réaliser qui contribuent à faire baisser vos factures d'énergie.

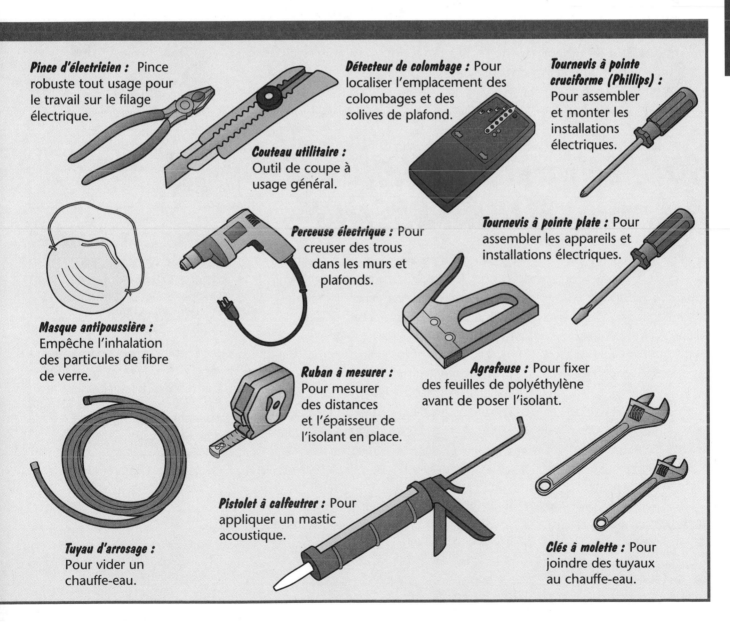

Pince d'électricien : Pince robuste tout usage pour le travail sur le filage électrique.

Détecteur de colombage : Pour localiser l'emplacement des colombages et des solives de plafond.

Tournevis à pointe cruciforme (Phillips) : Pour assembler et monter les installations électriques.

Couteau utilitaire : Outil de coupe à usage général.

Perceuse électrique : Pour creuser des trous dans les murs et plafonds.

Tournevis à pointe plate : Pour assembler les appareils et installations électriques.

Masque antipoussière : Empêche l'inhalation des particules de fibre de verre.

Ruban à mesurer : Pour mesurer des distances et l'épaisseur de l'isolant en place.

Agrafeuse : Pour fixer des feuilles de polyéthylène avant de poser l'isolant.

Pistolet à calfeutrer : Pour appliquer un mastic acoustique.

Tuyau d'arrosage : Pour vider un chauffe-eau.

Clés à molette : Pour joindre des tuyaux au chauffe-eau.

L'ÉLECTRICITÉ ET LE CHAUFFAGE

LA MISE À LA TERRE

Les codes de l'électricité et du bâtiment exigent que les boîtes électriques soient mises à la terre. Un fil de terre en cuivre dénudé (ou vert) peut être connecté à une boîte de deux façons : il peut être enroulé dans le sens des aiguilles d'une montre autour de la vis d'une borne de terre (A), ou il peut être connecté dans un serre-fils à un fil de liaison vert qui est enroulé dans le sens des aiguilles d'une montre autour d'une vis de borne de terre (B).

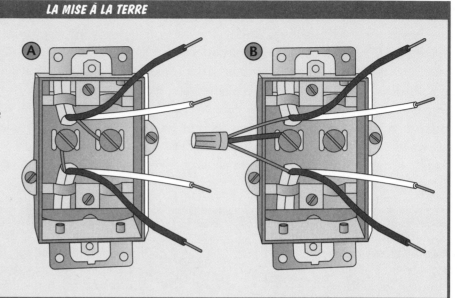

SUSPENDRE UN LUMINAIRE À TUBES FLUORESCENTS

L'éclairage à fluorescence comporte de nombreux avantages : il offre un bon rendement énergétique et procure un éclairage plus uniforme que l'éclairage habituel à incandescence. Les tubes fluorescents ont été améliorés et on ne considère plus que la lumière qu'ils produisent est froide et crue.

Suspendre un luminaire pour tube fluorescent à la boîte électrique d'un circuit existant n'est pas très compliqué. Vous devrez percer deux trous de montage dans le plafond, ajouter un support de montage à la boîte, et connecter les fils du luminaire. Parce que le luminaire peut être très lourd, la partie la plus difficile du travail sera peut-être de le soutenir pendant les travaux. Faites-vous aider par au moins une personne pour le soulever. Vous voudrez peut-être aussi avoir l'aide de quelqu'un qui vous dira s'il est posé parallèlement au mur.

Soyez toujours très prudent lorsque vous effectuez des travaux avec l'électricité. Avant de commencer, fermez le disjoncteur du circuit sur lequel vous voulez travailler et collez une note sur le tableau de distribution pour avertir de ne pas remettre le circuit sous tension. Pour être bien certain qu'il n'y a aucun risque, testez aussi les fils avec un détecteur de tension.

CONSEIL DE SÉCURITÉ *Ne travaillez jamais sur un circuit électrique sous tension. Fermez le courant du circuit au tableau de distribution.*

TEMPS REQUIS
Moins de deux heures

OUTILS
• Tournevis • Détecteur de tension • Pince à long bec
• Perceuse électrique
• Lunettes de sécurité

MATÉRIAUX
• Luminaire et tubes fluorescents
• Fils de liaison • Serre-fils
• Mamelon fileté • Support de montage

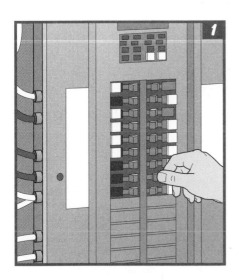

1. Couper le courant

☞ Fermez le disjoncteur du circuit du luminaire au tableau de distribution (1).

☞ Laissez une note sur le tableau de distribution pour avertir de ne pas remettre sous tension.

2. Tester la tension

☞ Dévissez les vis qui retiennent le luminaire. Sans toucher aux fils dénudés, enlevez les serre-fils.

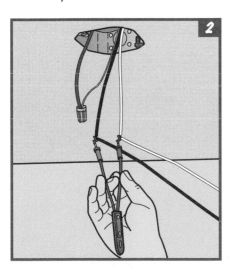

☞ Avec un détecteur de tension, assurez-vous que le courant est coupé. Avec une sonde, touchez le bout des fils noirs et, avec l'autre sonde, le bout des fils blancs (2) puis la boîte électrique. La lumière du détecteur ne doit pas s'allumer.

☞ Si le courant est coupé, enlevez le luminaire.

3. Ajouter un fil de liaison et un support de montage

Pour faire la mise à la terre, vous aurez besoin de trois fils de liaison verts de 6 pouces, dont vous aurez retiré à chacun ¾ de pouce de gaine isolante à un bout. À cette étape-ci, deux fils de liaison seront raccordés; conservez le troisième pour une étape ultérieure.

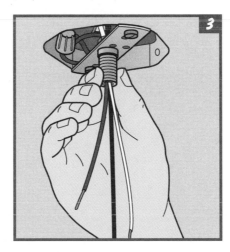

☞ Avec une pince à long bec, torsadez vers la droite les bouts dénudés de deux fils de liaison au fil de terre du câble, puis vissez dans un serre-fils. Connectez un fil de liaison à la vis de terre de la boîte électrique.

☞ Faites passer les fils noir et blanc et le fil de liaison dans l'ouverture d'un support de montage, puis vissez le support à la boîte électrique.

☞ Faites glisser un mamelon fileté sur les fils et vissez-le au support de montage (3).

4. Positionner le luminaire

☞ Avec un tournevis, enlevez la débouchure du centre, à l'endos du luminaire.

☞ Avec de l'aide, positionnez le luminaire au plafond, en alignant la débouchure sur le mamelon et en faisant passer les fils. Marquez l'emplacement des trous de montage du luminaire avec un crayon (4), puis retirez le luminaire.

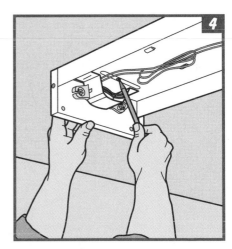

5. Percer des trous de montage

☞ En portant des lunettes de sécurité, percez sur les marques au plafond des trous suffisamment grands pour convenir aux boulons à ailettes fournies avec le luminaire (5).

L'ÉLECTRICITÉ ET LE CHAUFFAGE

6. Préparer les boulons à ailettes

🖝 Posez une rondelle sur chacun des boulons et, de l'intérieur du luminaire, poussez ces derniers dans les trous de montage.

🖝 De l'endos du luminaire, vissez les ailettes sur les boulons en ne faisant que quelques tours (6).

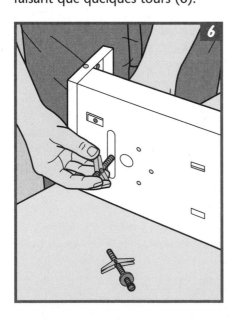

7. Monter le luminaire

🖝 En vous faisant aider, remettez le luminaire en place.

🖝 Poussez les boulons à ailettes dans les trous de montage, en pinçant sur les ailettes pour les faire passer par les trous.

🖝 Glissez une rondelle sur le mamelon et fixez le luminaire à la boîte électrique avec l'écrou de retenue fourni. Serrez l'écrou avec une clé à molette.

🖝 Serrez les boulons à ailettes avec un tournevis (7).

8. Connecter les fils du luminaire

🖝 Torsadez un bout du troisième fil de liaison au fil d'entrée de terre et posez des serre-fils. Connectez l'autre bout du fil de liaison à la vis de terre du luminaire.

🖝 Torsadez ensemble le fil d'entrée noir et le fil noir du luminaire, et posez un serre-fils. Faites la même chose avec les fils blancs (8).

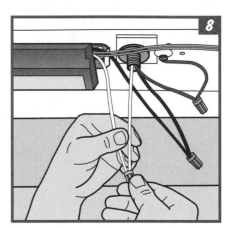

9. Terminer l'installation

🖝 Fixez le panneau de revêtement au luminaire.

🖝 Pour poser les tubes fluorescents, alignez les broches de chacun d'eux sur les fentes des douilles, puis glissez-les à leur place (9). Tournez le tube d'un quart de tour pour le bloquer.

🖝 Posez le panneau diffuseur au luminaire.

🖝 Remettez le circuit sous tension.

INSTALLER UN SYSTÈME D'ÉCLAIRAGE EXTÉRIEUR BASSE TENSION

L'installation d'un système basse tension fournit un éclairage extérieur intéressant tout en exigeant moins d'efforts et de dépenses que le prolongement à l'extérieur d'un circuit de 120 volts. Au lieu d'être enfoui dans une tranchée profonde, le câble basse tension peut être situé à seulement quelques pouces sous le niveau du sol. Ce câble est connecté à un transformateur, qui est fixé à un mur et branché à une sortie extérieure de disjoncteur détecteur de fuite à la terre (DDFT). Le transformateur réduit le courant de la maison de 120 volts à 12 volts.

Les systèmes d'éclairage basse tension sont vendus en ensembles comprenant d'ordinaire le transformateur, un câble basse tension et un jeu de luminaires. Ils peuvent être dotés d'autres caractéristiques, comme une cellule photoélectrique qui allume automatiquement le système lorsque la nuit tombe, et l'éteint le jour. Si vous achetez ces composantes séparément, assurez-vous que le transformateur est garanti à l'épreuve de l'eau. Vérifiez sa puissance nominale en watts, d'ordinaire entre 100 et 300 watts. Un associé du Réno-Dépôt le plus près de chez vous vous guidera dans l'achat du transformateur qui convient au nombre de luminaires que vous désirez installer.

CONSEIL DE SÉCURITÉ *Lorsque vous choisissez la sortie électrique qui alimentera le système, n'oubliez pas que le transformateur devra être situé à au moins 10 pieds du bord d'un étang, d'une piscine ou de tout autre point d'eau.*

TEMPS REQUIS

Plus de quatre heures

OUTILS

• Ruban à mesurer • Coupe-bordure (ou bêche) • Pic (ou pioche) • Tournevis à pointe plate • Coupe-fils Gants de travail

MATÉRIAUX

• Système d'éclairage basse tension • Ruban isolant • Vis à bois (ou vis à maçonnerie et cheville d'ancrage) • Attaches pour câble coaxial • Couvercle pour DDFT (avec ouverture pour cordon d'alimentation) • Cadenas

1. Faire la mise en place

Il n'existe pas de méthode rapide et unique pour faire la mise en place des luminaires. Toutefois, n'oubliez pas qu'un espacement régulier entre les luminaires produira un éclairage plus uniforme.

☞ Assemblez les luminaires en suivant les directives du fabricant, puis déposez-les sur le côté, aux emplacements désirés.

☞ Déroulez le câble basse tension et déposez le bout doté de raccords près de la sortie du disjoncteur en laissant suffisamment de jeu pour pouvoir faire la connexion au transformateur.

☞ Déposez le câble au sol, en commençant près de la sortie du disjoncteur et en avançant d'un luminaire à l'autre. Laissez une boucle de câble d'environ 2 pieds près de chaque luminaire pour les connexions (1).

2. Creuser la tranchée

La tranchée destinée à un câble basse tension peut n'avoir que 6 pouces.

☞ En portant des gants de travail, creusez une tranchée avec un coupe-bordure ou une bêche, en suivant le trajet du câble. Si vous voulez réutiliser le gazon, coupez-le avec soin et retirez-le par bandes avant de le mettre de côté (2).

☞ Déposez le câble dans la tranchée, mais ne le recouvrez pas immédiatement. Il faut connecter et installer les luminaires d'abord (étapes 3 et 4).

3. Connecter les luminaires

Connectez les luminaires en suivant les directives du fabricant.

☞ Dans le cas présenté ici, faites une boucle dans le câble à chaque emplacement de luminaire et glissez le pied d'un luminaire sur la boucle (A).

☞ Insérez le bout de la boucle aussi loin que possible dans le luminaire (3) afin de l'appuyer contre la pointe des bornes situées à l'intérieur.

☞ Insérez la came (B) dans la base du luminaire, la pointe du triangle vers le bas. Avec un tournevis à

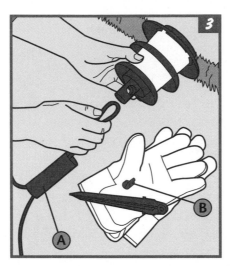

tête plate, tournez la came jusqu'à ce que sa flèche pointe vers le bas. Cela poussera le câble contre les bornes pour percer l'isolant et assurer la connexion électrique.

☞ Glissez le pied en place sur la base du luminaire.

☞ À la fin de son parcours, coupez l'excédent de câble, enveloppez chaque fil de ruban isolant et glissez le bout du câble dans le dernier luminaire.

4. Poser les luminaires

☞ Au premier luminaire, tirez doucement sur le câble au bas du pied pour éliminer tout jeu.

☞ Glissez le piquet du luminaire dans le pied, entre les longueurs de câble qui forment la boucle, afin de fixer le piquet au luminaire et de maintenir le câble en place.

☞ En tenant d'une main le luminaire bien droit à son emplacement prévu, poussez de l'autre main le piquet directement dans le sol, jusqu'au bas du pied (4).

N'enfoncez pas le luminaire plus loin : vous pourriez l'endommager.

☞ Si le sol est trop dur ou que le piquet rencontre un obstacle, creusez avec un pic ou une pioche un trou de 8 pouces à l'emplacement désiré. Placez le piquet dans le trou et compactez la terre autour afin qu'il tienne debout.

☞ Plantez les autres luminaires de la même manière.

5. Enfouir le câble

☞ Une fois les luminaires en place, remblayez la tranchée avec la terre enlevée (5) et couvrez-la du gazon mis de côté.

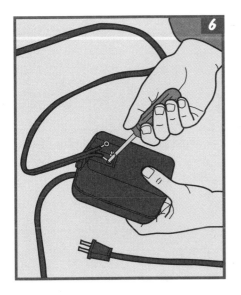

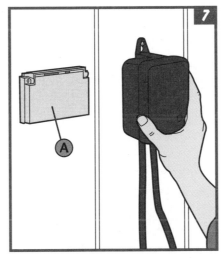

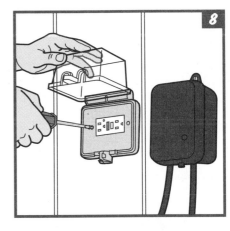

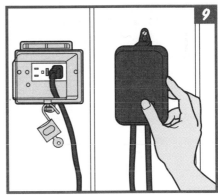

6. Connecter le transformateur

La plupart des transformateurs de systèmes d'éclairage extérieur sont dotés de deux bornes à vis.

☞ Enlevez les vis des bornes avec un tournevis à tête plate (6).

☞ Alignez l'un des anneaux de connexion à un bout du câble sur un trou de vis de borne, et vissez.

☞ Fixez l'autre anneau de connexion de la même manière.

7. Fixer le transformateur

Choisissez un emplacement situé près d'une sortie de DDFT (A). Si votre transformateur est doté d'une cellule photoélectrique, choisissez un endroit exposé à la lumière naturelle afin qu'il s'éteigne automatiquement avec la lumière du jour.

☞ Vissez à moitié une vis dans le mur, à l'emplacement désiré. Dans un parement en bois, utilisez une vis à bois; dans la maçonnerie,

une vis de maçonnerie et une cheville d'ancrage.

☞ Placez le transformateur sur la vis (7), puis serrez la vis jusqu'au fond.

☞ Fixez le câble au mur avec des attaches pour câble coaxial.

8. Poser un couvercle au disjoncteur de mise à la terre

Parce que le transformateur sera constamment branché à une sortie de DDFT, la fiche devra être protégée des intempéries. Vous pouvez remplacer l'habituel couvercle à ressort par un couvercle spécial en plastique qui comporte une ouverture pour le cordon d'alimentation. Le modèle présenté ici peut être cadenassé pour empêcher que tous y aient accès.

☞ Dévissez les vis de retenue qui fixent le couvercle régulier à la sortie du disjoncteur.

☞ Enlevez le couvercle et vissez le nouveau couvercle (8).

9. Tester le système d'éclairage

Il est possible de tester un transformateur doté d'une cellule photoélectrique durant la journée.

☞ Branchez le transformateur dans la sortie du disjoncteur et fermez le couvercle.

☞ Couvrez la cellule photoélectrique avec un doigt pendant 10 à 15 secondes (9). Les luminaires devraient s'allumer. Si cela n'est pas le cas, débranchez le transformateur et vérifiez les connexions. Faites le test à nouveau.

☞ Lorsque le système d'éclairage fonctionne correctement, cadenassez le couvercle de la sortie.

L'ÉLECTRICITÉ ET LE CHAUFFAGE

L'ÉLECTRICITÉ ET LE CHAUFFAGE

INSTALLER UN PROJECTEUR DE SÉCURITÉ À L'EXTÉRIEUR

Les projecteurs extérieurs ajoutent à la sécurité. Ils éclairent les entrées et les allées la nuit, et éloignent d'éventuels intrus. La plupart sont dotés d'un détecteur de mouvement qui allume les lumières lorsqu'un mouvement est détecté sur une distance allant jusqu'à 50 pieds. Plusieurs ont aussi une cellule photoélectrique qui allume les lampes au crépuscule et les éteint à l'aube automatiquement. Certains sont ajustables et peuvent être dirigés dans une direction précise. Habituellement, les lampes ne sont pas comprises. Consultez un associé du Réno-Dépôt le plus près de chez vous pour trouver des lampes compatibles avec le système acheté.

Les étapes suivantes expliquent comment prolonger un circuit électrique d'une sortie intérieure à un luminaire extérieur. Il est pratique de connecter le luminaire à une sortie intérieure située sur le même mur. Le plus facile est de le connecter à un circuit extérieur, s'il y en a déjà un. D'une façon ou d'une autre, additionnez toutes les charges électriques du circuit pour vous assurer qu'il a suffisamment de puissance pour alimenter le luminaire. Si aucun circuit n'est disponible à proximité, demandez à un électricien d'installer un nouveau circuit à partir de votre tableau de distribution jusqu'à l'emplacement du luminaire.

CONSEIL DE SÉCURITÉ *Ne travaillez jamais sur un circuit sous tension. Coupez l'alimentation du circuit au tableau de distribution.*

TEMPS REQUIS

Plus de quatre heures

OUTILS

• Vérificateur de tension • Tournevis à tête plate • Couteau utilitaire • Pince à dénuder (ou pince universelle) • Ruban de tirage • Pince à long bec • Scie à guichet • Perceuse électrique

MATÉRIAUX

• Projecteur (et lampes) • Câble NM (à gaine non métallique) • Boîte électrique • Ruban isolant • Fil de liaison • Serre-fils • Vis à bois

---

1. Couper le courant d'une prise

☞ Coupez le circuit de la prise au tableau de distribution.

☞ Pour vous assurer que le courant est coupé, insérez les sondes d'un détecteur de tension dans chaque paire de fentes de la prise (1). Si le détecteur s'allume pendant l'un des tests, c'est qu'il y a du courant. Coupez à nouveau le courant du bon circuit au tableau de distribution et refaites les tests.

☞ Enlevez la plaque, dévissez la prise et retirez-la de la boîte électrique. Assurez-vous que le courant est coupé en touchant avec les sondes les vis des bornes de chaque côté de la prise, puis le métal de la boîte et chaque vis de borne, à tour de rôle.

Note : *Vous pouvez aussi effectuer ces tests avec une sonde de tension. Passez l'outil sur chacun des fils connectés à la prise. La sonde s'allumera ou émettra un son si le circuit est ouvert.*

2. Enlever la boîte électrique

Pour laisser passer le câble électrique qui alimentera le nouveau luminaire, la boîte électrique de la prise doit être enlevée temporairement. Il est préférable de connecter le luminaire à une prise d'extrémité, qui ne contient qu'un seul câble. Dans la plupart des cas, vous pourrez prolonger le circuit de la boîte existante. Si la boîte est située au milieu d'un circuit et qu'elle contient deux câbles ou plus, vous devrez sans doute la remplacer par une boîte plus grande qui pourra contenir aussi le nouveau câble.

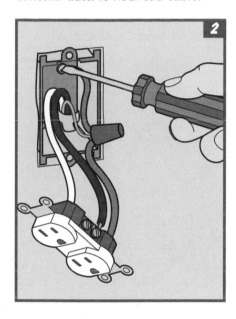

🔨 Avec un tournevis, desserrez les vis qui retiennent la boîte électrique au colombage (2). Suivant l'angle des vis, vous devrez peut-être utiliser un tournevis coudé.

🔨 Laissez le câble existant fixé à la boîte et tirez la boîte hors de l'ouverture du mur.

3. Couper l'ouverture du luminaire

Dans le cas d'un luminaire à encastrer dans un mur, tel que montré ici, il est préférable de poser une boîte octogonale, plus facile à fixer en place. Les boîtes sont ordinairement fixées à un colombage, mais une boîte à bride peut être fixée directement au parement du mur. Pour

une installation sur le mur, vous pouvez utiliser une boîte ronde.

🔨 Tenez la boîte à l'emplacement désiré et tracez son contour sur le mur.

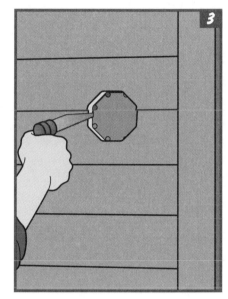

🔨 Dans le cas d'un parement en vinyle, tel que montré ici, commencez en coupant autour du tracé avec un couteau utilitaire et en enlevant la section de parement. Coupez dans le revêtement intermédiaire avec une scie à guichet. Vous pourrez peut-être commencer à couper en insérant le bout de la lame dans le revêtement. Sinon, percez un trou suffisamment grand pour la lame (3).

4. Passer un ruban de tirage

Faire passer un câble électrique de la prise au luminaire peut sembler difficile mais un ruban de tirage facilite beaucoup le travail. Le

ruban est assez souple pour serpenter dans les espaces étroits entre les murs mais assez rigide pour être poussé vers le haut ou le bas. Le travail se fait en deux étapes. Commencez en insérant le ruban dans l'ouverture du luminaire puis en le faisant passer par la prise. Attachez ensuite le nouveau câble au ruban et tirez-le par l'ouverture du luminaire (étape 5).

🔨 Déroulez le ruban et faites-le passer par l'ouverture du luminaire (4). Faites glisser le ruban le long du colombage sur lequel la prise a été fixée. Faites-vous aider par quelqu'un placé près de la prise intérieure, et qui cherchera le ruban et en tirera le bout dans l'ouverture.

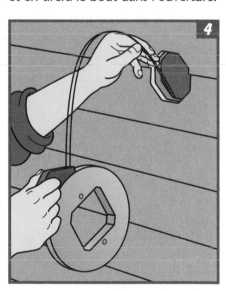

🔨 Si le ruban rencontre un obstacle, comme un coupe-feu ou une traverse, vous devrez faire une ouverture dans le mur intérieur à l'endroit où se trouve l'obstacle et y faire une brèche pour permettre au câble de passer.

5. Faire passer le câble à l'emplacement du luminaire

☞ Avec un couteau utilitaire, enlevez environ 8 pouces de la gaine au bout du nouveau câble.

☞ Coupez au ras de la gaine les fils noir et blanc, pour ne laisser dépasser que le fil de terre.

☞ Enroulez le fil de terre autour du crochet situé au bout du ruban de tirage (A).

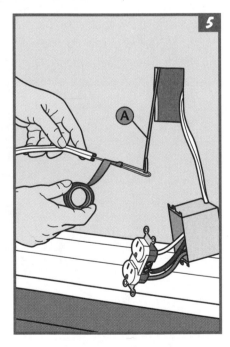

☞ Attachez ensemble le fil de terre et le ruban avec du ruban isolant (5).

☞ De l'ouverture du luminaire, enroulez le ruban pour faire passer le nouveau câble dans l'ouverture. Détachez le fil de terre du ruban et coupez-le au ras de la gaine isolante.

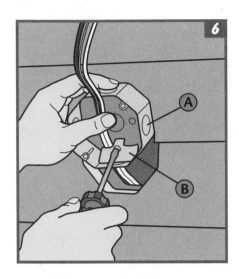

6. Fixer le câble à la boîte

☞ Dénudez à nouveau les fils du câble sur 8 pouces.

☞ Avec un tournevis, soulevez une débouchure (A) d'un côté de la boîte électrique.

☞ Desserrez une des pinces d'attache internes de la boîte (B), puis faites passer le câble par le trou et derrière la pince jusqu'à ce qu'environ 1 pouce de câble recouvert pénètre dans la boîte.

☞ La pince recouvrant la section gainée du câble, resserrez-la avec un tournevis pour la fixer en place (6).

☞ Avec une pince à dénuder, enlevez environ $\frac{3}{4}$ de pouce de gaine isolante au bout des fils noir et blanc.

7. Fixer la boîte du luminaire

☞ Placez la boîte dans l'ouverture du mur, ses bords à égalité avec le parement.

☞ Fixez la boîte au colombage en vissant deux vis dans les trous situés sur les côtés de la boîte (7). Si la boîte n'est pas posée sur un colombage, vous pouvez la fixer au revêtement intermédiaire à l'aide de vis posées dans les brides des côtés.

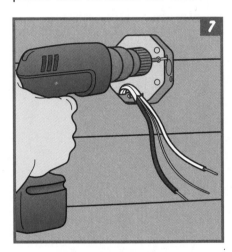

8. Connecter le luminaire

☞ Torsadez ensemble le bout du fil blanc du câble avec les deux fils blancs du luminaire et serrez dans un serre-fils.

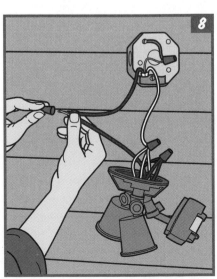

☞ Connectez les fils noirs du luminaire au fil rouge du détecteur de la même manière.

☞ Fixez une courte longueur de fil de liaison vert à la vis de terre située à l'arrière de la boîte du luminaire et connectez l'autre bout du fil au fil de terre du câble avec un serre-fils.

☞ Enfin, connectez le fil noir du câble au fil noir du détecteur (8).

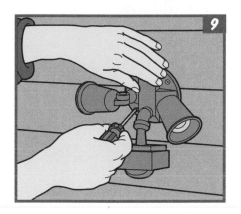

9. Fixer le luminaire

☞ Pliez les fils avec soin dans la boîte, puis placez la plaque de montage au mur, les trous de vissage de la plaque alignés sur ceux de la boîte.

☞ Fixez avec les vis fournies (9).

10. Connecter la prise

☞ Mesurez la profondeur de la boîte électrique de la prise. Une boîte standard de 2½ pouces pourrait ne pas être assez profonde pour accommoder le nouveau câble. Consultez le Code de l'électricité. En général, une boîte standard peut recevoir jusqu'à trois

câbles. Si trois câbles sont déjà présents avant l'installation du nouveau câble, posez une boîte plus profonde (3 pouces). Si vous avez des doutes, demandez à un électricien de vérifier la connexion.

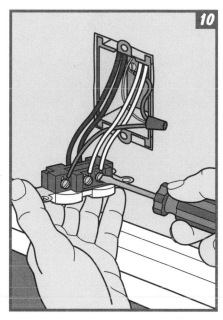

☞ Coupez le nouveau câble à 8 pouces de la prise pour avoir du jeu, puis fixez le câble dans la boîte et dénudez les fils comme vous l'avez fait à l'étape 6. Enfoncez doucement la boîte dans le mur et vissez-la.

☞ Avec une pince à long bec, pliez le bout des fils noir et blanc dans le sens des aiguilles d'une montre pour former un crochet semi-circulaire.

☞ Desserrez les vis des bornes inutilisées de la prise. Enroulez le fil blanc autour de la borne argent et le fil noir autour de la borne de cuivre. Resserrez les vis des bornes (10).

☞ Desserrez les serre-fils des fils de terre. Torsadez le fil de terre du nouveau câble avec les autres fils de terre et reposez le serre-fils.

☞ Fixez la prise sur la boîte et vissez la plaque.

11. Ajuster les lampes

☞ Vissez une lampe dans chaque douille (11).

☞ Remettez en marche le circuit au tableau de distribution.

☞ Si les lampes sont ajustables, desserrez les vis qui les maintiennent en position, placez-les dans les directions voulues, puis resserrez les vis.

☞ Ajustez la position du détecteur de mouvement.

☞ Si le luminaire est doté d'une cellule photoélectrique, testez-la en la couvrant avec un doigt. Les lampes devraient s'allumer dans une dizaine de secondes.

☞ Si le luminaire est doté d'une minuterie, réglez-la en suivant les directives du fabricant.

CONNECTER LES FILS D'UNE PRISE OU D'UNE FICHE DE 240 VOLTS

L'ÉLECTRICITÉ ET LE CHAUFFAGE

La plupart des gros appareils électriques utilisent un courant de 240 volts. Il existe essentiellement deux types de prises qui ont une capacité de 240 volts : la prise dédiée de 240 volts, et la prise combinée de 120 volts et de 240 volts. Les fiches doivent convenir aux prises : les fiches dont le voltage (V) et l'ampérage (A) sont différents de ceux de la prise ne pourront s'y insérer. Remplacez toujours une prise ou une fiche de 240 V par une prise ou une fiche identique. La prise et la boîte électrique doivent être correctement mises à la terre afin d'empêcher les chocs électriques dans l'éventualité d'un court-circuit.

La prise de 240 V convient aux appareils qui requièrent beaucoup de puissance électrique, tels le chauffe-eau et le climatiseur. Une prise combinée de 120 V/240 V de 30 A permet de faire fonctionner une sécheuse : l'élément chauffant utilise 240 volts, tandis que le moteur et la minuterie utilisent 120 volts. Une cuisinière électrique fonctionne avec une prise de 120 V/240 V et 50 ampères : 240 volts pour les brûleurs et le four, et 120 volts pour l'horloge, les lampes, la minuterie et les autres éléments.

CONSEIL DE SÉCURITÉ *Ne travaillez jamais sur un circuit sous tension. Coupez le courant du circuit au tableau de distribution et placez-y une note avertissant de ne pas le remettre sous tension.*

TEMPS REQUIS
Moins de deux heures

OUTILS
• Détecteur de tension
• Tournevis

MATÉRIAUX
• Prise et fiche de 240 V et 30 A • Ruban isolant • Fil de liaison • Serre-fils

ENLEVER UNE PRISE DE 240 VOLTS

1. Tester le voltage

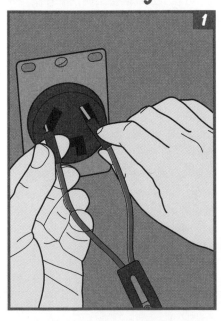

Assurez-vous que le courant est coupé au moyen d'un détecteur de tension capable de détecter 240 V.
☞ En ne touchant que les poignées isolées, insérez les sondes du détecteur dans deux fentes de la prise (1) afin qu'elles entrent en contact avec le métal qui se trouve à l'intérieur. La lumière du détecteur ne doit pas s'allumer.
☞ Faites le test pour chaque paire de fentes de la prise.

2. Déconnecter la prise

Lorsque vous êtes certain que le courant est coupé, enlevez la prise du mur.

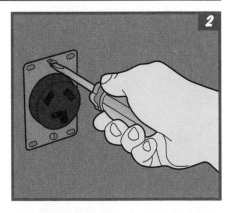

☞ Dévissez la plaque de montage (2) et enlevez soigneusement la prise hors de la boîte électrique.
☞ Déconnectez les fils de la prise. (Apportez la prise avec vous lors de l'achat d'une prise de remplacement.)

FAIRE LES CONNEXIONS D'UNE PRISE OU D'UNE FICHE DE 240 VOLTS

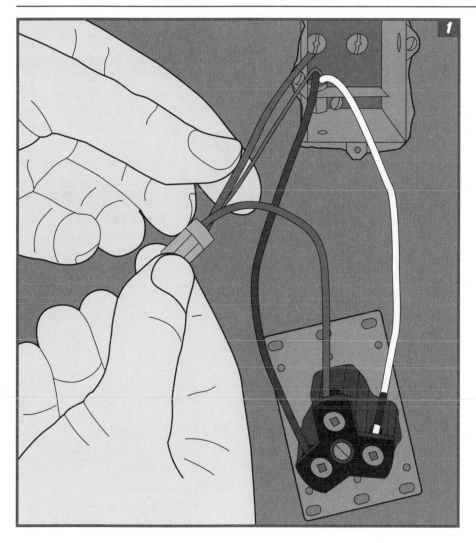

🔨 Placez les fils dans la boîte électrique et vissez la plaque de montage de la prise.

2. Établir les connexions d'une fiche

Un câble à deux conducteurs est nécessaire pour connecter une fiche de 240 V et 30 A. Les fils qui sont conducteurs de courant sont noirs et rouges (ou blancs): le fil de terre est vert.

🔨 Retirez le couvercle de la fiche et desserrez les vis des bornes.

🔨 Entourez vers la droite le fil de terre vert autour de la vis de borne et serrez la vis.

🔨 Connectez le fil noir et le fil rouge (ou blanc) aux deux autres bornes et serrez les vis.

🔨 Replacez le couvercle sur la fiche (2) et serrez les vis.

1. Connecter la prise

Une prise dédiée de 240 V et 30 A est habituellement connectée avec deux fils conducteurs. Dans l'exemple présenté ici, le fil blanc n'est pas neutre. Comme il est conducteur de courant, il devrait être étiqueté comme étant un fil noir (thermique) avec du ruban isolant.

🔨 Insérez les fils noir et blanc dans les fentes des bornes de laiton et vissez.

🔨 Torsadez ensemble le fil de terre du câble et deux fils de liaison verts, puis vissez un serre-fils sur le raccord.

🔨 Connectez un fil de liaison à la vis de terre de la boîte électrique et l'autre fil de liaison à la borne de terre (marquée «GR») de la prise.

🔨 Tirez doucement sur chacun des fils de terre pour vous assurer que le raccord est solide (1).

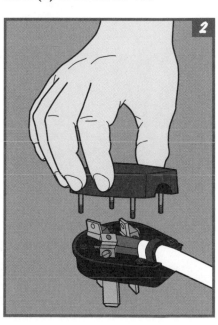

INSTALLER UN NOUVEAU CIRCUIT

Installer un nouveau circuit dans un tableau de distribution n'est pas un travail compliqué. Il suffit de faire passer un câble électrique de l'extrémité d'un circuit jusqu'au tableau de distribution et de le connecter à un nouveau disjoncteur. Le type de câble et de disjoncteur dont vous aurez besoin dépendront de la charge électrique du nouveau circuit. Par exemple, un luminaire intérieur ordinaire ou une prise double standard requièrent un câble à gaine non métallique (NM) 14/2 (de calibre 14, à deux conducteurs) et un disjoncteur simple de 15 ampères (A). Ce type de câble comporte un fil noir (thermique), un fil blanc (neutre) et un fil de terre en cuivre nu. Dans la plupart des cas, lorsqu'une prise est installée près d'un appareil de plomberie, que ce soit à l'extérieur ou à l'intérieur, elle doit être protégée par un disjoncteur détecteur de fuite à la terre (DDFT). Consultez le code local.

Il est nécessaire de prendre des précautions lorsqu'on effectue un travail sur un circuit électrique. Travailler au tableau de distribution peut être particulièrement dangereux, surtout si vous n'êtes pas familier avec le fonctionnement de votre système électrique. Si c'est le cas, faites faire les dernières connexions par un électricien. Après avoir coupé le courant au tableau de distribution, assurez-vous que les câbles ne sont plus sous tension au moyen d'un détecteur de tension.

TEMPS REQUIS

Plus de quatre heures

OUTILS

• Perceuse électrique • Tournevis • Détecteur de tension • Chasse-clou • Marteau • Pince à dénuder • Pince universelle

MATÉRIAUX

• Câble NM (à gaine non métallique) • Agrafes pour câble • Connecteur de boîte • Disjoncteur

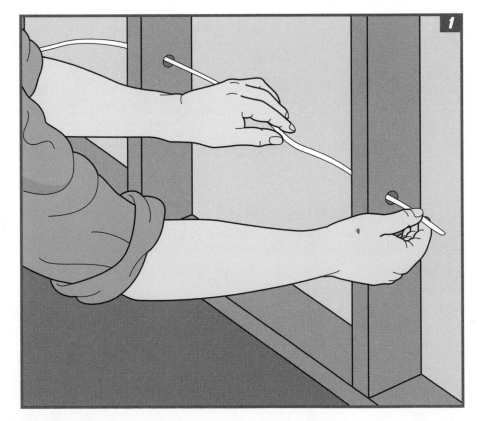

1. Installer le câble

☛ Faites passer le câble à partir de la fin du nouveau circuit jusqu'au tableau de distribution de votre maison.

☛ Percez des trous dans les colombages ou les solives de plafond à au moins 1¼ pouce des rives, et faites-y passer le câble (1).

☛ Lorsque le câble monte ou descend le long des colombages ou des solives, fixez-le avec des agrafes pour câble placées à tous les 12 pouces.

☛ Terminez l'installation au bout du câble avant de le connecter au panneau de distribution.

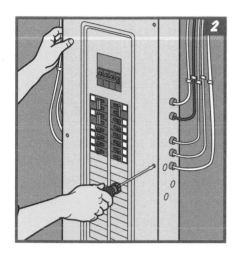

2. Enlever le panneau

☞ Au tableau de distribution, coupez le courant de tous les circuits pour éviter une surtension lorsque le courant sera rétabli. Coupez le courant au disjoncteur principal.

☞ Avec un long tournevis à manche de caoutchouc, retirez les vis de retenue du panneau du tableau de distribution, puis soulevez le panneau. Ne touchez à rien à l'intérieur du tableau avant de vous être assuré que le courant est coupé (2).

3. Vérifier la tension

Utilisez un détecteur de tension pour vous assurer que le courant est coupé.

☞ En tenant les deux sondes d'une seule main, touchez avec la sonde la vis de la borne du disjoncteur le plus bas et avec l'autre sonde la barre collectrice du fil neutre et du fil de terre (3). La barre collectrice est une barre verticale située à l'arrière du panneau : le fil blanc (neutre) et le fil

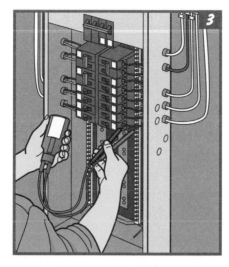

de terre du câble du circuit y sont fixés avec des vis de serrage.

☞ Testez tous les autres disjoncteurs de la même manière. Si le détecteur signale la présence de tension, remettez en place le panneau et consultez un électricien.

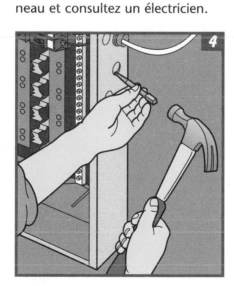

4. Enlever une débouchure

Enlevez une débouchure sur un côté du tableau de distribution afin de créer une ouverture dans laquelle le câble du nouveau circuit pourra passer, et enlevez une autre débouchure dans le panneau pour le nouveau disjoncteur.

☞ Placez le bout d'un chasse-clou sur le bord d'une débouchure située près d'une ouverture de disjoncteur et tapez vers l'intérieur avec un marteau (4). De l'intérieur du tableau de distribution, retirez la débouchure avec des pinces.

☞ Enlevez la débouchure correspondante sur le panneau de la même manière.

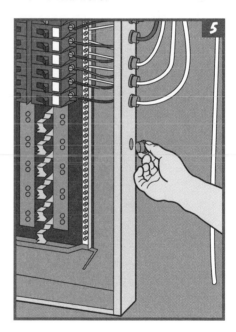

5. Installer un connecteur de boîte

Un connecteur de boîte aide à maintenir en place le câble du nouveau circuit dans la débouchure.

☞ Mettez le connecteur de boîte en l'insérant d'un coup sec dans la débouchure (5).

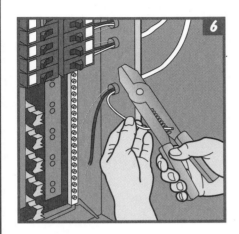

6. Préparer les fils du câble

☞ Insérez le câble dans le tableau et tirez une section suffisamment longue de câble pour qu'il puisse atteindre le disjoncteur.

☞ Avec une pince à dénuder, enlevez de 8 à 10 pouces de gaine isolante au bout du câble.

☞ Dénudez environ ¾ de pouce de gaine isolante au bout de chaque fil avec une pince universelle (6).

7. Poser le disjoncteur

☞ Insérez en place, d'un coup sec, le nouveau disjoncteur en position fermée («OFF») (7).

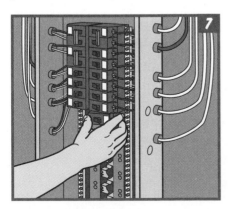

8. Connecter la barre collectrice

☞ Desserrez deux vis de bornes (pour le fil neutre et de terre) de la barre collectrice, près du nouveau disjoncteur.

☞ Insérez le bout du fil de terre du câble dans une borne et le bout du fil blanc (neutre) dans l'autre borne, puis serrez les vis (8).

☞ Tirez sur les fils pour vous assurer que le raccordement est solide.

Note : *Si votre tableau de distribution est doté de barres collectrices distinctes pour les fils neutres et de terre, voyez comment les autres circuits sont connectés et faites de même pour les nouvelles connexions.*

9. Connecter le disjoncteur

☞ Avec un tournevis, desserrez la vis de la borne du disjoncteur.

☞ Insérez le bout du fil noir du câble dans la borne et serrez la vis (9). Tirez sur le fil pour vous assurer que le raccordement est solide.

☞ Remettez en place le panneau sur le tableau de distribution et vissez-le.

☞ Remettez en marche le disjoncteur principal, puis le courant dans tous les circuits.

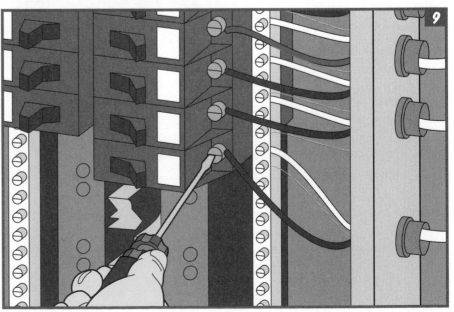

INSTALLER UNE BOÎTE ÉLECTRIQUE

Installer une boîte électrique n'est pas compliqué : il suffit de découper une ouverture dans un mur ou un plafond et d'y faire passer des fils. Les boîtes sont faites de métal ou de plastique et celles qui sont destinées aux prises et aux interrupteurs sont ordinairement rectangulaires, tandis que les boîtes des luminaires sont généralement rondes. Assurez-vous d'installer une boîte suffisamment grande pour contenir tous les câbles nécessaires. (Si vous ne savez pas quelle boîte électrique convient à votre projet, consultez le Code du bâtiment et le Code canadien de l'électricité, ou un maître électricien.) Certaines boîtes sont conçues pour être fixées sur le côté d'un colombage ou d'une solive, ce qui requiert l'utilisation d'un détecteur de colombage. D'autres, comme celle présentée ici, peuvent être installées là où il n'y a ni colombage ni solive.

Soyez toujours très prudent lorsque vous effectuez un travail sur un circuit électrique. Faites passer le câble de la fin du nouveau circuit jusqu'à la source de courant, puis effectuez les connexions dans la nouvelle boîte avant de connecter le circuit à la source de courant électrique.

CONSEIL DE SÉCURITÉ *Ne travaillez jamais sur un circuit sous tension. Coupez le courant du circuit au tableau de distribution et placez-y une note avertissant de ne pas le remettre sous tension.*

TEMPS REQUIS	OUTILS	MATÉRIAUX
Moins de deux heures	• Scie à guichet • Pince à dénuder • Couteau utilitaire • Tournevis • Pince universelle	• Boîte électrique • Câble NM (à gaine non métallique)

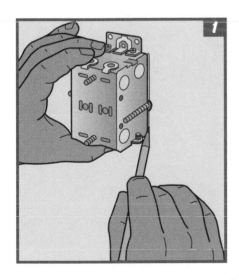

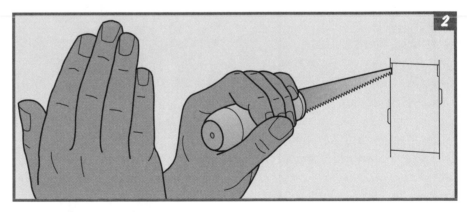

1. Tracer le contour de la boîte

☞ Placez la boîte électrique contre le mur et tracez-en le contour avec un crayon (1).

2. Commencer la coupe

Faites une ouverture dans le panneau mural ou le plâtre avec une scie à guichet.

☞ Placez le bout de la lame de la scie dans un coin du tracé.

☞ Frappez le manche de la scie à plusieurs reprises avec le plat de votre main pour enfoncer la lame dans le mur (2).

Note: *Si vous ne parvenez pas à insérer la lame dans le mur, percez des trous avec une pointe plate à l'intérieur des coins du tracé et sciez d'un trou à l'autre.*

L'ÉLECTRICITÉ ET LE CHAUFFAGE

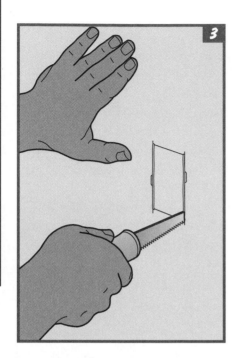

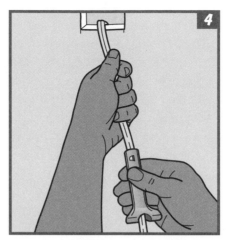

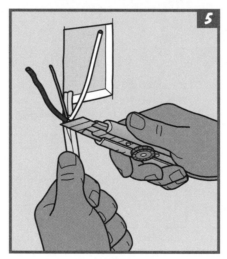

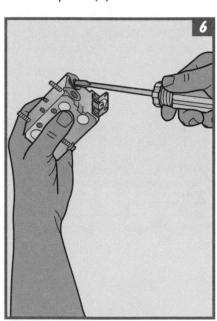

3. Découper l'ouverture

☞ Coupez le long du tracé avec la scie, en appuyant votre main libre contre le mur (3).

☞ Enlevez la découpe.

☞ Faites courir un câble NM de l'ouverture de la boîte jusqu'à la source d'électricité.

Note : *Pour éviter de briser les bords de l'ouverture, appliquez une pression sur la scie seulement lorsque vous tirez.*

4. Dénuder le câble

☞ Coupez le câble à l'ouverture de la boîte, en laissant un excédent d'environ 12 pouces pour faire les connexions.

☞ Avec une pince à dénuder, faites une entaille de 8 à 10 pouces dans la gaine isolante du câble (4).

5. Exposer les fils

Les fils contenus dans le câble ont une couleur codée : le fil thermique est noir, le fil neutre est blanc, et le fil de terre est en cuivre nu.

☞ Tirez vers l'arrière la gaine coupée pour exposer les fils.

☞ Coupez l'excédent de gaine avec un couteau utilitaire (5).

CONSEIL DE SÉCURITÉ *Si vous entaillez accidentellement un des fils du câble, coupez les fils exposés et répétez les étapes 4 et 5.*

6. Enlever une débouchure

Les parois des boîtes électriques sont dotées de pièces détachables appelées débouchures, qui peuvent être enfoncées ou pliées vers l'extérieur afin de dégager une ouverture permettant de faire passer les câbles. Ouvrez une débouchure pour chaque câble qui devra être inséré dans la boîte.

☞ Enfoncez le bout d'un tournevis sous la débouchure pour la faire plier jusqu'à ce qu'elle se détache d'un coup sec (6).

7. Fixer le câble

Le type d'attache utilisé pour maintenir un câble dans une boîte dépend du type de boîte. Certaines boîtes n'ont pas de pinces de fixation : les câbles sont fixés au moyen de connecteurs.

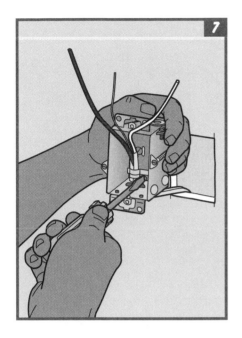

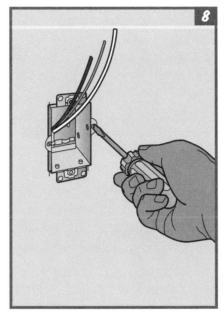

9. Dénuder les fils

Avec une pince universelle, dénudez environ ½ pouce de gaine isolante au bout du fil noir et du fil blanc. Si vous entaillez accidentellement un fil, coupez à nouveau les deux fils un peu plus loin et recommencez.

☞ Insérez chacun des fils dans le trou de la pince qui correspond à sa taille, effectuez une rotation pour couper la gaine isolante (9).

☞ Les mâchoires de la pince fermées, tirez sur l'outil pour dénuder le bout des fils.

☞ Insérez les fils dans la boîte par la débouchure, ainsi que ½ pouce de câble non dénudé.

☞ Dans le cas d'une boîte dotée d'une pince d'attache intégrée, resserrez la pince avec un tournevis de manière à ce que le câble soit maintenu en place sans que sa gaine isolante soit coupée (7).

☞ Dans le cas d'une boîte dotée d'un connecteur, serrez l'écrou de serrage sur le connecteur fileté.

8. Installer la boîte

Installez une boîte à égalité sur le mur, tel que montré ici, en suivant les directives du fabricant.

☞ Insérez la boîte dans l'ouverture jusqu'à ce que les pattes de montage s'appuient contre le mur. Si l'ouverture est trop petite pour la boîte, taillez les bords avec un couteau utilitaire.

☞ Vissez la boîte au mur (8).

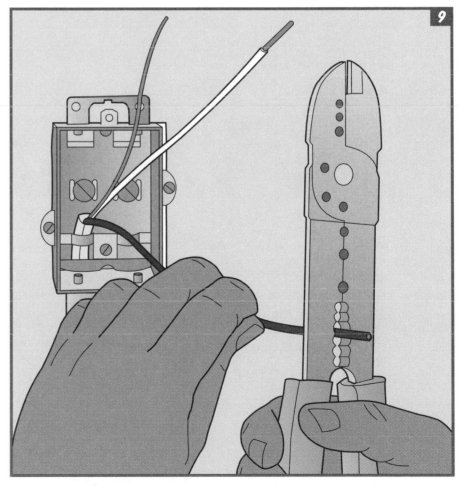

REMPLACER UN INTERRUPTEUR TRIPOLAIRE

L'ÉLECTRICITÉ ET LE CHAUFFAGE

Les interrupteurs tripolaires, toujours installés par paires, contrôlent la mise en marche d'une lampe (ou plus) à partir de deux endroits. Ils diffèrent des interrupteurs unipolaires en cela qu'ils ne sont pas dotés d'indicateur de marche ou d'arrêt (« On/Off ») et qu'ils possèdent trois bornes à vis: deux à «double sens» et une « commune » de teinte foncée.

Refaire les connexions d'un circuit tripolaire est un travail spécialisé qu'il vaut mieux laisser à un électricien. En revanche, remplacer un interrupteur tripolaire est facile. Assurez-vous d'abord d'avoir éliminé toutes les autres causes possibles du problème: une lampe défectueuse ou une connexion défaite, par exemple.

L'emplacement des bornes à vis peut varier d'un fabricant à un autre, et certains interrupteurs peuvent être dotés d'une borne à vis supplémentaire. Apportez le vieil interrupteur avec vous lors de l'achat d'un semblable.

CONSEIL DE SÉCURITÉ *Ne travaillez jamais sur un circuit sous tension. Coupez le courant du circuit au tableau de distribution et placez-y une note avertissant de ne pas le remettre sous tension.*

TEMPS REQUIS

Moins de deux heures

OUTILS

- Tournevis • Détecteur de tension • Pince à dénuder
- Pince à long bec

MATÉRIAUX

- Interrupteur tripolaire
- Ruban-cache • Serre-fils

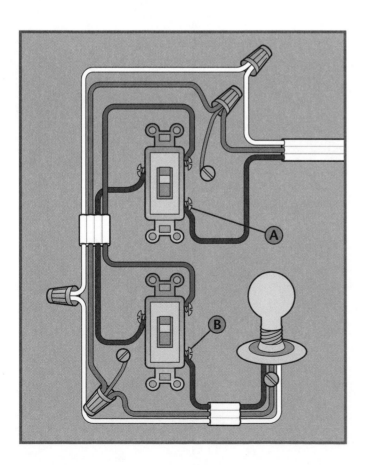

Anatomie d'un circuit tripolaire

Dans cette illustration, un luminaire se trouve au bout du circuit. Un fil noir alimenté par la source de courant est connecté à la borne commune du premier interrupteur (A). Un fil noir allant jusqu'au luminaire est connecté à la borne commune du deuxième interrupteur (B). Des fils noir et rouge sont connectés aux bornes à double sens des deux interrupteurs. À chaque boîte électrique, les fils blancs (neutres) sont torsadés ensemble dans un serre-fils. Les fils de terre sont torsadés ensemble dans un serre-fils avec un fil de liaison qui est connecté à la vis de terre de la boîte.

Note: *Il existe d'autres configurations de fils et d'autres codes de couleurs. Identifiez les fils au moyen d'étiquettes avant d'enlever un vieil interrupteur pour vous assurer de les connecter aux bornes appropriées du nouvel interrupteur.*

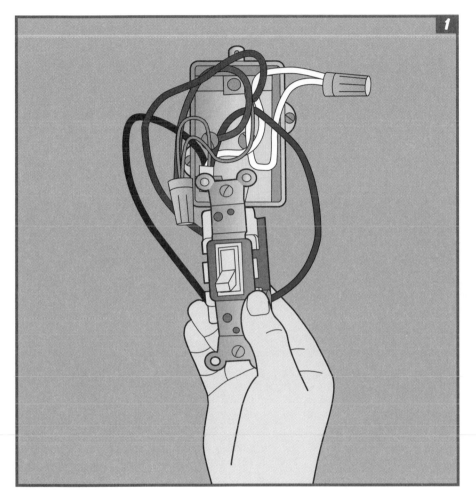

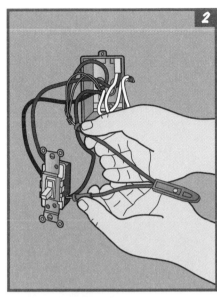

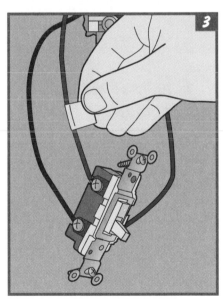

1. Dégager l'interrupteur de la boîte

☞ Coupez le courant du circuit au tableau de distribution.

☞ Dévissez la plaque et retirez-la.

☞ Retirez les vis qui retiennent en place l'interrupteur dans la boîte électrique.

☞ Sans toucher à des fils dénudés, retirez soigneusement l'interrupteur de la boîte (1) et desserrez les serre-fils.

2. Tester la tension

Utilisez un détecteur de tension pour vous assurer que le circuit n'est pas alimenté.

☞ En tenant le détecteur de tension dans une main, touchez avec une sonde une borne de vis de l'interrupteur et, avec l'autre sonde, touchez à tour de rôle le bout des fils de terre (2) et des fils blancs. Refaites le test avec toutes les autres bornes de l'interrupteur. Si le détecteur ne s'allume pas, c'est que le courant est coupé et qu'il est sécuritaire de continuer.

3. Étiqueter les fils

Trois fils connectent l'interrupteur à la boîte électrique.

☞ Avec du ruban-cache, étiquetez le fil noir connecté à la vis de borne commune de teinte foncée pour référence future (3). Les deux autres fils connectés à l'interrupteur sont interchangeables.

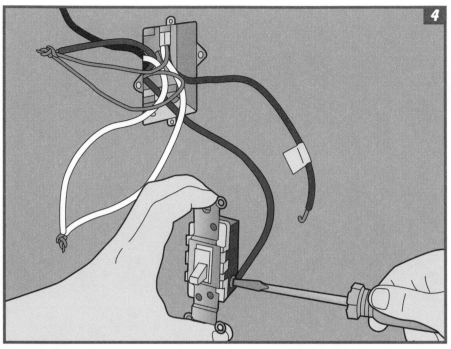

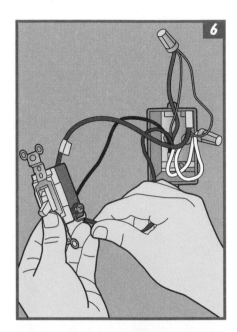

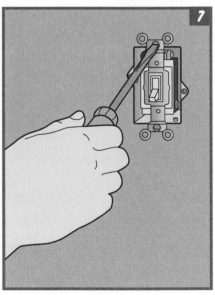

4. Enlever le vieil interrupteur

🔨 Desserrez les vis des bornes de l'interrupteur (4), puis décrochez les fils et enlevez l'interrupteur.

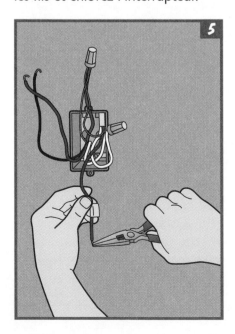

5. Vérifier les connexions

Voyez s'il n'y a pas de fils détachés ou endommagés.

🔨 Vérifiez les fils blancs et les fils de terre, puis posez un serre-fils sur chaque connexion.

🔨 Coupez la partie endommagée d'un fil puis enlevez ½ pouce de gaine isolante et faites un crochet avec le bout du fil (5).

6. Connecter le nouvel interrupteur

🔨 Enroulez vers la droite le crochet des fils étiquetés autour de la borne commune du nouvel interrupteur et serrez les vis.

🔨 Connectez les deux autres fils aux bornes à double sens de l'interrupteur (6).

7. Mettre en place l'interrupteur dans la boîte.

🔨 Pliez délicatement les fils dans la boîte électrique et vissez l'interrupteur (7).

🔨 Vissez la plaque sur l'interrupteur.

🔨 Rétablissez le courant du circuit au tableau de distribution.

REMPLACER UN INTERRUPTEUR QUADRIPOLAIRE

On installe un interrupteur quadripolaire entre deux interrupteurs tripolaires afin de contrôler la mise en marche d'une lampe à partir de trois endroits, ce qui peut être pratique dans les grandes pièces et les longs corridors. Les interrupteurs quadripolaires et tripolaires se distinguent des interrupteurs unipolaires en cela qu'ils ne sont pas dotés d'indicateur de marche ou d'arrêt («On/Off»). L'interrupteur quadripolaire est doté de quatre bornes à vis (deux paires à «double sens»). Les interrupteurs tripolaires sont dotés de trois bornes à vis : deux à «double sens» et une «commune» de teinte foncée. Tant les interrupteurs quadripolaires que tripolaires peuvent avoir une borne de terre.

Faire les connexions d'un circuit quadripolaire est un travail qu'il faut confier à un électricien, mais remplacer un interrupteur quadripolaire est relativement facile. Toutefois, avant de commencer, assurez-vous d'avoir éliminé toutes les autres causes possibles du problème : une lampe défectueuse ou une connexion défaite, par exemple. Vérifiez tous les interrupteurs du système pour vous assurer qu'il n'y a pas de fils détachés ou endommagés.

CONSEIL DE SÉCURITÉ *Ne travaillez jamais sur un circuit sous tension. Coupez le courant du circuit au tableau de distribution et placez-y une note avertissant de ne pas le remettre sous tension.*

TEMPS REQUIS	OUTILS	MATÉRIAUX
Moins de deux heures	• Tournevis • Détecteur de tension	• Interrupteur quadripolaire • Ruban-cache • Fil de liaison • Serre-fils

Anatomie d'un circuit quadripolaire

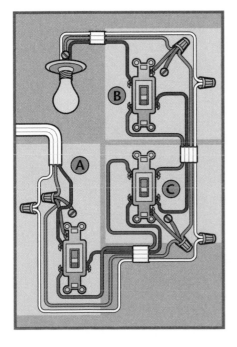

Dans cette illustration, un luminaire se trouve au bout du circuit. La borne commune de l'interrupteur tripolaire (A) est connectée au fil noir qui est alimenté par la source de courant électrique. La borne commune du deuxième interrupteur tripolaire (B) est connectée au fil noir qui se rend jusqu'au luminaire. Les bornes à double sens des deux interrupteurs tripolaires sont connectées aux fils noirs et rouges. Deux fils noirs et deux fils rouges sont connectés à des paires de bornes voyageuses de l'interrupteur quadripolaire (C). À chaque boîte électrique, les fils

blancs (neutres) sont torsadés ensemble dans un serre-fils. Les fils de terre sont torsadés ensemble dans un serre-fils avec un fil de liaison et sont connectés à la vis de terre de la boîte. Si l'interrupteur est doté d'une vis de terre, tel que montré ici, un autre fil de liaison doit y être connecté.

Note : *Il existe d'autres configurations de fils et d'autres codes de couleurs. Identifiez les fils au moyen d'étiquettes avant d'enlever le vieil interrupteur pour vous assurer de les connecter aux bornes appropriées du nouvel interrupteur.*

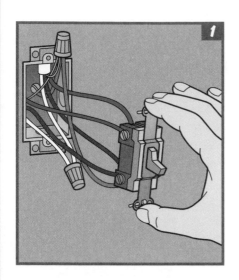

1. Dégager l'interrupteur de la boîte

☞ Coupez le courant du circuit au tableau de distribution.

☞ Dévissez la plaque et retirez-la.

☞ Retirez les vis qui retiennent en place l'interrupteur dans la boîte électrique.

☞ Sans toucher à des fils dénudés, retirez soigneusement l'interrupteur de la boîte (1).

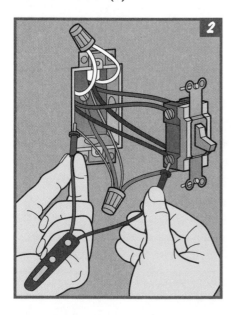

2. Tester la tension

Utilisez un détecteur de tension pour vous assurer que le circuit n'est pas alimenté.

☞ Touchez avec une sonde une borne de vis de l'interrupteur et avec l'autre sonde la boîte électrique (2). Si la boîte est en plastique, touchez avec l'autre sonde le fil de terre en cuivre nu. Refaites le test avec toutes les autres bornes de l'interrupteur. Si le détecteur ne s'allume pas, c'est que le courant est coupé et qu'il est sécuritaire de continuer.

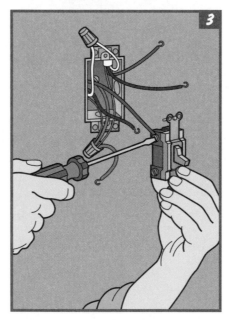

3. Enlever le vieil interrupteur

☞ Desserrez les vis des bornes de l'interrupteur (3), puis décrochez les fils et enlevez l'interrupteur.

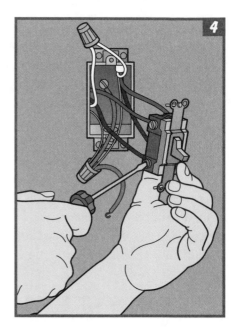

4. Connecter le nouvel interrupteur

☞ Enroulez vers la droite le crochet des fils rouges autour d'une paire de bornes voyageuses de l'interrupteur et serrez les vis.

☞ Connectez les deux fils noirs à l'autre paire de bornes voyageuses (4), et le fil de terre à la vis de terre de la même manière. Si le vieil interrupteur n'a pas de borne de terre, vous devrez ajouter un fil de liaison vert aux fils de terre posés dans le serre-fils.

☞ Placez les fils dans la boîte électrique et vissez l'interrupteur à sa place.

☞ Vissez la plaque sur l'interrupteur.

☞ Rétablissez le courant du circuit.

INSTALLER UN VENTILATEUR D'ASPIRATION

S i une salle de bain n'est pas bien ventilée, la vapeur produite lors des bains ou des douches provoquera à la longue bien des ennuis: décollement du papier peint et des carreaux de céramique, écaillage de la peinture, dégradation du bois et des panneaux muraux. Un ventilateur d'aspiration supprime tous ces problèmes et aide à éliminer les odeurs.

Les ventilateurs sont classés en fonction de leur capacité à aspirer un certain nombre de pieds cubes d'air par minute (PCM), ainsi qu'en fonction du nombre de sones, une mesure d'intensité du bruit. Choisissez un ventilateur dont la capacité en PCM est légèrement supérieure au nombre de pieds carrés de votre salle de bain et dont le nombre de sones ne dépasse pas 3.

Dans une salle de bain typique, le ventilateur d'aspiration est installé au plafond et relié à un évent situé sur le toit ou sur un mur extérieur au moyen d'un conduit souple. Avant de travailler dans l'entretoit, déposez un contreplaqué sur les solives pour soutenir le poids de votre corps et de vos outils. Si la pente de votre toit est de plus de 4: 12 (une élévation de 4 pouces sur une distance horizontale de 12 pouces), faites installer le ventilateur par un spécialiste.

CONSEIL DE SÉCURITÉ *Ne travaillez jamais sur des fils sous tension. Coupez le courant du circuit au tableau de distribution et placez-y une note avertissant de ne pas le remettre sous tension.*

TEMPS REQUIS

Plus de quatre heures

OUTILS

- Détecteur de colombage
- Perceuse électrique • Scie à guichet • Tournevis • Scie alternative • Couteau utilitaire
- Couteau à mastic • Détecteur de tension • Pince à dénuder
- Gants de travail • Lunettes de sécurité

MATÉRIAUX

- Ventilateur d'aspiration et évent • Rallonge pour about • Fil
- Contreplaqué • Entretoises en bois • Vis pour feuille de métal
- Ruban pour conduit • Mastic pour toiture • Clous pour toiture
- Conduit • Brides pour conduit
- Câble électrique • Fil de liaison

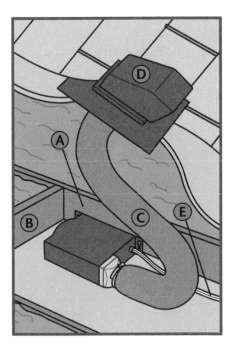

Anatomie d'un ventilateur d'aspiration

Dans l'installation présentée ici, le ventilateur d'aspiration est vissé à une solive (A) par une ouverture faite dans le plafond. De chaque côté du ventilateur, des entretoises (B) de la même dimension que les solives sont ajoutées entre les solives pour maintenir en place l'isolant. L'air aspiré passe par un conduit isolé souple (C) et sort à l'extérieur par un évent (D). Le ventilateur est connecté à un interrupteur situé dans la salle de bain au moyen d'un câble électrique à deux conducteurs (E). L'interrupteur est connecté à une boîte de jonction branchée sur le même circuit que le luminaire de la pièce.

1. Positionner le ventilateur

☞ Dans la salle de bain, utilisez un détecteur de colombage pour déterminer l'emplacement d'une solive qui convient.

☞ Percez un trou dans le plafond près de la solive, puis insérez une longueur de câble dans le trou pour marquer l'emplacement.

☞ Dans l'entretoit, déposez un

L'ÉLECTRICITÉ ET LE CHAUFFAGE

contreplaqué sur les solives pour soutenir votre poids et celui de vos outils, puis retrouvez le fil.

☞ Enlevez de l'isolant et posez des entretoises entre les solives de chaque côté du ventilateur pour retenir l'isolant.

☞ Placez le ventilateur sur le trou, sa bride de fixation contre la solive (1), et tracez-en le contour sur le matériau du plafond.

3. Mettre en place le ventilateur

☞ Placez le ventilateur dans l'ouverture du plafond en suivant les directives du fabricant (3).

☞ Vissez le ventilateur à la solive.

5. Assembler l'évent de toit

Si l'about de l'évent est trop court pour l'épaisseur du toit, fixez-y une rallonge (A).

☞ Ajustez la rallonge sur l'about de l'évent et fixez-la au moyen de deux vis pour feuille de métal (5).

☞ Enroulez de ruban pour conduit le joint entre l'about et la rallonge.

Note : *Certains évents sont vendus avec des connecteurs sans vis qui ont la même fonction que la rallonge pour about.*

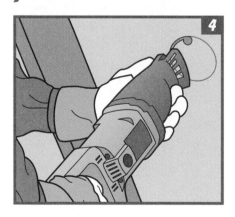

2. Couper l'ouverture dans le plafond

Lorsque vous coupez une ouverture dans le plafond, faites-vous aider par quelqu'un dans la salle de bain qui attrapera la découpe.

☞ Percez un trou d'accès de ¾ de pouce dans chaque coin du tracé.

☞ Coupez le long du tracé avec une scie à guichet (2).

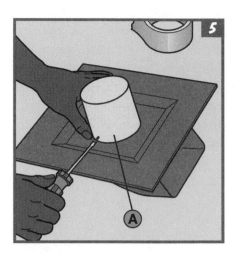

4. Découper une ouverture pour l'évent

☞ Déterminez l'emplacement de l'évent entre deux chevrons et tracez-y le contour de l'ouverture du conduit.

☞ Percez un trou d'accès de ¾ de pouce tout juste à l'intérieur du tracé.

☞ Coupez le long du tracé avec une scie alternative (4).

6. Couper dans les bardeaux

Afin d'assurer une bonne étanchéité, le haut et les côtés de la bride du ventilateur doivent être recouverts de bardeau. Le bas de la bride repose sur le dessus des bardeaux.

☞ En travaillant sur le toit, insérez l'about dans l'ouverture et tracez l'emplacement de la bride de l'évent sur les bardeaux.

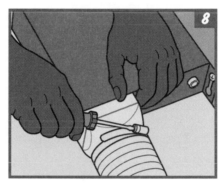

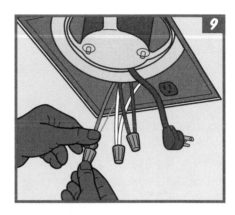

☞ Enlevez l'évent et marquez les bords intérieurs de la bride de l'évent en traçant une ligne à l'intérieur du premier carré, à une distance égale à celle de la largeur de la bride.

☞ Avec un couteau utilitaire, coupez le long du haut et des côtés du tracé intérieur (6). Ne coupez que les bardeaux exposés et non ceux qui sont situés dessous.

☞ Enlevez les découpes.

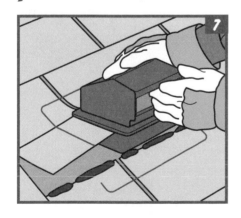

7. Mettre en place l'évent

☞ Avec un couteau à mastic, appliquez une couche de mastic pour toiture sous la bride de l'évent.

☞ Relevez les languettes de bardeau en haut et sur les côtés de l'ouverture, puis insérez l'évent à sa place (7).

☞ Fixez à la toiture la bride de l'évent avec des clous pour toiture, et couvrez la tête des clous avec du mastic pour toiture.

☞ Appliquez du mastic pour toiture sous les languettes au haut et sur les côtés de l'évent, et remettez-les en place en appuyant.

8. Brancher le conduit

☞ De l'entretoit, insérez un conduit souple dans la sortie du ventilateur et fixez-le avec une bride pour conduit (8).

☞ Fixez l'autre bout du conduit à l'about de l'évent ou à la rallonge de la même manière.

9. Connecter le ventilateur

D'ordinaire, le ventilateur est connecté au circuit qui alimente le luminaire de la pièce. Faites passer un câble électrique du ventilateur à l'interrupteur du ventilateur, et du ventilateur à la source de courant (une boîte de jonction sur le circuit).

☞ Au tableau de distribution de votre maison, coupez le courant du circuit approprié. Placez une note avertissant de ne pas le remettre sous tension.

☞ Enlevez le panneau du tableau. Sans toucher à des fils dénudés, assurez-vous que le courant est coupé au moyen d'un détecteur de tension.

☞ Lorsque vous êtes certain que le circuit n'est pas sous tension, faites passer le câble de la boîte de jonction à l'interrupteur, et de l'interrupteur au ventilateur.

☞ Dans l'entretoit, dénudez environ 8 pouces de gaine isolante du câble et environ $\frac{1}{2}$ pouce de gaine des fils noir et blanc. En passant par la bride, insérez le câble dans le ventilateur et resserrez la bride.

☞ En travaillant par le dessous, torsadez ensemble les fils noirs et insérez-les dans un serre-fils. Faites de même avec les fils blancs. Connectez un fil de liaison vert à la vis de terre du ventilateur, et torsadez ensemble le fil vert et le fil de terre en cuivre nu puis posez un serre-fils (9).

☞ Rentrez les fils, branchez le ventilateur et posez la grille.

INSTALLER UN THERMOSTAT PROGRAMMABLE

L'ÉLECTRICITÉ ET LE CHAUFFAGE

Un thermostat programmable vous permet de déterminer à l'avance les cycles de chauffage ou de climatisation de votre maison, et de réduire ainsi les coûts d'énergie. Assurez-vous que le nouveau thermostat soit compatible avec votre système. Le modèle présenté ici est conçu pour programmer le fonctionnement de plinthes électriques et il requiert un circuit de 240 volts. D'autres configurations et codes de couleurs de fils existent, aussi identifiez bien les fils au moyen d'étiquettes avant de débrancher l'ancien thermostat pour vous assurer de faire les bonnes connexions avec le nouveau thermostat.

CONSEIL DE SÉCURITÉ *Ne travaillez jamais sur des fils sous tension. Coupez le courant du circuit au tableau de distribution et placez-y une note avertissant de ne pas le remettre sous tension.*

TEMPS REQUIS
Moins de deux heures

OUTILS
• Tournevis • Détecteur de tension • Pinces d'électricien

MATÉRIAUX
• Thermostat programmable
• Serre-fils

1. Enlever le boîtier

☞ Coupez le courant du circuit au tableau de distribution.

☞ Retirez le boîtier (1). Au besoin, soulevez-le doucement avec un tournevis.

2. Enlever le corps du thermostat

☞ Dévissez le corps du thermostat (2) et retirez-le du mur.

☞ Dépliez les fils électriques et tirez-les hors de la boîte électrique.

3. Déconnecter les fils

☞ Sans toucher aux fils dénudés, enlevez les serre-fils posés sur les fils de connexion (3).

☞ Assurez-vous que le courant est coupé en touchant avec les sondes

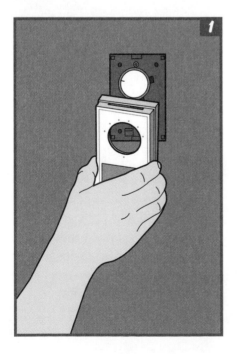

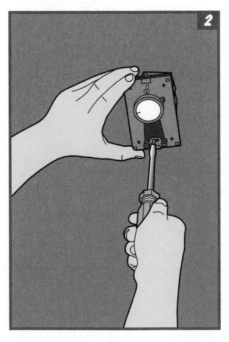

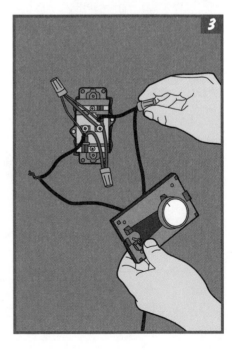

du détecteur de tension les bouts des fils de connexion du thermostat. Si la lampe ne s'allume pas, c'est que le courant est coupé et qu'il est sécuritaire de poursuivre le travail.

☞ Déconnectez les fils et enlevez le thermostat.

4. Connecter les fils du nouveau thermostat

☞ Avec des pinces d'électricien, torsadez vers la droite les fils du nouveau thermostat avec ceux du câble de la boîte électrique (4).

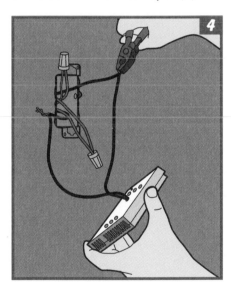

5. Poser des serre-fils

☞ Posez un serre-fils sur chaque connexion (5).

☞ Assurez-vous que chaque connexion est solide en tirant doucement sur les fils. Au besoin, enlevez le serre-fils, torsadez à nouveau les fils, et reposez le serre-fils.

6. Installer le nouveau thermostat

☞ Poussez doucement les fils dans la boîte électrique et mettez en place le thermostat au moyen de vis (6).

☞ Installez le boîtier sur le thermostat.

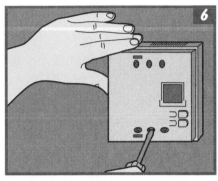

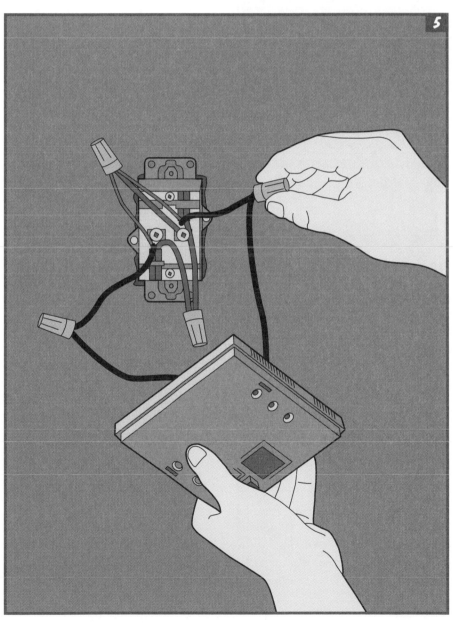

ENTRETENIR UN CHAUFFE-EAU ÉLECTRIQUE

Un approvisionnement constant en eau chaude est une commodité que les propriétaires tiennent pour acquis, jusqu'à ce qu'il y ait un problème (manque d'eau chaude, insuffisance d'eau chaude, eau insuffisamment chaude, ou même eau trop chaude).

La plupart des chauffe-eau sont dotés d'éléments chauffants situés en haut et en bas du réservoir. Chaque élément est contrôlé par un thermostat. De plus, l'élément du haut comporte un limiteur de température qui empêche l'eau de devenir trop chaude.

Les étapes qui suivent montrent comment vérifier et remplacer le limiteur de température et les thermostats d'un chauffe-eau électrique. Ces réparations résoudront bien des problèmes d'alimentation en eau chaude. Évidemment, si le chauffe-eau ne fonctionne pas du tout, il faut vérifier d'abord le disjoncteur au tableau de distribution pour vous assurer qu'il n'est pas déclenché ou qu'il n'y a pas de fusible brûlé, ainsi que l'interrupteur du chauffe-eau.

CONSEIL DE SÉCURITÉ *Ne travaillez sur un chauffe-eau que lorsque l'alimentation en électricité du circuit a été coupée. Portez des gants de caoutchouc pour protéger vos mains de l'isolant en fibre de verre.*

TEMPS REQUIS
De deux à quatre heures

OUTILS
• Gants de caoutchouc • Tournevis • Couteau utilitaire • Multimètre

MATÉRIAUX
• Ruban-cache • Thermostat • Limiteur de température

1. Enlever les panneaux d'accès

Enlevez les panneaux supérieur et inférieur afin d'avoir accès au limiteur de température et aux thermostats.

☞ Coupez le courant du chauffe-eau à l'interrupteur de l'appareil et au tableau de distribution.

☞ Enlevez la vis située en haut de chaque panneau (1), et faites glisser les panneaux vers le haut pour les retirer.

Note : *Certains chauffe-eau sont dotés de deux vis par panneau d'accès.*

2. Accéder aux éléments internes

Sur la plupart des chauffe-eau, de l'isolant en fibre de verre se trouve derrière les panneaux d'accès. Vous devrez le retirer.

☞ En portant des gants de caoutchouc, retirez l'isolant vers l'arrière afin d'avoir accès au réglage du chauffage (2). Si l'isolant n'est pas précoupé, coupez-le verticalement avec un couteau utilitaire. Faites attention de ne pas entailler les fils électriques situés derrière l'isolant.

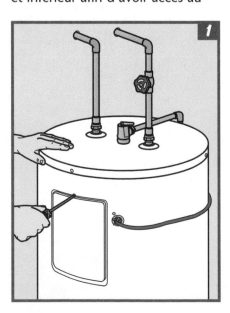

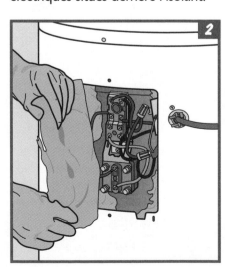

3. S'assurer que le courant est coupé

Avant d'effectuer tout travail, assurez-vous que le courant du chauffe-eau est coupé. Utilisez un multimètre (un instrument de mesure de la tension) pour effectuer cette vérification du limiteur de température (A), car le courant entre dans l'élément à cet endroit.

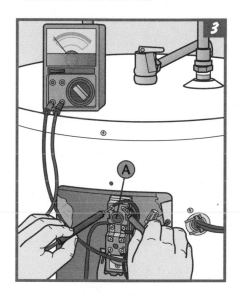

☞ Réglez le multimètre à 250 volts CA. Insérez le fil noir de l'instrument dans l'accès négatif du courant alternatif et le fil rouge dans l'accès positif. Touchez avec une sonde chacune des deux bornes à vis situées en haut du limiteur (3). Le multimètre ne doit détecter aucune tension.
☞ Avec une sonde, touchez l'intérieur du réservoir de métal, et avec l'autre une des bornes à vis. Faites la même chose pour l'autre borne. Encore une fois, le multimètre doit indiquer zéro. Si le

multimètre détecte la moindre tension, n'effectuez aucun travail et faites appel à un électricien.

4. Tester le limiteur

☞ Si le bouton de remise en marche (A) s'est soulevé, appuyez dessus jusqu'à ce que vous entendiez un déclic. Remettez le courant du chauffe-eau et attendez quatre heures. Si les parties inférieure et supérieure du chauffe-eau sont chaudes, le problème est peut-être réglé. Coupez le courant, remettez en place l'isolant, revissez les panneaux d'accès et remettez à nouveau le courant. Si la température du réservoir ne change pas, continuez de tester le limiteur de température.

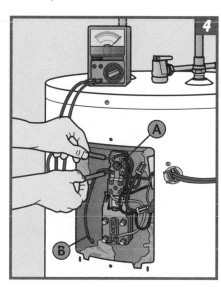

☞ Déconnectez le bout inférieur d'un des fils qui va du limiteur à l'élément chauffant du haut en dévissant la borne à vis supérieure de l'élément (B).

☞ Réglez le multimètre à RX1, et avec les sondes touchez les deux bornes de gauche du limiteur (4). L'aiguille doit indiquer zéro. Faites la même chose avec les deux bornes de droite. Encore une fois, l'aiguille doit indiquer zéro. Si le multimètre indique autre chose que zéro au cours des tests, c'est que le limiteur est défectueux : remplacez-le (étapes 8 et 11). Si les deux lectures indiquent zéro, le limiteur fonctionne. Il vous faut alors vérifier les thermostats (étapes 5 à 7).

5. Régler le cadran du thermostat supérieur

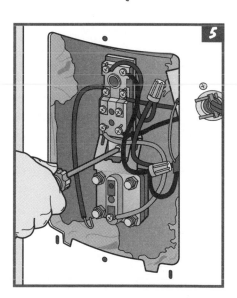

Commencez à rechercher l'origine de la panne des thermostats en ajustant le cadran des températures situé sous le thermostat supérieur.
☞ Insérez un tournevis dans la fente du cadran du thermostat et tournez vers la gauche jusqu'à ce que vous entendiez un déclic (5).

Cela réglera le cadran à la température la plus basse.

☞ Si vous n'entendez pas de déclic, l'eau est peut-être trop chaude. Tournez le cadran complètement vers la droite, puis ouvrez un robinet d'eau chaude et laissez l'eau couler jusqu'à ce qu'elle soit tiède. Tournez ensuite vers la gauche pour régler à la température la plus basse. Vous devriez entendre un déclic.

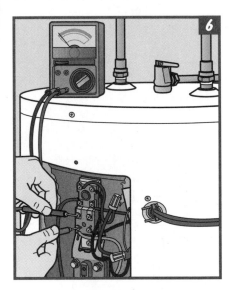

6. Tester le thermostat supérieur

☞ Le fil du chauffe-eau toujours déconnecté, réglez le multimètre à RX1 et touchez avec les sondes les deux bornes de gauche du thermostat. L'aiguille ne devrait pas bouger. Touchez ensuite les deux bornes de droite avec les sondes. L'aiguille devrait aller à zéro.

☞ Avec un tournevis, tournez le cadran des températures complètement vers la droite jusqu'à ce que

vous entendiez un déclic. Testez à nouveau les bornes. Cette fois, le résultat devrait être inversé: la lecture des bornes de gauche devrait indiquer zéro (6) et l'aiguille devrait demeurer en place lorsque vous testez les bornes de droite. Si cela n'est pas le cas, c'est que le thermostat est défectueux. Testez le thermostat inférieur (étape 7) et remplacez le thermostat défectueux (étapes 9 et 10).

7. Tester le thermostat inférieur

☞ Déconnectez le bout inférieur d'un fil allant du thermostat inférieur à l'élément chauffant inférieur (A) en dévissant la vis de la borne de cet élément.

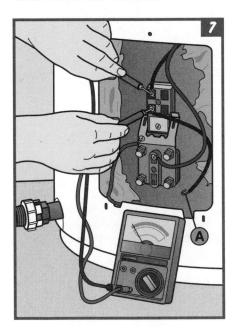

☞ Réglez le cadran des thermostats inférieur et supérieur à la température la plus basse.

☞ Avec les sondes, touchez aux deux bornes du thermostat inférieur (7). L'aiguille ne doit pas bouger.

☞ Réglez le cadran du thermostat inférieur à la température la plus élevée et faites à nouveau un test avec les sondes. L'aiguille devrait indiquer zéro. Si le thermostat ne réussit aucun de ces tests, c'est qu'il est défectueux. Remplacez-le (étapes 9 et 10).

8. Enlever le limiteur

Vous devez enlever le limiteur de température pour le remplacer, ou pour remplacer le thermostat supérieur.

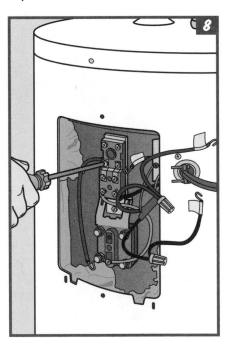

☞ Avant de retirer les fils du limiteur, identifiez chacun d'eux avec du ruban-cache. Cela vous aidera à refaire les connexions dans l'ordre qui convient.

☞ Desserrez les vis des bornes avec un tournevis et décrochez délicatement les fils (8).

☞ Dépendant du modèle de chauffe-eau, vous devrez peut-être enlever les attaches de métal qui maintiennent en place le limiteur. Retirez ensuite délicatement toute languette ou pince à ressort qui tient en place le limiteur et retirez ce dernier.

9. Enlever le thermostat

Les thermostats sont maintenus en place au moyen d'un support comportant deux languettes à ressort.

☞ Identifiez et déconnectez tout autre fil des bornes à vis.

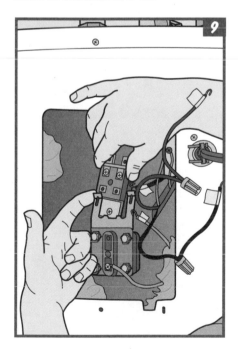

☞ Avec un doigt, tirez vers l'arrière une languette du support et faites glisser le thermostat vers le haut, aussi loin que possible (9).

Tirez l'autre languette et faites glisser complètement le thermostat hors du support. Si les languettes sont trop rigides, utilisez un tournevis pour créer un effet de levier.

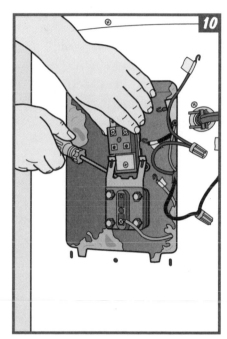

10. Installer un nouveau thermostat

☞ Achetez un thermostat de la même marque et du même modèle que le thermostat défectueux. Glissez le thermostat dans le support, en utilisant un tournevis comme levier au besoin (10). Essayez de ne pas plier les broches de la plaque mais, si cela devait arriver, repliez-les dans la position qui convient afin que le thermostat repose fermement contre la paroi du chauffe-eau.

☞ Réglez les deux cadrans à la température désirée.

11. Réinstaller le limiteur

☞ Si vous remplacez le limiteur, achetez-en un de la même marque et du même modèle que le limiteur défectueux.

☞ Le bouton de remise en marche abaissé, glissez le limiteur à sa place au-dessus du thermostat supérieur (11). Au besoin, remplacez les attaches de métal.

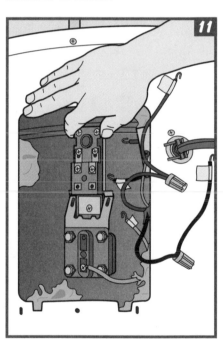

☞ Reconnectez les fils aux vis des bornes du limiteur et des thermostats. Resserrez-les avec un tournevis.

☞ Rétablissez le courant. Quatre heures plus tard, le réservoir devrait être chaud près des éléments supérieur et inférieur. Coupez le courant du chauffe-eau, remettez en place l'isolant et les panneaux d'accès, puis remettez le courant.

REMPLACER UN CHAUFFE-EAU ÉLECTRIQUE

La rouille, la corrosion et l'usure normale font que votre chauffe-eau devra éventuellement être remplacé. En plus d'être lourd, le chauffe-eau est relié à des fils et une plomberie qui devront être débranchés puis rebranchés.

Soyez toujours très prudent lorsque vous faites des travaux d'électricité. Avant de commencer, fermez le disjoncteur du circuit du chauffe-eau et placez une note sur le tableau de distribution pour avertir de ne pas remettre le circuit sous tension. Afin d'être certain que le circuit n'est plus alimenté en électricité, faites une vérification au moyen d'un détecteur de tension.

Le soudage au plomb des raccords avec un chalumeau au propane requiert aussi que certaines précautions soient prises. Placez une plaque résistante à la chaleur derrière la région sur laquelle vous travaillez. Ayez un extincteur de feu à portée de la main et fermez toujours le chalumeau avant de le déposer à terre. Lors du soudage, les tuyaux deviennent très chauds : portez des gants de travail pour protéger vos mains. Enfin, porter des lunettes de sécurité est essentiel lorsque le soudage est effectué au-dessus du niveau des yeux.

CONSEIL DE SÉCURITÉ *Ne travaillez sur un chauffe-eau que lorsque l'alimentation en électricité du circuit a été coupée.*

TEMPS REQUIS

Plus de quatre heures

OUTILS

• Détecteur de tension • Tournevis
• Tuyau d'arrosage • Seau • Ruban à mesurer • Clé à molette
• Coupe-tuyau • Brosse métallique pour raccords • Chalumeau au propane (et briquet) • Gants de travail • Lunettes de sécurité

MATÉRIAUX

• Chauffe-eau électrique • Tuyau et raccords de cuivre • Toile d'émeri de plombier • Plaque résistante à la chaleur • Flux • Soudure en fil • Ruban pour plomberie

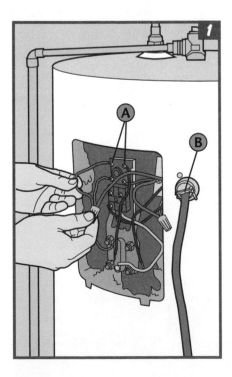

1. Déconnecter les fils

☞ Coupez le courant du chauffe-eau à l'interrupteur de l'appareil et au tableau de distribution.

☞ Enlevez le panneau de la boîte de jonction et retirez l'isolant.

☞ Assurez-vous que le circuit électrique est coupé en touchant avec les sondes d'un détecteur de tension la paire supérieure de bornes à vis (A).

☞ Retirez les serre-fils et déconnectez les fils noir, rouge et de terre (1).

☞ Desserrez la pince du câble et retirez le câble.

2. Couper l'alimentation en eau

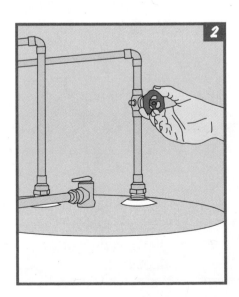

🔨 Coupez l'alimentation en eau en tournant le robinet vers la droite (2). Si votre chauffe-eau n'est pas doté d'un robinet, fermez le robinet d'arrêt général.

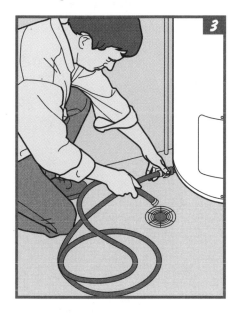

3. Vider le réservoir

Videz le réservoir dans un siphon de sol situé à proximité ou dans un seau. Cela peut prendre une heure, et parfois plus.

🔨 Vissez un tuyau au robinet d'évacuation situé au bas du chauffe-eau.

🔨 En tenant l'autre bout du tuyau au-dessus du siphon de sol, ouvrez le robinet (3). Si vous utilisez un seau, fermez au besoin le robinet pour aller vider le seau.

Note : *Si le robinet d'évacuation se bouche, dévissez le tuyau et insérez-y un tournevis ou un cintre. Soyez prêt à fermer rapidement le robinet lorsqu'il sera débouché.*

4. Couper les tuyaux

La façon la plus facile de dégager le chauffe-eau est de couper les tuyaux d'entrée et de sortie (situés au-dessus) à 6 à 8 pouces du réservoir, et à au moins 3 pouces du robinet d'arrêt du chauffe-eau. Vous devrez aussi débrancher le tuyau d'évacuation (A) s'il est raccordé à un renvoi ou si vous comptez le réutiliser avec le nouveau chauffe-eau.

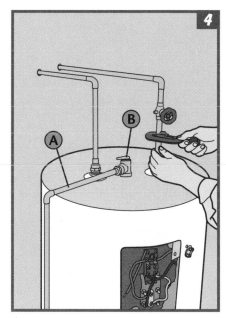

🔨 Glissez un coupe-tuyau autour du tuyau d'entrée et tournez le bouton d'ajustement jusqu'à ce que la roulette commence à couper le tuyau (4).

🔨 Faites faire une rotation et resserrez à nouveau la roulette. Répétez jusqu'à ce que la roulette coupe complètement le tuyau.

🔨 Coupez le tuyau de sortie de la même manière.

🔨 Pour débrancher le tuyau de sortie, utilisez un chalumeau au propane pour le désouder de l'adaptateur de la soupape de sûreté (B).

5. Enlever le chauffe-eau

🔨 En tenant le chauffe-eau par les bouts de tuyau, inclinez-le vers vous et retirez-le en le balançant d'un côté à l'autre tout en reculant (5).

🔨 Mettez à sa place approximative le nouveau chauffe-eau en le déplaçant de la même manière.

6. Préparer les tuyaux d'entrée et de sortie

Les nouvelles sections de tuyaux d'entrée et de sortie seront soudées à un adaptateur, puis vissées au nouveau chauffe-eau.

🔨 Coupez deux longueurs de 12 pouces de tuyau de cuivre avec un coupe-tuyau.

L'ÉLECTRICITÉ ET LE CHAUFFAGE

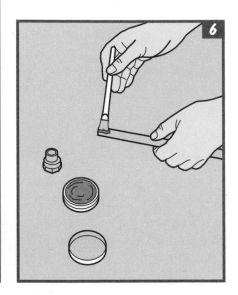

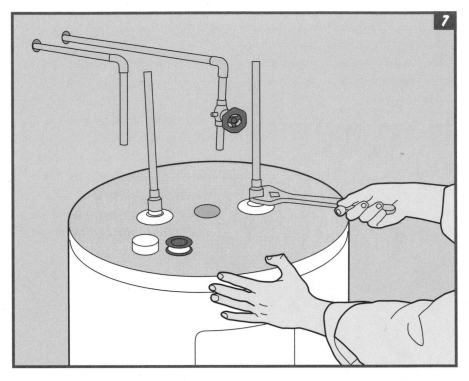

☞ Avec la pointe à ébarber du coupe-tuyau, ébarbez le bout coupé des tuyaux, en poussant la pointe aussi loin que possible et en faisant faire des rotations à l'outil.

☞ Frottez là une extrémité chacun des deux tuyaux avec une toile d'émeri de plombier jusqu'à ce qu'ils brillent.

☞ Décapez l'intérieur de deux adaptateurs avec une brosse métallique pour raccords.

☞ Appliquez une couche mince et égale de flux à l'intérieur de chaque adaptateur, et une couche de flux sur le bout luisant de chaque tuyau (6).

☞ À tour de rôle, assoyez le tuyau dans l'adaptateur et chauffez ce dernier avec un chalumeau jusqu'à ce que le flux commence à grésiller. Éloignez la flamme et avec le bout d'une longueur de soudure, touchez le joint afin qu'il fonde au contact et qu'il s'infiltre. Continuez de souder jusqu'à ce qu'un bourrelet se forme autour du joint.

7. Installer les tuyaux d'entrée et de sortie

☞ Laissez les nouveaux tuyaux et les adaptateurs refroidir.

☞ Entourez le filetage des adaptateurs de ruban de plomberie et vissez-les dans les ouvertures d'entrée et de sortie situées sur le dessus du chauffe-eau.

☞ Resserrez chaque adaptateur d'un quart à un demi-tour avec une clé à molette (7).

8. Installer la soupape de sûreté

☞ Entourez de ruban de plomberie le filetage de la soupape de sûreté, puis vissez à la main la soupape dans son ouverture située sur le dessus du chauffe-eau (8).

☞ Resserrez la soupape d'un quart à un demi-tour avec une clé à molette, en la plaçant de manière à ce que le tuyau d'évacuation puisse être facilement installé et que l'accès à la boîte de jonction ne soit pas obstrué.

9. Ajuster les tuyaux

☞ Coupez les nouvelles longueurs de tuyaux d'entrée et de sortie à environ ¼ de pouce des tuyaux en place (9).

☞ Ébarbez le bout des tuyaux neufs et déjà en place avec la pointe à ébarber du coupe-tuyau.

☞ Frottez le bout des tuyaux avec une toile d'émeri de plombier jusqu'à ce qu'ils brillent et décapez l'intérieur de deux raccords avec une brosse métallique.

☞ Appliquez une couche mince et égale de flux à l'intérieur des raccords et au bout des tuyaux, puis mettez en place le chauffe-eau afin d'aligner les tuyaux aux raccords posés.

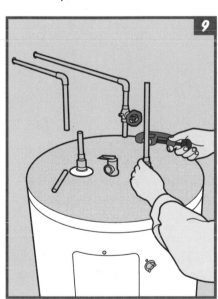

10. Souder les raccords

☞ Avec un chalumeau, chauffez un raccord jusqu'à ce que le flux commence à grésiller, en main-

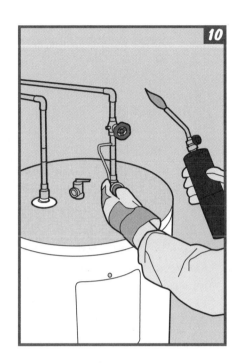

tenant le bout de la flamme contre l'un des joints.

☞ Éloignez la flamme et touchez le joint avec de la soudure à plusieurs endroits afin qu'elle fonde au contact (10).

☞ Tandis que la soudure commence à s'infiltrer sous le raccord, ajoutez de la soudure jusqu'à ce qu'un bourrelet se forme autour du joint.

☞ Soudez les autres joints de la même manière.

11. Terminer les raccordements

Selon le chauffe-eau, le tuyau d'évacuation peut être raccordé à la soupape de sûreté avec un adaptateur ou être soudé directement à elle.

☞ Si un adaptateur est requis,

vissez-le sur la soupape de sûreté et serrez avec une clé à molette (11).

☞ Préparez l'adaptateur ou la soupape de sûreté et le tuyau d'é-vacuation pour la soudure, puis assemblez les pièces et soudez-les.

☞ Retirez le panneau de la boîte de jonction et retirez l'isolant. Insérez ensuite le câble électrique dans la pince et serrez la pince.

☞ Connectez le fil noir du câble et le fil noir du chauffe-eau et posez un serre-fils. Faites de même avec les fils rouges.

☞ Fixez le fil de terre du câble à la vis de terre de la boîte de jonction.

☞ Remettez l'isolant et le panneau de la boîte de jonction en place, ouvrez les robinets d'alimentation en eau et rétablissez le courant électrique.

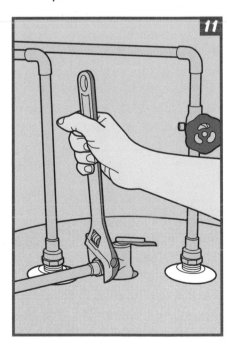

ISOLER L'ENTRETOIT

La résistance termique s'exprime en valeur R. Dans les climats froids, on recommande une valeur R de 40 pour l'entretoit. Une épaisseur de 12 pouces de matelas isolant en fibre de verre permet d'y arriver. L'air chaud et humide peut créer de la condensation dans la charpente du toit et dans l'isolant. Des feuilles de polyéthylène ou d'aluminium posées sous l'isolant font maintenant office de pare-vapeur. Si l'entretoit n'a pas de pare-vapeur, scellez les ouvertures et peignez le plafond situé sous l'entretoit avec une peinture qui résiste à l'humidité.

Les particules de fibre de verre sont nocives. Portez un masque antipoussière, des manches longues, un pantalon, des gants et des lunettes de sécurité. Une fois le travail terminé, lavez-vous bien. Lavez les vêtements à part, et rincez la machine à laver.

CONSEIL DE SÉCURITÉ *Dans cet espace restreint, il est recommandé de porter un casque de protection.*

TEMPS REQUIS

Plus de quatre heures

OUTILS

• Lampe de travail • Ruban à mesurer • Pistolet à calfeutrer • Perceuse sans fil • Couteau universel • Agrafeuse • Lunettes de sécurité • Gants de travail • Masque antipoussière • Casque de protection

---

MATÉRIAUX

• Isolant en fibre de verre • Écrans de mousse • Isolant en polystyrène • Contreplaqué (pour marcher) • Feuilles de polyéthylène • Matériau d'étanchéité acoustique • Ruban pour conduits • Vis et rondelles • Adhésif mousse • Agrafes

---

1. Vérifier l'isolation

L'isolant est habituellement posé en deux couches, la première remplissant les espaces entre les

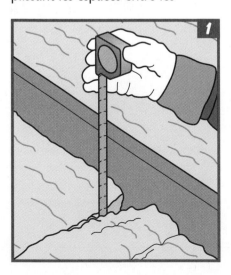

solives, et la seconde posée transversalement sur les solives. Remplacez l'isolant actuel seulement s'il est mouillé ou très aplati.

☞ Posez un contreplaqué sur les solives pour créer un plancher de travail temporaire. Ne marchez jamais entre les solives. Installez des lampes de travail.

☞ Mesurez la profondeur de l'isolant actuel (1). Calculez l'épaisseur d'isolant requise pour chaque nouvelle couche, de manière à obtenir 12 pouces d'isolant.

☞ Relevez une section de l'isolant pour vérifier si un pare-vapeur est présent. Si ce n'est pas le cas, peignez le plafond du dessous avec une peinture alkyde ou une peinture spécialement formulée pour résister à l'humidité.

2. Sceller le tour de la colonne de plomberie

Certaines colonnes de plomberie bougent de haut en bas en fonction des variations de température. Une feuille de polyéthylène posée autour d'un tuyau doit empêcher les fuites d'air tout en permettant les mouvements.

☞ Rabattez l'isolant actuel autour du tuyau.

☞ Coupez dans une feuille de polyéthylène un cercle de 2 pieds de diamètre et faites une entaille du bord jusqu'au centre.

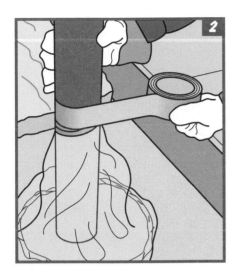

Appliquez une couche de matériau d'étanchéité acoustique sur le panneau de gypse du plafond ou sur le pare-vapeur, autour du tuyau.

Placez la feuille de polyéthylène autour du tuyau et pressez-la dans le matériau d'étanchéité. Agrafez le polyéthylène au plafond, à travers le matériau d'étanchéité.

Scellez le joint avec du matériau d'étanchéité et fermez en pressant. Couvrez de ruban pour conduits.

Posez du ruban pour conduits à l'extrémité supérieure du manchon de polyéthylène, autour de la colonne de plomberie (2), en vous assurant qu'il y a suffisamment de jeu pour permettre au tuyau de bouger avec les changements de température.

3. Sceller le tour des boîtes électriques

Relevez l'isolant actuel.

Coupez un morceau de polyéthylène suffisamment grand pour couvrir la boîte.

Appliquez une couche de matériau d'étanchéité acoustique autour de la boîte et pressez-y le polyéthylène (3).

Agrafez les bords de la feuille de polyéthylène au plafond à travers le matériau d'étanchéité. Faites attention de ne pas percer le fil électrique.

Calfeutrez le tour de tous les fils qui passent au travers de la sablière des murs du dessous.

Dans l'entretoit, les luminaires encastrés doivent être hermétiques et conçus pour supporter un contact avec l'isolant. Les autres luminaires doivent être retirés et les trous scellés, ou remplacés.

4. Ajuster les écrans de mousse

Les soffites de ventilation qui sont situés dans l'avant-toit permettent à l'air extérieur de pénétrer dans l'entretoit. Lorsque la température est au-dessus du point de congélation, la circulation d'air aide à contrôler et à diminuer l'humidité.

L'hiver, l'air froid contribue à prévenir la formation de glace le long de l'avant-toit en conservant la neige bien gelée. Les écrans de mousse entre les chevrons empêchent l'isolant de bloquer la circulation de l'air venant des soffites. Ils sont offerts dans des largeurs de 15 ou 23 pouces afin de s'ajuster entre les chevrons.

Ajustez les écrans entre les chevrons. Glissez-les pour que leur extrémité soit à environ 1 pouce des entrées d'air sous l'avant-toit (4).

Fixez les écrans avec des vis à bois de ¾ de pouce munies de rondelles. N'utilisez pas de vis plus longues car elles pourraient percer le matériau de couverture du toit.

5. Isoler la trappe d'accès

La trappe d'accès doit être munie d'un coupe-froid et l'espace entre le cadre de la trappe et le plafond doit être calfeutré. Un verrou maintiendra la trappe fermement en place contre le coupe-froid. Isolez la trappe au moyen de deux couches d'isolant de polystyrène extrudé de 2 pouces d'épaisseur.

🔨 Avec un couteau utilitaire et une règle, coupez l'isolant pour qu'il s'ajuste à la trappe.

🔨 Appliquez une couche d'adhésif mousse à la surface de la trappe, en vous assurant que l'adhésif est posé à 3 pouces des bords. Pressez l'isolant en place sur la trappe.

🔨 Appliquez l'adhésif sur le côté exposé de la première couche d'isolant, et pressez la deuxième couche en place (5).

Note : *Pour isoler un escalier pliant, construisez une boîte en contre-plaqué autour, et posez du matelas isolant en fibre de verre à l'extérieur.*

6. Poser la première couche

🔨 En commençant par une extrémité de l'entretoit, pressez le matelas isolant en place entre les solives (6). Couvrez les sablières des murs extérieurs, mais évitez de bloquer

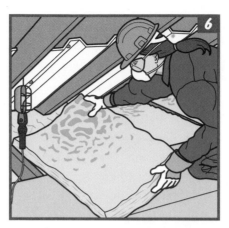

les soffites de ventilation. Aboutez bien les matelas isolants afin de ne pas laisser d'espace entre eux.

🔨 Éloignez l'isolant de tout ce qui émet de la chaleur, comme des cheminées ou des luminaires encastrés qui ne sont pas conçus pour être en contact avec de l'isolant. Vérifiez le Code local du bâtiment pour savoir quel espace laisser. Il s'agit en général de 3 pouces.

7. Couper le matelas isolant pour qu'il s'ajuste parfaitement

Pour couper les matelas isolants afin qu'ils s'ajustent à l'autre extrémité

de l'entretoit, déposez-les sur un contreplaqué et comprimez-les avec une limande, une planche ou un morceau de contreplaqué. Coupez avec un couteau universel (7). Les retailles peuvent être utilisées pour remplir les espaces vides autour des entretoises et autres obstacles.

8. Poser la couche supérieure

Poser une couche de matelas isolant perpendiculairement à la première couche aide à prévenir les pertes de chaleur le long des solives.

🔨 Posez les matelas isolants (8) en commençant par le coin le plus éloigné de la trappe d'entrée, et faites le tour de la pièce pour que la région entourant la trappe soit la dernière à être isolée. Assurez-vous de poser les matelas isolants bien aboutés les uns contre les autres.

🔨 Coupez le dernier matelas isolant afin de l'ajuster autour de la trappe d'entrée.

🔨 Mettez l'isolant non utilisé dans son paquet d'origine et scellez le paquet avec du ruban pour conduits.

BOUCHER LES FUITES D'AIR

Les fuites d'air sont responsables des courants d'air et des factures d'énergie élevées. Des dommages structurels peuvent aussi se produire lorsque de l'air froid pénètre dans la maison et chasse l'air chaud et humide. L'augmentation de la quantité d'air chaud fuyant par l'entretoit peut faire pourrir le revêtement du toit, mouiller l'isolant et le faire moisir, et détériorer le parement. La plupart des fuites d'air se produisent autour des ouvertures et par les joints. Vérifiez le cadre des portes et des fenêtres, ainsi que les prises, commutateurs et les plafonniers. L'entretoit requiert aussi votre attention : scellez la colonne de plomberie et posez des coupe-bise et de l'isolant sur la trappe d'accès.

CONSEIL DE SÉCURITÉ *Ne travaillez jamais sur un circuit électrique sous tension. Coupez le courant du circuit au tableau de distribution. Portez un masque antipoussière pour ne pas inhaler des particules nocives d'isolant.*

TEMPS REQUIS
Plus de quatre heures

OUTILS
• Tournevis • Couteau à mastic • Levier • Couteau utilitaire • Pistolet à calfeutrer • Agrafeuse • Escabeau • Gants de travail • Masque antipoussière

MATÉRIAUX
• Isolants pour boîtes électriques • Coupe-froid • Mousse isolante • Matériau d'étanchéité • Feuille de polyéthylène • Agrafes • Isolant en polystyrène • Matériau d'étanchéité acoustique • Collier de fixation

DÉTECTER LES FUITES D'AIR

Effectuer des tests au moyen de fumée

Pour localiser les fuites d'air, attendez une journée très froide ou venteuse et utilisez un détecteur de courant d'air tout simple.

☞ Allumez un bâton d'encens ou une chandelle, que vous tiendrez près d'une source possible de fuite d'air (1). Un mouvement de la fumée indique une fuite.

Effectuer des tests au moyen d'une pellicule plastique

Un morceau de plastique mince découpé dans un sac recouvrant les vêtements nettoyés à sec constitue un bon matériau de détection.

☞ Au moyen de ruban adhésif, fixez la pellicule plastique sur un cintre que vous déplacerez près d'une source possible de fuite d'air (2). Un mouvement de la pellicule indique une fuite.

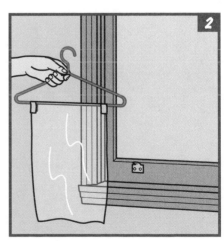

L'ÉLECTRICITÉ ET LE CHAUFFAGE

ISOLER LES BOÎTES ÉLECTRIQUES

Isoler les prises et les commutateurs

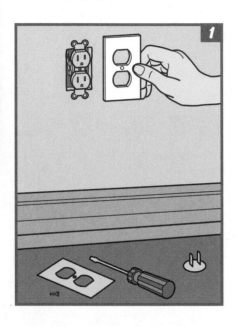

Il existe des isolants conçus spécialement pour étanchéiser les boîtes des prises électriques et des commutateurs.

☞ Coupez le courant électrique dans la pièce.

☞ Dévissez les plaques, puis posez les isolants (1).

☞ Revissez les plaques et rétablissez le courant.

Isoler les plafonniers

Isolez les boîtes électriques des plafonniers au moyen de coupe-froid.

☞ Coupez le courant électrique dans la pièce.

☞ Retirez la plaque du plafonnier et calez le coupe-froid tout le tour

des bords extérieurs de la boîte électrique (2). Avec un couteau utilitaire, coupez l'excédent.

☞ Reposez la plaque et rétablissez le courant.

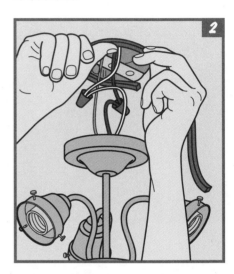

ISOLER LES FENÊTRES

1. Retirer la moulure

Les nouvelles fenêtres sont dotées de coupe-froid faciles à remplacer lorsqu'ils sont usés. Les anciennes fenêtres, comme celle présentée ici, peuvent présenter un espace

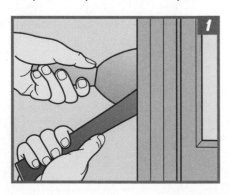

entre la moulure et le mur qui doit être rempli d'isolant.

☞ Glissez la lame d'un couteau à mastic derrière la moulure afin de protéger le mur.

☞ Insérez un levier entre la lame et la moulure, puis soulevez la moulure (1).

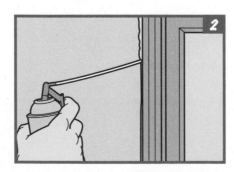

☞ Répétez l'opération à tous les 18 pouces, jusqu'à ce que toute la moulure soit soulevée.

2. Poser de l'isolant

☞ Vaporisez de la mousse isolante dans l'espace derrière la moulure (2), sans trop compacter la mousse car l'isolant prendra beaucoup d'expansion.

☞ Reposez la moulure, puis scellez le joint entre le mur et la moulure avec un matériau d'étanchéité qui peut être peint. Lissez et donnez sa forme au matériau d'étanchéité avec un doigt mouillé.

ISOLER LA COLONNE DE PLOMBERIE

1. Appliquer un matériau d'étanchéité acoustique

Scellez les espaces autour de la colonne de plomberie à l'entrée de l'entretoit avec une feuille de polyéthylène, un collier de fixation et du matériau d'étanchéité acoustique. Lorsque vous travaillez dans l'entretoit, déposez des planches sur les solives afin de soutenir votre poids.

🔨 Retirez l'isolant autour de la colonne.

🔨 Avec un pistolet à calfeutrer, appliquez en cercle un ruban de matériau d'étanchéité autour de la colonne (1).

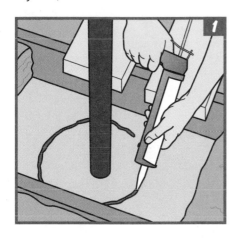

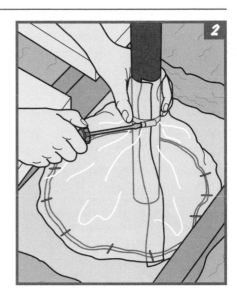

2. Poser une feuille de polyéthylène

🔨 Entourez le tuyau d'une feuille de polyéthylène en calant les bords dans le matériau d'étanchéité.

🔨 Fixez le bord inférieur de la feuille avec une agrafeuse.

🔨 Scellez le bord supérieur de la pellicule à la colonne au moyen d'un collier de fixation (2).

🔨 Remettez en place l'isolant.

ISOLER UNE TRAPPE D'ACCÈS À L'ENTRETOIT

1. Poser un coupe-froid

Scellez la trappe d'accès à l'entretoit au moyen d'un coupe-froid et isolez-la avec de l'isolant en polystyrène. Lorsque vous travaillez dans l'entretoit, déposez plusieurs planches sur les solives pour soutenir votre poids.

🔨 Posez un coupe-froid sur les bords supérieurs de l'ouverture de la trappe d'accès (1) en coupant l'excédent avec un couteau utilitaire.

2. Ajouter l'isolant en polystyrène

🔨 Enlevez la porte de la trappe d'accès et découpez un morceau d'isolant en polystyrène du même format que la trappe. Il y sera accolé à l'endos.

🔨 Avec un pistolet à calfeutrer, appliquez en zigzag un adhésif résistant sur l'endos de la trappe (2).

🔨 Calez l'isolant dans l'adhésif.

🔨 Laissez sécher, puis reposez la trappe d'accès.

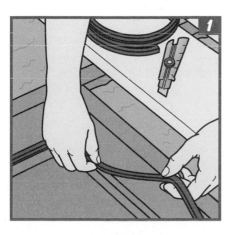

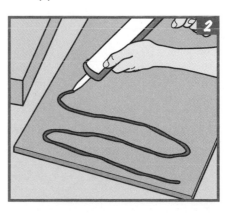

Chapitre 3
LES PLANCHERS ET LES MURS

Avec l'apparition de nouveaux produits faciles à utiliser, plusieurs projets de rénovation qui étaient autrefois réservés aux entrepreneurs en construction sont à présent à la portée du propriétaire de maison moyen. Ce chapitre démontre comme il est simple de travailler aux murs et planchers de votre maison.

Que vous posiez des lames de bois franc ou des carreaux de céramique, changer de recouvrement de sol n'a jamais été aussi facile. Réno-Dépôt offre un grand choix de matériaux qui, associés aux instructions étape par étape que vous trouverez dans ces pages, vous permettront de poser un nouveau recouvrement pour une fraction du prix de ce que coûterait l'embauche d'un entrepreneur.

Peu d'éléments d'une maison peuvent transformer autant l'allure d'une pièce que ses murs. Les matériaux et techniques modernes permettent de transformer facilement une pièce en y ajoutant des divisions au moyen de panneaux muraux ou en l'agrandissant en abattant un mur non porteur. Vous pouvez aussi rendre une pièce

OUTILS REQUIS POUR LES RÉPARATIONS ET AMÉLIORATIONS DES PLANCHERS ET DES MURS

Coupe-carreau : Pour tailler les carreaux de céramique.

Agrafeuse : Pour agrafer le papier de construction et les feuilles de polyéthylène.

Cloueuse pour plancher : Pour fixer le revêtement de bois.

Levier : Pour enlever les moulures et mettre en place les lames de plancher.

Scie à araser : Pour couper une moulure de porte au plancher.

Marteau : Pour clouer.

Niveau de menuisier : Pour vérifier le niveau et l'aplomb.

Scie circulaire : Pour couper les lames de bois.

Perceuse électrique : Pour percer des trous de guidage et visser.

Cordeau à craie : Pour faire des lignes de guidage droites.

Chasse-clou : Pour enfoncer les clous sous la surface du bois.

ordinaire plus attrayante en couvrant un ou plusieurs de ses murs de carreaux, la rendre plus pratique en posant des étagères à ses murs, ou encore l'insonoriser.

Rénover une cuisine peut être l'un des projets les plus coûteux qu'un propriétaire de maison puisse entreprendre. Les armoires accaparent une grande partie du budget destiné à la rénovation, mais vous pouvez diminuer ces coûts en en faisant l'installation vous-même. Cela est facile si vous suivez les étapes présentées dans les projets que nous vous proposons.

Vous trouverez ci-dessous et dans les pages suivantes une description des outils utilisés par les spécialistes en planchers et murs pour accélérer leur travail. Plusieurs de ces outils, tels les marteaux, niveaux de menuisier et couteaux à joint méritent d'avoir une place bien à eux dans votre coffre à outils car vous en aurez besoin régulièrement. D'autres, tels la cloueuse pour plancher et le coupe-carreau, dont vous n'aurez besoin qu'occasionnellement, peuvent être loués.

Couteaux à joint : Pour appliquer du composé à joint.

Détecteur de colombage : Pour localiser colombages et solives.

Couteau utilitaire : Outil de coupe à usage général.

Scie sauteuse : Pour couper les lames de bois de la longueur désirée.

Scie à guichet : Pour faire des ouvertures dans les panneaux muraux.

Ruban à mesurer : Pour prendre des mesures.

Pistolet à calfeutrer : Pour appliquer un matériau d'étanchéité.

Guide de profondeur : Utilisé avec une perceuse électrique pour poser des vis pour panneau mural.

Taloche : Pour étaler le coulis entre les carreaux de céramique.

Truelle crantée : Pour appliquer de l'adhésif pour carreaux de céramique.

Maillet en caoutchouc : Pour mettre de niveau les carreaux de céramique.

POSER UN PLANCHER DE BOIS FRANC

Les lames de parquet sont disponibles dans une gamme d'essences et de qualités de bois. Pour vous éviter de sabler et de vernir le revêtement de sol une fois qu'il est posé, utilisez des lames préfinies.

Les lames sont habituellement posées parallèlement à la longueur de la maison, et perpendiculairement aux solives. Si votre revêtement de sol actuel est fait de bois ou de céramique, retirez-le et posez le parquet de bois sur le sous-plancher. Si vous constatez que le sous-plancher a moins de ¾ de pouce d'épaisseur, ou qu'il est très gondolé ou fendu, vous devrez le couvrir d'un contreplaqué de ⅝ de pouce. Si le revêtement actuel est constitué de carreaux ou de feuilles élastiques, il est préférable de poser le parquet de bois par-dessus car ces revêtements contiennent souvent de l'amiante et il peut être dangereux de les retirer. Il est possible de poser un parquet de bois sur un plancher de ciment, mais cela exige une préparation spéciale afin de protéger les planches de l'humidité.

Pour calculer la quantité de lames à acheter, mesurez la superficie de votre pièce en pieds carrés, et ajoutez 10 % pour les pertes. Le nombre de pieds carrés couverts par les lames d'un paquet est généralement indiqué. Laissez le bois dans la pièce de 24 à 48 heures avant la pose du plancher pour lui permettre de s'ajuster à la température et au degré d'humidité ambiants. Il prendra un peu d'expansion.

TEMPS REQUIS

Plus de quatre heures

OUTILS

• Levier • Scie à araser • Niveau de menuisier • Cordeau à craie • Scie circulaire • Marteau • Perceuse sans fil • Chasse-clou • Agrafeuse • Cloueuse (avec maillet) • Ruban à mesurer • Scie sauteuse • Couteau utilitaire • Genouillères • Lunettes de sécurité

MATÉRIAUX

• Planches de bois • Clous à tête conique de 1½ po • Papier de construction • Agrafes • 2 x 4 • Baguette couvre-joint • Bouche-pores pour bois

1. Préparer le sous-plancher

☞ Au moyen d'un marteau ou d'un levier, retirez les plinthes et les quarts-de-rond. (Protégez les boiseries et les murs avec du carton ou des retailles de planche.)
☞ Retirez le revêtement de sol existant.
☞ Enfoncez ou retirez les clous qui dépassent.
☞ Évaluez l'inclinaison du plancher en plaçant le niveau sur un 2 x 4 de six pieds de longueur parfaitement droit (1). Vérifiez ainsi le plancher à plusieurs endroits. Si l'inclinaison est de plus de ½ pouce sur une distance de 10 pieds, faites appel à un spécialiste pour corriger le problème.
☞ Assurez-vous aussi que les creux et les bosses d'un quart de pouce ou

plus sous le 2 x 4 sont sablés ou remplis d'une pâte de remplissage pour bois.

2. Préparer le cadre de la porte

Pour que les lames puissent glisser sous l'encadrement et le butoir de la porte, vous devrez scier les moulures afin de créer un espace au niveau du plancher.
☞ Retirez la porte de son cadre.
☞ Posez un petit morceau de lame à l'envers sur un morceau de papier de construction, placez-le contre le butoir et coupez l'excédent.
☞ Placez ensuite votre guide contre le cadre et coupez l'excédent

de la même façon (2).

🔨 Mesurez la hauteur de votre porte et celle du butoir. Si la porte est plus longue, vous devrez la scier afin de laisser suffisamment d'espace au plancher.

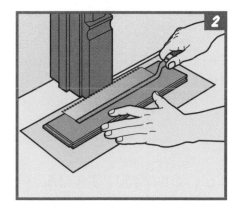

3. Poser le papier de construction

Une couche de papier de construction entre le sous-plancher et votre nouveau plancher de bois permet un meilleur ajustement et empêche les craquements. Posez le papier dans le sens de la longueur de la pièce plutôt que dans le sens de la largeur.

🔨 En commençant dans un coin, déroulez une première feuille de

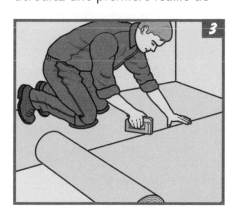

papier. Lorsqu'elle atteint le mur opposé, coupez-la au moyen d'un couteau polyvalent pour l'ajuster au mur.

🔨 Fixez le papier au sous-plancher au moyen d'une agrafeuse, en fixant une agrafe dans les coins et à tous les 3 pieds le long des bords.

🔨 Posez les autres feuilles de la même façon, en les superposant suffisamment pour que vous puissiez fixer une agrafe dans deux couches de papier en même temps (3).

4. La ligne de départ

Commencez la pose des lames le long du mur le plus visible — généralement le mur opposé à la porte. Étant donné que les murs sont rarement parfaitement droits, vous devrez marquer l'emplacement de la première rangée de lames au moyen du cordeau.

🔨 Aux deux extrémités du mur de départ, faites une marque de la largeur de la lame de bois, sans tenir compte de la languette, en ajoutant ¾ de pouce pour laisser un espace entre la lame et le mur.

🔨 Déroulez le cordeau entre les deux marques, et faites claquer la corde sur le papier de construction pour tracer une ligne de craie (4).

5. La mise en place

Même lorsque les lames proviennent d'un même paquet, leur grain et leur couleur peuvent varier. La mise en place vous permet de distribuer les couleurs au hasard, puis de replacer les lames afin que leurs extrémités ne se joignent pas toutes aux mêmes endroits.

🔨 Ouvrez quelques paquets et étendez les lames sur le sol.

🔨 Étendez suffisamment de lames pour faire de six à huit rangées, en laissant des espaces entre les rangées mais en pressant les extrémités des lames fermement les unes contre les autres (5). Agencez les lames de manière à ce que les joints des lames adjacentes soient distancés d'au moins 6 pouces.

LES PLANCHERS ET LES MURS

6. La première rangée

Étant donné que la partie rainurée de la première lame n'est pas jointe à une autre lame, il faut la clouer à travers le parement.

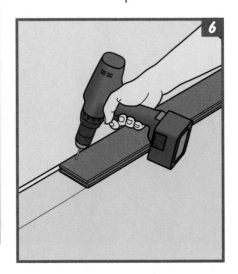

☞ Faites glisser les lames sur le sol afin de libérer la place le long du mur de départ.

☞ Alignez la première lame le long de la ligne de craie et placez un séparateur de ¼ de pouce en contreplaqué entre le mur et la lame.

☞ Percez des trous de guidage tous les 8 pouces le long de la lame, à ¼ de pouce de la rainure. Percez les trous à 1½ pouce des extrémités de la lame (6).

☞ Clouez les clous afin que les têtes se trouvent tout juste au-dessus de la surface du bois, puis enfoncez-les avec un chasse-clou.

CONSEIL DE SÉCURITÉ *Portez toujours des lunettes de sécurité lorsque vous percez ou clouez.*

7. Le clouage invisible

Afin que les clous ne soient pas visibles, les lames sont fixées au sous-plancher à travers les languettes. Les têtes des clous sur une lame sont cachées par la lame qui vient s'y ajuster.

☞ Percez des trous de guidage le long des côtés de la lame, en donnant à la mèche un angle de 45 degrés (7). Percez les trous vis-à-vis des clous du parement.

☞ Clouez en partie les clous dans la lame, puis enfoncez-les au moyen du chasse-clou.

☞ Faites ainsi toute la première rangée, en ajustant la rainure de l'extrémité de la prochaine lame sur la languette de celle qui est posée.

☞ Au bout de la rangée, taillez la dernière lame de la longueur nécessaire.

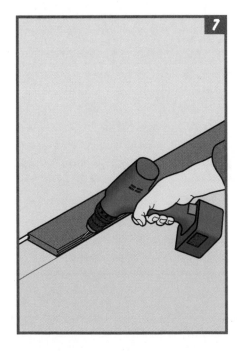

8. Les rangées suivantes

☞ Pour commencer la deuxième rangée, faites glisser la partie rainurée d'une lame sur la languette de la première lame que vous avez posée. Placez une cale entre l'extrémité de la planche et le mur pour conserver un espace.

☞ Utilisez une retaille de lame contre le côté de la lame à poser, en ajustant la rainure de la retaille sur la languette de la lame à fixer. Au moyen de la tête métallique du maillet (fourni avec la cloueuse), tapez sur la retaille afin de mettre la lame en place (8). Percez des trous de guidage et clouez comme à l'étape 7.

☞ Continuez de clouer la lame à des intervalles de 8 pouces, en l'ajustant bien avant d'enfoncer chaque clou.

Note : *La retaille de la dernière rangée peut être utilisée pour entreprendre la suivante.*

9. La cloueuse

Après avoir posé trois ou quatre rangées de lames, vous serez assez éloigné du mur pour utiliser la cloueuse. Positionnez l'embout sur la languette de la lame. Frappez sur la cloueuse avec la tête en caoutchouc du maillet qui est fourni (9). Clouez un clou à tous les 8 pouces, comme pour les premières rangées. Clouez au moins deux clous par lame.

CONSEIL DE SÉCURITÉ *Lorsque vous utilisez la cloueuse, assurez-vous que les personnes qui vous entourent se tiennent à une bonne distance de l'outil.*

10. La dernière rangée

Lorsque vous atteignez le mur opposé, il est probable que vous deviez tailler la dernière lame afin qu'elle s'ajuste au mur.

🔨 Choisissez vos lames. Le long du mur, et à plusieurs endroits, prenez la mesure de la largeur de lame qu'il vous faudra couper, en tenant compte du fait qu'il faut conserver un espace de ¾ de pouce le long du mur.

🔨 Tout dépendant de la largeur à tailler, utilisez un rabot, une ponceuse à courroie ou une scie sauteuse.

🔨 Avant de mettre les lames en place, clouez en partie des clous sur le parement à ¼ de pouce côté languette.

🔨 En vous servant d'un levier et d'une retaille de bois placée le long du mur pour créer un effet de levier, calez chaque lame en place, en vous assurant que la rainure s'ajuste bien sur la languette de la lame de la rangée précédente. En maintenant la lame en place avec le levier (10), clouez un peu plus les clous le long de la lame puis enfoncez-les avec le chasse-clou.

11. Les dernières touches

La baguette couvre-joint est une lame inclinée qui fait la transition entre la hauteur de votre nouveau plancher et celui d'une pièce adjacente.

🔨 Mesurez une dernière lame afin qu'elle fasse le contour du cadre de la porte et s'ajuste à l'espace découpé dans les moulures (étape 2). Coupez-la avec une scie sauteuse, mettez-la en place et fixez-la sans que les clous soient visibles.

🔨 Mesurez et taillez la baguette couvre-joint afin qu'elle s'ajuste au cadre de la porte.

🔨 Placez la baguette couvre-joint sur la dernière lame. Son bout arrondi devrait reposer sur le plancher de la pièce adjacente. Percez des trous de guidage et clouez la baguette à tous les 6 pouces, sur le parement (11).

🔨 Enfoncez les clous, bouchez les trous avec un bouche-pores et retouchez avec un peu de vernis.

🔨 Remettez en place les plinthes et les quarts-de-rond.

POSER DES CARREAUX DE CÉRAMIQUE POUR PLANCHER

Les carreaux de céramique peuvent être lustrés ou non. Certains carreaux poreux non lustrés doivent être scellés. Les carreaux lustrés sont faciles d'entretien mais glissants. Pour une cuisine ou une salle de bain, songez à acheter des carreaux antidérapants. Procurez-vous des carreaux conçus pour les planchers et non pour les murs.

Pour obtenir une base plate et rigide, enlevez l'ancien revêtement et posez un contreplaqué pour l'extérieur de $5/8$ de pouce. Certains spécialistes préfèrent poser des panneaux de ciment parce qu'ils sont imperméables. Le contreplaqué est plus facile à poser. Il convient à tous les planchers sauf celui de la douche. Assurez-vous d'utiliser le bon adhésif. Vous pouvez poser les nouveaux carreaux sur un plancher de bois ou des carreaux déjà en place s'ils sont de niveau et en bon état. Il est préférable de couvrir les revêtements souples. Ils peuvent contenir de l'amiante et les enlever peut être nocif. Il est aussi possible de poser les carreaux sur du béton en bon état.

TEMPS REQUIS
Plus de quatre heures

OUTILS
• Détecteur de colombage • Truelle crantée • Marteau • Coupe-carreau • Scie à araser • Maillet en caoutchouc • Crayon gras • Pinceau fin • Tenailles pour carreaux • Levier • Crochet pour espaceurs • Truelle à coulis • Pistolet à calfeutrer • Éponge à coulis • Cordeau • Ruban à mesurer • Scie circulaire • Genouillères • Lunettes de sécurité • Gants de caoutchouc

MATÉRIAUX
• Contreplaqué pour l'extérieur de $5/8$ de po • Clous à tige annelée de $2\frac{1}{4}$ po • Carreaux à plancher • Espaceurs en plastique • Seuil • Adhésif à couche mince • Coulis • Scellant à coulis • Matériau d'étanchéité

1. Préparer la pièce

Si les nouveaux carreaux sont plus épais que votre ancien revêtement, vous devrez peut-être scier la moulure de la porte.

☞ Enlevez les plinthes et les quarts-de-ronds au moyen d'un levier. (Protégez les murs et les boiseries avec des planchettes de bois.)

☞ Si nécessaire, retirez l'ancien revêtement de sol.

☞ Posez à côté du cadre une retaille de sous-couche sur laquelle vous déposerez un carreau qui servira de guide. La moulure peut être coupée au moyen d'une égoïne, mais une scie à araser (1) permet de faire un meilleur travail.

2. Poser la sous-couche

☞ Avec un détecteur de colombage, localisez et marquez les solives sous le sous-plancher au moyen d'un cordeau.

☞ Mesurez et coupez le contreplaqué nécessaire pour couvrir le plancher. Laissez un espace de $1/4$ de pouce le long des murs, et de $1/8$ de pouce entre les feuilles de contre-

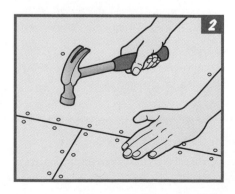

plaqué afin de permettre l'expansion et la contraction. Disposez les feuilles afin que les joints n'arrivent pas directement au-dessus des raccords du sous-plancher.

☞ Fixez le contreplaqué avec des clous à tige annelée de 2¼ pouces ou des vis pour plancher nº 8 à tous les 3 pouces autour de chaque feuille et à tous les 6 pouces à l'intérieur de la feuille (2).

3. Établir un tracé

☞ Disposez quatre carreaux avec, entre eux, des espaceurs en plastique, le long des deux murs les plus visibles de la pièce.

☞ En vous servant des arêtes extérieures des carreaux comme guide, utilisez le cordeau pour marquer une ligne de craie le long de chaque mur. Mettez les carreaux de côté.

☞ Pour vérifier si les lignes de craie forment un angle droit, faites une marque à 3 pieds de l'intersection sur une ligne et une autre à 4 pieds de l'intersection sur l'autre ligne. Prenez la mesure entre les deux points (3). Si la distance est

de 5 pieds, les lignes forment un angle droit. Sinon, refaites les lignes pour qu'elles forment un angle droit.

4. Faire la mise en place

Faire une mise en place préalable vous permettra d'apporter les ajustements nécessaires avant de poser les carreaux.

☞ En commençant dans le coin marqué, placez deux rangées de carreaux, sans adhésif, le long des murs (4). Laissez des espaces entre les carreaux au moyen d'espaceurs en plastique, et placez des carreaux à la verticale le long des murs pour laisser un espace pour l'expansion.

☞ Si vous terminez avec des carreaux que vous devrez couper de plus de la moitié, modifiez le tracé de manière à ce que les carreaux soient coupés également des deux côtés de la pièce.

5. Appliquer l'adhésif

☞ Mélangez l'adhésif à couche mince en suivant les directives du fabricant.

☞ En commençant dans un coin, étendez une couche d'adhésif sur une surface de 3 pieds de longueur entre les murs et les lignes du tracé. Travaillez avec le côté lisse de la truelle, en la tenant à un angle d'environ 30 degrés. Essayez de ne pas cacher les lignes du tracé.

☞ Passez ensuite le côté dentelé de la truelle (5), en lui donnant un angle allant de 45 à 75 degrés, c'est-à-dire un angle nécessaire pour créer des sillons d'une profondeur uniforme.

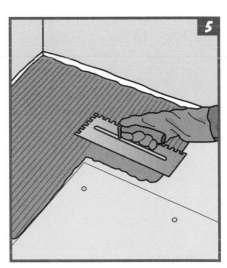

6. Poser le premier carreau

☞ Posez le premier carreau à l'intersection des lignes du tracé (6).

☞ Pressez doucement sur le carreau en effectuant un léger mouvement de bascule afin de bien le caler dans l'adhésif.

☞ Soulevez le carreau et vérifiez-en l'endos : l'adhésif devrait le couvrir presque entièrement. Si ce n'est pas le cas, l'adhésif est trop sec ou les dentelures de la truelle sont trop petites. Si l'adhésif déborde autour du carreau, c'est que les dentelures de la truelle sont trop grosses. Une fois le problème corrigé, reposez le carreau.

7. Poser le carrelage

☞ Suivez les lignes du tracé pour poser une rangée de carreaux, en insérant des espaceurs entre eux (7). Lorsque vous arrivez au mur opposé, laissez un espace pour le carreau à couper.

☞ Continuez de poser les carreaux en rangées. Essuyez au fur et à mesure le surplus d'adhésif sur les carreaux au moyen d'une éponge ou d'un linge humide. Prenez soin de ne pas déplacer les carreaux une fois qu'ils ont été posés.

Note : *Si vous laissez les carreaux reposer toute la nuit, vous pourrez marcher sur le sol pour couper et poser les carreaux à la périphérie de la pièce. Si le plancher est très petit, vous aurez peut-être le temps de couper les carreaux à la fin de chaque rangée, au fur et à mesure que vous travaillez.*

8. Coller les carreaux

Taper sur les carreaux après avoir posé trois ou quatre rangées permettra d'améliorer l'adhérence et de caler les carreaux qui pourraient dépasser. Ne vous agenouillez pas directement sur un carreau.

☞ Après avoir posé trois ou quatre rangées, placez une retaille de 2 x 4 sur un carreau et tapez doucement dessus avec un maillet en caoutchouc (8). Si un carreau cale trop, retirez-le, ajoutez un peu d'adhésif, et posez-le à nouveau.

☞ Lorsque l'adhésif commence à figer, retirez les espaceurs au moyen d'un crochet pour espaceurs ou d'un vieux tournevis.

9. Marquer les lignes de coupe

Laissez les carreaux reposer toute une nuit avant de couper ceux qui se trouvent à la périphérie de la pièce.

☞ Pour marquer un carreau qui doit être coupé (A), placez-le directement sur le dernier carreau intact d'une rangée. Placez un autre carreau (B) sur le carreau A, en l'appuyant contre un carreau posé à la verticale contre le mur et servant d'espaceur. Marquez la coupe à faire sur le carreau A le long de l'arête du carreau B, au moyen d'un crayon gras (9).

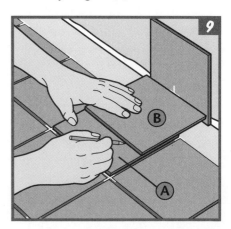

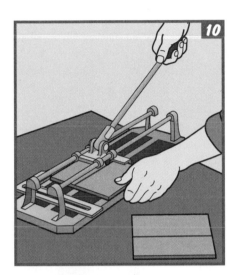

10. Couper les carreaux

Si vous n'avez que quelques carreaux à couper, vous pouvez faire une rainure au moyen d'un outil à couper le verre, et les rompre à la main. Dans la plupart des cas, toutefois, il est préférable d'avoir un coupe-carreau.

☞ Placez le carreau sur l'outil, face vers le haut. Alignez-le sur la ligne de coupe avec la roulette à inciser et poussez ou tirez (dépendant du modèle) la roulette le long de la ligne (10).

☞ En portant des lunettes de sécurité, rompez le carreau le long de la rainure en appuyant sur la poignée de l'appareil.

11. Poser le seuil

Un seuil permet de faire une transition entre le nouveau plancher et celui d'une pièce adjacente. En général, les seuils sont faits de bois ou de marbre. Un seuil de bois peut être taillé sur mesure.

☞ Si vous placez le seuil dans une entrée de porte, enlevez d'abord l'arrêt (la moulure de bois verticale au centre du cadre de la porte).

☞ Assurez-vous que le seuil est de la bonne longueur (11).

☞ Si vous posez un seuil de marbre, étendez de l'adhésif à couche mince sur le sous-plancher, puis pressez le seuil fermement en faisant doucement un mouvement de bascule afin de le caler dans l'adhésif. Pour un seuil de bois, mettez-le en place et fixez-le au sous-plancher au moyen de vis.

☞ Taillez et reposez l'arrêt de porte.

12. Appliquer le coulis

☞ Préparez le coulis en ciment en suivant les directives du fabricant.

☞ Versez une tasse de coulis sur les carreaux. Forcez le coulis dans les joints avec une truelle en caoutchouc, en lui donnant un angle de 45 degrés et en effectuant un mouvement de balayage (12).

☞ Une fois les joints remplis, grattez le surplus en passant la truelle presque verticalement entre les carreaux, et en diagonale afin d'éviter de creuser dans les joints.

☞ Avec une éponge, essuyez le coulis.

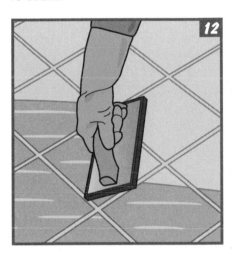

13. La finition

☞ Lorsque le coulis a séché pendant 15 à 30 minutes, un léger voile apparaîtra à la surface des carreaux. Frottez les carreaux avec un linge doux (13). Vous devrez peut-être répéter cette opération deux ou trois fois afin d'enlever entièrement les résidus.

POSER DES PANNEAUX MURAUX

Les panneaux muraux sont offerts dans les formats suivants : 4 x 8, 4 x 10 et 4 x 12. Pour l'usage résidentiel, l'épaisseur standard est de ½ pouce. Dans les pièces humides comme les salles de bain, il est recommandé d'utiliser des panneaux résistant à l'humidité, ou « panneaux verts ».

Les longues rives des panneaux sont amincies afin que l'application du composé à joints à leur jonction ne produise aucun relief. Lorsque des rives non amincies se rencontrent, il est difficile de faire un joint invisible. Pour un mur long, choisissez des panneaux qui atteignent le plafond et posez-les verticalement afin d'éviter les joints de bouts. Pour les murs de moins de 12 pieds de long, posez deux panneaux horizontalement.

TEMPS REQUIS
Plus de quatre heures

OUTILS
• Porte-panneau • Levier à pédale • Cordeau à craie • Couteau polyvalent robuste • Perceuse sans fil • Guide de profondeur • Cisailles à tôle • Marteau • Scie pour panneau • Rabot-râpe • Taloche • Ponceuse manuelle à long manche • Éponge à poncer pour panneau • Équerre pour panneau • Couteaux à joint • Outil d'angle • Lunettes de protection • Masque antipoussière

MATÉRIAUX
• Panneaux muraux • Craie colorée • Pâte à joints • Ruban à joints en papier • Baguettes d'angles • Clous à tige annelée de 1¼ po • Vis pour panneau n° 6 de 1¼ po • Produit de remplissage

1. Couper les panneaux

Si la hauteur ou la longueur de votre mur ne correspond pas aux dimensions standard d'un panneau, vous devrez couper vos panneaux pour les ajuster. Vous devrez aussi découper les panneaux afin de les ajuster aux obstacles comme les fenêtres et les portes. Les petits ajustements peuvent être faits au moyen d'un rabot-râpe.

☞ En vous servant d'une équerre pour panneau comme guide, faites une rainure sur la face frontale du panneau avec un couteau polyvalent robuste.

☞ Divisez le panneau le long de la rainure, en le pliant doucement vers vous.

☞ Avec un couteau polyvalent, coupez dans le papier à l'endos (1).

☞ Rabotez les rives fraîchement coupées du panneau avec un rabot-râpe si elles sont rugueuses ou irrégulières.

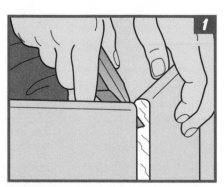

2. Positionner le panneau

Les panneaux muraux sont conçus pour s'aligner sur des solives standard espacées de 16 ou de 24 pouces.

☞ Marquez l'emplacement des colombages sur le plafond et le plancher.

☞ Positionnez le panneau de manière à ce que ses rives soient à l'emplacement des colombages, puis faites une ligne au cordeau à craie à l'emplacement des colombages intermédiaires.

☞ Glissez un levier à pédale sous le panneau et appuyez avec votre pied (2) afin de le soulever et de bien l'ajuster contre le plafond. Si le plafond est inégal, les espaces seront cachés avec un produit de remplissage. Un espace de ¼ à ½ pouce au bas du mur sera caché par une plinthe.

Si vous posez les panneaux horizontalement, posez celui du haut en premier, et ensuite celui du bas en vous servant du levier à pédale, afin que les deux panneaux s'ajustent bien l'un à l'autre.

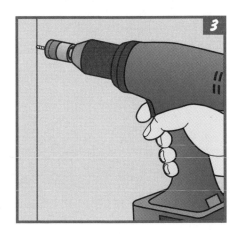

3. Fixer le panneau

Un guide de profondeur installé sur une perceuse électrique vous assure que les vis sont posées légèrement sous la surface du panneau sans déchirer le papier. Posez des vis pour panneau dans les colombages à tous les 12 pouces (3). Évitez de les poser à angle car cela pourrait endommager le papier. Après avoir posé quatre vis, retirez le levier à pédale.

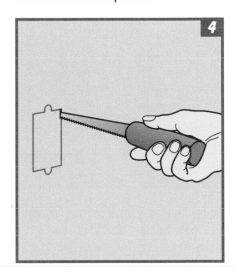

4. L'ajustement autour des boîtes électriques

Pour les murs qui comportent une boîte électrique, vous devrez d'abord découper une ouverture dans le panneau avant de le poser.

☞ Appliquez de la craie colorée sur les bords de la boîte électrique.

☞ Alignez le panneau sur les colombages et pressez-le contre la boîte.

☞ Retirez le panneau, alignez une autre boîte électrique de la même grosseur sur la trace laissée par la craie, et tracez-en un contour net au crayon.

☞ Avec une scie pour panneau, découpez avec soin le trou (4).

5. Les coins extérieurs

Les baguettes d'angle en métal protègent les rives des panneaux de coins extérieurs.

☞ Si nécessaire, coupez la baguette d'angle de la longueur désirée avec des cisailles à tôle.

☞ Fixez la baguette d'angle sur le coin extérieur des panneaux avec des clous à tige annelée à environ tous les 8 pouces (5).

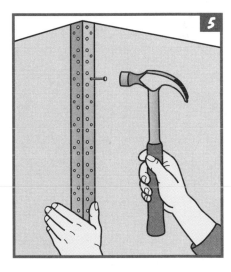

6. Couvrir les vis

Les vis posées au milieu des panneaux doivent être couvertes de pâte à joints. Celles des rives seront bouchées lorsque les joints seront recouverts de ruban.

☞ Effacez toutes les lignes de craie.

☞ Déposez une petite quantité de pâte sur la taloche et mélangez-la avec un couteau à joint.

☞ Appliquez un peu de pâte sur chaque tête de vis avec un couteau à joint de 4 pouces. Grattez tout surplus.

🔨 Appliquez deux autre couches (6), en laissant la première sécher toute une nuit avant d'appliquer la deuxième.

7. Couvrir les joints

Les joints doivent être aussi lisses que possible afin qu'aucun relief n'apparaisse une fois que vous aurez appliqué de la peinture ou posé du papier peint.

🔨 Mélangez un peu de pâte à joints sur la taloche.

🔨 Avec un couteau de 4 pouces, étalez de la pâte sur le joint (7). N'appliquez qu'une petite quantité de pâte et prenez votre temps.

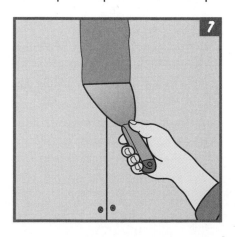

🔨 Grattez tout surplus immédiatement et posez du ruban à joint (étape 8) avant que la pâte ne sèche.

8. Poser du ruban à joint

🔨 Pressez le bout d'un rouleau de ruban dans le joint avec un couteau de 4 pouces. Déroulez-le et continuez de le presser dans le joint, en appliquant une pression égale de chaque côté du joint (8). Au bas du joint, déchirez le ruban.

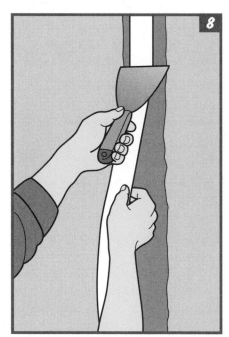

🔨 Grattez tout surplus de pâte qui aurait débordé.

🔨 Pour sceller, appliquez une couche de pâte sur le ruban et laissez-la sécher complètement, jusqu'à ce qu'elle pâlisse de plusieurs tons, ce qui peut prendre une nuit.

Note : *Si des bulles apparaissent sur le ruban, laissez sécher. Coupez cette partie avec un couteau polyvalent et enlevez-la. Posez à nouveau de la pâte et du ruban.*

9. Amincir les joints

Appliquez les couches successives de pâte avec un couteau plus large, en amincissant de chaque côté de manière à ce que le joint soit invisible.

🔨 Avec un couteau à joint de 6 pouces, appliquez une deuxième couche de pâte, grattez l'excédent, et laissez sécher.

🔨 Appliquez une troisième couche de pâte avec un couteau à joint de 10 pouces (9), enlevez le surplus, et laissez cette dernière couche sécher.

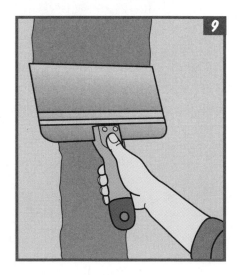

10. Les coins intérieurs

🔨 Avec un outil d'angle, étalez une première couche de pâte dans le coin.

☞ Pendant que la pâte est encore humide, pliez le ruban à moitié et pressez-le dans le coin (10). Lissez ensuite le ruban avec un couteau à joint de 4 pouces.

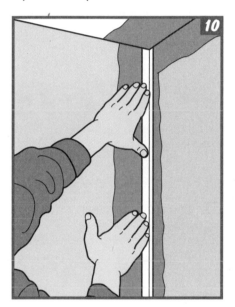

☞ Grattez tout surplus de pâte qui aurait débordé.

☞ Appliquez une couche de pâte de chaque côté du coin avec un couteau à joint de 4 pouces, grattez tout surplus, et laissez sécher.

☞ Amincissez le joint en utilisant des couteaux de 6, puis de 10 pouces.

11. Les coins extérieurs

☞ Avec un couteau de 4 pouces, appliquez une couche égale de pâte de chaque côté du coin (11).

☞ Laissez sécher complètement, puis appliquez deux autres couches de pâte que vous amincirez avec des couteaux de 6, puis de 10 pouces.

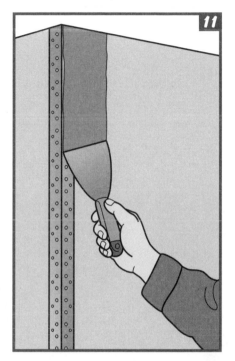

12. Poncer

Avant de poncer les joints, assurez-vous que la pâte est complètement sèche.

☞ Avec une éponge à poncer pour panneau mural, poncez légèrement les joints jusqu'à ce qu'ils soient lisses et à égalité avec le mur.

☞ Pour travailler dans le haut du mur, utilisez une ponceuse manuelle à long manche munie de papier à poncer pour panneau mural (12).

CONSEIL DE SÉCURITÉ *Comme ce travail produit beaucoup de poussière, portez un masque antipoussière et des lunettes de protection.*

INSTALLER DES ARMOIRES DE CUISINE

LES PLANCHERS ET LES MURS

Les armoires de cuisine modulaires sont généralement faites de panneaux d'aggloméré couverts d'un
plastique stratifié ou d'une mince feuille de bois. Elles
peuvent être agencées avec des portes et des devan-
tures de tiroir en bois dur. Avant d'acheter, faites un
croquis de votre cuisine indiquant la localisation des
portes, des fenêtres, de la plomberie et des appareils
électriques. Notez les dimensions pertinentes et
apportez votre croquis au magasin Réno-Dépôt

le plus près de chez vous. Un associé pourra vous
aider à faire un plan. Une fois achetées, les armoires
seront vite assemblées au moyen de vis dans les trous
déjà percés.

Les comptoirs sont commandés séparément. Les
comptoirs stratifiés moulés sont les plus faciles à
installer. Ils comportent un dosseret et un rebord
avant incurvé, et ils peuvent être coupés selon les
dimensions que vous désirez.

TEMPS REQUIS
Plus de quatre heures

OUTILS
• Ruban à mesurer • Pistolet à calfeutrer • Perceuse sans fil • Lunettes de sécurité • Niveau de menuisier • Détecteur de colombage • Couteau utilitaire • Escabeau • Serre-joints à action rapide • Marteau • Chasse-clou • Scie-cloche et mèche plate • Équerre combinée • Scie circulaire • Compas • Ponceuse à courroie • Clé

MATÉRIAUX
• Armoires murales • Armoires de plancher • Comptoir • Vis à bois • Clous de finition • 1 x 3 ou 1 x 4 • Cales • Languettes de remplissage • Plaques de protec-tion • Matériau d'étanchéité au silicone • Bouche-pores

1. Marquer l'emplacement des colombages

☞ Avec un détecteur de colombage,
déterminez et marquez la position
des colombages dans le secteur où
les armoires seront posées.

☞ Avec un niveau de 4 pieds, tracez
des lignes de guidage d'aplomb, du
plafond jusqu'au plancher, pour chacun des colombages.
☞ Avec le niveau, localisez le point
le plus élevé de votre plancher.
Faites une marque à 34½ pouces
de ce point pour situer les armoires
de plancher, et à 54 pouces pour les
murales. À chaque marque, tracez
une ligne de guidage de niveau (1).

2. Fixer les supports

Les supports soutiennent les
armoires murales lors de leur
installation et vous assurent
qu'elles sont de niveau.

☞ Coupez des 1 x 3 ou des 1 x 4
de la longueur des armoires
murales.

CONSEIL DE SÉCURITÉ *Portez des
lunettes de sécurité lorsque vous
utilisez une perceuse ou un marteau.*

☞ En tenant le premier support à égalité avec le coin, alignez sa rive supérieure avec la ligne de guidage. Vissez-le dans les colombages (2).

☞ Vissez un autre support de la même manière dans le mur adjacent, en l'aboutant contre celui qui est déjà posé.

3. Installer l'armoire murale de coin

Demandez l'aide d'un assistant pour soutenir et ajuster les armoires.

☞ Mettez l'armoire de coin en position, en la faisant reposer sur les supports et en la tenant bien droite contre les murs.

☞ Placez un niveau contre le bord avant de l'armoire et assurez-vous qu'elle est d'aplomb et de niveau sur les plans vertical et horizontal (3). Mettre d'aplomb une armoire peut créer des espaces entre le mur et l'armoire. Remplissez ces espaces avec des cales glissées le long des colombages.

☞ En mesurant à partir du coin, marquez la localisation des colombages à l'intérieur des armoires.

☞ Posez des vis n° 8 de 2½ ou 3 pouces à travers le dos de l'armoire et les traverses cachées, dans les cales et les colombages.

4. Ajouter les armoires murales adjacentes

☞ Levez l'armoire murale adjacente et mettez-la en position, en la faisant reposer sur le support.

☞ Alignez la face de l'armoire avec celle de l'armoire de coin posée, et serrez-les ensemble, en haut et en bas, au moyen de serre-joints à action rapide.

☞ Assurez-vous que l'autre côté de l'armoire soit d'aplomb et remplissez les espaces au mur avec des cales, là où se trouvent des colombages.

☞ Fixez l'armoire murale à l'armoire de coin avec des vis n° 8 de 1¼ pouce (4).

☞ Vissez-la sur les colombages.

☞ Posez les autres armoires de la même façon, puis retirez les supports.

5. Mettre de niveau l'armoire de plancher de coin

Les armoires de plancher doivent toutes être de niveau et fixées les unes aux autres avant d'être fixées au mur.

☞ Mettez en place l'armoire de coin et placez un niveau le long d'un bord avant. Protégez le plancher avec une feuille de carton puis, au moyen d'un marteau et d'un bloc de bois, posez une cale sous l'avant du panneau du côté, jusqu'à ce que l'armoire soit de niveau (5). Faites la même chose de l'autre côté.

☞ Assurez-vous que l'armoire est d'aplomb, comme vous l'avez fait pour l'armoire murale de coin, en remplissant les espaces entre le mur et l'armoire avec des cales sur les colombages. Au besoin, enfoncez les cales au moyen d'un marteau et d'un bloc de bois.

6. Ajouter les armoires de plancher adjacentes

☞ Positionnez l'armoire adjacente afin que sa face soit à égalité avec celle de l'armoire de coin.

☞ Posez des cales afin que le dessus de l'armoire arrive à égalité avec celui de l'armoire de coin.

☞ Remplissez tous les espaces au dos de l'armoire au moyen de cales posées le long des colombages.

☞ Attachez-la à l'armoire de coin au moyen de deux serre-joints. À l'intérieur de l'armoire, posez des vis juste au-dessus des glissières de tiroir supérieures et inférieures, à l'avant et à l'arrière (6).

7. Préparer l'armoire qui recevra l'évier

Les tuyaux d'alimentation et d'écoulement de l'évier parviennent généralement à la cuisine par le plancher. Il faut donc percer des trous sur la base de l'armoire qui recevra l'évier.

☞ Mesurez la position des tuyaux par rapport au mur et à l'armoire adjacente. Avec un crayon et une équerre combinée, transférez ces mesures à la base de l'armoire qui recevra l'évier.

☞ Avec une perceuse et une mèche plate de ¾ de pouce ou de 1 pouce, percez des trous pour les tuyaux d'alimentation en eau (7). Percez le trou pour le tuyau d'écoulement avec une scie-cloche de 2 pouces ou de 2½ pouces.

☞ Soulevez l'armoire et mettez-la en place par-dessus les tuyaux.

☞ Alignez et mettez de niveau l'armoire, puis fixez-la à l'armoire adjacente.

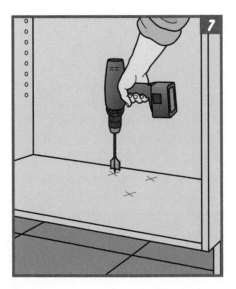

8. Finir l'installation des armoires

☞ Une fois toutes les armoires en place, fixez-les aux colombages à travers leur dos et les traverses cachées.

☞ Avec un couteau utilitaire, coupez les cales à égalité avec la surface des armoires. Au besoin, posez des languettes de remplissage entre le bout des armoires et le mur adjacent.

☞ Coupez les plaques de protection de la longueur des armoires, et fixez-les en posant à moitié des clous de finition dans les rives des côtés des armoires (8). Enfoncez les clous, remplissez les trous, et retouchez avec une peinture plastifiée d'une couleur assortie.

Note : *Pour faire un bord bien net lorsque vous coupez des matériaux stratifiés, coupez le long d'un guide bien fixé au matériau.*

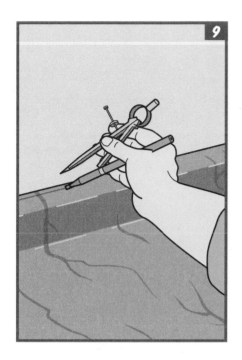

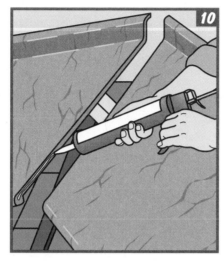

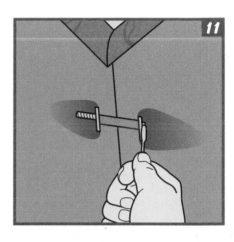

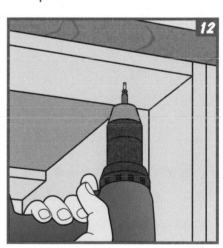

9. Ajuster le comptoir

Comme les murs sont rarement plats, il faudra peut-être donner au dosseret une forme lui permettant de bien s'ajuster au mur.

🔨 Mettez les sections de comptoir en place sur les armoires de plancher, en les collant le plus près possible du mur.

🔨 Déterminez où se trouve l'espace le plus large entre le dosseret et le mur. Insérez un crayon gras dans un compas et ouvrez le compas de la largeur de cet espace. Déplacez le compas le long du dosseret, en faisant avec le crayon une marque partout où il touchera la surface du dosseret (9).

🔨 Retirez le comptoir, déposez-le sur une surface de travail et, avec une ponceuse à courroie, sablez le bord du dosseret jusqu'à la ligne qui a été tracée.

10. Abouter les sections de comptoir

Les sections de comptoir doivent être jointes avec des boulons, par le dessous, avant d'être fixées aux armoires. Les sections courtes peuvent être retournées sur elles-mêmes sur place, mais les sections plus longues doivent être préparées, sur des chevalets, face vers le haut.

🔨 Appliquez une couche de matériau d'étanchéité au silicone le long d'une rive de l'une des sections de comptoir (10).

🔨 Aboutez les deux sections en les pressant et en laissant le surplus de matériau d'étanchéité déborder le long du joint.

11. Boulonner les sections de comptoir

🔨 Insérez les boulons fournis avec les comptoirs dans les creux de serrage le long des deux côtés du joint. Serrez-les avec une clé de $7/16$ de pouce (11).

🔨 Laissez le matériau d'étanchéité qui a débordé sécher complètement, puis frottez pour enlever le surplus.

12. Fixer le comptoir

🔨 Avec un assistant, mettez les sections de comptoir jointes en place.

🔨 Posez des vis dans les quatre coins de chacune des armoires, dans les supports supérieurs et sous le comptoir (12). Posez une couche de matériau d'étanchéité le long du joint entre le dosseret et le mur.

DÉMOLIR UN MUR NON PORTEUR

La démolition d'un mur intérieur peut être effectuée avec quelques outils de base. Avant de commencer, assurez-vous que le mur n'est pas porteur, c'est-à-dire qu'il ne fait pas partie de la structure de soutien de votre maison. Localisez les solives de plafond avec un détecteur de colombages. Si le mur est parallèle aux solives, il s'agit d'un mur non porteur qui peut être enlevé. S'il est perpendiculaire aux solives, il peut être porteur ou non. Consultez un entrepreneur pour en être certain.

Vérifiez de la cave si des tuyaux ou des conduites d'air se trouvent derrière le mur. Faites modifier leur trajet par un spécialiste. Si le mur comporte des prises de courant et des interrupteurs, ou si vous découvrez d'autres fils électriques, vous pouvez enlever le panneau mural mais en vous assurant,a vant de défaire la structure, qu'un électricien aura modifié l'emplacement des fils .

CONSEIL DE SÉCURITÉ *Ne travaillez jamais sur un circuit électrique sous tension. Coupez le courant au tableau de distribution.*

TEMPS REQUIS
Plus de quatre heures

OUTILS
• Couteau tout usage robuste • Détecteur de tension • Tournevis à pointe plate • Pied-de-biche • Levier • Marteau • Scie alternative • Détecteur de colombage • Couteau à mastic de 6 po • Cliquet • Lunettes de protection • Gants de travail • Masque anti-poussière • Casque de protection

MATÉRIAUX
• Pâte à joints • Ruban à joint avec endos en papier • Papier à poncer • Vis à panneau mural

1. S'assurer que les prises sont hors tension

Pour démolir un mur en toute sécurité, il est nécessaire de couper le courant électrique de toutes les

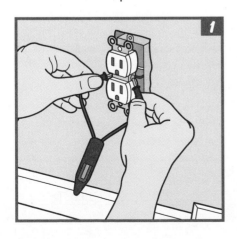

prises et de tous les interrupteurs, et d'en faire la vérification.

☞ Déterminez, sur le panneau électrique, quels circuits alimentent le mur, et coupez-les.

☞ Avec un détecteur de tension, assurez-vous que le courant est coupé en insérant les pointes dans les prises. Si le détecteur s'allume, c'est qu'il y a toujours du courant. Coupez d'autres circuits jusqu'à ce que vous ayez trouvé le bon.

☞ Dévissez et enlevez les plaques des prises. Touchez les vis de borne situées au bout des fils noir et blanc avec les pointes du détecteur (1), puis le fil noir et les fils verts de mise à la terre. Si le détecteur s'al-

lume, c'est qu'il y a toujours du courant. Faites des tests en coupant d'autres circuits au panneau électrique, et vérifiez à nouveau.

2. S'assurer que les interrupteurs sont hors tension

Les interrupteurs muraux doivent aussi être vérifiés car ils peuvent être alimentés par d'autres circuits que ceux des prises.

☞ Dévissez et enlevez la plaque décorative, puis dévissez l'interrupteur et retirez-le de la boîte électrique.

Si la boîte électrique est en métal, posez l'une des pointes du détecteur sur la boîte, et avec l'autre pointe, vérifiez (2) chacune des vis de borne (si la boîte est en plastique, posez l'une des pointes sur le fil vert de mise à la terre et l'autre sur chacune des vis de borne). Si le détecteur s'allume, c'est que l'interrupteur est toujours alimenté en électricité. Faites des tests en coupant d'autres circuits au panneau électrique, et vérifiez à nouveau.

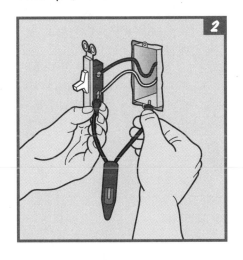

3. Enlever les moulures

La première étape de la démolition consiste à enlever les moulures, ce qui inclut les plinthes, les encadrements de porte et de fenêtre et toutes les autres moulures décoratives. Si elles sont retirées avec soin, elles pourront être réutilisées.

À l'aide d'un marteau, insérez le bout d'un levier entre le quart-de-rond et la plinthe, et soulevez la moulure. Répétez à plusieurs endroits jusqu'à ce que la moulure soit complètement retirée.

Répétez le processus pour enlever la plinthe, en insérant une retaille de bois entre le levier et le mur (3).

4. Couper les joints

Les joints au plafond et dans les coins de la plupart des constructions de panneaux muraux sont scellés avec du ruban et de la pâte à joints. Pour éviter d'arracher la surface du mur adjacent ou du plafond, il faut couper dans ces joints avant de démolir le mur. Avec un couteau utilitaire robuste, tranchez dans le joint, en commençant par le haut du coin (4). Répétez l'opération pour le joint entre le mur et le plafond.

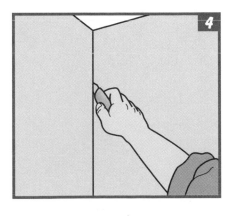

Note : *Avant de commencer à démolir le mur, collez une feuille de plastique sur la porte menant aux autres pièces afin de ne pas empoussiérer le reste de la maison.*

5. Démolir le panneau mural

Protégez le plancher avec du carton ou une toile de peintre.

Localisez les colombages avec un détecteur. Faites des trous entre les colombages avec un marteau.

Insérez le crochet du pied-de-biche dans les trous et retirez de grands morceaux de panneau mural (5). Faites attention de ne pas tirer sur des fils électriques car d'autres fils que ceux des prises et interrupteurs que vous avez vérifiés pourraient être alimentés en électricité.

CONSEIL DE SÉCURITÉ *Portez des lunettes de protection, des gants de travail, un masque antipoussière ainsi qu'un casque de protection pour vous protéger des poussières et des débris qui pourraient tomber.*

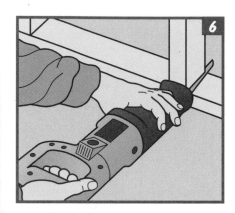

6. Enlever les colombages

À cette étape-ci, si des fils électriques se trouvent toujours derrière le mur, demandez à un électricien de les déplacer avant d'aller plus loin.

☞ Avec une scie alternative munie d'une lame pour bois et métal, coupez dans les attaches entre chaque colombage et la lisse basse (6).

☞ Tirez sur les colombages, faites-les tourner sur eux-mêmes et détachez-les de la sablière.

7. Retirer le colombage de bout

Le colombage de bout, qui est fixé à différents points aux colombages du mur adjacent, est plus facile à retirer en deux parties.

☞ Avec une scie alternative, coupez à angle et vers le bas dans le colombage.

☞ À l'aide d'un marteau, insérez le bout du levier dans la section coupée puis, en vous servant de la partie supérieure du colombage comme d'un levier (7), retirez la section inférieure.

☞ Retirez l'autre partie du colombage en appuyant le levier contre les colombages se trouvant derrière. Utilisez une retaille comme appui.

8. Enlever la sablière

La sablière d'un mur non porteur est habituellement fixée à une entretoise entre les solives. Tout comme le colombage de bout, on peut la couper en deux morceaux pour la retirer.

☞ Avec une scie alternative, coupez dans la sablière à angle vers le mur le plus près.

☞ À l'aide d'un marteau, insérez le bout du levier dans la section coupée et retirez la section la plus petite (8).

☞ Utilisez le crochet du levier pour tirer vers le bas la section restante de la sablière.

9. Enlever la lisse basse

La lisse basse, sous le sous-plancher, est fixée à des entretoises entre les solives, tout comme la sablière.

☞ Avec une scie alternative, coupez dans la lisse basse à angle vers le mur le plus près.

☞ À l'aide d'un marteau, insérez le bout du levier dans la section coupée et soulevez la section la plus près du mur (9). Pour l'autre section, utilisez une retaille de bois comme appui.

☞ Pour le travail de finition, il faut réparer les murs, les planchers et les plafonds.

REVÊTIR UN MUR DE CARREAUX DE CÉRAMIQUE

Les carreaux de céramique doivent être posés sur un matériau de base propre, plat et dur. Le meilleur matériau de base est un panneau de support fait de fines feuilles de béton prises en sandwich entre des filets de fibre de verre. Mais on peut aussi poser les carreaux sur du béton, du contreplaqué pour l'extérieur ou du panneau mural (de préférence celui appelé «panneau vert», qui résiste à l'eau).

La mise en place des carreaux (étapes 1 à 3) est une tâche fastidieuse mais qui en vaut la peine. Une mise en place et un marquage précis vous assurent les meilleurs résultats et vous permettent d'éviter les problèmes. Il est plus facile de déplacer un trait de marquage qu'une rangée de carreaux collés dans le mortier.

Note : *Pour calculer la quantité de carreaux à acheter, vous devez connaître les dimensions de votre mur et la taille des carreaux choisis. Achetez 15 % plus de carreaux que nécessaire pour tenir compte des pertes dues aux erreurs et pour les réparations futures. Notez le numéro du lot (ou du bain de teinture) pour retrouver des carreaux de la même couleur.*

CONSEIL DE SÉCURITÉ *Portez des gants de caoutchouc pour protéger vos mains du mortier.*

TEMPS REQUIS

Plus de quatre heures

OUTILS

- Ruban à mesurer • Équerre combinée • Niveau de 4 pieds
- Truelle crantée • Crayon gras
- Coupe-carreau • Tenailles pour carreaux • Crochet pour espaceurs
- Taloche pour coulis • Éponge à coulis • Applicateur en mousse
- Pistolet à calfeutrer • Gants de caoutchouc • Lunettes de sécurité

MATÉRIAUX

- Carreaux de céramique
- Espaceurs en plastique
- 1 x 2 • Mortier à prise rapide
- Coulis • Scellant à coulis
- Matériau d'étanchéité

LES PLANCHERS ET LES MURS

1. Tracer une ligne de départ horizontale

☛ Avec un niveau de 4 pieds, tracez une ligne de départ horizontale le long du mur où vous désirez voir une pleine rangée de carreaux — au-dessus du lavabo (1) par exemple, ou un demi-carreau (ou plus) au-dessus du plancher.

☛ Pour vous aider à étaler les carreaux, coupez un gabarit dans un 1 x 2. Placez une rangée de carreaux les uns à côté des autres sur le plancher (séparés par des espaceurs de plastique), puis posez dessus le 1 x 2 et marquez-y les deux rives de chacun des carreaux. Tracez des

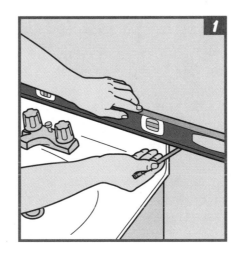

lignes entre les marques du haut et du bas avec une équerre combinée. Si vos carreaux ne sont pas carrés, faites deux gabarits: un pour la hauteur et un pour la largeur.

☛ Faites une marque au milieu du tracé horizontal avec l'aide d'un ruban à mesurer et utilisez le gabarit pour marquer les rives des carreaux le long de la ligne sur le mur.

☛ Le dernier carreau de chaque bout devrait être un demi-carreau (ou plus large). Si un carreau s'annonce être plus étroit, déplacez votre point de départ vers la gauche ou la droite et marquez à nouveau sur le mur les rives des carreaux.

2. Tracer une ligne de départ verticale

☛ Au point central (ou au point central ajusté) de la ligne horizon-

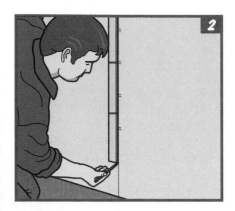

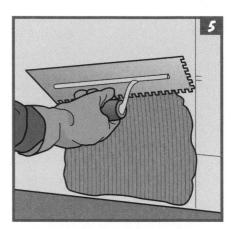

LES PLANCHERS ET LES MURS

tale, tracez une ligne verticale en partant du plancher et en allant jusqu'à la hauteur désirée.

☞ En commençant à la ligne horizontale, servez-vous du gabarit pour marquer les rives des carreaux le long de la ligne centrale verticale (2). Si vous ne recouvrez pas le mur jusqu'au plafond, laissez de l'espace pour les carreaux de finition (étape 8).

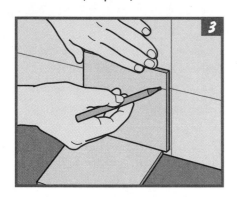

3. Tracer une ligne de coupe pour la rangée du bas

☞ Sur la rive inférieure du carreau complet le plus bas marqué sur la ligne verticale, tracez une ligne horizontale le long du mur.

☞ Placez comme espaceur un carreau à plat sur le plancher contre le mur, puis mettez un autre carreau debout sur l'espaceur, une rive alignée sur la ligne verticale.

☞ Transférez la ligne horizontale tracée sur le mur sur la face du carreau avec un crayon gras (3). Ce sera votre ligne de coupe.

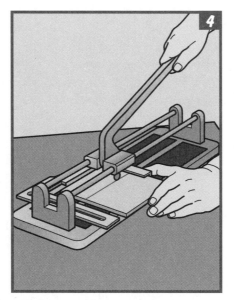

4. Couper les carreaux

☞ Placez le carreau sur le coupe-carreau, face vers le haut, et alignez votre ligne de coupe sur la roulette coupante.

☞ Appuyez légèrement sur la poignée du coupe-carreau, puis tirez ou poussez (dépendant du modèle de l'outil) la roulette coupante le long de la ligne de coupe (4).

☞ Abaissez la poignée fermement pour casser le carreau en deux, en prenant soin de porter des lunettes de sécurité.

5. Appliquer le mortier sur le mur

☞ Mélangez une gâchée de mortier à prise rapide en suivant les directives du fabricant. Préparer suffisamment de mortier pour couvrir une surface de 3 pieds sur 3.

☞ En commençant au bas du mur d'un côté de la ligne verticale, appliquez le mortier avec une truelle crantée de $3/16$ de pouce, en tenant le côté denté à un angle d'environ 60 degrés par rapport au mur (5).

6. Poser les carreaux

☞ Placez une rangée de carreaux le long du plancher : ces carreaux serviront d'espaceurs. Posez le premier carreau taillé sur les carreaux-espaceurs, une rive alignée sur le tracé vertical. Pressez le carreau dans le mortier.

☞ Placez un espaceur de plastique dans le mortier dans le coin supérieur du carreau et un espaceur dans le coin inférieur qui reposera sur le carreau-espaceur.

🔨 Placez le carreau suivant de manière à ce que sa rive s'appuie sur les espaceurs de plastique (6). Ajoutez des espaceurs de plastique et continuez la pose des carreaux le long de la rangée du bas.

🔨 Travaillez de bas en haut, en posant des carreaux et des espaceurs, jusqu'à ce que la partie du mur recouverte de mortier soit finie.

🔨 Continuez d'appliquer du mortier et de poser des carreaux dans des sections de 3 pieds sur 3 à la fois.

7. Tailler les carreaux des coins

🔨 En conservant les carreaux-espaceurs au plancher, placez les carreaux qui doivent être taillés (A) sur le dernier des carreaux complets qui a été posé, leurs rives verticales alignées. Placez un carreau-espaceur contre le mur adjacent, dans le coin (B), et placez un autre carreau-espaceur dessus, verticalement (C). En vous servant de la rive extérieure du deuxième carreau-espaceur

comme guide, tracez une ligne de coupe sur le carreau à tailler avec un crayon gras (7).

🔨 Taillez le carreau (étape 4) le long du trait, et mettez-le en place.

🔨 Faites de même pour toutes les autres rangées de carreaux.

8. Poser une bordure décorative

🔨 Posez les carreaux de bordure (8), puis essuyez délicatement le surplus de mortier. (Si les carreaux de bordure ne sont pas de la même largeur que les autres carreaux, les joints ne pourront s'aligner et vous devrez couper le bras supérieur des espaceurs de la dernière rangée.)

🔨 Laissez le mortier durcir le temps recommandé par le fabricant, puis retirez les espaceurs de plastique avec un crochet pour espaceur ou un vieux tournevis.

9. Poser le coulis entre les joints

🔨 Préparez suffisamment de coulis pour remplir les joints entre les carreaux sur une surface de 3 pieds sur 3 à la fois.

🔨 Enfilez des gants de caoutchouc. Tenez la taloche à coulis à un angle de 45 degrés du mur et étalez le coulis sur toute la surface des carreaux, en vous assurant qu'il pénètre bien entre les joints (9).

🔨 Une fois les joints remplis de coulis, grattez le surplus en tenant la taloche à un angle de 90 degrés et en travaillant en diagonale pour éviter de creuser les joints.

🔨 Avec une éponge, enlevez soigneusement le coulis de la surface des carreaux.

🔨 Après avoir laissé le coulis durcir pendant quelques jours, appliquez un scellant sur les joints de coulis si le fabricant le recommande.

INSONORISER UNE PIÈCE

*U*ne insonorisation efficace permet à la fois de bloquer les sons et d'éliminer les vibrations acoustiques. La meilleure façon d'insonoriser est de poser des matelas insonorisants et deux couches de panneau de revêtement sur des supports résilients, qui isolent les panneaux des solives ou des colombages. Laissez un espace de $\frac{1}{8}$ de pouce entre les panneaux que vous remplirez d'un matériau d'étanchéité acoustique souple. Couvrez les sorties électriques de plaques étanches.

Mesurez et vérifiez soigneusement les dimensions avant d'acheter le matériau insonorisant. Si vous insonorisez une pièce complète, faites d'abord tous vos travaux de démolition puis insonorisez entièrement le plafond avant d'insonoriser les murs.

TEMPS REQUIS
Plus de quatre heures

OUTILS
• Détecteur de tension • Escabeau • Tournevis • Couteau utilitaire • Détecteur de colombage • Levier • Marteau • Cordeau à craie • Perceuse sans fil • Guide de profondeur • Cisailles à tôle • Scie à guichet • Taloche de maçon • Couteaux à joint • Pistolet à calfeutrer • Gants de travail • Lunettes de sécurité • Masque antipoussière • Agrafeuse

MATÉRIAUX
• Matelas insonorisants • Rallonges pour boîtes électriques • Supports résilients • Vis pour panneau • Panneaux de revêtement • Pâte à joints • Ruban à joints • Matériau d'étanchéité acoustique souple • Papier à poncer à grains moyens

INSONORISER LE PLAFOND

1. Enlever le panneau de revêtement

Au panneau de distribution, coupez le courant de la pièce et, avec un détecteur de tension, assurez-vous qu'il n'y a plus de courant dans les sorties et installations électriques. Protégez le plancher d'une toile.

☞ Avec un couteau utilitaire, coupez dans les joints entre le plafond et les murs pour éviter de briser les panneaux du mur.

☞ Localisez les solives au moyen d'un détecteur de colombage, puis trouvez les panneaux entre les solives avec un marteau.

CONSEIL DE SÉCURITÉ *Pour vous protéger des débris, portez des lunettes de sécurité, un masque antipoussière, un casque de protection, une chemise à manches longues, un pantalon et des gants de travail.*

☞ Insérez le crochet d'un levier dans les trous et détachez les panneaux des solives (1), en prenant soin de ne pas déplacer ou endommager les fils électriques.

2. Poser les matelas insonorisants

☞ En commençant d'un côté de la pièce, posez les matelas insonorisants entre les solives du plafond (2).

☞ Continuez de cette façon jusqu'à l'autre côté de la pièce, en coupant les matelas afin de les ajuster à l'espace entre les solives. Au besoin,

agrafez les bords des matelas aux solives pour les maintenir en place.

CONSEIL DE SÉCURITÉ *Portez des lunettes de sécurité, un masque antipoussière et des gants de travail lorsque vous manipulez les matelas insonorisants.*

3. Marquer l'emplacement des supports résilients

Ces supports qui maintiennent en place les panneaux de revêtement doivent être posés perpendiculairement aux solives du plafond.

☞ Faites une marque à 6 pouces du mur sur les deux solives qui se font face de chaque côté de la pièce, puis faites claquer un cordeau à craie entre les marques (3).

☞ Répétez cette procédure à l'autre bout des solives.

☞ Mesurez la distance entre les deux marques de craie, puis faites claquer un cordeau à craie perpendiculairement aux solives, à tous les 20 à 24 pouces.

4. Poser des supports résilients

Les supports résilients sont dotés d'une bride de montage qui permet de les fixer aux solives du plafond (ou aux colombages).

☞ Alignez les supports résilients sur les marques de craie faites sur les solives, en les faisant chevaucher d'au moins 2 pouces. Coupez de la longueur voulue avec des cisailles à tôle.

☞ Fixez les supports résilients aux solives du plafond au moyen de vis pour panneau de 1¼ de pouce posées dans les brides de montage, et d'une perceuse sans fil (4).

CONSEIL DE SÉCURITÉ *Portez des lunettes de sécurité pour couper les supports résilients et visser dans les panneaux de revêtement.*

5. Poser les panneaux de revêtement

Afin de maintenir les panneaux en place lors de la pose, construisez un étai en forme de T avec des 2 x 4. Mesurez la hauteur du plafond et coupez un 2 x 4 de cette longueur, puis vissez à un bout un 2 x 4 plus court, à un angle de 90 degrés, pour former un T.

☞ En vous faisant aider et en commençant dans un coin, posez les panneaux en alignant les joints sur les rives amincies (les autres joints sont difficiles à camoufler).

☞ Un premier panneau maintenu en place, marquez l'emplacement des supports résilients qui se trouvent en dessous, puis vissez-le dans les supports à tous les 24 pouces avec des vis pour panneau de 1⅝ pouce et une perceuse munie d'un guide de profondeur pour vis (5).

☞ Continuez ainsi, en laissant un espace de ⅛ de pouce tout le long du périmètre du plafond et entre les panneaux. Rainurez et cassez les panneaux pour qu'ils s'ajustent bien. Faites des découpes pour les boîtes électriques et les autres obstacles avec une scie pour panneau.

INSONORISER LE PLAFOND (SUITE)

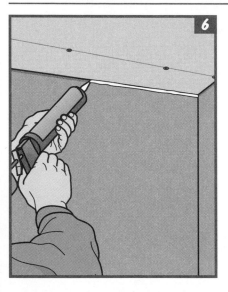

6. Sceller les espaces autour des panneaux

☛ Posez un tube de matériau d'étanchéité acoustique souple à un pistolet à calfeutrer, puis posez une lisière de matériau dans chaque espace le long du périmètre du plafond (6) et entre les panneaux de revêtement. Lissez le matériau avec un doigt mouillé.

☛ Marquez l'emplacement des supports résilients au haut des murs, puis posez une seconde couche de panneau de revêtement perpendiculairement à la première couche, et transférez les marques sur les nouveaux panneaux. Vissez les panneaux aux supports à intervalles de 16 pouces avec des vis pour panneaux de $2\frac{1}{2}$ pouces.

☛ Scellez les espaces autour du périmètre du plafond et entre les panneaux avec un matériau d'étanchéité acoustique souple.

☛ Finissez les joints entre les panneaux avec de la pâte à joints.

INSONORISER UN MUR

1. Enlever le panneau de revêtement

☛ Trouez les panneaux entre les colombages avec un marteau (page 118, étape 1).

☛ Insérez le crochet d'un levier dans les trous et détachez les panneaux des colombages (1), en prenant soin de ne pas déplacer ou endommager les fils électriques.

2. Poser des rallonges aux boîtes

À cause de l'épaisseur accrue due aux supports résilients et à la deuxième couche de panneau de revêtement, toutes les boîtes électriques doivent être rallongées afin d'arriver à égalité avec la surface finie du mur (par exemple, des supports de $\frac{3}{4}$ de pouce et des panneaux de $\frac{1}{2}$ pouce signifient une profondeur ajoutée de $1\frac{1}{4}$ pouce).

☛ Après vous être assuré que le courant est coupé dans la pièce, dévissez chaque commutateur et chaque prise électrique de sa boîte.

☛ Posez une rallonge de boîte devant chaque sortie ou commutateur et vissez-la à la boîte électrique (2). Au besoin, desserrez le collier du câble sur la boîte afin de faire avancer le câble électrique, puis resserrez-le.

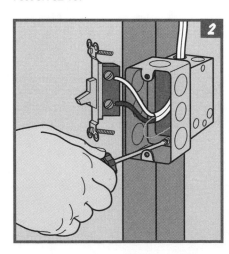

☞ Une fois les panneaux de revêtement posés, vissez tous les commutateurs et prises aux rallonges et remettez les plaques.

3. Poser les matelas insonorisants

☞ En allant d'une extrémité du mur à l'autre, et en travaillant toujours du haut vers le bas, posez des matelas insonorisants entre les colombages (3). Ajustez en coupant avec un couteau utilitaire et une règle.

4. Poser des supports résilients

☞ Faites claquer un cordeau à craie sur les colombages à 6 pouces du plafond et à 2 pouces du plancher. Mesurez la distance entre les deux marques de craie, puis faites claquer un cordeau à craie perpendiculairement aux colombages, à tous les 20 à 24 pouces.

☞ Alignez les supports résilients sur les marques de craie faites sur les colombages, en les faisant chevaucher d'au moins 2 pouces.

Coupez de la longueur voulue avec des cisailles à tôle.

☞ Fixez les supports résilients aux colombages au moyen de vis pour panneau de 1¼ pouce posées dans les brides de montage et d'une perceuse sans fil (4).

5. Poser les panneaux de revêtement à la verticale

Posez la première couche de panneau verticalement.

☞ Un premier panneau maintenu en place à un bout du mur, marquez l'emplacement des supports résilients qui se trouvent derrière lui avec le cordeau à craie, puis vissez le panneau dans les supports à 24 pouces d'intervalle avec des vis pour panneau de $1\frac{5}{8}$ pouce et une perceuse munie d'un guide de profondeur pour vis (5).

☞ Continuez de la même façon, en laissant un espace de $\frac{1}{8}$ de pouce entre les panneaux. Rainurez et cassez les panneaux de manière à ce qu'ils s'ajustent comme vous le désirez. Faites des découpes pour les boîtes électriques et les autres obstacles avec une scie à guichet.

6. Poser les panneaux de revêtement à l'horizontale

Posez la deuxième couche de panneau à l'horizontale.

☞ Marquez l'emplacement des supports résilients sur les murs adjacents, puis posez une deuxième couche de panneau de revêtement perpendiculairement à la première couche, en transférant les marques sur les nouveaux panneaux. Vissez les panneaux aux supports à 16 pouces d'intervalle avec des vis pour panneaux de $2\frac{1}{2}$ pouces (6).

☞ Scellez les espaces entre les panneaux avec un matériau d'étanchéité acoustique souple.

☞ Finissez les joints entre les panneaux avec de la pâte à joints.

INSTALLER UNE BARRE D'APPUI DANS UNE DOUCHE

Une douche ou une baignoire glissante, et c'est l'accident assuré. C'est pourquoi une barre d'appui fixée au mur près de la douche ou de la baignoire est un important élément de sécurité dans une maison.

Il existe différentes barres d'appui mais elles sont toutes munies de deux plaques de montage comportant chacune trois trous pour les vis. Idéalement, toutes les vis devraient être posées dans les colombages. Sur les modèles dont les plaques sont fixes, on ne peut généralement poser que deux trous de vis par plaque dans un colombage. Une vis et un boulon à ailettes sont utilisés pour le troisième trou. Le type de barre d'appui présenté ici est doté de plaques de montage mobiles qui permettent de visser les trois vis dans un colombage, bien qu'il arrive qu'une des vis doive être posée à angle. Une applique cache les têtes de vis.

D'ordinaire, les colombages sont situés à 16 pouces de distance les uns des autres. Aussi, à moins que votre barre d'appui n'ait que 16 pouces (ou un multiple de 16), vous devrez la poser à angle afin d'aligner les plaques de montage sur les colombages. Placez la barre à une hauteur qui sera pratique et confortable pour les gens qui l'utiliseront.

LES PLANCHERS ET LES MURS

TEMPS REQUIS
Moins de deux heures

OUTILS
• Détecteur de colombage • Clé hexagonale • Perceuse électrique (avec mèche pour céramique ou ciment) • Pistolet à calfeutrer • Tournevis • Lunettes de sécurité

MATÉRIAUX
• Barre d'appui • Matériau d'étanchéité au silicone • Ruban-cache

1. Marquer l'emplacement de la barre d'appui

2. Marquer l'emplacement des vis

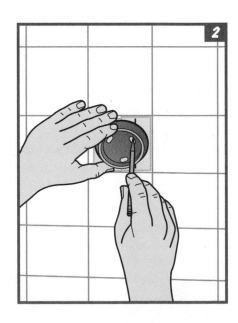

Dépendant de la longueur de la barre, vous devrez ajuster la hauteur des marques afin d'aligner les plaques de montage sur les colombages.

🔨 Localisez les colombages au moyen d'un détecteur et marquez leur emplacement sur le mur au moyen de bandes de ruban-cache.

🔨 Une fois l'angle et la hauteur déterminés, vérifiez à nouveau l'emplacement des colombages. Positionnez ensuite la barre d'appui sur le mur de manière à ce que chaque plaque de montage soit centrée entre deux marques localisant un colombage.

🔨 Avec un crayon, faites le contour des appliques sur le ruban-cache (1).

👉 Pour le modèle présenté ici, utilisez une clé hexagonale pour retirer les plaques de montage de la barre d'appui.

👉 Positionnez une plaque de montage sur les marques de manière à ce qu'au moins deux trous de vis soient situés sur le colombage, et le troisième le plus près possible.

👉 Avec un crayon, marquez l'emplacement des trous de vis (2).

👉 Répétez sur l'autre colombage.

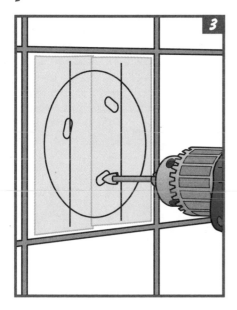

3. Percer les trous de vis

👉 Dans le cas d'un mur couvert de carreaux de céramique, posez sur la perceuse électrique une mèche pour céramique ou pour ciment d'un diamètre légèrement plus grand que celui des vis.

👉 En portant des lunettes de sécurité, percez dans le mur à chaque marque, en vous arrêtant au colombage (3).

👉 Enlevez le ruban-cache.

4. Préparer la barre d'appui

👉 Avec un pistolet à calfeutrer, appliquez une mince couche de matériau d'étanchéité autour du bord de chaque plaque de montage qui s'appuiera contre le mur (4). Le matériau d'étanchéité empêche l'humidité de pénétrer sous les appliques et dans les trous de vis.

5. Fixer les plaques de montage

👉 Positionnez une plaque de montage sur le mur, en alignant ses trous de vis avec ceux du mur.

👉 Insérez dans les trous les vis fournies et vissez-les dans le colombage. Pour la vis située à côté du colombage, vissez à angle (5).

👉 Vissez l'autre plaque de la même manière.

6. Installer la barre d'appui

👉 Ajustez les appliques de la barre d'appui sur les plaques de montage.

👉 Fixez les appliques aux plaques au moyen d'une clé hexagonale (6).

INSTALLER UN MEUBLE-LAVABO

Les meubles de salle de bain ne comportant qu'un seul lavabo sont populaires, surtout lorsque l'espace est restreint. Plusieurs fabricants offrent des ensembles meubles-lavabos, mais les robinets, tuyaux d'approvisionnement et d'écoulement, ainsi que les renvois sont vendus séparément.

Le meuble-lavabo doit être posé de niveau et ancré dans les colombages du mur. Si la paroi arrière est fermée, vous devrez découper des trous pour les robinets d'arrêt et le tuyau d'écoulement avec une scie sauteuse ou une perceuse électrique munie d'une scie-cloche. Connectez le plus grand nombre possible de raccords avant d'installer le meuble-lavabo car il est plus difficile de travailler dans l'espace restreint sous le lavabo une fois qu'il est installé.

TEMPS REQUIS
Plus de quatre heures

OUTILS
• Détecteur de colombage • Niveau de menuisier • Couteau à mastic • Levier • Couteau utilitaire • Marteau • Clé à mollette • Scie à dos et boîte à onglets • Pistolet à calfeutrer

MATÉRIAUX
• Meuble-lavabo • Lavabo • Robinets • Tuyaux d'alimentation • Renvoi (et raccords) • Vis pour panneau mural • Produit adhésif • Couche de fond • Colle à solvant • Moulure • Clous de finition • Clous à tête perdue • Matériau d'étanchéité au silicone

1. Localiser les colombages

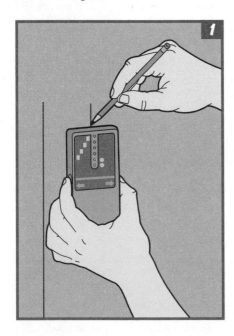

☞ Positionnez le meuble-lavabo contre le mur, en vous assurant que le tuyau d'écoulement et les robinets d'arrêt sont au centre. Avec un crayon, marquez l'emplacement des côtés extérieurs du meuble sur le mur et prolongez-les jusqu'au plancher, puis mettez le meuble de côté.

☞ Localisez le centre de deux colombages situés à l'intérieur des marques en vous servant d'un détecteur de colombage (1).

2. Prolonger les marques des colombages

Prolongez les marques localisant l'emplacement des colombages afin qu'elles soient visibles au-dessus et

au-dessous de la traverse de montage du meuble.

☞ En vous servant d'un niveau de menuisier comme d'une règle, tracez une ligne verticale sur le mur, à chaque marque (2).

3. Enlever la moulure

Enlevez le quart-de-rond et la plinthe afin que le meuble-lavabo s'appuie directement contre le mur.

☞ Glissez la lame d'un couteau à mastic sous le quart-de-rond, en le soulevant suffisamment pour pouvoir y glisser le bout d'un levier. Posez une plaquette de bois sous le levier, soulevez et enlevez la moulure.

☞ De la même manière, soulevez suffisamment la plinthe pour y glisser une cale en bois. Posez de nouvelles cales le long de la plinthe (3), jusqu'à ce que la plinthe se détache du mur.

Note : *Avec un couteau utilitaire, fendez la peinture entre la plinthe et la moulure.*

4. Mettre le meuble de niveau

☞ Remettez le meuble en place contre le mur.

☞ Assurez-vous que le meuble est de niveau, d'un côté à l'autre, en insérant des cales sous les côtés. Utilisez un niveau de menuisier et insérez les cales en tapant avec un marteau et en protégeant le plancher avec un carton (4).

☞ Mettez le meuble de niveau, de l'avant à l'arrière, en insérant des cales.

☞ Coupez les cales à égalité avec le meuble au moyen d'un couteau utilitaire.

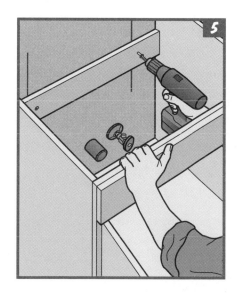

5. Fixer le meuble-lavabo

☞ Vissez la traverse de montage du meuble au mur, à l'emplacement des colombages, avec des vis pour panneau mural (5).

6. Mettre le lavabo en place

☞ Posez au lavabo les robinets, tuyaux d'alimentation, bride de renvoi, raccord en T, about (A) et mécanisme de bouchon à tête mobile.

☞ Si le fabricant le recommande, appliquez une lisière de produit adhésif tout le tour de la rive supérieure du meuble.

☞ Mettez le lavabo en place (6), le dosseret fermement appuyé contre le mur. Enlevez tout excédent de matériau d'étanchéité.

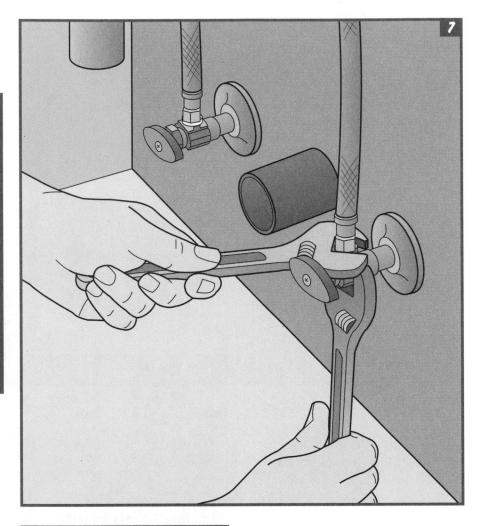

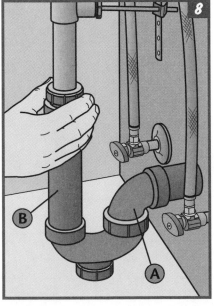

☞ Collez une rallonge (A) au tuyau de renvoi et serrez-y à la main un siphon.

☞ Collez une rallonge (B) au siphon et serrez-le à la main dans l'about (8).

☞ Resserrez tous les écrous coulissants de un quart à un demi-tour avec une clé à molette, puis ouvrez l'eau pour voir s'il y a des fuites.

9. Poser la moulure

☞ Coupez la plinthe et le quart-de-rond que vous avez enlevés et posez-les contre le mur, de chaque côté du meuble.

☞ Cachez les espaces entre le meuble et le plancher avec un quart-de-rond. Pour faire des coupes à angle pour les coins, utilisez une scie à dos et une boîte à onglets.

☞ Clouez le quart-de-rond au plancher avec des clous de finition (9).

☞ Cachez les espaces entre le meuble et le mur avec une moulure, en la clouant au mur avec des clous à tête perdue.

☞ Scellez les joints entre le dosseret et le mur avec un matériau d'étanchéité au silicone.

7. Connecter les tuyaux d'alimentation

☞ Connectez les tuyaux d'alimentation aux robinets d'arrêt. Serrez à la main les écrous coulissants, puis resserrez-les d'un quart de tour avec une clé à mollette (7).

8. Connecter le tuyau de renvoi

Lorsque vous collez un tuyau de plastique, assurez-vous d'utiliser un apprêt et une colle à solvant compatibles.

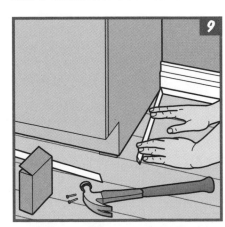

FINIR LES JOINTS DE PANNEAUX MURAUX

Poser des panneaux muraux est un travail sans finesse, mais finir les joints entre deux panneaux relève de l'art! Il vaut la peine de prendre le temps de finir les joints correctement afin de les rendre invisibles sinon toutes les petites imperfections apparaîtront, que vous couvriez les panneaux de peinture ou de papier peint.

On finit les joints en les couvrant de trois couches de pâte à joints, une substance qui a la consistance de la boue et qui est vendue prête à l'emploi, dans un seau. Les couches sont appliquées avec un couteau à joint chaque fois plus large et, une fois sec, le joint est poncé ou épongé pour lisser la pâte. Pour rendre les joints invisibles, il faut, en partant du joint, « amincir » graduellement avec le couteau les couches de pâte jusqu'à ce qu'elles soient minces comme du papier.

TEMPS REQUIS

Plus de quatre heures

OUTILS

• Taloche • Couteaux à joint
• Truelle d'angle • Cisailles à tôle
• Marteau • Ponceuse à long manche • Masque antipoussière
• Lunettes de sécurité

MATÉRIAUX

• Pâte à joints • Ruban à joint
• Baguette d'angle • Clous pour panneau mural • Papier à poncer

LES PLANCHERS ET LES MURS

POSER DU RUBAN SUR DES JOINTS PLATS

1. Appliquer de la pâte à joints

Effectuez les étapes 1 et 2 sur un seul joint à la fois avant de passer au joint suivant.

☞ Déposez de la pâte sur la taloche avec un couteau à joint de 4 pouces. En commençant à une extrémité, étalez une couche égale et fine de pâte le long du joint (1). Tenez le manche à un angle de plus en plus petit au fur et à mesure que vous travaillez.

☞ Une fois arrivé à l'autre extrémité du joint, repassez dans le sens contraire pour enlever tout excédent de pâte. Passez immédiatement à l'étape suivante : la pâte à joints doit être encore humide lorsque vous passez à l'étape 2.

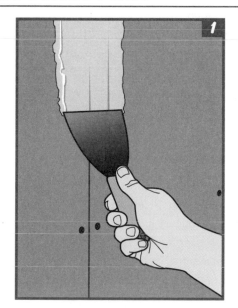

2. Noyer le ruban à joint

☞ La pâte encore humide, posez une bande de ruban au centre du joint. En commençant à une

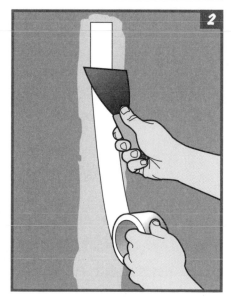

extrémité du joint, pressez le ruban dans la pâte avec le couteau à joint (2).

☞ Continuez ainsi jusqu'à l'autre extrémité du joint, en déroulant le

POSER DU RUBAN SUR DES JOINTS PLATS (SUITE)

COLLER LE RUBAN SUR UN COIN INTÉRIEUR

ruban au fur et à mesure. Coupez ensuite le ruban en vous servant du couteau à joint comme d'une règle.

🔨 Faites glisser deux fois le couteau sur le ruban pour éliminer les bulles d'air et l'excédent de pâte.

🔨 Couvrez le ruban d'une deuxième couche de pâte.

🔨 Effectuez les étapes 1 et 2 sur tous les joints. Laissez sécher toute une nuit.

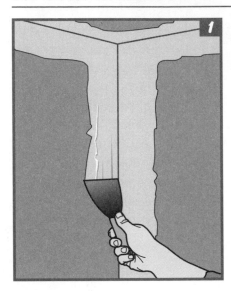

3. Ajouter une troisième couche

🔨 Une fois la deuxième couche sèche, appliquez une troisième couche de pâte sur tous les joints, au moyen d'un couteau à joint de 8 ou 10 pouces (3). Cela amincira la pâte sur 2 pouces de chaque côté de la première couche.

🔨 Laissez sécher toute une nuit.

4. Lisser les joints

Une fois la dernière couche sèche, vous devrez lisser les joints pour éliminer les imperfections. Vous pouvez utiliser une éponge pour panneau mural, mais les spécialistes préfèrent le ponçage, montré ici.

🔨 Posez un papier à poncer dont les grains sont de grosseur moyenne sur un patin à poncer.

🔨 Faites glisser le patin à poncer avec des mouvements de va-et-vient sur la pâte jusqu'à ce qu'elle soit lisse. Ne poncez pas le papier qui recouvre les panneaux muraux.

🔨 Pour les joints situés au plafond ou sur d'autres endroits difficiles à atteindre, fixez le patin à un long manche et poncez en faisant des mouvements circulaires (4).

CONSEIL DE SÉCURITÉ *Poncer les joints est un travail salissant : portez un masque antipoussière pour éviter d'inhaler poussières et particules nuisibles.*

1. Appliquer de la pâte à joints

🔨 Appliquez une mince couche de pâte le long d'un côté du coin avec un couteau à joint de 4 pouces.

🔨 Déposez une couche de pâte sur l'autre côté, en poussant de la pâte dans le coin (1).

2. Noyer le ruban à joint

☞ Coupez un morceau de ruban à joint de la longueur du coin. Pliez le ruban en son centre, sur la longueur.

☞ En commençant à l'extrémité supérieure, noyez le ruban dans la pâte humide. Avec vos doigts, pressez le ruban dans le coin et lissez-le sur les deux côtés tout le long du joint (2).

☞ Recouvrez le ruban d'une couche de pâte à joints.

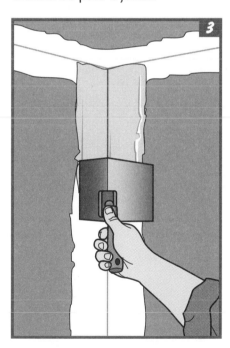

3. Équarrir le coin

☞ Appliquez une autre couche de pâte avec une truelle d'angle. Faites glisser l'outil doucement le long du coin, de haut en bas (3). Laissez sécher toute une nuit.

Note : *Une truelle d'angle créera un angle légèrement arrondi. Cela pourrait vous causer un problème si vous désirez poser une moulure de plafond le long des joints entre les murs et le plafond. Dans ce cas, utilisez plutôt un couteau à joint.*

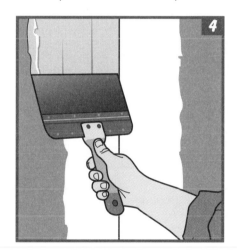

4. Amincir

☞ Appliquez une couche de pâte le long d'un côté du coin au moyen d'un couteau à joint de 6 pouces. Cela amincira la pâte de la même façon que pour un joint plat, et liera le bord à la surface du papier. Répétez de l'autre côté du coin et laissez sécher.

☞ Appliquez une dernière couche sur les deux côtés du coin avec un couteau à joint de 8 ou 10 pouces (4), en amincissant la pâte sur deux pouces au-delà du bord de la dernière couche.

☞ Laissez la pâte sécher, puis lissez avec un papier à poncer ou une éponge pour panneau mural.

FINIR LES COINS INTÉRIEURS

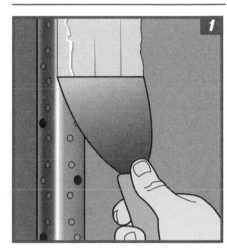

Cacher la baguette d'angle

Une baguette d'angle est une mince baguette de métal dont la forme épouse le coin extérieur d'un mur. Elle protège et renforce le joint de coin.

☞ Coupez un morceau de baguette d'angle de la longueur du joint avec des cisailles à tôle, et clouez-la sur le coin à tous les 6 pouces.

☞ Avec un couteau à joint de 4 pouces, appliquez une couche de pâte sur un côté du coin, en recouvrant la baguette (1).

☞ Appliquez de la pâte de l'autre côté du coin, de la même manière.

☞ Laissez sécher.

☞ Appliquez une autre couche de pâte sur chaque côté du coin, en amincissant sur 2 pouces au-delà des bords de la première couche. Laissez sécher, puis ajoutez une dernière couche.

☞ Une fois la dernière couche sèche, poncez ou épongez pour lisser.

FAIRE DES JOINTS DE COULIS ENTRE DES CARREAUX DE CÉRAMIQUE

LES PLANCHERS ET LES MURS

Faire des joints de coulis entre des carreaux de céramique n'est pas un travail compliqué, mais faire des joints lisses et égaux requiert patience et attention. Après avoir posé les carreaux, laissez sécher l'adhésif avant d'emplir les joints de coulis. Si vous réparez un coulis endommagé, grattez et nettoyez parfaitement les joints avant d'appliquer un coulis neuf.

Il existe deux types de coulis : avec ou sans sable. Faire le bon choix dépend de la largeur des joints. Le coulis avec sable, qui a une texture granuleuse, est utilisé pour les joints de plus de $\frac{1}{8}$ de pouce de largeur. Le coulis sans sable, auquel on a mélangé du latex pour lui donner résistance et élasticité, est utilisé d'ordinaire pour les joints plus petits.

La couleur du coulis est un aspect important dont il faut tenir compte. Utiliser une couleur claire pour des carreaux clairs aide à cacher les erreurs de pose. Toutefois, évitez le coulis clair pour des planchers dans des lieux très passants car il se décolorera rapidement. Un coulis dont la couleur contraste avec les carreaux crée un bel effet et souligne la forme du carreau.

La dernière étape consiste à appliquer un scellant sur les joints. Assurez-vous d'essuyer le scellant de la surface du carreau avant qu'il ne sèche. Les carreaux poreux, comme ceux faits d'ardoise ou de marbre, doivent être protégés avec un type de scellant particulier.

CONSEIL DE SÉCURITÉ *Le coulis humide est légèrement corrosif : portez des gants de caoutchouc pour le mélanger et l'appliquer.*

TEMPS REQUIS	OUTILS	MATÉRIAUX
Deux à quatre heures	• Scie à coulis • Balai ou aspirateur • Éponge • Seau • Taloche • Pistolet à calfeutrer • Gants de caoutchouc • Lunettes de sécurité • Masque antipoussière	• Coulis • Scellant pour coulis • Matériau d'étanchéité au silicone

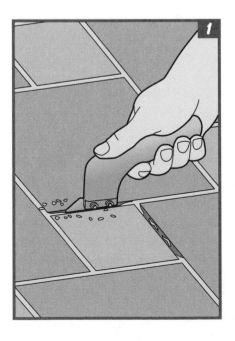

1. Enlever l'ancien coulis

Utilisez une scie à coulis à lame au carbure pour enlever le coulis endommagé des joints entre les carreaux. Portez des lunettes de sécurité et un masque antipoussière.

👉 Passez la lame de la scie à plusieurs reprises le long du joint pour enlever tout coulis détaché ou endommagé (1). Prenez soin de ne pas endommager les rives des carreaux.

👉 Enlevez les poussières et débris avec un balai ou un aspirateur.

👉 Essuyez avec un linge propre et humide.

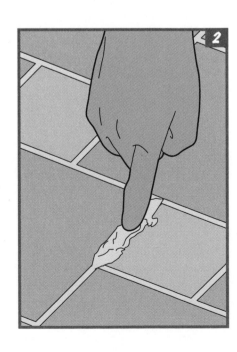

2. Poser du coulis dans un seul joint

Préparez une petite quantité de coulis en suivant les directives du fabricant.

☞ Remplissez le joint de coulis avec un doigt (2).

☞ Avec une éponge pour coulis, essuyez le joint en diagonale pour enlever tout excédent.

3. Poser du coulis sur une section de plancher

Mélangez le coulis dans un seau en suivant les directives du fabricant.

☞ Versez environ une tasse de coulis sur les carreaux.

☞ Étalez le coulis avec une taloche en caoutchouc, en la tenant à angle par rapport aux carreaux, et travaillez en diagonale (3) pour remplir complètement les joints.

4. Enlever l'excédent de coulis

☞ Grattez l'excédent de coulis des carreaux avec la rive de la taloche, en travaillant en diagonale (4). Nettoyez la taloche en la grattant contre le bord du seau.

☞ Continuez d'étaler du coulis et d'enlever l'excédent jusqu'à ce que tous les joints soient remplis.

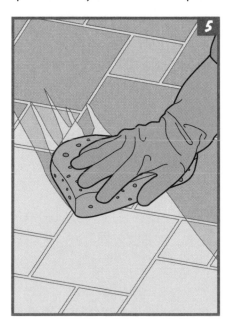

5. Nettoyer les carreaux

☞ Laissez sécher le coulis pendant quinze minutes environ, puis essuyez les carreaux avec une éponge humide, en travaillant en diagonale (5). Faites attention de ne pas enlever de coulis entre les joints.

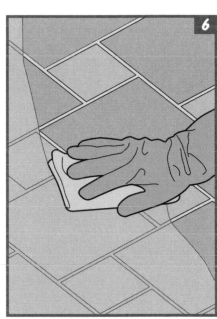

6. Enlever le résidu de coulis

Même après avoir nettoyé les carreaux avec une éponge humide, un résidu de coulis demeurera.

☞ Laissez le coulis sécher toute une nuit, puis essuyez les carreaux avec un linge propre et humide, en travaillant en diagonale (6).

☞ Attendez le temps spécifié par le fabricant avant d'appliquer une couche de scellant pour coulis.

☞ Appliquez un matériau d'étanchéité au silicone sur le pourtour du plancher.

POSER UNE TABLETTE MURALE

LES PLANCHERS ET LES MURS

Poser des tablettes est une façon rapide et facile d'augmenter l'espace de rangement. Les supports fixes sont offerts dans une variété de styles. Si les bras des supports utilisés sont de longueurs différentes, fixez le plus petit à la tablette. Pour de lourdes charges, choisissez des supports avec soutien diagonal.

Les tablettes fixées uniquement sur un panneau mural ne pourront soutenir une grande charge. Fixez-les plutôt aux colombages qui sont disposés à tous les 16 pouces

derrière les panneaux. Localisez leur emplacement avec un détecteur de colombage. Pour empêcher que les longues tablettes ne s'affaissent, fixez-les avec un support dans chaque colombage. Ne laissez pas dépasser les tablettes des colombages par plus de 8 pouces.

N'utilisez jamais le plancher ou le plafond comme référence pour vous assurer que la tablette est de niveau, car ils sont rarement de niveau, même dans les maisons neuves. Utilisez un niveau de menuisier.

TEMPS REQUIS	OUTILS	MATÉRIAUX
Moins de deux heures	• Détecteur de colombage • Niveau de menuisier • Perceuse électrique • Équerre combinée • Poinçon • Tournevis	• Tablettes • Supports • Vis à bois

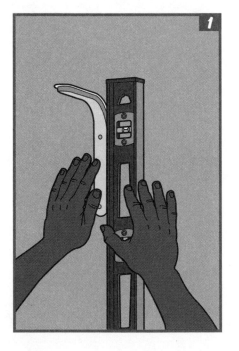

1. Localiser et marquer l'emplacement des colombages

☞ Localiser le centre des colombages derrière les panneaux muraux au moyen d'un détecteur de colombage.

☞ Au milieu d'un colombage, faites une marque à la hauteur désirée.

☞ À la marque, vérifiez l'aplomb du support au moyen d'un niveau (1), en vous assurant que la bulle est au centre de la fiole.

☞ Marquez l'emplacement des trous de vis du support sur le mur.

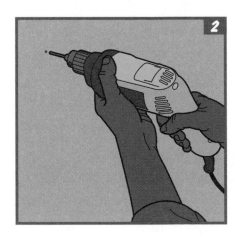

2. Percer des trous de guidage

Les trous de guidage empêchent les vis de fendre le panneau mural ou la tablette. Le diamètre de la mèche devrait être légèrement inférieur à celui des vis.

☞ Percez des trous aux marques, de manière à ce qu'ils pénètrent de 1/8 de pouce dans le colombage (2).

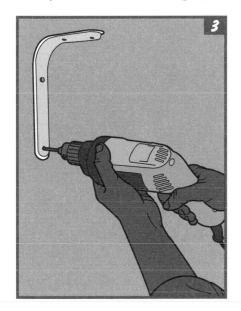

3. Fixer le premier support

☞ Alignez les trous de vis du support aux trous de guidage et vissez le support au mur (3).

4. Positionner le deuxième support

☞ À partir de chaque extrémité de la tablette, faites des marques de référence en dessous pour indiquer l'emplacement du centre de chacun des supports. Assurez-vous que les marques correspondent à l'emplacement des colombages, et que la même longueur de tablette dépassera de chaque côté.

☞ Avec une équerre combinée et un crayon, tracez des lignes de référence à angle droit sur la tablette, à chaque marque (4).

5. Indiquer et percer des trous de guidage sur les tablettes

☞ Pour que les supports forment un angle droit avec l'arrière de la

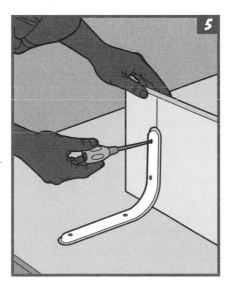

tablette, déposez-la sur sa rive arrière et mettez le support en position sur la ligne de référence.

☞ Marquez l'emplacement des trous de guidage avec un crayon ou un poinçon (5), et effacez les lignes de référence.

☞ Percez les trous de guidage sur les marques et vissez le support à la tablette.

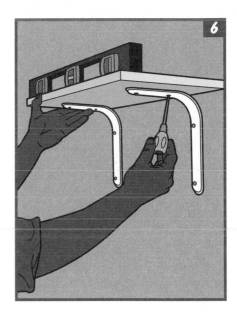

Poser la tablette de niveau

☞ Placez la tablette contre le mur, et centrez le support sur la ligne de référence.

☞ Assurez-vous que la tablette est de niveau et marquez l'emplacement des trous de guidage à travers les trous des supports, dans le mur et sous la tablette (6).

☞ Percez des trous de guidage aux marques.

☞ Remettez la tablette en place et vissez.

POSER DES CHARNIÈRES À UNE ARMOIRE

Il existe plusieurs types de charnières destinées aux armoires. Certaines, décoratives, sont posées sur la face extérieure des portes et cadres d'armoire. D'autres, plus courantes, sont fixées aux rives intérieures des portes et cadres d'armoire : c'est de ce dernier type qu'il est question ici.

La charnière est faite de deux plaques qui pivotent autour d'un axe central : la broche. Lorsque la porte est fermée, seuls les charnons autour de la broche sont visibles. Pour que la porte s'ajuste bien à l'armoire et qu'elle s'ouvre et se ferme correctement, les plaques doivent être posées dans une mortaise. Il est plus facile de découper une mortaise à l'intérieur d'une armoire si celle-ci est tournée sur le côté. Aussi, découpez les mortaises avant de fixer les armoires en place.

Positionnez les charnières sur les portes à la même distance, environ 3 pouces, des rives supérieure et inférieure, afin d'avoir suffisamment de place pour découper la mortaise à l'intérieur de l'armoire. Pour éviter que le bois ne se fende, faites des trous de guidage pour les vis en vous servant d'une mèche dont le diamètre est légèrement plus petit que celui des vis.

TEMPS REQUIS
Deux à quatre heures

OUTILS
• Serre-joint en bois • Serre-joint à coulisse • Équerre combinée • Perceuse électrique • Tournevis • Couteau utilitaire • Ciseau à bois • Maillet • Lunettes de sécurité

MATÉRIAUX
• Charnières • Vis à bois

1. Marquer l'emplacement sur la porte

☞ En vous servant d'un serre-joint en bois et d'un serre-joint à coulisse, maintenez vers le haut la rive qui recevra les charnières.

☞ Avec une équerre combinée, marquez l'emplacement des charnières sur la rive de la porte.

☞ Positionnez chaque charnière et marquez l'emplacement des trous de vis.

☞ Percez des trous de guidage aux marques et vissez temporairement les charnières à la porte.

☞ Faites une rainure le long des bords de chaque plaque avec un couteau utilitaire (1), puis enlevez les charnières et mettez-les de côté.

2. Tracer le contour de la mortaise avec un ciseau

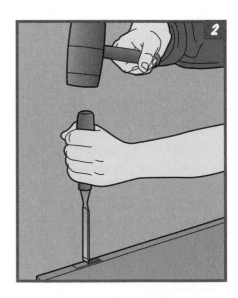

Pour empêcher que les bords de la mortaise ne se fendent, creusez la rainure avec un ciseau à bois et un maillet.

🔨 Marquez la face de la porte sur une profondeur de coupe égale à celle de la plaque.

🔨 Tenez le ciseau perpendiculairement à la rainure, sa partie biseautée face à l'intérieur de la mortaise, et tapez légèrement avec le maillet.

🔨 Avec le ciseau et le maillet, enlevez de l'épaisseur de bois à des intervalles de ⅛ de pouce à l'intérieur des rainures (2).

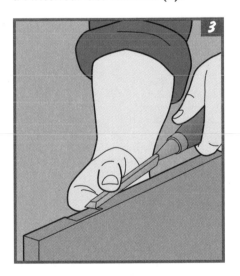

3. Nettoyer les mortaises

🔨 Enlevez les éclats de bois en tenant le ciseau, partie biseautée vers le bas, à un angle de 30 degrés et en tapant avec un maillet.

🔨 Avec la seule pression des mains, tenez la partie biseautée du ciseau presque parallèle à la surface de la rive pour égaliser le fond des mortaises et équarrir les coins (3).

4. Fixer les charnières à la porte

🔨 Mettez chaque charnière en place, les charnons vers le haut, et vissez-les à la porte avec les vis fournies (4).

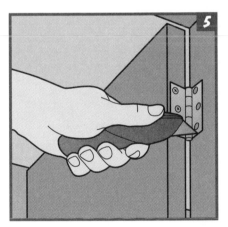

5. Marquer l'emplacement des mortaises sur l'armoire

Suivez les mêmes étapes pour découper les mortaises sur l'armoire.

🔨 Faites-vous aider par quelqu'un pour maintenir la porte en place, ou utilisez des cales. Marquez l'emplacement des trous de vis,

percez des trous de guidage, et vissez temporairement les charnières à l'armoire.

🔨 Marquez l'emplacement des charnières sur l'armoire au moyen d'un couteau utilitaire (5), puis enlevez la porte.

6. Fixer les charnières aux armoires

🔨 Déposez l'armoire sur un côté, puis découpez les mortaises avec le ciseau.

🔨 Remettez l'armoire sur pied, positionnez la porte, et vissez les charnières dans les mortaises (6).

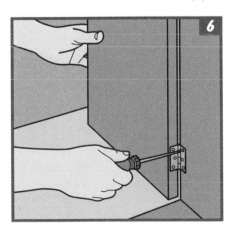

Chapitre 4
LES PORTES ET LES FENÊTRES

LES PORTES ET LES FENÊTRES

Il est normal que les portes et fenêtres d'une maison requièrent un entretien fréquent. Après tout, on les ouvre et les ferme plusieurs fois par jour, et le tassement de la maison crée une pression sur leurs cadres, sans compter que les portes et fenêtres extérieures sont exposées aux intempéries. Ce chapitre propose des réparations efficaces et faciles à effectuer pour les dommages les plus courants, tels les portes et les châssis de fenêtres qui s'ouvrent mal, et les moustiquaires endommagées.

Il est parfois inutile de songer à réparer une porte ou une fenêtre en mauvais état. Les effets destructeurs des éléments ou un usage fréquent font qu'il peut être préférable de remplacer une porte ou une fenêtre trop abîmée. Les pages suivantes présentent des instructions détaillées, étape par étape, pour l'installation d'une porte ou d'une fenêtre extérieure et la pose d'une nouvelle serrure à une porte intérieure.

Bien sûr, d'autres raisons peuvent motiver le remplacement des portes et fenêtres car ces dernières sont plus que de simples ouvertures dans la coquille d'une maison. Elles laissent entrer la lumière, enca-

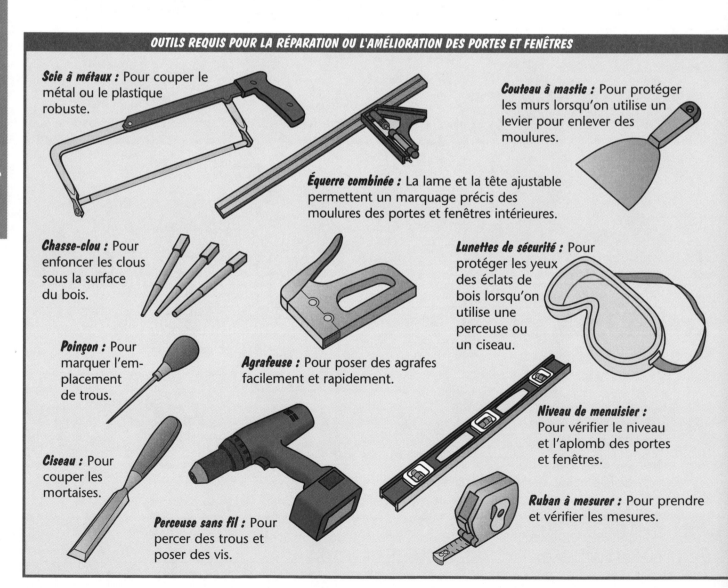

OUTILS REQUIS POUR LA RÉPARATION OU L'AMÉLIORATION DES PORTES ET FENÊTRES

Scie à métaux : Pour couper le métal ou le plastique robuste.

Couteau à mastic : Pour protéger les murs lorsqu'on utilise un levier pour enlever des moulures.

Équerre combinée : La lame et la tête ajustable permettent un marquage précis des moulures des portes et fenêtres intérieures.

Chasse-clou : Pour enfoncer les clous sous la surface du bois.

Lunettes de sécurité : Pour protéger les yeux des éclats de bois lorsqu'on utilise une perceuse ou un ciseau.

Poinçon : Pour marquer l'emplacement de trous.

Agrafeuse : Pour poser des agrafes facilement et rapidement.

Niveau de menuisier : Pour vérifier le niveau et l'aplomb des portes et fenêtres.

Ciseau : Pour couper les mortaises.

Ruban à mesurer : Pour prendre et vérifier les mesures.

Perceuse sans fil : Pour percer des trous et poser des vis.

drent la vue sur l'extérieur, apportent une touche spéciale sur le plan architectural, et donnent une allure accueillante et chaleureuse à votre foyer. Les portes et fenêtres neuves ne sont pas difficiles à installer, comme vous pourrez le constater dans les pages qui suivent. Nous vous montrerons aussi comment installer un puits de lumière.

En plus de donner du caractère à votre maison, votre porte d'entrée avant joue un rôle de premier plan en matière de sécurité. Les verrous à pêne dormant sont les plus sécuritaires, et nous allons vous montrer comment en installer un. Et puis, en matière de confort et de chaleur en hiver, les portes et fenêtres sont à la première ligne de défense. Leur étanchéisation est facile à réaliser et est très rentable car elle permet d'éliminer les courants d'air indésirables tout en réduisant les factures de chauffage.

Quel que soit le projet que vous entrepreniez, aucune des réparations ou améliorations présentées dans ce chapitre ne requiert d'outils spéciaux. Les outils de menuiserie habituels présentés ci-dessous feront parfaitement l'affaire.

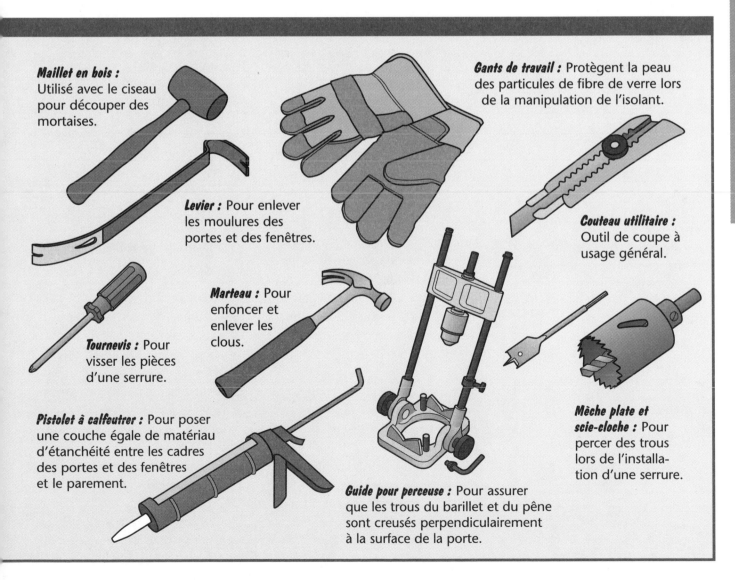

Maillet en bois : Utilisé avec le ciseau pour découper des mortaises.

Gants de travail : Protègent la peau des particules de fibre de verre lors de la manipulation de l'isolant.

Levier : Pour enlever les moulures des portes et des fenêtres.

Couteau utilitaire : Outil de coupe à usage général.

Marteau : Pour enfoncer et enlever les clous.

Tournevis : Pour visser les pièces d'une serrure.

Pistolet à calfeutrer : Pour poser une couche égale de matériau d'étanchéité entre les cadres des portes et des fenêtres et le parement.

Guide pour perceuse : Pour assurer que les trous du barillet et du pêne sont creusés perpendiculairement à la surface de la porte.

Mèche plate et scie-cloche : Pour percer des trous lors de l'installation d'une serrure.

INSTALLER UNE PORTE EXTÉRIEURE

La plupart des nouvelles portes extérieures sont faites d'un acier léger mais résistant. Elles sont vendues prémontées avec un bâti de bois généralement recouvert de vinyle. Mesurez la longueur et l'épaisseur des chambranles existants pour choisir une porte qui convient. Assurez-vous de laisser de l'espace pour des cales entre les chambranles et le faux-cadre. Le Code du bâtiment exige que les portes extérieures s'ouvrent vers l'intérieur, mais il vous revient de déterminer si vous voulez que votre porte s'ouvre à gauche ou à droite.

Si votre ancienne porte a été installée avec un cadre extérieur, installez un nouveau cadre au moins aussi large que l'ancien. Vous pouvez commander un cadre recouvert de vinyle ou faire votre propre cadre en bois. S'il n'y a pas de cadre extérieur, vous pouvez installer la nouvelle porte sans cadre et tout simplement calfeutrer les fentes. Pour enlever l'ancienne porte, retirez d'abord les cadres intérieurs et extérieurs au moyen d'un levier, puis dévissez ou coupez les chambranles et le seuil et retirez-les du faux-cadre.

TEMPS REQUIS	OUTILS	MATÉRIAUX
Deux à quatre heures	• Niveaux • Ruban à mesurer • Perceuse sans fil • Scie circulaire • Scie sauteuse • Scie à métaux • Marteau • Chasse-clou • agrafeuse • Couteau utilitaire • Lunettes de sécurité • Gants de travail	• Porte extérieure prémontée • Serrure et poignée • Cales en cèdre • Vis à bois • Capuchons à vis en vinyle • Clous de finition • Larmier • Papier de construction • Agrafes • Matériau d'étanchéité au silicone • Isolant en fibre de verre • Matériaux pour cadre

1. Positionner la porte

Un bloc-porte extérieur peut être difficile à manipuler. Aussi, songez à avoir de l'aide.

☞ Mettez en place la porte en vous assurant que la surface avant du chambranle est alignée avec le revêtement extérieur ou la fourrure.

☞ De l'intérieur, clouez temporairement des lattes de 1 x 2 en travers des coins supérieurs de la porte pour l'empêcher de basculer.

☞ De l'extérieur, glissez des cales dans chaque coin au-dessus des chambranles et au-dessous du seuil.

☞ Vérifiez le niveau du seuil et ajustez-le au besoin en tapant légèrement sur les cales (1).

2. Ajuster les côtés avec des cales

Des cales sont insérées dans l'espace situé entre les chambranles et le faux-cadre.

☞ Placez deux cales ensemble, la partie mince de l'une contre la partie épaisse de l'autre. Insérez-les entre les chambranles et le faux-cadre dans les coins supérieurs et inférieurs, ainsi qu'au niveau des charnières et de la serrure. Insérez aussi des paires de cales à tous les 12 à 16 pouces.

☞ Avec un niveau de 4 pieds, vérifiez l'aplomb des faces des chambranles. Faites les ajustements en enfonçant doucement les paires de cales là où cela est nécessaire (2). Faites attention de ne pas faire pénétrer les cales profondément au point où les chambranles pourraient se courber.

☞ Pour maintenir la porte en place, clouez en partie un clou à travers la partie supérieure du chambranle dans le faux-cadre, des deux côtés de la porte.

☞ Enlevez les lattes de fixation et assurez-vous que la porte s'ouvre et se ferme correctement. Si vous avez de la difficulté à fermer la porte, c'est que l'ajustement est trop serré. Donnez du lest en retirant en partie quelques cales et vérifiez à nouveau l'aplomb.

3. Fixer la porte

La porte est fixée au faux-cadre au moyen de paires de vis à bois n° 10 de 3 pouces, vissées partout où il y a des cales.

☞ Au moyen d'une perceuse sans fil, percez des trous de guidage, puis vissez et noyez les vis (3).

☞ Pour un meilleur support, remplacez deux des vis de la charnière supérieure par de longues vis comme celles utilisées le long des chambranles.

☞ Couvrez les têtes de vis de capuchons en vinyle de la même couleur que celle du revêtement.

☞ Retirez les clous insérés temporairement dans la partie supérieure des chambranles.

CONSEIL DE SÉCURITÉ *Portez des lunettes de sécurité lorsque vous utilisez la perceuse.*

4. Couper les cales

Une fois les chambranles fixés, coupez les cales pour qu'elles ne dépassent pas. Avec un couteau utilitaire, faites une entaille de chaque côté de la cale (4), puis cassez-la d'un coup sec.

5. Marquer le parement

Si votre nouveau cadre extérieur est plus large que l'ancien, ou s'il n'y avait pas de cadre au départ, vous devrez tailler le parement.

☞ Posez le cadre contre la face extérieure d'un chambranle, en laissant visible de $\frac{1}{8}$ à $\frac{1}{4}$ de pouce de la rive du chambranle.

☞ En vous servant du cadre comme guide, faites une ligne le long du parement (5).

☞ Répétez de l'autre côté et au-dessus de la porte.

LES PORTES ET LES FENÊTRES

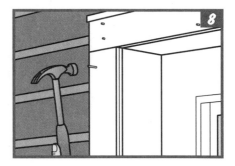

6. Couper le parement

☞ Ajustez votre scie circulaire à la profondeur du parement pour éviter de couper dans les clous du revêtement ou de la fourrure.

☞ Coupez le long de la ligne, en commençant aussi bas que possible (6). Lorsque vous arrivez à hauteur d'épaules, cessez de couper et montez sur un escabeau avant de continuer. Cessez de couper juste avant d'arriver à la hauteur des coins. Faites attention de ne pas couper trop loin dans le parement qui doit rester en place.

☞ En bas et en haut, terminez la coupe en utilisant une scie sauteuse.

☞ Au moyen du levier, retirez le parement coupé.

7. Protéger des éléments

Un larmier, de l'isolant et du papier de construction contribuent à empêcher le froid et l'humidité de pénétrer à l'intérieur.

☞ Remplissez de bandes d'isolant en fibre de verre les espaces vides entre les chambranles et le faux-cadre. (Vous pouvez utiliser de la mousse isolante gonflante, mais

faites attention de ne pas faire courber les chambranles.)

☞ Couvrez le revêtement ou la fourrure exposés avec du papier de construction et fixez-le au moyen d'agrafes. Taillez le papier afin qu'il atteigne le milieu de la rive de chaque chambranle.

☞ Taillez le larmier avec une scie à métaux afin qu'il s'ajuste entre les deux bords coupés du parement au-dessus de la porte. Glissez la partie verticale du larmier entre le parement et le papier de construction (7). Le larmier demeurera en place sans qu'il soit nécessaire de le clouer.

8. Fixer le cadre

Vous pouvez installer le cadre extérieur en taillant des angles de 45 degrés, ou tout simplement en joignant les morceaux ensemble. Si vous choisissez de joindre les cadres ensemble, le cadre supérieur devrait couvrir toute la largeur afin de protéger de l'humidité les bouts des montants.

☞ Poussez le cadre supérieur sous le larmier. Clouez-le au revêtement ou à la fourrure ainsi que sur la face du chambranle, au moyen de clous

de finition de 2 pouces à tous les 10 à 12 pouces, et à ½ pouce des rives (8). Clouez les clous pour que les têtes dépassent de la surface du cadre, puis enfoncez-les avec un chasse-clou.

☞ Fixez les cadres des côtés de la même façon, en vous assurant qu'ils s'appuient bien contre le parement.

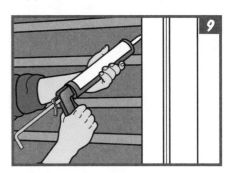

9. Les touches de finition

☞ Scellez les joints entre les caches et le parement au moyen d'un matériau d'étanchéité au silicone qui peut être peint (9).

☞ Remplissez les trous de clou avec le matériau d'étanchéité.

☞ Poncez légèrement et repeignez les cadres.

☞ Installez la serrure et la poignée en suivant les directives du fabricant.

☞ Réinstallez les cadres intérieurs.

POSER UNE SERRURE DE COULOIR À UNE PORTE INTÉRIEURE

Il n'est pas difficile d'installer une serrure de couloir mais vous aurez peut-être du mal à fermer correctement la porte si vous n'avez pas pris très précisément les mesures. Pour vous y aider, la plupart des fabricants fournissent un gabarit permettant de bien positionner les trous de perçage des poignées de porte et de la serrure. Les étapes d'installation suivantes sont courantes, mais il est préférable de consulter les directives du fabricant avant de commencer le travail au cas où l'installation de votre modèle de serrure devrait être faite différemment.

Ce projet explique comment installer une serrure sur une porte neuve. Mesurez l'épaisseur de la porte avant d'acheter la serrure : la plupart des modèles conviennent à une porte de 1⅜ à 1¾ de pouce d'épaisseur. Si tout ce que vous avez à faire est de remplacer une serrure qui fonctionne mal par une serrure neuve, votre travail sera facilité car vous n'aurez pas de trou à percer ou de mortaise à découper au ciseau. Toutefois, assurez-vous d'acheter un modèle compatible avec l'ancienne serrure pour que toutes les pièces s'assemblent bien dans la porte et le chambranle.

CONSEIL DE SÉCURITÉ *Portez des lunettes de sécurité lorsque vous utilisez une perceuse électrique.*

OUTILS

- Ruban à mesurer • Poinçon
- Perceuse électrique • Mèche plate • Scie-cloche • Couteau utilitaire • Ciseau à bois • Maillet en bois • Tournevis • Lunettes de sécurité

MATÉRIAUX

- Serrure de couloir

1. Marquer l'emplacement du centre

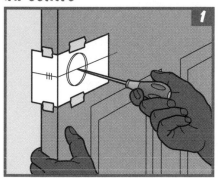

🐾 Tracez une ligne sur la face de la porte, à 36 pouces du sol.
🐾 Avec du ruban gommé, fixez à la porte le gabarit fourni avec la serrure en alignant le centre sur la ligne tracée et en pliant le gabarit contre la rive de la porte, sur la ligne de référence verticale. La plu-

part des gabarits comportent deux cercles qui déterminent l'emplacement du centre de la poignée, un à 2⅜ et un à 2¾ de pouces de la rive de la porte. Suivez les directives du fabricant pour savoir quelle mesure est la bonne, puis marquez l'emplacement du centre de la poignée sur la face de la porte avec un poinçon (1).
🐾 Marquez l'emplacement correct du centre du pêne sur la rive de la porte, puis retirez le gabarit.

2. Percer le trou qui recevra la poignée

🐾 Posez une scie-cloche à une perceuse électrique (consultez les directives du fabricant pour connaître le diamètre approprié).

🐾 Posez la mèche de guidage de la scie-cloche sur la marque de poinçon située sur la face de la porte. En tenant la perceuse de niveau et maintenant fermement la porte avec votre main libre (2), percez jusqu'à ce que la mèche de guidage émerge de l'autre côté de la porte. Ne transpercez pas complètement la porte car la scie-cloche laisserait des marques.

🔨 Allez de l'autre côté de la porte et insérez la mèche de guidage dans le trou. Percez jusqu'à ce que la scie-cloche traverse complètement la porte.

3. Percer le trou qui recevra le pêne

🔨 Posez une mèche plate à la perceuse en suivant les directives du fabricant pour vous assurer d'avoir le bon diamètre.

🔨 En tenant fermement la porte et en vous assurant que la perceuse est de niveau, percez dans la rive de la porte, à l'emplacement du centre du pêne. Continuez de percer jusqu'à ce que la pleine largeur de la mèche pénètre dans le trou destiné à la poignée (3).

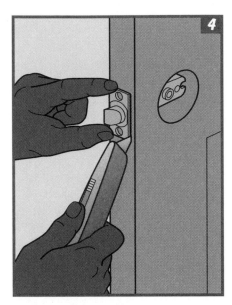

4. Marquer l'emplacement de la têtière

🔨 Insérez le pêne dans le trou de la porte de manière à ce que son côté arrondi fasse face à la direction dans laquelle la porte fermera.

🔨 Tenez la têtière de manière à ce que ses rives s'alignent sur la rive de la porte, et faites-en le contour avec un couteau utilitaire (4). Enlevez le pêne.

5. Marquer le contour de la mortaise au ciseau

Le découpage de la mortaise destinée à la têtière se fait en deux étapes. Commencez par approfondir la rainure du contour avec un ciseau à bois, en vous assurant de conserver la même largeur que celle de la têtière, tel que montré ici. Utilisez ensuite le ciseau pour enlever les fragments de bois, tel que montré à l'étape 6.

🔨 En tenant le ciseau bien droit contre la rainure, le côté biseauté de la lame faisant face à la mortaise, tapez sur le manche du ciseau avec un maillet de bois (5).

🔨 Répétez jusqu'à ce que le ciseau atteigne la profondeur de la têtière.

🔨 Creusez les rainures sur tout le contour de la même manière.

6. Tailler la mortaise au ciseau

🔨 En tenant le ciseau côté biseauté vers le bas et à angle par rapport à la rive de la porte, enlevez l'épaisseur de bois non désirée en partant du contour (6). Travaillez de bas en haut.

🔨 Vérifiez régulièrement la profondeur à creuser en posant la têtière dans la mortaise. Continuez d'enlever l'épaisseur de bois inutile jusqu'à ce que la têtière soit à égalité avec la rive de la porte.

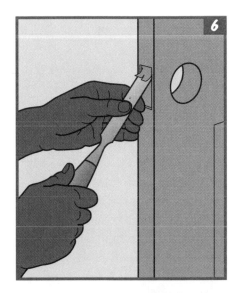

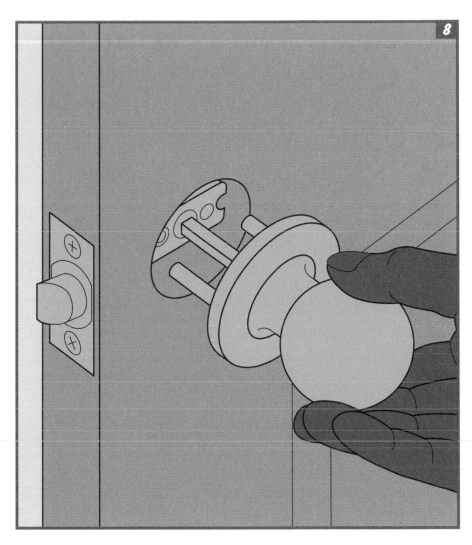

7. Poser le pêne

☞ Insérez le cylindre du pêne dans son trou et placez la têtière dans sa mortaise. Marquez l'emplacement des trous de vis, puis retirez le cylindre du pêne.

☞ Creusez un trou de guidage à chaque marque de vis.

☞ Remettez le cylindre du pêne dans son trou et vissez la têtière à la porte (7).

8. Poser les poignées de porte

La procédure exacte pour ajuster les poignées dépend du modèle. Suivez les directives du fabricant. Si l'une des poignées est dotée d'un verrou, assurez-vous de l'installer du côté de la porte qui convient.

☞ Dans le cas du modèle présenté ici, placez l'axe de la poignée extérieure et les tiges de vissage dans les trous correspondants sur le cylindre du pêne (8). Pour certains modèles,

vous devrez d'abord abaisser le pêne afin d'aligner l'axe et les tiges sur les trous correspondants.

☞ Faites glisser la poignée intérieure sur l'axe et les tiges de vissage de la poignée extérieure.

9. Fixer les poignées ensemble

☞ Insérez les vis fournies par le fabricant dans les trous du côté intérieur afin qu'elles s'ajustent aux tiges de vissage.

LES PORTES ET LES FENÊTRES

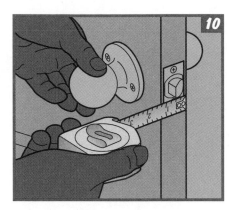

☞ Serrez les vis afin de fixer les poignées ensemble (9).

10. Marquer l'emplacement du trou qui recevra le pêne

Sur un nouveau chambranle, vous devrez percer le trou qui recevra le pêne (étapes 10 et 11) et poser une gâche (étape 12).

☞ Fermez la porte de manière à ce que le pêne touche le chambranle. Marquez l'emplacement des extrémités supérieure et inférieure du pêne sur le chambranle. Ouvrez la porte et prolongez les marques sur la face du chambranle avec une équerre combinée.

☞ Mesurez la distance de la face de la porte à la partie droite du pêne (10). Mesurez ensuite de la face de la porte à la partie arrondie du pêne.

☞ Transférez les mesures au chambranle, en faisant des lignes verticales qui croiseront celles indiquant les parties supérieure et inférieure du pêne. Vous obtiendrez un rectangle à mortaiser.

11. Percer le trou du pêne

☞ Avec un ciseau, faites une rainure le long de l'emplacement du trou du pêne, tel que montré à l'étape 5.

☞ Posez à une perceuse électrique une mèche plate légèrement plus petite que la largeur et la hauteur de l'emplacement du trou. En tenant la perceuse de niveau, percez le chambranle à l'intérieur de la marque (11). La profondeur du trou doit être égale à la longueur de pêne qui sort de la rive de la porte.

☞ Équarrissez les côtés du trou avec un ciseau.

12. Fixer la gâche

☞ Positionnez la gâche sur le chambranle de manière à ce que son ouverture soit centrée sur le trou du pêne et sa partie incurvée soit face à la porte.

☞ Marquez l'emplacement de la gâche sur le chambranle avec un couteau utilitaire.

☞ Rainurez le tour de la gâche avec un ciseau à bois tel que montré à l'étape 5, puis enlevez les fragments de bois à l'intérieur des rainures, pour que la mortaise ait la même profondeur que la gâche.

☞ Posez la gâche dans la mortaise et marquez l'emplacement des vis. Enlevez la gâche et creusez des trous de guidage pour les vis fournies par le fabricant, à chaque marque.

☞ Vissez la gâche dans le chambranle (12).

☞ Si la porte frotte contre la gâche lorsque vous l'ouvrez ou la fermez, ajustez la languette de la gâche en la pliant vers l'intérieur ou l'extérieur.

CORRIGER UNE PORTE QUI SE COINCE

Corriger une porte qui se coince est rarement compliqué. Dans certains cas, resserrer les vis de la charnière résoudra le problème. Si les trous de vis sont agrandis et que les vis ne peuvent être resserrées, percez les trous plus grands, insérez de petits gougeons, puis reposez la charnière en vissant dans les gougeons.

Si resserrer les vis ne résout pas le problème, la solution peut être de caler la charnière du bas ou du haut, en plaçant une ou plusieurs cales de carton entre le chambranle et la charnière.

Si aucune de ces solutions ne convient, vous devrez sans doute retirer la porte afin de poncer ou aplanir ses rives, ou de creuser des mortaises plus profondes pour les charnières.

TEMPS REQUIS
Moins de deux heures

OUTILS
• Marteau • Tournevis • Couteau utilitaire • Chasse-clou • Règle • Poinçon • Couteau à mastic

MATÉRIAUX
• Cales de bois • Carton

LES PORTES ET LES FENÊTRES

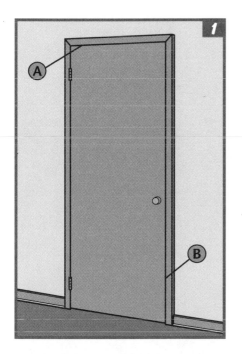

1. Poser un diagnostic

Il devrait toujours y avoir un espace d'au moins $\frac{1}{16}$ de pouce entre une porte et chacun des chambranles. Une porte qui se coince laisse d'ordinaire une marque à l'endroit où elle frotte contre le chambranle.

Toutefois, si aucune marque n'est visible, glissez un couteau à mastic entre la porte et le chambranle pour déterminer où la porte se coince.

☞ (A) Si la porte se coince ici, calez la charnière du haut.

☞ (B) Si la porte se coince ici, calez la charnière du bas.

2. Poser un coin à la porte ouverte

Posez un coin à la porte ouverte, sans la pousser vers le haut, afin que vous puissiez retirer la broche de la charnière plus facilement.

☞ Ouvrez la porte suffisamment pour pouvoir dévisser les charnières et, avec un marteau, enfoncez des cales de bois sous la porte (2), en protégeant le plancher avec du carton.

3. Enlever la broche de la charnière à caler

☞ Enlevez la branche de la charnière que vous désirez caler.

☞ Avec un couteau utilitaire, faites une rainure dans la peinture entre la tête de la broche et la charnière.

☞ Placez le bout d'un chasse-clou contre la partie inférieure de la broche et, en martelant, poussez la broche vers le haut.

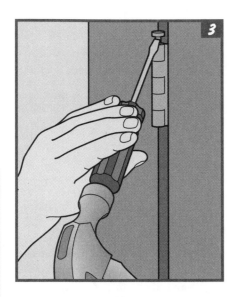

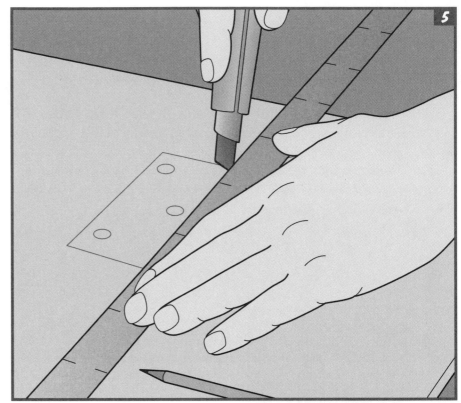

☞ Lorsque la broche est en partie visible, retirez-la avec vos doigts. Si elle bloque, placez le bout d'un vieux tournevis sous la tête et donnez des coups vers le haut avec un marteau pour la retirer (3).

4. Tracer une réplique de la charnière

☞ Dévissez la plaque de la charnière du chambranle et retirez-la.
☞ Sur un morceau de carton mince, tracez quatre ou cinq répliques de la plaque de la charnière, en marquant l'emplacement des vis (4).

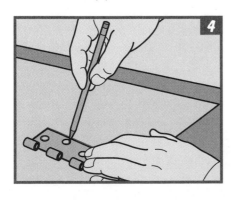

5. Faire une cale

☞ Avec un couteau utilitaire et une règle, découpez le contour des répliques (5).
☞ Avec un poinçon, percez un trou au milieu de tous les emplacements de vis.

6. Insérer les cales

Le nombre de cales en carton dont vous aurez besoin dépend de la gravité du problème. Toutefois, les cales ne doivent pas dépasser de la rive du chambranle.
☞ Joignez les plaques de la charnière et insérez la broche.
☞ Placez une ou deux cales dans la mortaise de la charnière (6) et

vissez la plaque de la charnière au chambranle.
☞ Si la porte se coince toujours, dévissez la plaque de la charnière et ajoutez d'autres cales.

POSER DES ARRÊTS DE PORTE

Le mot dit bien ce qu'il veut dire. Posés sur le haut et les côtés des chambranles, ils empêchent une porte de se fermer plus avant une fois le pêne engagé dans la gâche. Les arrêts de porte servent aussi de moulures décoratives qui cachent les irrégularités dans l'espacement entre la porte et les chambranles.

Si vous avez posé une porte prémontée avec des chambranles qui comportent déjà des arrêts de porte, vous n'avez rien de plus à faire. Toutefois, si vous voulez remplacer les arrêts de porte ou si vous posez une porte et des chambranles neufs sans arrêts, vous devrez couper et poser les arrêts de porte vous-même.

Les arrêts de porte sont des baguettes d'environ ¼ de pouce d'épaisseur et de 1 pouce de largeur. Pour une installation de qualité, les arrêts devraient s'ajuster parfaitement ensemble dans les coins, comme pour un cadre de tableau : vous devrez donc faire des coupes à angle, ce qui est facile à réaliser avec une boîte à onglets. Fixez les arrêts en place une fois la porte et la serrure posées : cela permettra à la porte de se fermer correctement sans vibrer.

CONSEIL DE SÉCURITÉ *Portez des lunettes de sécurité lorsque vous clouez.*

1. Prendre les mesures

🖝 Fermez la porte, puis mesurez le long du chambranle côté charnières, du plancher à la traverse supérieure (1).

🖝 Transférez cette mesure à une baguette d'arrêt de porte, puis répétez la procédure pour le chambranle côté poignée et pour la traverse supérieure.

2. Couper à angle

Vous devrez couper à angle les deux extrémités de l'arrêt de la traverse supérieure ainsi que le haut des arrêts des chambranles.

🖝 Déposez une baguette face vers le bas dans une boîte à onglets, une rive contre la paroi du fond de manière à ce que la

marque de coupe soit alignée sur les fentes à 45 degrés.

🖝 Glissez une scie à dos dans les fentes et coupez (2), en maintenant la baguette contre la paroi.

LES PORTES ET LES FENÊTRES

3. Fixer l'arrêt côté poignée

☞ La porte fermée, placez l'arrêt destiné au côté poignée contre le chambranle, la partie coupée à angle en haut.

☞ Placez un espaceur de $\frac{1}{16}$ de pouce d'épaisseur entre la porte et l'arrêt (une pièce de 25 cents fera l'affaire). Cet espaceur permettra à la porte d'être fermée correctement sans vibrer.

☞ Dans le haut de l'arrêt, enfoncez à moitié un clou de finition de $1\frac{1}{2}$ pouce dans l'arrêt et le chambranle (3). Laissez la tête du clou dépasser : vous l'enfoncerez plus tard (étape 6). Prenez soin de ne pas cogner sur la porte avec le marteau et portez des lunettes de sécurité.

☞ Enfoncez un clou tous les 12 pouces le long de l'arrêt jusqu'au plancher, en replaçant l'espaceur au fur et à mesure.

4. Fixer l'arrêt à la traverse supérieure

☞ Placez l'arrêt de la traverse supérieure de manière à ce que l'une de ses extrémités soit fermement ajustée à l'extrémité coupée à angle de l'arrêt côté poignée (4).

☞ En maintenant un espaceur entre la porte et l'arrêt, fixez la baguette à la traverse supérieure comme vous l'avez fait pour l'arrêt côté poignée. Assurez-vous que la baguette est posée bien à plat contre la traverse supérieure.

5. Fixer l'arrêt côté charnières

☞ Posez l'arrêt côté charnières contre le chambranle de manière à ce que son extrémité coupée à angle s'ajuste bien contre l'arrêt coupé à angle de la traverse supérieure.

☞ En maintenant un espaceur entre la baguette et la porte, clouez l'arrêt (5).

☞ Ouvrez la porte et essayez de la refermer. Si le pêne n'entre pas dans la gâche, repositionnez les arrêts.

6. Enfoncer les clous

☞ Ouvrez la porte, puis posez la pointe du chasse-clou sur la tête d'un des clous de finition.

☞ En portant des lunettes de sécurité, tapez sur le chasse-clou avec un marteau jusqu'à ce que la tête du clou soit à $\frac{1}{16}$ de pouce sous la surface du bois (6).

☞ Enfoncez tous les autres clous de la même manière.

POSER UN PÊNE DORMANT À UNE PORTE EXTÉRIEURE

Poser un pêne dormant à une porte extérieure en plus d'une serrure régulière offre une sécurité additionnelle. Ces pênes s'ouvrent de l'extérieur avec une clé et de l'intérieur avec une manette (barillet à mécanisme simple) ou avec une clé (barillet à mécanisme double). Dans le cas d'une porte comportant de larges vitres, il est préférable d'opter pour une serrure s'ouvrant de l'intérieur avec une clé. Les deux types de pênes se posent de la même manière. Lorsque vous achetez un pêne, assurez-vous qu'il convient à l'épaisseur de votre porte.

Les portes de métal et certaines portes de bois comportent déjà des trous destinés à recevoir une serrure régulière et un pêne dormant. Dans ces cas, il ne reste qu'à percer des trous dans le jambage de la porte pour poser la plaque de la gâche.

TEMPS REQUIS	OUTILS	MATÉRIAUX
Deux à quatre heures	• Ruban à mesurer • Poinçon • Perceuse sans fil • Guide pour perceuse • Emporte-pièce • Mèche plate • Tournevis • Ciseau • Maillet en bois • Lunettes de sécurité	• Ensemble pour pêne dormant • Craie • Ruban-cache

1. Marquer l'emplacement des trous

☞ Posez le gabarit fourni avec le verrou sur la rive et la face de la porte, 6 à 8 pouces au-dessus de la poignée, et fixez-le avec un ruban-cache.

☞ La plupart des verrous de sécurité permettent deux positions du barillet sur la face de la porte par rapport à la rive. Sur le gabarit, choisissez la position la mieux alignée sur le centre de la poignée. Avec un poinçon ou un clou, marquez l'emplacement du centre du barillet sur la face de la porte (1) et la position du pêne sur la rive de la porte.

☞ Retirez le gabarit.

CONSEIL DE SÉCURITÉ *Lorsque vous utilisez la perceuse, protégez vos yeux des éclats de bois en portant des lunettes de sécurité.*

2. Percer le trou du barillet

Lorsque vous percez les trous qui recevront le barillet et le pêne, il est important que la perceuse soit perpendiculaire à la porte. Fixer un

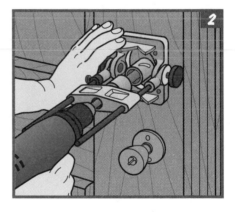

guide sur la perceuse vous aidera à percer les trous avec précision.

☞ Posez à la perceuse un emporte-pièce du diamètre indiqué par le fabricant du pêne. Fermez la porte et alignez la mèche pilote de l'emporte-pièce avec la marque faite au poinçon. En appuyant la base du guide fermement contre la face de la porte, commencez à percer le trou (2).

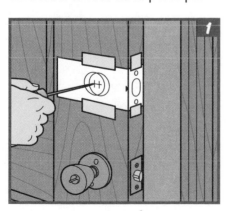

☞ Pour éviter d'écailler la surface opposée de la porte, cessez de percer lorsque la mèche atteint l'autre côté. Terminez le trou de ce côté.

3. Percer le trou pour le pêne

☞ Posez à la perceuse une mèche plate de la taille indiquée par le fabricant du pêne.

☞ Positionnez le guide à plat sur la rive de la porte et maintenez-le à l'aide de vis de serrage de chaque côté de la porte.

☞ Alignez le bout de l'emporte-pièce avec la marque faite au poinçon sur la rive de la porte et percez pour atteindre le trou du barillet (3). Si le fabricant le recommande, continuez de percer ½ pouce plus loin que le trou du barillet.

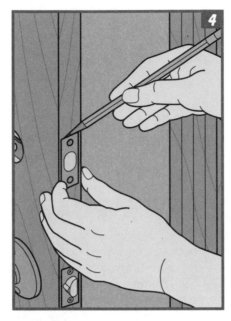

4. Vérifier l'ensemble du pêne

Avant de poser l'ensemble du pêne, une mortaise doit être creusée sur la rive de la porte pour que la plaque soit posée à égalité avec la surface de la rive.

☞ Insérez l'ensemble du pêne dans le trou et posez la plaque verticalement contre la rive de la porte.

☞ Avec un crayon, tracez le contour de la plaque dans la rive (4), puis retirez l'ensemble.

5. Creuser une mortaise avec le ciseau

☞ Utilisez un ciseau dont la lame est de la même largeur que la plaque. Le long de la marque au crayon, tapez légèrement sur le ciseau avec un maillet en bois, le côté en biseau de la lame tourné vers l'intérieur. Faites une rainure

d'une profondeur égale à l'épaisseur de la plaque.

☞ En tenant le ciseau à un angle de 45 degrés par rapport à la rive de la porte, le biseau de la lame vers le bas, faites une série de coupes horizontales de la profondeur de la plaque, à intervalles de ⅛ à ¼ de pouce (5).

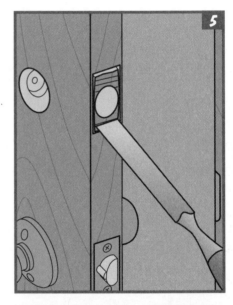

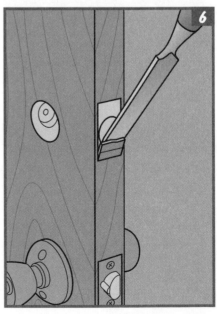

6. Terminer la mortaise

🔨 Retirez les entailles de bois avec le ciseau, en le tenant près de la surface et à angle, le biseau de la lame face au travail. Commencez au milieu de la mortaise et montez vers le haut, puis finissez en partant du milieu vers le bas (6).

🔨 Placez le pêne dans la position désirée, puis faites glisser l'ensemble dans le trou. Fixez la plaque avec les vis à bois qui sont fournies.

7. Poser le barillet

🔨 Passez la tige du mécanisme du verrou dans le trou du mécanisme du pêne, du côté extérieur de la porte (7).

🔨 Du côté intérieur de la porte, posez la plaque de retenue de la manette de manière à ce que la tige passe à travers le trou central, dans la plaque de retenue.

🔨 Fixez la plaque de retenue dans le mécanisme du verrou avec les grandes vis à métaux qui sont fournies.

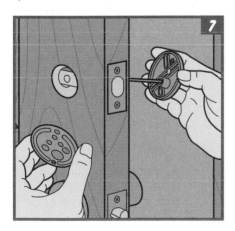

8. Poser la manette

🔨 Positionnez la manette sur la plaque de retenue en insérant la tige dans le mécanisme de la manette (8).

🔨 Avec les petites vis à bois qui sont fournies, fixez la manette dans la porte, à travers la plaque de retenue.

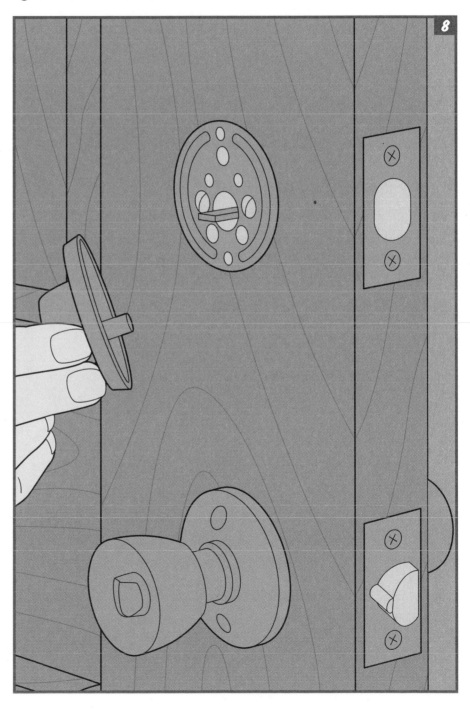

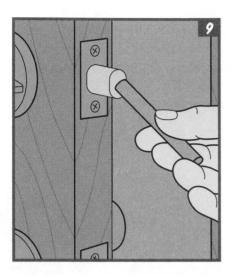

LES PORTES ET LES FENÊTRES

9. Marquer l'emplace-ment du trou de la gâche

La meilleure façon de marquer l'emplacement du trou de la gâche sur le jambage de la porte est de se servir du bout du pêne. Plusieurs pênes possèdent des pointes ou des dépressions qui, lorsque le pêne est forcé dans le cadre, lais-sent une empreinte sur le bois. Sinon, vous pouvez couvrir le bout du pêne de craie (9) ou de rouge à lèvres pour faire une empreinte sur le jambage.

10. Percer le trou de la gâche

☞ Posez une mèche plate à la perceuse, de la même grosseur que celle utilisée pour percer le trou du pêne dans la rive de la porte. Pour déterminer la pro-fondeur du trou de la gâche, mesurez la longueur du pêne dépassant de la porte. Posez un morceau de ruban-cache sur la

mèche, à cette profondeur.
☞ Percez le trou de la gâche à l'endroit marqué sur le jambage de la porte (10), en arrêtant à la profondeur marquée avec le ruban-cache.

11. Poser la plaque de la gâche

Pour plus de sécurité, plusieurs plaques de gâche sont fixées avec des vis à bois régulières et avec des vis de 3 pouces qui pénètrent dans le faux-cadre, derrière le jambage de la porte.
☞ Centrez la plaque de la gâche sur le trou et, avec un crayon, tra-cez-en le contour (11).
☞ Avec un ciseau, creusez une mortaise dans la rive de la porte, de la même façon que pour la plaque du pêne.
☞ Repositionnez la plaque et faites une marque à l'emplace-ment des trous de vis.
☞ Percez des trous de guidage puis vissez la plaque de la gâche dans le jambage.

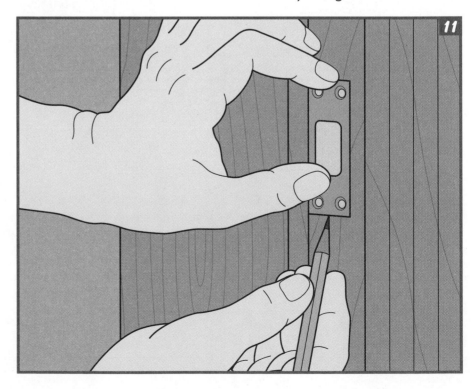

POSER UNE FENÊTRE

Les châssis et montants de fenêtre peuvent être faits de divers matériaux. Le bois recouvert de vinyle est un choix économique et durable. Les fenêtres bien isolées ont des vitrages doubles, et même triples, et elles contiennent parfois de l'argon entre les vitres. Une couche de produit à faible taux d'émission peut augmenter les propriétés isolantes de la fenêtre.

Pour enlever l'ancienne fenêtre, retirez les moulures intérieures, coupez le calfeutrage extérieur et dévissez les montants du faux cadre. Avant d'acheter une fenêtre, assurez-vous qu'elle s'adaptera aux dimensions de l'ouverture du parement et qu'il y aura assez de place pour poser des cales entre les montants et le faux cadre. Pour un projet simple, évitez les fenêtres comportant une bride de clouage car il faudrait alors retirer une partie du parement. Si l'ancienne fenêtre ne comportait pas de boiseries extérieures, vous pouvez poser la nouvelle de la façon présentée ici. Sinon, coupez les nouvelles boiseries pour qu'elles couvrent entièrement les anciennes et, au besoin, coupez une partie du parement pour l'y ajuster.

TEMPS REQUIS
Deux à quatre heures

OUTILS
• Niveau • Ruban à mesurer • Perceuse sans fil • Scie à métaux • Scie d'encadreur et boîte à onglets • Marteau • Chasse-clou • Agrafeuses • Équerre combinée • Couteau utilitaire • Lunettes de sécurité ou lunettes-masque • Gants de travail

MATÉRIAUX
• Fenêtre prémontée • Cales en cèdre • Vis à bois nº 10 de 3 po • Clous de finition de 1½ po • Larmier • Papier de construction • Agrafes • Matériau d'étanchéité au silicone peinturable • Isolant en fibre de verre • Boiseries

1. Préparer l'ouverture

Du papier de construction fixé entre la fenêtre et le faux cadre protège contre l'humidité.

☞ Découpez des bandes de papier de construction de 8 pouces de largeur pour qu'elles s'ajustent aux quatre côtés de l'ouverture.

☞ Déposez chaque bande contre le bord du mur intérieur sans qu'elle ne dépasse, et marquez-la d'un pli le long du bord du revêtement. Repliez le papier et glissez-le entre le revêtement et le parement. Fixez-le au moyen d'agrafes (1).

☞ Couvrez ainsi tous les côtés de l'ouverture.

2. Installer le larmier

Dans un mur extérieur de briques, la fenêtre est automatiquement en retrait. Pour les autres types de parements, il est nécessaire de poser un larmier au-dessus de la fenêtre afin d'éloigner l'humidité.

☞ Avec une scie à métaux, taillez le larmier de la même largeur que l'ouverture de la fenêtre.

☞ Glissez la partie verticale du larmier entre le parement et le papier de construction dans la partie supérieure de l'ouverture (2).

3. Mettre la fenêtre en place

Parce qu'il y aura très peu d'espace à l'extérieur entre le parement et les montants, posez et ajustez la fenêtre de l'intérieur.

☞ Fixez un 1 x 4 de quelques pouces plus long que la largeur de la fenêtre, dans la partie supérieure des montants. Cette barre de sécurité empêchera la fenêtre de tomber à l'extérieur.

☞ Soulevez et mettez en place la partie inférieure des montants sur l'appui du faux cadre (3). Poussez la fenêtre de manière à ce que les

montants arrivent à égalité avec le mur intérieur.

☞ Demandez à un assistant de vérifier la position de la fenêtre de l'extérieur. Les rives devraient dépasser de $\frac{1}{8}$ à $\frac{1}{4}$ de pouce la surface du parement afin de créer un rebord sur lequel, plus tard, le matériau d'étanchéité sera appliqué.

4. Mettre la fenêtre de niveau

☞ Pour le renforcer, placez sous l'appui de la fenêtre un bloc de bois, au centre, à égalité ou en retrait du mur.

☞ Faites glisser une cale entre le bas des montants et l'appui.

☞ Déposez un niveau sur l'appui et, avec un marteau, tapez sur les cales jusqu'à ce que le niveau soit parfaitement horizontal (4).

5. Poser des cales aux montants

☞ Glissez des paires de cales près des coins inférieurs et supérieurs, à tous les 12 pouces le long des

montants et de la traverse supérieure. Glissez une cale par sa partie épaisse, puis une autre cale par sa partie mince.

☞ Avec un niveau, vérifiez l'aplomb des faces des montants (5). Ajustez au besoin en tapant doucement sur les paires de cales aux endroits requis. Faites attention de ne pas faire pénétrer les cales trop profondément au point où les montants pourraient se courber.

Note : *Il est préférable que la fenêtre ne soit pas parfaitement d'aplomb plutôt qu'elle n'arrive pas à égalité du mur. Sinon, il vous sera difficile d'ajuster les boiseries.*

6. Fixer les montants

Le fraisage permet de couvrir les têtes de vis et donne un fini lisse au cadre de la fenêtre.

☞ Une fois la fenêtre d'aplomb, fraisez des trous aux deux endroits où des cales ont été posées dans la partie supérieure des montants.

LES PORTES ET LES FENÊTRES

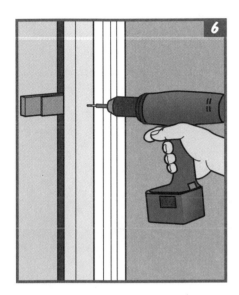

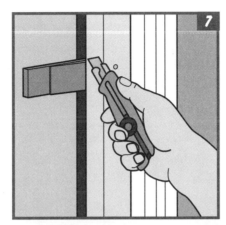

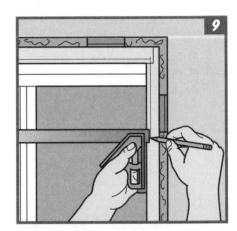

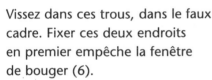

Vissez dans ces trous, dans le faux cadre. Fixer ces deux endroits en premier empêche la fenêtre de bouger (6).

☞ Vérifiez que la fenêtre s'ouvre et se ferme correctement. Si vous avez de la difficulté à faire glisser le châssis, c'est que l'ajustement est trop serré. Donnez du jeu en retirant en partie quelques cales et vérifiez à nouveau l'aplomb.

☞ Enlevez la barre de sécurité.

☞ Fraisez et vissez dans les montants aux endroits où se trouvent les cales.

7. Couper les cales

☞ Avec un couteau utilitaire, faites une entaille sur les deux côtés des cales (7), puis cassez-les d'un coup sec. Si la coupe n'est pas droite, enlevez les fragments qui dépassent avec un couteau.

☞ Avec des bandes d'isolant en fibre de verre, remplissez l'espace entre les chambranles et le faux-cadre.

8. Calfeutrer l'extérieur

À l'extérieur, les joints entre le cadre de la fenêtre et le parement doivent être scellés.

☞ Posez une couche de matériau d'étanchéité peinturable autour du bloc-fenêtre (8).

9. Marquer les boiseries

Les boiseries couvrent les espaces entre le bloc-fenêtre et le mur intérieur.

☞ Avec une équerre combinée, faites une marque sur la surface de chaque montant et sur l'appui à ⅛ de pouce du bord interne (9).

10. Poser les boiseries

☞ Alignez les boiseries contre les marques et marquez l'intérieur des coins.

☞ Avec une boîte à onglets et une scie d'encadreur, coupez les boiseries à un angle de 45 degrés.

☞ Clouez les boiseries dans le faux cadre à travers le bloc-fenêtre et la cloison sèche. Clouez de manière à ce que la tête des clous dépasse légèrement de la surface des boiseries (10).

☞ Enfoncez les clous avec un chasse-clou. Remplissez les trous de bouche-pores et appliquez un vernis transparent ou de la peinture.

RÉPARER UNE FENÊTRE QUI SE COINCE

Il est frustrant d'essayer d'ouvrir une fenêtre qui se coince. Les fenêtres à cadre de bois, en particulier, se coincent facilement. D'ordinaire, ce problème se corrige aisément, par exemple lorsqu'il est causé par une accumulation de peinture ou un gonflement dû à l'humidité.

Glissez un outil pour fenêtre à guillotine le long de la rainure entre le châssis et les arrêts, à l'intérieur et à l'extérieur. Cet outil ne fait pas que couper dans la peinture : il sépare souvent suffisamment le châssis des arrêts pour que la fenêtre puisse s'ouvrir plus facilement. Si le problème persiste, enlevez les arrêts des côtés et retirez le châssis. Grattez, poncez et lubrifiez les glissières du châssis. Ne rabotez pas un châssis car une fenêtre qui a trop de jeu vibre. Ne grattez ou ne poncez jamais les glissières en plastique ou en métal. Laissez suffisamment d'espace pour que le châssis glisse bien lorsque vous réinstallerez les arrêts.

TEMPS REQUIS	**OUTILS**	**MATÉRIAUX**
Moins de deux heures	• Outil pour fenêtre à guillotine • Levier • Couteaux à mastic • Ciseau à froid • Marteau à panne ronde • Couteau utilitaire • Tournevis • Pince-étau • Vastringue • Bloc à poncer • Marteau • Pinceau	• Ruban-cache • Plaquettes de bois • Poli pour meubles ou paraffine • Clous de finition • Peinture • Espaceurs

1. Séparer le châssis des arrêts

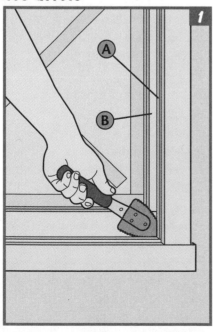

☞ Posez du ruban-cache sur les vitres, sur le pourtour ainsi qu'en « X » au milieu. Si, par accident, vous brisez une vitre, le ruban-cache empêchera les éclats de tomber trop vite.

☞ Glissez un outil pour fenêtre à guillotine le long du joint entre l'arrêt (A) et le châssis (B) sur un côté de la fenêtre. Répétez l'opération au bas (1), puis de l'autre côté.

☞ Faites la même chose de l'extérieur. Si le châssis colle toujours, passez aux étapes suivantes.

2. Enlever les arrêts

Pour retirer les châssis du cadre, enlevez les arrêts de côté au moyen d'un levier. Pour avoir accès aux arrêts, vous devrez peut-être enlever la moulure des côtés et du bas de la fenêtre.

☞ Avec un levier, enlevez le cadre en plaçant une plaquette de bois en-dessous pour protéger le mur.

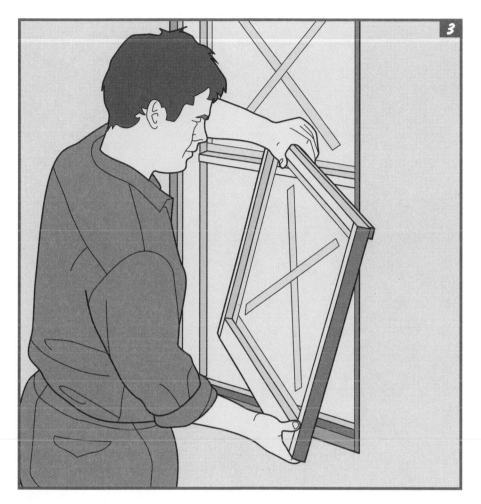

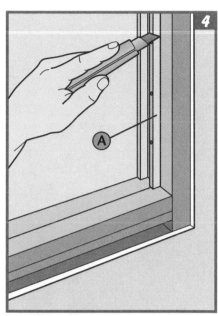

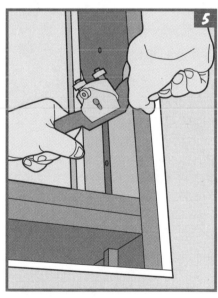

☞ Pour enlever un arrêt, insérez deux couteaux à mastic dans le joint entre le châssis et l'arrêt, puis insérez un ciseau à froid sur lequel vous taperez au moyen d'un marteau à panne ronde (2). Répétez à tous les 18 pouces le long de l'arrêt jusqu'à ce qu'il s'enlève.

3. Enlever le châssis

☞ Retirez le châssis du cadre (3).
☞ Si le châssis est retenu par des cordons, nouez-les ensemble pour empêcher qu'ils ne sortent des poulies.

4. Enlever les séparateurs

Enlevez un séparateur (A) à la fois, pour pouvoir plus facilement les gratter, poncer et lubrifier.
☞ Avec un couteau utilitaire, détachez la peinture entre un séparateur et le cadre (4).
☞ Enlevez toutes les vis qui retiennent le séparateur.
☞ Avec une pince-étau, saisissez le bas d'un séparateur, en le protégeant avec des plaquettes de bois, et tirez. Répétez à tous les 18 pouces le long du séparateur jusqu'à ce qu'il soit enlevé.

5. Gratter le fond des glissières

☞ Grattez le fond des glissières avec une vastringue (5) ou un grattoir d'ébéniste.
☞ Poncez légèrement avec un papier à poncer enroulé autour d'un bloc.

LES PORTES ET LES FENÊTRES

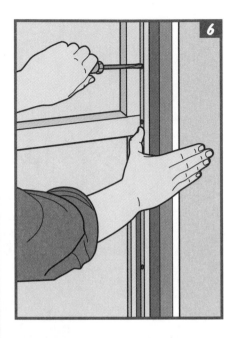

6. Replacer les séparateurs

👉 Remettez en place le séparateur et fixez-le au moyen de clous de finition, ou posez à nouveau les vis (6).

👉 Enlevez l'autre séparateur pour gratter et poncer le fond de l'autre glissière, puis remettez-le en place.

👉 Au besoin, retouchez les sections poncées avec de la peinture, et laissez sécher.

👉 Lubrifiez les glissières et les séparateurs avec un poli pour meubles ou avec de la paraffine.

7. Réinstaller le châssis

Les arrêts de côté de certaines fenêtres sont cloués sur la face du cadre, tel que montré ici. Sur d'autres fenêtres, les arrêts sont cloués sur les rives intérieures du cadre.

👉 Remettez le châssis en place.

👉 Remettez en place l'arrêt d'un côté et fixez-le au moyen de clous de finition à tous les 6 pouces (7).

👉 Remettez en place l'autre arrêt de la même manière.

👉 Remettez en place les moulures, puis retirez le ruban-cache.

Note : *Utilisez des espaceurs en carton pour positionner tous les arrêts de côté à égale distance du châssis.*

REMPLACER UNE MOUSTIQUAIRE DE FENÊTRE

Il suffit parfois d'une seule moustiquaire brisée pour dire adieu à un été sans moustiques! Heureusement, c'est facile et rapide à remplacer. Les moustiquaires sont généralement faites d'aluminium ou de fibre de verre recouverte de vinyle. L'aluminium a moins tendance à se déchirer ou à s'affaisser, mais il se bossèle facilement et peut se corroder. Ces problèmes ont contribué à favoriser l'emploi de la fibre de verre. La fibre de verre comporte un autre avantage : elle est généralement moins coûteuse et elle est offerte dans une variété de treillis (un seul dans le cas de l'aluminium), dont un treillis très fin qui filtre les radiations ultraviolettes, ce qui en fait un bon choix pour les vérandas exposées au soleil.

Les deux matériaux sont faciles à rapiécer. Fixez les pièces en fibre de verre recouverte de vinyle avec une colle à base d'acétone. L'acétone fait fondre en partie la couche de vinyle, liant ainsi les bords de la pièce à la moustiquaire. Fixez les pièces en aluminium avec de très fins fils de métal. Toutefois, parce que les rapiéçages sont visibles et qu'ils requièrent presque autant de temps et d'efforts que le remplacement d'une moustiquaire, il est d'ordinaire préférable de tout refaire à neuf.

TEMPS REQUIS	OUTILS	MATÉRIAUX
Moins de deux heures	• Tournevis à tête plate • Couteau utilitaire • Ciseaux • Cisailles robustes (ou à tôle) • Roulette pour languette	• Moustiquaire (en aluminium ou en fibre de verre) • Languette

1. Déloger la languette

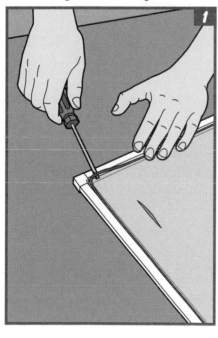

La plupart des moustiquaires sont maintenues en place au moyen de languettes de plastique qui s'ajustent dans une rainure le long du cadre.

☞ Placez la moustiquaire face vers le bas sur votre surface de travail.

☞ Cherchez où se trouve le bout de la languette dans la rainure (généralement dans un coin).

☞ Avec un tournevis à tête plate, délogez un bout de la languette (1).

2. Retirer la languette

☞ Maintenez le cadre sur la surface de travail et retirez délicatement la languette (2). Faites la même chose pour tous les côtés.

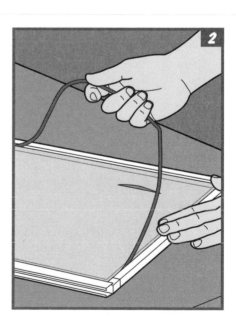

☞ Évitez d'étirer la languette si vous comptez la réutiliser pour la nouvelle moustiquaire.

LES PORTES ET LES FENÊTRES

3. Ajuster la nouvelle moustiquaire

☞ Coupez une moustiquaire en fibre de verre avec des ciseaux et une moustiquaire en aluminium avec des cisailles robustes ou à tôle.

☞ Mesurez le cadre et coupez la moustiquaire de manière à ce qu'elle dépasse de 1 pouce du cadre sur tous les côtés.

☞ Déposez la moustiquaire sur le cadre (3).

☞ Pour la moustiquaire en aluminium, enlevez $\frac{1}{2}$ pouce dans les coins pour qu'elle ne retrousse pas durant l'installation.

4. Poser la languette sur un côté

Utilisez une roulette spéciale pour presser la languette et la moustiquaire dans la rainure. Si vous posez une moustiquaire en aluminium, avant de pressez la languette, faites rouler la roulette sur la moustiquaire et dans la rainure dans un mouvement de va-et-vient afin de créer un creux.

☞ En commençant dans un coin, pressez la languette dans la rainure avec la lame de la roulette.

☞ Continuez de presser la languette pour la mettre en place en effectuant un léger mouvement de va-et-vient (4).

☞ Avec un tournevis à tête plate, enfoncez la languette dans les coins.

☞ Au besoin, coupez les bouts de la languette avec un couteau utilitaire.

5. Terminer l'insertion de la languette

☞ Une fois la moustiquaire fixée à un bout du cadre, travaillez de la même façon sur le côté opposé, en vous assurant avec l'autre main qu'elle est bien tendue contre le cadre (5).

☞ Faites les deux autres côtés de la même manière.

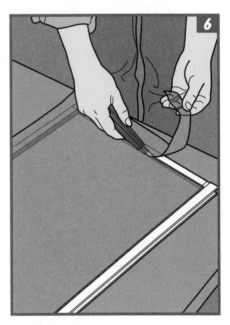

6. Enlever l'excédent

Avec un couteau utilitaire, enlevez l'excédent de la moustiquaire, qu'elle soit de fibre de verre ou d'aluminium.

☞ En commençant dans un coin du cadre, enlevez l'excédent avec la lame du couteau le long de la rainure, à côté de la languette (6). Coupez vers l'extérieur afin d'éviter d'entailler la moustiquaire. Retirez l'excédent au fur et à mesure.

INSTALLER UN PUITS DE LUMIÈRE

Les puits de lumière sont faits d'un panneau fixe ou d'un châssis qui s'ouvre. Certains sont munis d'un clapet d'aération, ce qui est pratique pour une maison sans air climatisé. Ceux qui s'ouvrent peuvent être installés sans monter sur le toit car le châssis peut être retiré du cadre.

Choisissez un puits de lumière qui s'ajustera entre les chevrons ou les fermes du grenier. La tâche de couper dans la charpente du toit devrait être confiée à un spécialiste. Si la lumière se rend dans une pièce située sous l'entretoit, vous devrez construire un conduit qui, pour obtenir plus de lumière, peut avoir une forme évasée. Choisissez l'emplacement en vous assurant qu'il n'y ait ni colonne de plomberie ni cheminée dans le chemin.

Avant de commencer, consultez la météo pour vous assurez de pouvoir terminer sans risque de pluie. Le conduit peut être teminé plus tard. Consultez les codes locaux de construction pour savoir si un permis est nécessaire.

TEMPS REQUIS
Plus de quatre heures

OUTILS
• Marteau • Scie circulaire • Levier • Cordeau à craie • Perceuse sans fil • Guide de pronfondeur • Tournevis • Scie alternative • Fil à plomb • Équerre de menuisier • Agrafeuse • Ruban à mesurer • Couteau utilitaire • Niveau • Équerre pour panneau mural • Scie pour panneau • Cou-teau pour joint • Chasse-clou • Masque antipoussière • Lunettes de sécu-rité • Casque de protection • Gants de travail • Fausse-équerre

MATÉRIAUX
• Puits de lumière • Matériaux à solins • Sous-finition pour puits de lumière • Clous galvanisés pour toiture • Clous de finition • Clous ordinaires • Feuilles de polyéthylène • Agrafes • Bois de colombage • Panneau mural • Vis pour panneau mural • Ruban pour panneau • Ba-guettes d'angle • Grosse ficelle

1. Marquer les dimensions de l'ouverture

☞ Retirez tout isolant, pare-vapeur ou écran de mousse de la surface de travail.

☞ Avec un niveau, marquez les dimensions de l'ouverture brute du puits de lumière sur le toit, entre les chevrons. Puis, à chaque coin, enfoncez à moitié un clou de finition.

☞ À chaque clou, utilisez un fil à plomb et marquez l'emplacement du conduit.

☞ Pour un conduit évasé, attachez une corde à l'un des clous. Tendez-la en lui donnant l'angle désiré et faites une mar-que. Marquez aussi l'angle de la corde sur le côté de la solive (1) et sur le chevron au-dessus.

CONSEIL DE SÉCURITÉ *Lorsque vous travaillez dans un entretoit, portez un masque antipoussière à l'épreuve de l'isolant, des lunettes de protection, une chemise à manches longues et un casque de protection. Portez des gants pour manipuler l'isolant.*

☞ Mesurez la distance entre la marque d'origine et répétez la procédure de l'autre côté, en vous

LES PORTES ET LES FENÊTRES

assurant que la distance entre la marque d'origine et la corde soit la même.

☞ Retirez les clous de finition.

2. Faire un cadrage pour l'ouverture du toit

L'ouverture doit être encadrée d'entretoises placées entre les chevrons et dans le même angle que le conduit. Vous devrez biseauter une rive de chaque entretoise afin qu'elle repose à plat contre la couverture du toit.

☞ Coupez les entretoises afin qu'elles s'ajustent à l'espace entre les chevrons et utilisez du bois de charpente de la taille des chevrons.

☞ Avec une fausse-équerre, mesurez l'angle entre les marques de l'emplacement du conduit. Transférez cet angle sur la rive de chaque entretoise et biseautez avec une scie circulaire en suivant cet angle.

☞ Fixez les entretoises aux chevrons avec des clous de 3 pouces (2).

☞ Enfoncez des clous à travers le toit dans les quatre coins de l'ouverture.

3. Couper l'ouverture

Pour une meilleure stabilité sur un toit en pente, détachez les deux parties d'une échelle à coulisse et posez-les de chaque côté de l'ouverture du puits de lumière. Fixez-les à un arbre ou à d'autres objets fixes de l'autre côté de la maison avec une corde de nylon antichute de $5/8$ de pouce avec filaments de métal.

☞ Sur le toit, localisez les clous plantés dans les coins.

☞ Retirez les bardeaux autour et à l'intérieur de ces marques avec un levier, pour exposer ainsi le papier de construction. Ne coupez aucun bardeau.

☞ Avec le cordeau à craie, marquez des lignes entre les clous.

☞ Enlevez les clous à l'aide d'un chasse-clou.

☞ Avec une scie circulaire munie d'une lame à pointes au carbure ajustée pour l'épaisseur du matériau de couverture, coupez en suivant les lignes de craie (3). Arrêtez à environ $1/2$ pouce des coins pour

éviter de couper dans les entretoises et terminez la coupe avec une scie alternative.

☞ Retirez le papier de construction autour et à l'intérieur de l'ouverture.

4. Préparer le puits de lumière

☞ Retirez le revêtement du cadre du puits de lumière en suivant les directives du fabricant (4).

☞ S'il s'agit d'un puits de lumière ouvrant, retirez le châssis.

☞ Fixez les supports de montage au cadre.

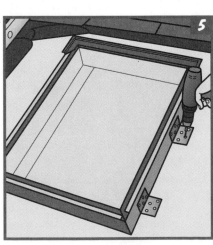

5. Positionner le puits de lumière

☞ Posez le puits de lumière au centre de l'ouverture et de niveau.

☞ Fixez les supports de montage au toit au moyen des vis fournies (5). Assurez-vous que les supports de montage sont fixés aux chevrons.

6. Poser la sous-finition

☞ Assurez-vous qu'un espace de 6 pouces autour du puits de lumière est propre.

☞ Coupez la sous-finition en bandes assez longues pour s'ajuster autour de chaque côté du puits de lumière, avec un chevauchement de 6 pouces dans les coins.

☞ En commençant au bas du puits de lumière, retirez l'endos d'une bande, mettez-la en place du haut

du cadre de bois jusqu'au toit. Si le bas du cadre de votre puits de lumière est muni d'un joint de caoutchouc, assurez-vous que la sous-finition repose sous le joint.

☞ Appliquez les bandes de sous-finition sur les côtés du puits de lumière (6), puis sur le dessus.

CONSEIL DE SÉCURITÉ *Ne manipulez pas inutilement la sous-finition car elle contient des substances toxiques.*

7. Installer le solin du bas

☞ Remettez le papier de construction sur la sous-finition, et agrafez-le.

☞ Reposez les bardeaux jusqu'au bas du puits de lumière.

☞ Positionnez le solin du bas (7) et fixez-le au cadre au moyen des clous qui sont fournis. Dans le cas d'un puits de lumière qui comporte un joint de caoutchouc en

dessous, assurez-vous que le solin est placé au-dessous.

8. Installer des solins à gradins

☞ En commençant au bas du puits de lumière, posez un bardeau, puis un solin à gradins, puis un autre bardeau. Intercalez ainsi solins et bardeaux. Faites-les se chevaucher d'au moins 3½ pouces. Clouez les solins au cadre seulement (8) et non au toit.

☞ Sur le haut du puits de lumière, coupez et pliez un solin à gradins autour du dessus du cadre en suivant les directives du fabricant.

9. Installer le solin du haut

☞ Remettez le bas du revêtement, puis les côtés, en utilisant les vis d'origine. Si le revêtement supérieur a été enlevé, remettez-le en place.

LES PORTES ET LES FENÊTRES

11. Couper l'ancienne solive

🔨 Placez une retaille de bois contre la solive à couper et tapez sur la retaille avec un marteau pour desserrer les vis dans le panneau mural.

🔨 Avec une scie alternative, coupez l'ancienne solive le long de l'angle marqué sur le chevron (11).

🔨 Retirez la section coupée, en faisant un mouvement de va-et-vient pour tirer les vis du panneau mural.

🔨 Emboîtez le solin de tête dans le revêtement supérieur et fixez le tout (9).

🔨 Reposez les bardeaux sur les solins. Ne clouez pas dans les solins. Éloignez les bardeaux du solin du haut, en suivant les directives du fabricant.

🔨 Si le châssis a été retiré, reposez-le dans le cadre.

existante. Coupez un bout de la solive-sœur en lui donnant un angle qui lui permettra de s'ajuster au chevron.

🔨 Clouez la solive-sœur dans la solive existante avec des paires de clous de trois pouces espacés de 12 pouces (10). Ne posez aucun clou dans la partie où sera installé le conduit.

12. Construire un cadre pour l'ouverture du conduit

🔨 Coupez les entretoises pour qu'elles s'ajustent entre les solives en vous servant de bois de charpente de la grosseur des chevrons. Biseautez une rive comme vous l'avez fait pour les entretoises du toit (étape 2).

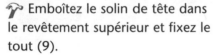

10. Doubler une solive

Si la charpente de votre toit est faite de solives et de chevrons plutôt que de fermes préfabriquées, l'une des solives interférera dans la construction du conduit. Aussi, une section de la solive devra être retirée. Avant de couper, doublez-la avec une solive-sœur.

🔨 Coupez une solive-sœur afin qu'elle s'ajuste à la première, de la sablière extérieure jusqu'au mur porteur le plus près. Utilisez du bois de charpente de la taille de la solive

☞ Fixez les entretoises dans les solives avec des clous de 3 pouces.

☞ Coupez un morceau de solive qui s'ajustera entre les entretoises et fixez-le à la solive du côté de l'ouverture opposée à la nouvelle solive (12).

☞ Posez des clous de finition dans les coins du cadre à travers le plancher. Par en-dessous, faites des marques au cordeau à craie entre les clous. Retirez les clous et coupez les sections du plafond avec une scie à panneau mural et retirez le morceau coupé.

☞ De la pièce inférieure, vissez le panneau mural au cadre.

13. Fixer les colombages

☞ Pour aligner le panneau mural sur le cadre du puits de lumière, fixez aux chevrons, dans l'ouverture du puits de lumière, des morceaux d'isolant mousse rigide de 1 pouce d'épaisseur au moyen de vis et de rondelles. Fixez des planches de remplissage dans la bordure et la solive-sœur à l'intérieur du cadre du plafond.

☞ En tenant un 2 x 4 contre le coin intérieur du cadre de l'ouverture, marquez l'endroit où il rencontre le haut du cadre du plafond et le bas du cadre du toit. Coupez-le.

☞ Clouez de biais le 2 x 4 au plafond et dans le cadre du toit afin que l'intérieur soit égal à la surface de l'isolant mousse.

☞ Posez les autres colombages de coin de la même manière (13).

☞ Posez des colombages additionnels entre les colombages de coin s'il y a plus de 24 pouces entre eux.

☞ Fixez des bandes de clouage de 2 x 4 sur la rive extérieure des colombages de coin afin de pouvoir fixer un panneau mural le long des murs plus étroits.

14. Poser un pare-vapeur

En travaillant à l'intérieur du conduit, sur un escabeau, agrafez une feuille de polyéthylène aux colombages (14). Faites chevaucher tout joint d'une quantité de polyéthylène égale à la distance séparant deux colombages. Scellez le pare-vapeur au puits de lumière au moyen d'un scellant acoustique.

15. Poser les panneaux muraux

☞ Coupez un panneau mural de ½ pouce de manière à pouvoir couvrir les murs du conduit. Ajoutez un guide de profondeur à votre perceuse et fixez des vis pour panneau mural dans les colombages, en les espaçant de 12 pouces (15).

POSER DES COUPE-FROID AUX PORTES ET FENÊTRES

Boucher les fuites d'air dans votre maison n'est pas seulement écologique : cela vous fera économiser de l'argent. Dans les plupart des maisons, le calfeutrage permet de boucher les principales fuites d'air.

La plupart des portes et fenêtres neuves sont munies de coupe-froid. Lorsque les matériaux de calfeutrage s'usent, on peut les remplacer en s'adressant au fabricant. Pour calfeutrer les portes et fenêtres sans coupe-froid, plusieurs produits sont offerts. Certains peuvent demeurer en place toute l'année, mais d'autres, comme les cordons à calfeutrer et les films plastiques, ne sont posés que pour l'hiver.

Avant de poser des coupe-froid, assurez-vous que la surface est exempte de poussières, et réparez toute peinture qui gonfle ou s'écaille.

TEMPS REQUIS
Moins de deux heures

OUTILS
• Pistolet à calfeutrer • Séchoir à cheveux • Tournevis • Perceuse sans fil • Scie à métaux • Ciseaux • Couteau utilitaire • Ruban à mesurer

MATÉRIAUX
• Épingles à linge et cintre • Sac de plastique léger • Coupe-froid à ressort réglable • Bas de porte standard • Bas de porte en U • Seuil-butoir • Matériau d'étanchéité au silicone peinturable • Coupe-froid en V • Coupe-froid en caoutchouc spongieux • Cordon à calfeutrer • Ensemble d'isolation pour fenêtre

Détecter les fuites d'air

La première étape consiste à déterminer où se trouvent les fuites d'air. Un sac de plastique léger attaché à un cintre constitue un parfait détecteur de fuites. Vous pouvez aussi observer le vacillement de la flamme d'une allumette ou de la fumée d'un bâton d'encens. Il est plus facile de détecter les fuites lorsqu'il vente.

☞ Fermez toutes les portes et les fenêtres de la maison.

☞ Sortez dehors et déterminez de quelle direction vient le vent.

☞ Ouvrez une fenêtre du côté opposé d'où vient le vent.

☞ Utilisez votre détecteur de

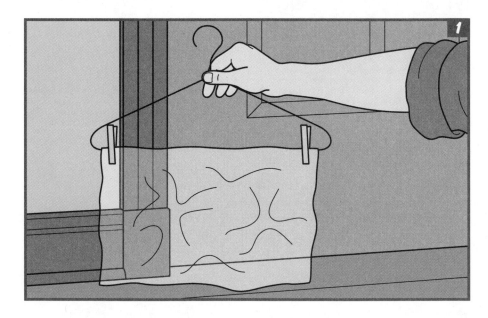

fuites d'air devant toutes les portes et les fenêtres, en surveillant attentivement tout mouvement ou vacillement (1).

☞ Fermez et vérifiez la dernière fenêtre.

PORTES

Poser un coupe-froid à ressort réglable

Un coupe-froid à ressort réglable fixé au butoir du côté de la poignée et en haut de la porte s'appuiera étroitement contre la porte lorsqu'elle sera fermée. Du côté des charnières, un coupe-froid avec rebord flexible en vinyle bouchera la fente. Les deux types de coupe-froid sont généralement vendus ensemble.

☞ Côté charnières, mesurez la longueur de l'arrêt de porte. Coupez à cette longueur le coupe-froid qui ne comporte pas de ressort réglable.

☞ Fermez la porte et positionnez le coupe-froid sur l'arrêt côté charnières, en pressant légèrement le rebord souple contre la porte pour qu'environ un tiers du rebord se compresse. Marquez l'emplacement des vis.

☞ Percez des trous de guidage et fixez bien le coupe-froid avec les vis fournies.

☞ Posez le coupe-froid à ressort réglable de la même manière, en haut et du côté de la poignée de porte (1). Positionnez les coupe-froid pour qu'environ un tiers du rebord élastique se compresse.

Poser un bas de porte standard

Bien que ce type de bas de porte ne soit pas le plus durable, il est peu coûteux et facile à installer.

☞ Mesurez la largeur de la porte et, avec une scie à métaux, coupez le bas de porte de cette largeur.

☞ Fermez la porte. De l'intérieur, positionnez le bas de porte pour qu'il s'appuie contre le seuil. Marquez l'emplacement des trous de vis.

☞ Percez des trous de guidage et fixez le bas de porte avec les vis fournies (2).

☞ Ouvrez et fermez la porte quelques fois. Si le bas de porte ne glisse pas bien, dévissez les vis et ajustez sa position.

Poser un bas de porte en U

Un bas de porte de vinyle en U est plus robuste et plus efficace qu'un bas de porte standard. Toutefois, il ne peut être posé que s'il y a suffisamment d'espace sous la porte.

☞ Mesurez la largeur de la porte et coupez le bas de porte à cette longueur avec une scie à métaux.

☞ Faites-le glisser sur le bas de la porte, les trous de montage du côté intérieur (3).

☞ Fermez la porte avec le coupe-froid en place et ajustez sa position afin qu'il repose sur le seuil.

☞ Percez des trous de guidage au milieu des fentes destinées à recevoir les vis et fixez le bas de porte avec les vis fournies.

☞ Ouvrez et fermez la porte quelques fois pour vous assurer qu'elle glisse bien. Si ce n'est pas le cas, dévissez un peu les vis et ajustez le bas de porte.

LES PORTES ET LES FENÊTRES

PORTES (SUITE)

Poser un seuil-butoir

Ce type de seuil se fixe sur le seuil existant du côté extérieur de la porte et touche la face de la porte lorsqu'elle est fermée. C'est une solution efficace lorsqu'il n'y a pas suffisamment d'espace sous la porte pour poser un bas de porte en U. Il est très facile à installer si le seuil existant est en bois.

🦅 Mesurez la largeur de l'ouverture de la porte.

🦅 Enlevez la bande de vinyle du seuil. Coupez le seuil-butoir à cette longueur avec une scie à métaux. Avec un couteau utilitaire, coupez la bande de vinyle ¾ de pouce plus long pour lui permettre de rétrécir, puis réinsérez la bande.

🦅 Fermez la porte et positionnez le seuil-butoir afin qu'il s'appuie bien contre la face de la porte. Marquez l'emplacement des trous de vis.

🦅 Percez des trous de guidage et fixez le seuil-butoir avec les vis fournies (4).

FENÊTRES

Calfeutrer les encadrements de fenêtre

Le matériau d'étanchéité au silicone peut être utilisé pour boucher des espaces allant jusqu'à ½ pouce, comme ceux qui se trouvent autour des encadrements de porte et de fenêtre. Les matériaux d'étanchéité peinturables peuvent être peints de la même couleur que les boiseries et les murs. Pour les espaces de plus de ½ pouce, utilisez de la mousse isolante.

🦅 Posez du ruban-cache sur les deux côtés de la fente le long de la rive de l'encadrement de la fenêtre et le long du mur, en laissant un espace de ¼ de pouce entre les deux bandes de ruban-cache.

🦅 En tenant le pistolet à calfeutrer de niveau, posez une couche de matériau d'étanchéité le long de la fente (1).

🦅 Lissez le matériau d'étanchéité avec un doigt mouillé.

🦅 Retirez le ruban-cache et laissez le matériau d'étanchéité sécher pendant au moins deux heures avant de le peindre.

Poser un coupe-froid en V sur les côtés d'un châssis

Les coupe-froid en V en vinyle bouchent les fentes entre deux surfaces qui bougent.

🦅 Ouvrez entièrement la fenêtre.

🦅 Mesurez la longueur de la rainure du jambage plus 2 pouces. Coupez le coupe-froid et pliez-le en V, l'adhésif à l'extérieur.

🦅 Insérez le ruban isolant dans la rainure, en glissant un bout derrière le châssis, la pointe du V vers l'intérieur.

🦅 En commençant au bas, pelez l'endos et pressez le coupe-froid en place (2).

LES PORTES ET LES FENÊTRES

Poser un coupe-froid en V sur le haut d'un châssis

☞ Mesurez et coupez deux sections de coupe-froid en V de la largeur de la fenêtre. Pliez-les pour leur donner la forme d'un V, l'adhésif à l'extérieur.

☞ Positionnez l'un des coupe-froid le long du bas de la surface intérieure du châssis du haut, la pointe du V tournée vers le haut. Pelez l'endos et pressez le coupe-froid en place.

☞ Positionnez le deuxième coupe-froid sur le haut de la surface extérieure du châssis du bas, la pointe du V tournée vers le bas. Pelez l'endos et pressez le coupe-froid en place.

Utiliser un coupe-froid en caoutchouc-mousse

Lorsque le bas de la fenêtre est assez bien scellé lorsqu'on la ferme, un coupe-froid en V peut boucher les petites fuites d'air.

Pour les espaces plus grands, utilisez un coupe-froid en caoutchouc-mousse plus épais.

☞ Mesurez et coupez le coupe-froid en caoutchouc-mousse de la largeur du châssis de la fenêtre.

☞ Pressez le coupe-froid en caoutchouc spongieux contre la rive inférieure du châssis du bas, en pelant l'endos au fur et à mesure (4).

Utiliser un ensemble isolant pour fenêtre

Conçu pour un usage intérieur seulement, cet ensemble isolant est d'ordinaire posé pour l'hiver et retiré pour l'été. L'ensemble contient un ruban gommé des deux côtés, et suffisamment de film plastique pour couvrir une fenêtre assez grande.

☞ Posez le ruban sur l'encadrement de la fenêtre.

☞ Dépliez le film plastique et coupez-le à la dimension de la fenêtre, plus 2 ou 3 pouces sur tous les côtés.

☞ Retirez le papier de protection supérieur du ruban et collez le film plastique à la fenêtre. Retirez les autres papiers de protection, étirez le film plastique en défaisant les plis, et pressez les bords fermement contre le ruban gommé.

☞ En commençant dans un coin, réchauffez le film plastique avec un séchoir à cheveux afin d'éliminer les plis (5). Ne touchez pas au film avec le séchoir.

☞ Avec des ciseaux, enlevez le surplus de film plastique.

Chapitre 5
LA PEINTURE ET LA DÉCORATION

Les matériaux dont il est question dans ce chapitre (peinture, papier peint et moulures) ne sont pas utilisés pour des travaux de structure, mais ils ont un effet considérable sur l'apparence et le confort d'une maison. Et parce qu'elles n'entraînent pas de modifications structurelles, les améliorations et rénovations proposées dans les pages qui suivent sont plutôt faciles à réaliser.

Les peintres et décorateurs professionnels vous le diront: qu'il s'agisse de poser du papier peint ou de repeindre des murs, la préparation des surfaces compte pour la moitié du temps de travail. Car même si la peinture utilisée est de la meilleure qualité et qu'elle est appliquée selon les règles de l'art, les fentes, les trous et l'ancienne peinture qui s'écaille paraîtront invariablement et gâcheront le résultat final. La poussière et la graisse peuvent même empêcher une peinture fraîche d'adhérer. Vous trouverez dans les pages suivantes une grande variété de travaux d'améliorations préliminaires, allant du décapage à la réparation des fentes et trous, en passant par la réparation des égratignures et des trous dans les moulures de bois.

OUTILS REQUIS POUR LA PEINTURE ET LA DÉCORATION INTÉRIEURE

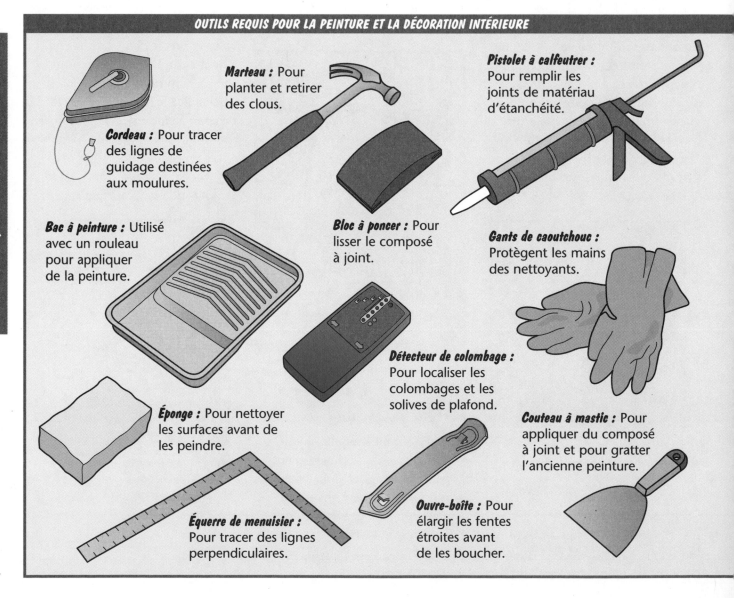

Cordeau : Pour tracer des lignes de guidage destinées aux moulures.

Marteau : Pour planter et retirer des clous.

Pistolet à calfeutrer : Pour remplir les joints de matériau d'étanchéité.

Bac à peinture : Utilisé avec un rouleau pour appliquer de la peinture.

Bloc à poncer : Pour lisser le composé à joint.

Gants de caoutchouc : Protègent les mains des nettoyants.

Détecteur de colombage : Pour localiser les colombages et les solives de plafond.

Éponge : Pour nettoyer les surfaces avant de les peindre.

Couteau à mastic : Pour appliquer du composé à joint et pour gratter l'ancienne peinture.

Équerre de menuisier : Pour tracer des lignes perpendiculaires.

Ouvre-boîte : Pour élargir les fentes étroites avant de les boucher.

Repeindre les pièces d'une maison est l'amélioration la plus rentable. Bien sûr, on peut se contenter d'appliquer la peinture sur les murs et le plafond au pinceau et au rouleau, mais l'utilisation d'autres techniques peut donner un cachet tout spécial à votre décor. Ainsi, les techniques du pochoir, du lavis, de la peinture à l'éponge ou au chiffon et l'imitation de pierre sont faciles à maîtriser et elles ne requièrent ni outils spéciaux, ni habiletés particulières.

Peu d'éléments de décoration peuvent modifier aussi radicalement l'aspect d'une pièce que les moulures. Les plinthes, cimaises et moulures de plafond sont offertes dans un vaste choix de styles et de couleurs : elles sont relativement peu coûteuses, et sont faciles à installer.

Vous apprendrez aussi dans ce chapitre comment peindre des moulures extérieures. Les principes sont les mêmes que ceux appliqués à la peinture intérieure : la beauté du résultat final dépendra des efforts et du temps accordés à la préparation.

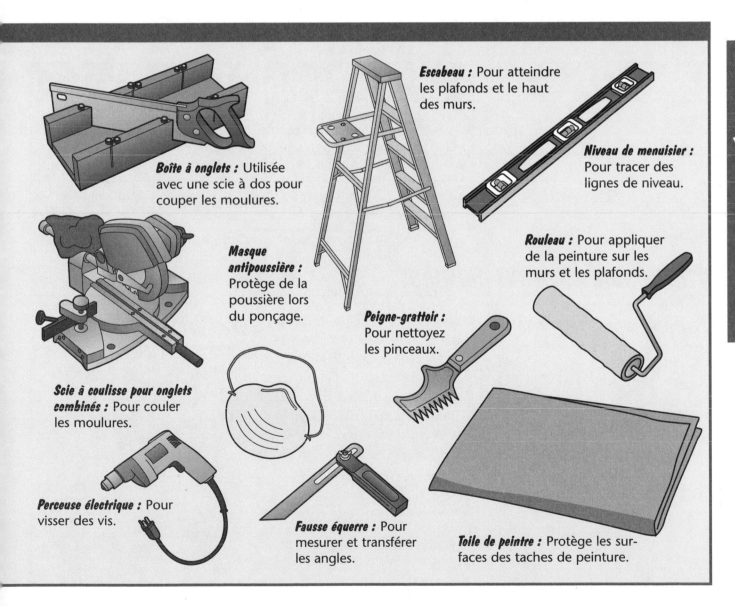

Boîte à onglets : Utilisée avec une scie à dos pour couper les moulures.

Scie à coulisse pour onglets combinés : Pour couler les moulures.

Perceuse électrique : Pour visser des vis.

Escabeau : Pour atteindre les plafonds et le haut des murs.

Masque antipoussière : Protège de la poussière lors du ponçage.

Peigne-grattoir : Pour nettoyez les pinceaux.

Fausse équerre : Pour mesurer et transférer les angles.

Niveau de menuisier : Pour tracer des lignes de niveau.

Rouleau : Pour appliquer de la peinture sur les murs et les plafonds.

Toile de peintre : Protège les surfaces des taches de peinture.

DÉCAPER DE LA PEINTURE

Le décapage n'est évidemment pas une activité très agréable. Mais si les surfaces à repeindre sont fendillées ou écaillées, repeindre par-dessus est une perte de temps. Il existe deux façons principales d'enlever la peinture : avec un décapant chimique ou un pistolet thermique. Les deux méthodes requièrent un bon raclage.

Les décapants chimiques ramollissent un fini afin qu'il puisse être raclé : une pâte adhérera mieux aux surfaces verticales qu'un liquide. N'oubliez pas que même les décapants à base d'eau, moins nocifs pour l'environnement, peuvent être dangereux. Portez des chemises à manches longues, des gants de caoutchouc et des lunettes de sécurité, et ne travaillez que dans un lieu bien aéré. Si votre maison a été construite avant 1980, l'ancienne peinture contient peut-être du plomb : il vous faudra prendre des précautions spéciales. Communiquez avec la Société canadienne d'hypothèque et de logement (SCHL) pour plus d'information.

Les pistolets thermiques sont pratiques si vous devez enlever plusieurs couches de peinture. Chauffez la peinture jusqu'à ce qu'elle fasse des cloches, puis raclez immédiatement. Portez les mêmes vêtements de protection que pour l'utilisation d'un décapant chimique.

TEMPS REQUIS	OUTILS	MATÉRIAUX
Plus de quatre heures	• Pinceau • Petite brosse • Couteau à mastic • Grattoir • Grattoir triangulaire (ou poinçon) • Grattoir pour contour • Pistolet thermique • Tampon abrasif • Lunettes de sécurité • Gants de caoutchouc • Respirateur anti-vapeurs organiques	• Décapant à peinture • Sciure de bois • Contenant de verre • Contenant de métal • Laine d'acier • Linge • Papier à poncer • Alcool dénaturé • Essence minérale • Carton • Papier d'aluminium • Papier journal

UTILISER UN DÉCAPANT CHIMIQUE

1. Appliquer du décapant

Travaillez sur une petite surface à la fois afin que la peinture ramollie par le décapant ne durcisse pas.

☞ Versez le décapant dans un contenant de verre qui sera déposé sur plusieurs feuilles de papier journal afin de protéger la surface.

☞ Appliquez une couche épaisse de décapant avec un pinceau, en allant toujours dans la même direction (1).

☞ Laissez le décapant agir le temps recommandé par le fabricant.

2. Épaissir le décapant

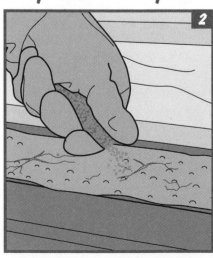

L'ajout de sciure de bois épaissit le décapant et facilite le raclage de la peinture ramollie.

☞ Saupoudrez une fine couche de sciure de bois sur la peinture gondolée et fripée (2) juste avant de racler.

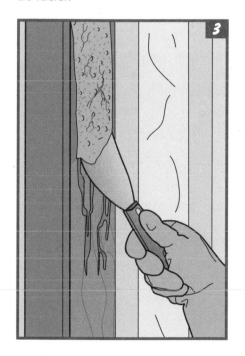

3. Racler la peinture

☞ En tenant un couteau à mastic à un angle de 30 degrés, raclez le fini ramolli (3) en appuyant vers la surface. Attention de ne pas creuser dans le bois.

☞ Nettoyez régulièrement le couteau en raclant la lame contre un contenant de métal (les décapants dissolvent le plastique). Disposez des déchets conformément aux règlements municipaux.

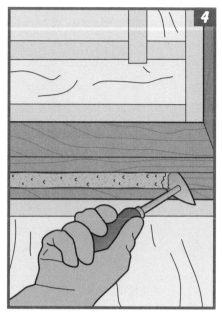

4. Les sections difficiles

☞ Au besoin, appliquez à nouveau du décapant.

☞ Raclez le fini ramolli avec un outil qui convient, qu'il s'agisse du coin d'un couteau à mastic, d'un ciseau à bois ou, pour une moulure, d'un grattoir pour contour (4).

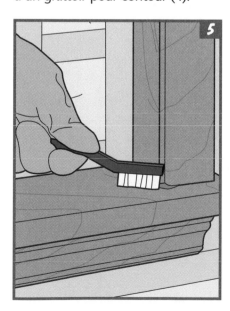

5. Gratter la surface

☞ Enlevez toute trace de l'ancien fini avec de la laine d'acier ou un tampon abrasif. Servez-vous d'une petite brosse dans les endroits difficiles (5).

6. Rincer la surface

☞ Pour rincer, suivez les directives du fabricant. En général, vous devrez rincer les sections décapées au moyen d'un linge humecté d'alcool dénaturé (6).

☞ Une fois les surfaces sèches, poncez et appliquez un nouveau fini.

UTILISER UN PISTOLET THERMIQUE

peinture chauffée dissout le plastique). Disposez des déchets conformément aux règlements municipaux.

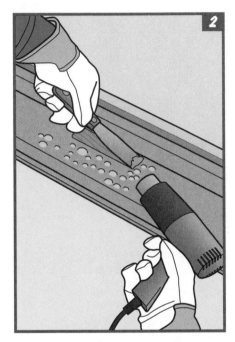

1. Chauffer la peinture

🔨 Allumez le pistolet et laissez-le chauffer.

🔨 En maintenant la sortie d'air chaud à environ 2 pouces de la surface, effectuez un mouvement de va-et-vient sur une petite section jusqu'à ce que la peinture fasse des cloches (1). Ne cessez pas votre mouvement car la peinture pourrait brûler.

2. Racler les surfaces plates

🔨 En tenant un couteau à mastic à un angle de 30 degrés, appuyez vers la surface pour racler le fini ramolli (2). Attention de ne pas creuser dans le bois.

🔨 Nettoyez régulièrement le couteau en raclant la lame contre un contenant de métal (la

3. Protéger les surfaces

Les sections que vous ne voulez pas décaper devront être protégées.

🔨 Enveloppez un carton de papier d'aluminium et tenez-le près de la surface chauffée (3).

🔨 Cessez d'utiliser le pistolet à 2 pouces de la surface que vous ne voulez pas décaper : terminez le travail en vous servant d'un décapant chimique.

4. Décaper les coins et les détails

🔨 Gardez les coins et les détails pour la fin. Chauffez bien ces sections et enlevez la peinture avec un outil approprié : le grattoir triangulaire, par exemple, travaille bien dans les rainures étroites (4).

🔨 Terminez avec un léger ponçage puis essuyez la surface avec un linge humecté d'essence minérale.

LA PEINTURE ET LA DÉCORATION

PRÉPARER UNE PIÈCE AVANT DE LA PEINDRE

Préparer une pièce avant de la peindre prend parfois plus de temps que l'application de la peinture elle-même. Les meubles doivent être déplacés dans une autre pièce ou recouverts et placés au centre de la pièce. Les surfaces à peindre doivent être lavées, et les surfaces endommagées réparées. Retirez les luminaires, appliques, couvre-conduits et ferrures. Avec du ruban-cache ou une toile, couvrez ce qui doit être protégé des éclaboussures de peinture.

Les spécialistes recommandent de laver les surfaces avant de les peindre. On utilise d'ordinaire une solution faite de triphosphate de sodium (environ 2 cuillères à table par gallon d'eau chaude), mais des produits sans phosphate, moins caustiques, sont devenus plus populaires ces dernières années. Quel que soit le nettoyant utilisé, rincez bien les surfaces à l'eau claire et laissez-les sécher afin que le nouveau fini adhère bien.

TEMPS REQUIS
De deux à quatre heures

OUTILS
• Seaux de plastique • Balai-éponge • Couteau à mastic • Pinceau • Grattoir • Couteau utilitaire • Bloc à poncer • Gants de caoutchouc • Lunettes de sécurité

MATÉRIAUX
• Triphosphate de sodium (ou autre nettoyant) • Toiles de peintre • Papier journal • Chasse-tache • Linges • Laque • Papier à poncer • Pâte à reboucher • Bouche-pores pour bois • Feuilles de plastique • Ruban-cache

NETTOYER LES SURFACES PEINTES

Laver les murs et les plafonds

☞ Couvrez le plancher d'une toile ou de journaux. Remplissez un seau de plastique d'une solution nettoyante. Remplissez un autre seau d'eau pour le rinçage.

☞ En portant des gants de caoutchouc et des lunettes de sécurité, lavez le plafond avec un balai-éponge imbibé de nettoyant puis essoré, en partant d'un coin et en faisant des sections de 3 pieds sur 3.

☞ Lavez ensuite les murs, toujours par sections de 3 pieds sur 3, en commençant dans un coin, et en partant du plancher pour monter vers le plafond (1).

☞ Rincez à l'eau claire avec un balai-éponge propre ou une éponge, et laissez sécher.

ENLEVER LES TACHES

1. Appliquer du chasse-tache

🔨 Si une tache ne part pas avec le nettoyant régulier, vaporisez un chasse-tache tout-usage dans un

linge sec et propre (1), et frottez la tache.

🔨 Rincez avec une éponge humectée d'eau.

2. Sceller les taches

Les nœuds dans le bois et certaines taches comme les taches d'encre ou de rouille doivent être scellés avec une laque blanche ou orangée, à défaut de quoi ils paraîtront à travers la nouvelle peinture.

🔨 Enlevez toute résine des nœuds dans le bois avec un couteau à mastic, puis poncez la surface avec un papier à poncer à grains moyens. Poncez aussi toute surface luisante ou rugueuse.

🔨 Avec un pinceau, appliquez de la laque sur la tache (2).

🔨 Si la laque pénètre sous la surface en moins d'une heure, appliquez une autre couche.

ENLEVER LA PEINTURE QUI S'ÉCAILLE

1. Gratter et réparer

🔨 Enlevez toute peinture qui s'écaille avec un couteau à mastic (1).

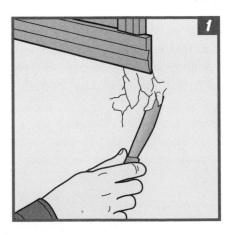

🔨 Étalez un fine couche de pâte à reboucher avec un couteau à mastic et laissez sécher.

2. Poncer

🔨 Posez à un bloc du papier à poncer à grains fins et poncez la section en faisant des mouvements circulaires jusqu'à ce que la surface soit lisse (2). Tapez régulièrement le bloc à poncer sur une surface dure pour enlever la poussière. Remplacez le papier usé.

🔨 Nettoyez la section avec un linge humide.

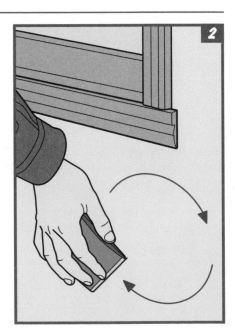

PRÉPARER LE BOIS

1. Boucher les trous

☞ Remplissez les imperfections comme les fentes ou les trous avec une pâte à reboucher pour bois au moyen d'un couteau à mastic (1). Dans le cas d'une surface couverte de laque claire, appliquez un bouche-pores pour bois qui peut être teint.

☞ Laissez sécher.

2. Poncer

☞ Poncez la section avec du papier à poncer à grains fins (2).

☞ Enlevez la poussière avec un linge humide.

POSER DU RUBAN-CACHE

1. Protéger les fenêtres

Protégez les fenêtres des éclaboussures avec des feuilles de plastique.

☞ Coupez une feuille de plastique de quelques pouces de plus que le cadre de la fenêtre.

☞ Maintenez-la en place avec du ruban-cache (1).

2. Protéger les plinthes

☞ Protégez les plinthes des éclaboussures en les couvrant de papier journal maintenu en place sur leur bord supérieur (2). Pour empêcher que la peinture ne pénètre sous le ruban-cache, appuyez fermement sur le ruban.

RÉPARER LES FISSURES ET LES TROUS DANS LES MURS

La réparation des fissures et des trous dans un mur ou un plafond est souvent la première étape - et la plus importante - d'un projet de peinture. Petits ou grands, les défauts paraîtront malgré la peinture s'ils ne sont pas d'abord réparés.

Les techniques présentées ici vous aideront à faire des réparations invisibles et empêcheront les défauts de réapparaître. Les fissures de plus de ¼ de pouce de largeur doivent être creusées et renforcées avec du ruban à joint en fibre de verre ou en papier. Quant aux trous, leur réparation dépend de leur taille. Les petits trous peuvent être bouchés avec de la pâte à joints et du ruban, mais les plus grands doivent être découpés jusqu'aux colombages les plus proches, puis réparés avec une pièce de panneau mural.

Note : *Pour empêcher les fissures de réapparaître, assurez-vous que le panneau est bien fixé aux colombages. Si cela n'est pas le cas, ajoutez des vis ou des clous au besoin avant d'entreprendre les réparations.*

TEMPS REQUIS
De deux à quatre heures

OUTILS
• Ouvre-boîte • Pulvérisateur • Pinceau • Couteau à mastic • Couteaux à joint • Bloc à poncer • Détecteur de colombages • Équerre de menuisier • Couteau utilitaire • Perceuse sans fil • Guide de profondeur

MATÉRIAUX
• Pâte à joints • Ruban à joint • Papier à poncer • Panneau mural • 2 x 4 • Vis à bois • Vis pour panneau

BOUCHER LES FISSURES

1. Creuser la fissure

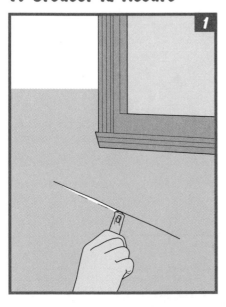

Cette étape peut sembler ajouter au problème, mais il faut d'abord creuser la fissure (la rendre plus large au fond qu'au dessus) pour permettre à la pâte à joints de bien adhérer. L'ouvre-boîte ordinaire est l'outil idéal pour effectuer ce travail : son bout peut servir de crochet pour gratter le matériau qui se trouve sous la surface.

🔨 Creusez la fissure avec l'ouvre-boîte (1).

🔨 Avec un pinceau, enlevez toutes les particules qui se détachent.

🔨 Humidifiez la fissure en vous servant d'un pulvérisateur d'eau.

2. Remplir la fissure

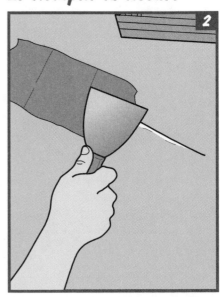

LA PEINTURE ET LA DÉCORATION

👉 Forcez la pâte à joints dans la fissure au moyen d'un couteau à joint de 4 pouces. Déplacez la lame perpendiculairement (et non parallèlement) à la fissure (2).

👉 Une fois la fissure remplie, faites glisser le couteau sur toute sa longueur pour lisser la pâte et enlever l'excédent.

3. Renforcer la réparation

👉 Coupez une bande de ruban en fibre de verre 2 pouces plus longue que la fissure et pressez-la dans la pâte encore humide.

👉 Avec un couteau à joint de 8 pouces, appliquez une couche de pâte à joints sur le ruban. Faites glisser le couteau le long de la fissure pour lisser pâte (3).

👉 Laissez la réparation sécher toute une nuit, puis appliquez une deuxième couche de pâte. Faites

glisser le couteau le long de chaque côté de la réparation pour que ses bords s'amincissent et se fondent au mur, et terminez par un seul mouvement le long du centre.

4. Poncer la réparation

👉 Après avoir laissé la réparation sécher 24 heures, poncez avec du papier à grains moyens (4).

RÉPARER LES PETITS TROUS

Réparer le trou

La technique à utiliser pour réparer un petit trou dépend de sa taille et du fait qu'il y ait ou non des fissures autour du trou.

👉 Dans le cas d'un petit trou sans fissures, remplissez tout simplement la cavité de pâte à joints avec un couteau à mastic de 1 pouce, jusqu'à égalité avec la surface du mur (1).

👉 Laissez la réparation sécher, puis poncez.

👉 Dans le cas d'un trou d'environ 2 pouces sur 2, couvrez-le d'un ruban de fibre de verre, puis appliquez de la pâte avec un couteau à mastic.

👉 Raclez tout excédent et laissez sécher. Poncez légèrement, appliquez une deuxième couche de pâte, et poncez à nouveau.

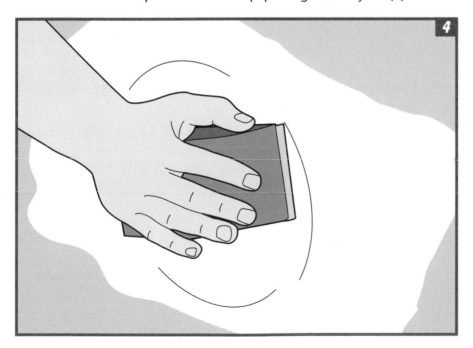

LA PEINTURE ET LA DÉCORATION

RÉPARER LES GRANDS TROUS

1. Découper la section endommagée

☞ Au moyen d'un détecteur de colombage, localisez les colombages situés de chaque côté du trou.

☞ Avec une équerre de menuisier, tracez autour du trou un carré de 16 pouces sur 16 en alignant deux des colombages.

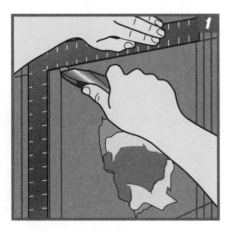

☞ Coupez autour du tracé avec un couteau utilitaire, en vous servant de l'équerre comme d'une règle (1)

☞ Enlevez la section coupée.

2. Posez des blocs de renfort

Avant de couper et de boucher le trou avec une pièce de panneau, vous devrez renforcer le haut et le bas de l'ouverture.

☞ Coupez deux blocs de renfort faits de 2 x 4 qui s'ajusteront entre les colombages. Dans le cas de colombages situés à 16 pouces

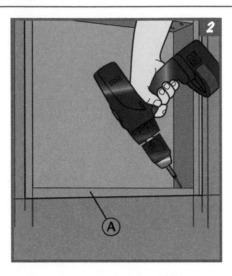

de distance l'un de l'autre, faites des blocs de support de 14½ pouces de longueur.

☞ Placez un bloc entre les colombages dans le haut de l'ouverture de manière à ce qu'il soit à moitié caché par le panneau. Pour fixer le bloc, vissez à angle deux vis à bois de 2½ pouces à travers chaque bout de bloc et dans le colombage.

☞ Fixez l'autre bloc aux colombages au bas de l'ouverture de la même manière (2).

3. Poser la pièce de panneau

☞ Avec un couteau utilitaire et une règle, coupez une pièce de panneau de 16 pouces sur 16.

☞ Placez la pièce dans l'ouverture, en arasant ses rives au besoin pour qu'elle s'ajuste bien.

☞ Fixez la pièce en posant 2 vis pour panneau dans chaque coin et une au milieu. Fixez aussi les rives

du panneau autour de la pièce, en disposant les vis entre celles qui sont déjà vissées à la pièce (3).

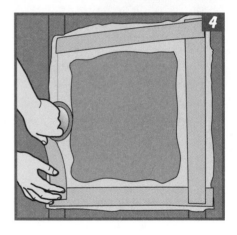

4. Finir la réparation

☞ Couvrez de pâte à joints le tour de la pièce, puis calez-y du ruban (4).

☞ Appliquez une couche de pâte à joints sur le ruban, puis laissez sécher toute une nuit.

☞ Appliquez une autre couche de pâte et laissez sécher une nuit, puis poncez avec un papier à grains moyens.

RÉPARER LES ÉGRATIGNURES ET LES TROUS DANS LE BOIS

La chaleur et la polyvalence du bois font qu'il n'a pas son pareil dans un décor. En revanche, on y fait facilement des égratignures et des trous qui le déparent. Heureusement, les dommages mineurs sont faciles à réparer.

Les égratignures peuvent être camouflées avec un colorant liquide pour bois, ou en utilisant un crayon feutre de retouche d'une couleur similaire. Les creux et les trous se bouchent avec un bouche-pores pour bois, un mastic en bâton ou un bouchon de bois. À moins que vous ne répariez une surface peinte, choisissez avec soin un produit dont la couleur est similaire à celle du bois. Vérifiez d'abord la couleur du produit sur une section du bois qui n'est pas visible ou sur une chute de bois semblable. Enfin, les crevasses dans les moulures de fenêtre ou de porte peinte peuvent être remplies d'un matériau d'étanchéité au latex qui sera par la suite poncé. Les réparations devraient être couvertes de la peinture ou du vernis qui ont été utilisés pour le reste de la surface.

TEMPS REQUIS
Moins de deux heures

OUTILS
• Couteau à mastic • Bloc à poncer • Pinceau • Gants de caoutchouc

MATÉRIAUX
• Colorant liquide (ou crayon de retouche couleur bois) • Mastic en bâton à base de cire • Bouche-pores pour bois • Papier à poncer • Linge • Fini

CAMOUFLER LES ÉGRATIGNURES AVEC UN COLORANT LIQUIDE

1. Appliquer la couleur

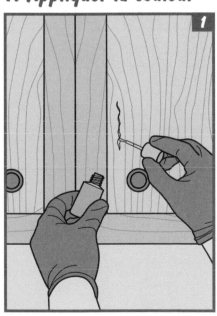

Les colorants liquides sont offerts dans une gamme de teintes, mais il est parfois nécessaire de mélanger des teintes pour obtenir la couleur recherchée. Vérifiez d'abord la couleur sur une section invisible.

☞ En portant des gants de caoutchouc, appliquez le colorant liquide sur l'égratignure avec l'applicateur fourni (1).

2. Essuyer avec un linge

☞ Essuyez avec un linge doux pour enlever tout excédent de colorant et pour le fondre à la surface (2).

☞ Laissez bien sécher, puis appliquez un fini clair qui s'apparente à la surface du meuble.

UTILISER DU MASTIC EN BÂTON

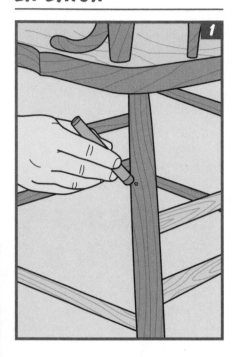

Remplir les petits trous

Les mastics en bâton à base de cire sont offerts dans une gamme de teintes de bois. On les utilise pour remplir les égratignures profondes ou les trous laissés par des clous enfoncés.

☛ Chauffez le mastic en roulant le bout du bâton entre votre pouce et votre index.

☛ Poussez le bout du bâton dans le trou et tournez, pour y laisser juste assez de mastic pour remplir le trou jusqu'à la surface du bois (1), ou grattez une petite quantité de mastic du bâton et faites-le pénétrer dans le trou avec votre doigt.

☛ Essuyez tout excédent avec un linge doux.

UTILISER DU BOUCHE-PORES POUR BOIS

1. Appliquer le bouche-pores

Le truc est de remplir les petits trous mais sans déborder, ce qui rendrait le ponçage difficile. Si le trou est profond, vous devrez peut-être appliquer plusieurs couches de bouche-pores, en laissant chaque couche sécher avant d'en appliquer une autre.

☛ Recueillez une petite quantité de bouche-pores avec votre couteau à mastic.

☛ Faites-le pénétrer dans le trou (1), et grattez tout excédent.

☛ Laissez sécher.

☛ Au besoin, appliquez à nouveau.

2. Poncer

☛ Posez du papier à poncer à grains moyens sur un bloc.

☛ Poncez la réparation pour qu'elle soit lisse et arrive à égalité avec la surface (2).

☛ Essuyez la surface avec un linge doux et enlevez tout résidu.

CHANTOURNER BOISERIES ET MOULURES

Les boiseries et moulures ajoutent du caractère à une pièce, qu'il s'agisse d'une plinthe, d'une moulure de plafond ou d'une cimaise, posée sur un mur, entre le plancher et le plafond. La précision avec laquelle vous couperez le bois qui s'ajustera aux coins jouera un rôle important dans l'apparence des boiseries et moulures.

Un assemblage à contre-profil permet d'ajuster parfaitement dans un coin deux longueurs de moulure profilée afin de créer un joint presque invisible. Le bout de la première longueur est coupé d'équerre et s'ajuste contre le mur du bout (étapes 1 et 2). La deuxième longueur est d'abord coupée à un angle de 45 degrés (étape 3), puis une coupe en courbe est effectuée le long de la coupe à angle avec une scie à chantourner afin de l'ajuster parfaitement aux contours de la première longueur (étapes 4 à 7).

Fixez la première longueur le long du mur opposé à la porte de la pièce. Ainsi, les joints des coins seront moins remarqués lorsqu'on entrera dans la pièce.

TEMPS REQUIS

Moins de deux heures

OUTILS

• Ruban à mesurer • Détecteur de colombage • Boîte à onglets • Scie à dos • Scie à chantourner • Marteau • Serre-joint • Chasse-clou

MATÉRIAUX

• Moulures de bois • Clous de finition • Plaquettes de bois • Papier à poncer • Goujon • Mastic pour bois

LA PEINTURE ET LA DÉCORATION

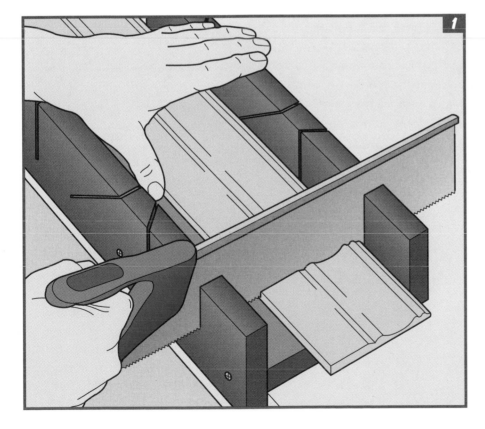

1. Couper la première longueur

☞ Marquez sur la première moulure la longueur du premier mur.

☞ Placez la moulure face vers le haut dans une boîte à onglets en alignant la ligne de coupe sur les fentes de coupe d'équerre de la boîte. (La boîte à onglets présentée ici comporte une pièce d'appui qui dépasse du bord de la table de travail et qui se visse sur sa rive pour la maintenir en place.)

☞ Insérez la lame d'une scie à dos dans les fentes.

☞ En tenant la moulure contre la paroi du fond avec votre main libre, commencez la coupe en tirant quelques fois avec la scie à dos.

☞ En appliquant une pression uniforme, sciez la moulure en faisant des mouvements de va-et-vient en douceur (1).

2. Fixer la première longueur

☞ Avec un crayon à mine, marquez l'emplacement des colombages après les avoir localisés au moyen d'un détecteur.

☞ Placez la moulure contre le mur, en tenant le bout coupé fermement contre le coin.

☞ Fixez la moulure avec deux clous de finition de 2 pouces dans tous les colombages. Plantez un clou à ½ pouce du bas (2) et à ½ pouce du haut de la moulure.

☞ Enfoncez les clous sous la surface du bois avec un chasse-clou.

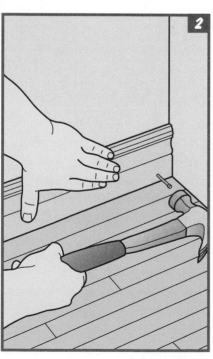

3. Couper la deuxième longueur à angle

☞ Marquez sur la deuxième moulure la longueur désirée.

☞ Placez la moulure dans la boîte à onglets de manière à ce que la marque soit alignée sur les fentes à 45 degrés, puis sciez (3).

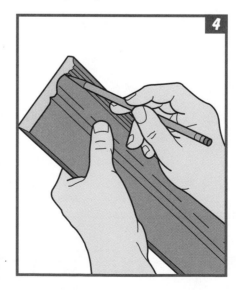

4. Souligner le contour

Pour vous aider à guider la lame de la scie lorsque vous ferez la coupe à contre-profil dans le bout à angle de la deuxième longueur de moulure, soulignez-en le contour.

☞ Avec un crayon à mine, soulignez le profil de la moulure (4), pour faire ressortir les courbes.

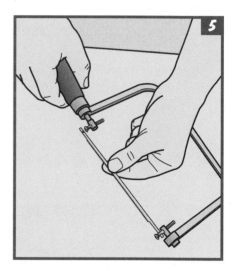

5. Poser une lame à la scie à chantourner

Les scies à chantourner sont dotées de lames détachables. Pour couper dans la moulure, posez une lame mince.

☞ Suivez les directives du fabricant de la scie pour changer les lames. Dans le cas de la scie présentée ici, tournez le manche vers la gauche, afin de réduire la tension sur les tiges de fixation. Insérez la lame dans les fentes des tiges, les dents du côté du manche (5). Tournez le manche vers la droite pour resserrer la lame.

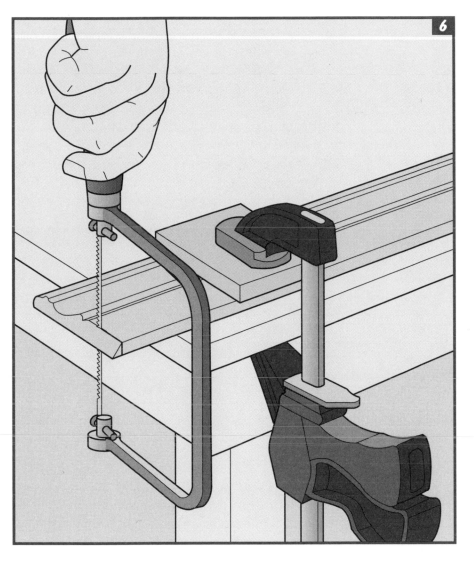

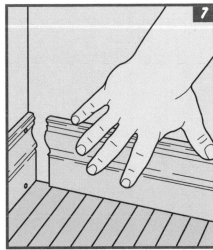

6. Faire la coupe à contre-profil

 Insérez la moulure dans un serre-joint, face vers le haut, en empêchant les mâchoires du serre-joint d'abîmer la moulure au moyen de plaquettes de bois.

☞ En tenant la scie verticalement, coupez le long du contour souligné (6), en pénétrant plus avant dans le bois à chaque mouvement vers le haut.

7. Mettre la deuxième moulure en place

☞ Glissez le bout chantourné contre la première longueur (7). Il devrait s'ajuster parfaitement au contour de la première longueur.

☞ Éliminez les petits espaces entre les deux longueurs en reformant le bout coupé à contre-profil avec un morceau de papier à poncer enroulé autour d'un goujon.

8. Fixer la longueur coupée à contre-profil

Fixez la longueur coupée à contre-profil comme vous l'avez fait avec la première longueur.

☞ Localisez et marquez l'emplacement des colombages.

☞ En maintenant la moulure à plat contre le mur, le bout contre la première longueur, plantez 2 clous dans tous les colombages (8), et enfoncez-les avec un chasse-clou.

☞ Cachez la tête des clous avec du mastic pour bois.

INSTALLER DES MOULURES DE PLAFOND ET DES CIMAISES

Les moulures servent de décoration mais, autrefois, elles avaient une fonction pratique. Elles servaient à cacher les joints entre les murs et les plafonds, et à protéger les murs des dommages causés par les dossiers de chaise.

Les moulures de plafond procurent une allure soignée à une pièce. Choisissez une largeur bien proportionnée à la hauteur du plafond. Si ce dernier est à 8 pieds, une moulure de 3¼ de pouces conviendra.

Les cimaises permettent de couvrir les murs de deux façons différentes. Ainsi, vous pouvez peindre le haut et poser un papier peint ou des panneaux dans le bas.

Si vous vernissez les moulures, choisissez du bois massif. Si vous les peignez, vous pouvez les acheter en fibre de bois à densité moyenne (FDM). Elles sont préférables au bois massif car elles sont moins chères, faciles à travailler, ne gauchissent ou ne se tordent pas et n'ont pas de nœuds.

LA PEINTURE ET LA DÉCORATION

TEMPS REQUIS
Deux à quatre heures

OUTILS
• Ruban à mesurer • Équerre de menuisier • Cordeau à craie • Détecteur de colombage • Fausse équerre • Rapporteur d'angles • Marteau • Chasse-clou • Lunettes de sécurité • Couteau à mastic • Scie à coulisse pour onglets combinés • Perceuse sans fil • Couteau utilitaire • Escabeau

MATÉRIAUX
• Moulures de plafond • Cimaises • Clous à finir • Colle à bois • Colle mastic • Bouche-pores pour bois

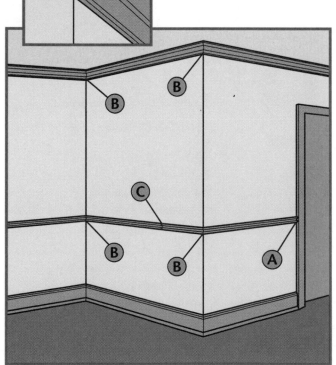

Concevoir le projet

Les moulures de plafond et les cimaises se posent à peu près de la même façon. Posez d'abord la première longueur sur le mur faisant face à la porte d'entrée, puis faites le tour de la pièce. Ainsi, les joints de coins seront moins visibles.

☛ Lorsque les moulures rencontrent les chambranles de portes, coupez-les à égalité du chambranle pour créer un simple joint plat (A).

☛ Lorsque deux longueurs de moulure se rencontrent dans un coin, coupez à onglet (B) les deux pièces (étapes 3 à 7). Dans un coin extérieur, la coupe de la moulure de plafond doit être composée, c'est-à-dire à angle et en biseau (encadré). (Vous pouvez aussi utiliser des pièces toutes faites.)

☛ Sur un mur droit (C), joignez deux longueurs de moulure avec un joint en biseau (étape 10).

LA MOULURE DE PLAFOND

1. Mesurer la moulure de plafond

☞ Coupez un bout de moulure d'environ 6 pouces, et placez-le contre une équerre de menuisier. Un côté représente le mur et l'autre le plafond (1). Assurez-vous que les parties plates de la moulure soient bien appuyées contre les bras de l'équerre.

☞ Notez jusqu'où sur le «mur» et le «plafond» la moulure se projette.

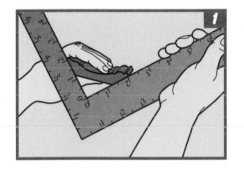

2. Localiser l'emplacement de la moulure

☞ En travaillant dans un coin de la pièce, mesurez et marquez sur les deux murs, à partir du plafond, la projection verticale de la moulure. Puis, à partir des murs, mesurez et marquez la projection horizontale sur le plafond.

☞ Marquez la ligne en faisant claquer un cordeau à craie.

☞ Avec un détecteur de colombage, localisez les colombages et les solives de plafond, et marquez leur emplacement, vos marques traversant les lignes de guidage.

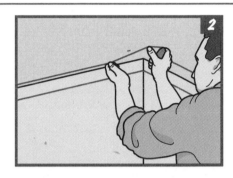

3. Déterminer l'angle de l'onglet au coin extérieur

☞ Si les lignes de guidage (étape 2) arrêtent au coin, coupez une longueur de moulure et placez-la pour qu'elle dépasse un peu. Alignez les rives de la moulure sur les lignes de guidage du mur et du plafond.

☞ Tracez une ligne sur le plafond le long de la partie supérieure de la moulure.

☞ Répétez sur l'autre mur qui forme le coin (3) de manière à ce que les lignes se croisent.

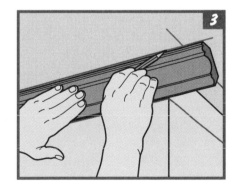

4. Transférer les angles sur la scie

☞ Avec une règle droite, tracez une ligne sur le plafond à partir du coin jusqu'à l'intersection des deux lignes.

☞ En tenant la poignée d'une fausse équerre contre l'un des murs, ajustez la lame de manière à ce qu'elle soit alignée sur la troisième ligne tracée sur le plafond (4).

☞ Ajustez la base et faites basculer la lame d'une scie à coulisse pour onglets combinés afin de lui donner l'angle établi.

5. Couper la moulure

Parce que la moulure est posée à angle par rapport au mur et au plafond, on doit couper à angle dans les bords et dans l'épaisseur.

☞ Placez la moulure à l'envers sur la base de la scie, le bord inférieur (celui qui ira au mur) affleurant le guide. Si la moulure doit être posée à gauche du coin, placez-la à droite de la lame. Si elle doit aller à droite du coin, placez-la à gauche de la lame.

☞ En tenant la moulure contre le guide avec les mains loin de la lame et en alignant la marque et la lame, faites la coupe (5).

LA MOULURE DE PLAFOND (SUITE)

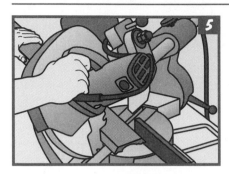

6. Clouer la moulure

👉 Alignez les bords de la moulure avec les lignes de craie, et le bout coupé à onglet avec le coin, puis clouez la moulure avec un clou à finir de 2 ½ pouces à chaque colombage et solive. Dans le cas du bois dur, percez d'abord des avant-trous. Si les solives sont parallèles au mur, utilisez une colle à mastic pour fixer la moulure au plafond.

👉 Étalez de la colle à bois sur les bouts coupés à onglet, puis clouez la deuxième moulure (6).

👉 Enfoncez les clous avec un chasse-clou à mesure que vous avancez.

7. Couper à onglet un coin intérieur

👉 Copiez l'angle du coin avec une fausse équerre, puis mesurez l'angle à l'aide d'un rapporteur.

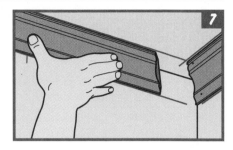

Divisez par deux et ajustez votre scie en conséquence.

👉 Coupez à onglet les bouts des pièces à joindre (étape 5), mais avec la moulure à l'endroit sur la base de la scie.

👉 Fixez la moulure (7) à l'aide de clous à finir de 2½ pouces dans les colombages et les solives. Utilisez des clous et de la colle si les solives sont parallèles au mur.

👉 Enfoncez les clous au fur et à mesure avec un chasse-clou.

CIMAISE

1. Positionner la cimaise

👉 Dans chaque coin de la pièce, mesurez et marquez les deux murs à 36 pouces du plancher.

👉 Déroulez le cordeau d'une marque à l'autre et faites claquer la corde (1).

👉 Localisez les colombages avec un détecteur. Marquez-les en croisant les lignes de guidage.

2. Clouer la cimaise

👉 Coupez la cimaise de la longueur voulue en faisant des coupes droites pour les chambranles de porte et à onglet pour les coins.

👉 Placez le haut de la cimaise sur le trait de craie et clouez-la avec des clous à finir dans chacun des colombages. Dans le bois dur, percez d'a-

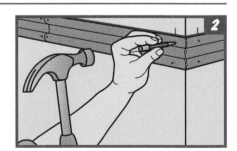

bord des avant-trous. Pour les coins dont la cimaise est coupée à onglet, posez la première cimaise au mur puis étalez de la colle sur les deux onglets, puis fixez la deuxième.

👉 Enfoncez les clous (2) et bouchez les trous.

LA PEINTURE ET LA DÉCORATION

INSTALLER UN SYSTÈME DE RANGEMENT DANS UN PLACARD

Les systèmes d'étagères permettent un rangement efficace et polyvalent dans les petits espaces. Les étagères de bois ou de mélamine conviennent au rangement d'articles lourds, mais le fil métallique, qui permet une bonne circulation d'air, est idéal pour ranger vêtements et linge de maison.

Les systèmes de rangement sont faits d'étagères en fil métallique, et de pièces en métal et en plastique robuste. Ils s'assemblent facilement avec quelques outils courants. On peut aussi les couper avec une scie à métaux afin de les ajuster à toutes les largeurs de placard.

Avant de commencer, évaluez toutes les possibilités, tenez compte de l'espace disponible et des types d'articles à ranger. Bien que des ensembles standards soient offerts, des éléments vendus séparément permettent une installation plus personnalisée. Une combinaison de modèles offre plus de possibilités.

CONSEIL DE SÉCURITÉ *Portez des lunettes de sécurité lorsque vous percez ou clouez.*

TEMPS REQUIS	OUTILS	MATÉRIAUX
Deux à quatre heures	• Ruban à mesurer • Marteau • Niveau de menuisier • Petit niveau • Perceuse sans fil • Tournevis • Clé • Lunettes de sécurité	• Ensemble d'étagères en fil métallique (incluant étagères, pinces, supports muraux, poteau vertical et supports obliques) • Rayons et traverses pour corbeilles • Corbeilles • Étagère à chaussures et pinces

Anatomie d'un système de rangement pour placard

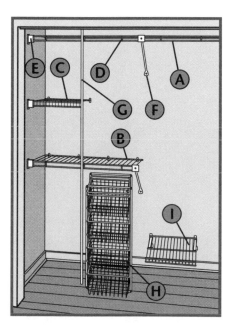

L'installation présentée ici combine un ensemble standard à des éléments individuels. L'étagère du haut (A) est faite de sections qui s'étendent sur toute la largeur du placard, tandis que l'étagère du bas (B), à une seule section, s'étend sur la moitié de la largeur du placard. Ces deux étagères servent de tringles à vêtements, ce qui double l'espace de rangement. Entre elles, une étagère (C) plus petite est posée. Les étagères sont fixées par des pinces (D) posées le long du mur du fond, et par des supports muraux (E) sur les murs de bout. Un support oblique et des plaques (F) soutiennent la jonction des sections de l'étagère du haut, et un autre support oblique soutient le bout de l'étagère du bas. Un poteau vertical (G) soutient la partie avant. Un système de corbeilles indépendant (H) est installé ainsi qu'une étagère à chaussures (I). Un porte-cravates et ceintures (qui n'est pas montré ici) peut aussi être fixé sur un mur de bout.

1. Marquer l'emplacement des éléments

☞ Mesurez et marquez la hauteur de chaque étagère sur le mur du fond et sur un ou deux murs de bout.

☞ Avec un niveau de 4 pieds, tracez une ligne horizontale au crayon à chaque marque le long du mur du fond (1).

☞ Mesurez et marquez l'emplacement des trous pour les pinces du mur du fond et les supports muraux.

2. Poser les pinces de fixation

☞ Avec une perceuse sans fil munie d'une mèche de ¼ de pouce, percez sur le mur du fond des trous à l'emplacement de chaque pince de fixation.

☞ Insérez les chevilles dans les pinces, puis insérez les fiches des pinces dans les trous.

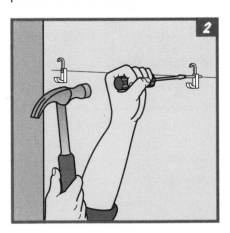

☞ Insérez la pointe d'un tournevis dans la rainure des têtes de clou, puis enfoncez les chevilles de fixation avec un marteau de manière à ce qu'elles soient à égalité avec la face des pinces (2).

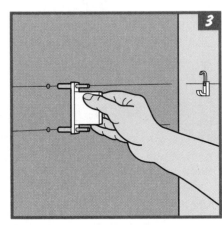

3. Poser les supports muraux

☞ Percez des trous de ¼ de pouce dans les emplacements marqués sur les deux murs de part et d'autre du mur du fond.

☞ Insérez les supports (3) et fixez-les comme vous l'avez fait pour les pinces de fixation dans le mur du fond.

4. Poser les étagères

☞ Poussez le rail arrière de l'étagère dans les pinces de fixation du mur du fond.

☞ Faites glisser l'étagère contre le mur de côté et abaissez le devant dans le support mural (4).

☞ Pour stabiliser l'étagère, fermez les rabats des pinces du mur du fond (encadré).

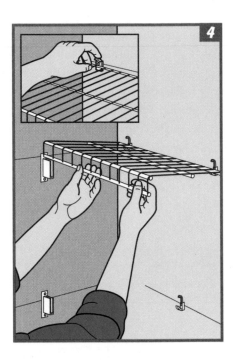

5. Poser le support vertical

☞ Assemblez le poteau de support vertical.

☞ Alignez le poteau sur le milieu des tablettes et posez un support

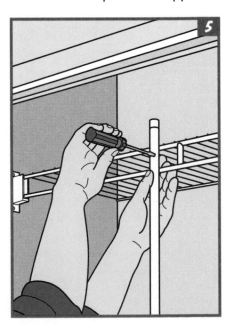

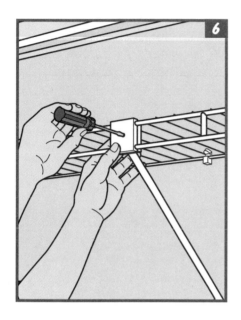

de métal contre l'intérieur des rails. Avec un tournevis, fixez le support de métal au poteau avec les vis à métaux et les écrous hexagonaux fournis (5). Serrez les écrous avec une clé.

☞ Fixez le poteau vertical aux autres étagères de la même manière.

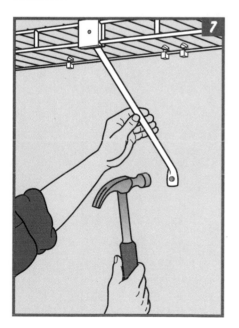

6. Soutenir les étagères

☞ Centrez les plaques de jonction arrière et avant sur la jonction entre deux sections, en insérant le bout supérieur du support entre les plaques. Fixez les pièces ensemble avec la vis fournie (6).

7. Fixer les supports obliques

☞ Sur le mur, marquez la position de la fiche pour vis à la base du support oblique.

☞ Tenez le support de côté afin de percer un trou à l'endroit marqué.

☞ Insérez la fiche à travers le trou du support, dans le mur. Avec un marteau, enfoncez la cheville fournie dans la fiche (7).

8. Assembler le système pour corbeilles

☞ Les glissières des rails vers l'intérieur, tapez avec un marteau sur les traverses supérieures et inférieures pour les mettre en place, en les protégeant avec un bloc de bois (8). (Note : la forme en T des traverses inférieures permet l'ajout de rallonges.)

☞ Glissez les corbeilles en place le long des rails.

9. Poser l'étagère à chaussures

☞ Tracez une ligne de niveau à 12 pouces au-dessus du plancher, pour indiquer la position de l'étagère. Le long de la ligne, marquez l'emplacement des trous pour les deux supports, à 1 pouce chacun d'une extrémité.

☞ Percez les trous.

☞ Insérez les fiches dans les supports, puis poussez-les dans les trous. Enfoncez dans les fiches les chevilles qui sont fournies.

☞ Insérez le rail arrière de l'étagère inversée dans les pinces de support (9).

☞ Fermez le rabat des pinces pour bien fixer l'étagère.

CRÉER UN POSTE DE TRAVAIL

Créer votre propre poste de travail vous permet d'en adapter les dimensions afin qu'il corresponde à vos besoins précis. Pour que le poste de travail soit confortable, la partie supérieure de votre écran devrait être à la hauteur des yeux, et le porte-clavier au niveau des coudes. Il devrait aussi être conçu pour contenir tout l'équipement informatique.

Le poste présenté ici est fait de mélamine de $5/8$ de pouce. Vous pourriez aussi utiliser des panneaux de fibre de bois de densité moyenne, qui sont peu coûteux et dont la surface se peint facilement, ou du contreplaqué. Tous ces matériaux se vendent en feuilles de 4 pieds sur 8 pieds. Si vous modifiez les dimensions de ce poste, assurez-vous que la surface de travail n'a pas plus de 36 pouces et les étagères plus de 20 pouces sans soutien.

TEMPS REQUIS
Plus de quatre heures

OUTILS
• Ruban à mesurer • Scie circulaire • Lime • Serre-joints rapides • Perceuse sans fil • Équerre de menuisier • Tournevis • Marteau • Scie-cloche • Lunettes de sécurité

MATÉRIAUX
• Panneaux de mélamine • Panneau dur • Alèses en mélamine • 2 x 4 • Cornières • Vis pour mélamine • Vis à bois • Clous enrobés de résine • Clous de finition • Capuchons de plastique

Anatomie d'un poste de travail

Ce poste comporte un caisson qui contiendra l'ordinateur, un porte-clavier et une étagère. Toutes les pièces sont coupées dans des feuilles de mélamine de $5/8$ de pouce, sauf le dos, qui est fait d'un panneau dur.

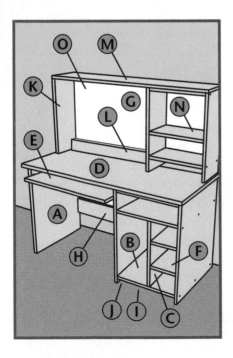

RÉF.	PIÈCE	QUANTITÉ	DIMENSIONS (pouces)
A	Côtés du bureau et du caisson	3	$23 \times 29^{3}/_{8}$
B	Caisson (haut et bas) et tablette fixe	3	$23 \times 18^{5}/_{8}$
C	Cloison du caisson	1	$23 \times 19^{1}/_{2}$
D	Surface de travail	1	$24 \times 53^{1}/_{2}$
E	Porte-clavier	1	16×30
F	Tablettes du caisson	2	$22^{7}/_{8} \times 7^{13}/_{16}$
G	Dos du bureau (panneau dur)	1	$23^{7}/_{8} \times 51^{3}/_{8}$
H	Traverse	1	6×31
I	Plaque de protection (non visible)	1	$2 \times 18^{5}/_{8}$
J	Tasseaux (non visibles)	2	$2 \times 20^{3}/_{8}$
K	Côtés de l'étagère	3	$10 \times 23^{3}/_{8}$
L	Traverse pour l'étagère	1	$33^{5}/_{8} \times 4$
M	Dessus de l'étagère	1	$10 \times 51^{1}/_{2}$
N	Tablettes de l'étagère	2	$9^{7}/_{8} \times 15^{13}/_{16}$
O	Dos de l'étagère (panneau dur)	1	$23^{15}/_{16} \times 51^{3}/_{8}$

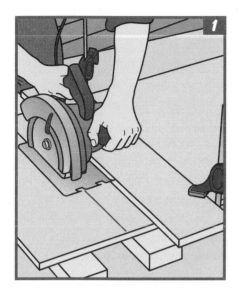

1. Couper les pièces

Toutes les pièces en mélamine de ce poste peuvent être taillées dans deux feuilles de 4 pieds sur 8.

☞ Avec une équerre de menuisier et un ruban à mesurer, tracez les coupes.

☞ Posez une feuille à plat sur quatre 2 x 4 placés parallèlement aux coupes, un à chaque bout de la feuille et les deux autres à quelques pouces de la coupe.

☞ Avec des serre-joints rapides, fixez à la feuille une longueur droite de chute de bois qui servira de guide de coupe.

☞ Coupez lentement avec la scie circulaire munie d'une lame au carbure (1). Suivez le guide.

☞ Étiquetez chaque pièce avec du ruban-cache.

CONSEIL DE SÉCURITÉ *Portez des lunettes de sécurité lorsque vous utilisez un outil électrique afin de protéger vos yeux des éclats.*

2. Poser des alèses sur les rives

☞ Pour maintenir les pièces à la verticale, faites une paire de blocs de soutien au moyen de petites longueurs de 2 x 4, avec des rainures légèrement plus larges que l'épaisseur de $^5/_8$ de pouce du matériau.

☞ Déroulez et coupez l'alèse, en vous assurant d'avoir plusieurs pouces de plus que nécessaire. Posez l'alèse au centre des rives.

☞ Passez un fer chaud sur l'alèse (2), puis pressez-la avec un chiffon ou un rouleau pour rive.

☞ Avec un couteau utilitaire, coupez les bouts qui dépassent.

☞ Taillez les bords avec une lime à denture moyenne tenue à angle et en appuyant dans un seul sens, vers l'avant.

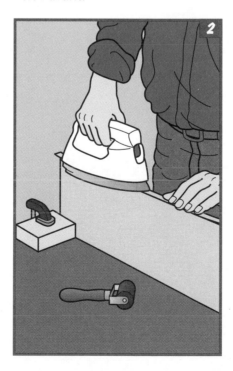

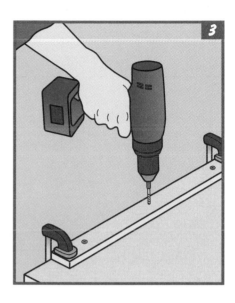

3. Poser les tasseaux

☞ Sur une table, maintenez les pièces en position avec un serre-joint, les tasseaux arrivant à égalité avec le bas et le dos des pièces de côtés du caisson, et en laissant un espace de deux pouces à l'avant.

☞ Percez des trous de guidage et fixez les tasseaux avec une vis de $1^1/_8$ de pouce pour mélamine, à deux pouces de chaque extrémité et avec une vis au milieu (3).

4. Assembler les côtés et le fond

☞ En vous servant de blocs de soutien, placez les deux pièces de côté sur leur rive, l'avant du poste vers le haut.

☞ Glissez le fond en place et maintenez les trois pièces ensemble avec des serre-joints.

☞ Avec un crayon, tracez une ligne sur l'extérieur des pièces de côté, en ligne avec la rive du fond.

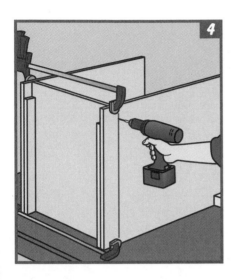

☞ Percez des trous de guidage à 2 pouces de l'avant et de l'arrière (4), et deux autres espacés également le long de la ligne de guidage.

☞ Fixez avec des vis de 1¼ pouce.

5. Percer des trous pour les tablettes

☞ Pour faire le gabarit, coupez une pièce droite de matériau afin qu'elle ait 3 pouces de largeur, et tracez une ligne le long du centre. Percez des trous à 1½ pouce de distance les uns des autres le long de cette ligne, en utilisant une mèche de la même taille que les supports d'étagère.

☞ Posez le gabarit contre le côté du caisson, à égalité avec la rive avant. Posez une bague d'arrêt à la mèche, en la positionnant de manière à ce qu'elle passe à travers le gabarit et à ¼ de pouce dans le panneau. Percez les trous dans le côté du caisson, puis percez des trous près du dos du caisson.

☞ De la même façon, percez des trous dans la cloison, en la maintenant à la verticale au moyen de serre-joints contre le côté de l'armoire (5).

6. Fixer la cloison et la tablette

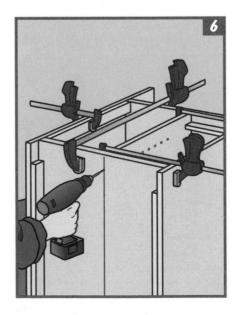

☞ Positionnez la cloison et la tablette à l'intérieur de l'armoire. Utilisez deux retailles de la longueur de la cloison et deux retailles de la largeur de la tablette pour maintenir les pièces en place. Maintenez-les ensemble avec un serre-joint rapide.

☞ Tracez des lignes de guidage le long du bas du caisson et de la tablette, en ligne avec la rive de la cloison. Percez des trous de guidage et fixez la cloison avec quatre vis de 1¼ pouce, à 2 pouces de chaque rive (6).

☞ Fixez la tablette aux côtés du caisson de la même façon.

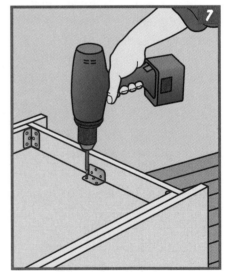

7. Poser la plaque de protection

☞ Mettez le caisson à l'envers et positionnez la plaque de protection contre les tasseaux. Assurez-vous qu'elle est à égalité avec les rives des côtés du caisson, ainsi qu'avec la surface du fond du caisson.

☞ Percez des trous de guidage et fixez la plaque de protection aux tasseaux, en posant des vis de ⅝ de pouce dans deux cornières. Ajoutez une cornière pour renforcer la plaque de protection sur le fond du caisson (7).

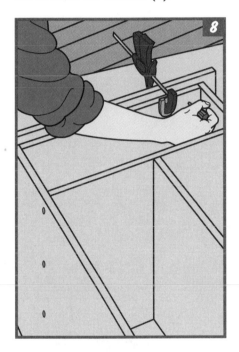

8. Ajouter le dessus du caisson et la surface de travail

☞ Mettez le dessus du caisson en place, sa surface arrivant à égalité avec les rives des côtés. Avec des serre-joints, maintenez-le en place et fixez-le de chaque côté avec des vis de 1¼ pouce.

☞ Pour poser la surface de travail du bureau, percez d'abord trois trous de guidage également espacés à l'avant et à l'arrière du dessus du caisson.

☞ Avec des serre-joints, maintenez la surface de travail sur le dessus du caisson, en la laissant dépasser d'un pouce à l'avant et à l'extrémité. Avec un tournevis court, et par l'intérieur (8), posez des vis de 1⅛ de pouce à travers le dessus du caisson, dans la surface de travail du bureau.

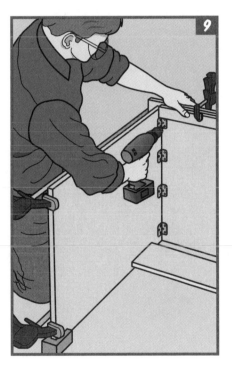

9. Ajouter le panneau de côté du bureau

☞ Le bureau sur le dos, positionnez le panneau de côté contre le dessous de la surface de travail. Utilisez la traverse comme espaceur entre le panneau et le caisson et, au moyen de serre-joints, maintenez un autre espaceur d'égale longueur sur le dessus des pièces. Maintenez le panneau en place avec les serre-joints.

☞ Percez des trous de guidage et fixez le panneau à la surface de travail avec quatre cornières également espacées et des vis de ⅝ de pouce (9).

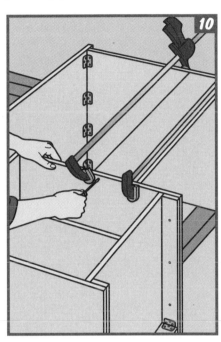

10. Fixer la traverse

☞ Retournez le bureau sur sa face avant. Parce que la surface de travail dépasse de la structure, déposez le bureau sur des 2 x 4 afin qu'il soit de niveau.

☞ Positionnez la traverse à 5⅞ de pouces du fond du bureau et maintenez-la en place avec des serre-joints.

☞ Percez des trous de guidage et fixez la traverse avec deux vis à chaque bout (10).

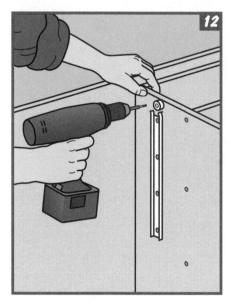

11. Poser le panneau de dos

👉 Placez le dos du bureau en position, le côté enduit face au sol.

👉 Assurez-vous que les deux coins supérieurs du bureau sont alignés sur ceux du panneau, puis plantez un clou à chaque coin.

👉 Si la rive de la surface de travail n'arrive pas à égalité avec le dos du bureau, posez un serre-joint de haut en bas pour forcer le dessus du bureau à s'aligner.

👉 Posez un clou dans le panneau près du serre-joint, puis des clous tous les 6 à 8 pouces le long de la rive supérieure du panneau (11). Posez aussi des clous à travers le panneau dans les rives des panneaux de côté du bureau et du caisson, ainsi que dans la cloison.

👉 Posez des vis de ⅝ de pouce tous les 6 à 8 pouces à travers le panneau dans le centre de la traverse.

12. Poser le porte-clavier

👉 Retournez le bureau sur le dos. Tracez des lignes de guidage à 3 ¼ pouces sous la surface de travail, à l'intérieur du caisson.

👉 Positionnez les rails du porte-clavier sur la ligne et marquez l'emplacement des trous de vis. Percez des trous de guidage puis fixez les rails du porte-clavier (12).

👉 Fixez les ferrures sur les côtés du porte-clavier en suivant les directives du fabricant.

13. Découper des trous pour les câbles

👉 Marquez l'emplacement désiré des trous, près de l'arrière du côté du caisson, et à l'arrière de la surface de travail.

👉 Percez les trous avec une perceuse munie d'une scie-cloche de la même taille que le passe-câbles (13).

14. Assembler l'étagère

👉 Avec des serre-joints, maintenez ensemble le dessus et les côtés de l'étagère, et fixez-les avec trois vis.

👉 Utilisez des espaceurs pour

LA PEINTURE ET LA DÉCORATION

positionner la tablette. Avec un serre-joint, maintenez la tablette en place, puis fixez-la.

☞ Percez des trous pour les supports de tablette, comme pour le caisson.

☞ Pour fixer le panneau supérieur à l'étagère, commencez par percer quatre trous de guidage dans le haut de l'étagère, à un pouce de chaque coin. Avec des serre-joints, maintenez le panneau du dessus à égalité avec l'étagère et fixez-le avec des vis, de l'intérieur (14).

☞ Fixez le panneau de côté avec des cornières et une traverse comme pour le panneau de côté du bureau.

☞ Mettez en place et clouez le panneau dur à l'arrière.

15. Joindre les deux éléments

☞ Positionnez l'étagère sur la surface de travail, en alignant les panneaux de dos.

☞ Fixez les deux parties ensemble avec une attache de métal de chaque côté (15).

16. Les touches finales

☞ Couvrez les vis avec des capuchons de plastique de la couleur de la mélamine.

☞ Insérez les supports de tablette à la hauteur désirée et posez les tablettes (16).

☞ Si le plancher est inégal, vous pouvez ajouter des pieds réglables au bureau.

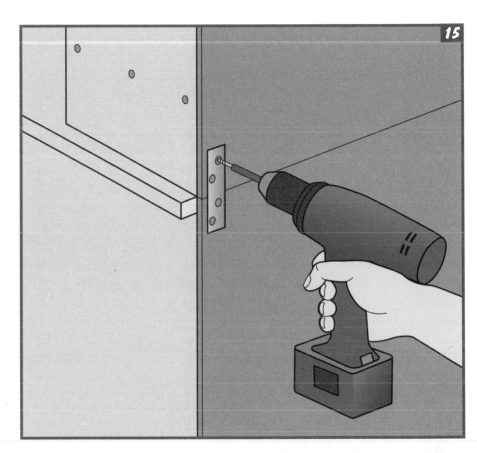

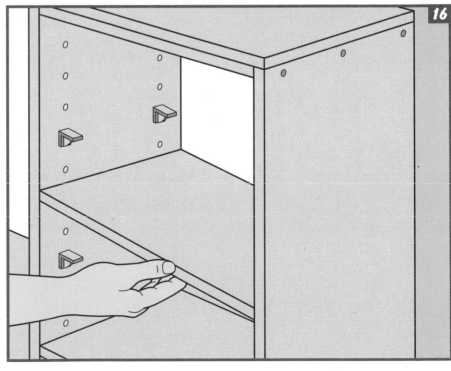

APLANIR LE BOIS À LA MAIN

Les rabots et limes sont indispensables à ceux qui travaillent le bois. Même les travaux les plus faciles requièrent des outils permettant d'adoucir ou découper le bois.

Les techniques de rabotage sont les mêmes pour tous les rabots, peu importe leur grosseur. Distancez vos pieds et assurez-vous que vos épaules et vos hanches sont en ligne avec le rabot. Déplacez tout votre corps à chaque coup de rabot, au lieu de vous pencher trop en avant.

Rabotez toujours dans le sens du grain du bois. Pour trouver le sens du grain, passez votre main de haut en bas sur le bois : dans le sens du grain, la sensation est plus douce.

La demi-varlope est un bon rabot tout-usage pour adoucir les surfaces et rives larges. Ajustez le fer (ou lame) à la bonne profondeur en faisant des essais sur une chute de bois. À chaque coup, le rabot devrait enlever proprement de minces copeaux de bois. Le grain d'extrémité est plus difficile à adoucir parce qu'il a tendance à éclater dans les coins : utilisez un petit rabot pour les bouts.

TEMPS REQUIS

Moins de deux heures

OUTILS

- Demi-varlope • Petit rabot
- Serre-joints • Règle • Étau
- Lime • Gants de travail

MATÉRIAUX

- Chutes de bois

ADOUCIR LA FACE D'UNE PLANCHE

1. Aplanir la surface

☞ Placez la planche face vers le haut sur une surface de travail.

☞ Avec un serre-joint ou des vis, fixez une chute de bois à chaque bout de la planche pour la maintenir en place.

☞ Rabotez avec des mouvements fermes et souples, le rabot légèrement à angle par rapport au grain du bois (1) afin d'enlever plus de bois à chaque mouvement.

2. Adoucir la surface

☞ Rabotez parallèlement au grain en chevauchant légèrement les mouvements précédents (2).

☞ Ajustez le fer au besoin pour obtenir une coupe plus fine. Rabotez jusqu'à ce que le bois soit luisant et doux.

☞ Assurez-vous que la surface est plate en déposant une règle contre

la planche à plusieurs endroits et à différents angles. La pleine longueur de la règle devrait reposer également sur la surface. Rabotez les bosses et vérifiez à nouveau.

LA PEINTURE ET LA DÉCORATION

APLANIR LA RIVE D'UNE PLANCHE

1. Choisir le sens du rabotage

Voici quelques exemples de grains les plus courants (1), les flèches indiquant la meilleure direction

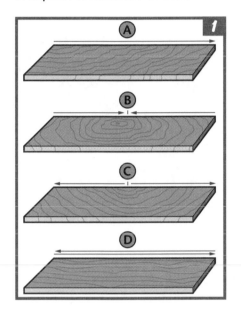

à prendre pour raboter : elle peut être la même d'un bout à l'autre (A et D), ou changer (B et C). Pour les grains très irréguliers, donnez un léger angle à votre rabot afin de réduire l'éclatement. Si vous devez raboter dans le sens contraire du grain, ajustez le fer pour faire les coupes les plus fines possibles.

☞ Observez le sens du grain de votre planche et choisissez la direction appropriée.

2. Commencer à raboter

☞ Fixez la planche dans un étau.
☞ Tenez le rabot d'une main. Avec l'autre, placez l'avant (ou nez) du rabot sur le bout de la planche.
☞ Tandis que vous commencez votre mouvement, déplacez la main avant sur le pommeau et appuyez.

☞ Guidez le rabot dans un mouvement ferme et régulier, en distribuant le pression également sur le rabot, sa base bien à plat (2).
☞ Vers la fin du mouvement, déplacez la pression vers l'arrière du rabot.

TROIS FAÇONS D'APLANIR UN GRAIN D'EXTRÉMITÉ AVEC UN PETIT RABOT

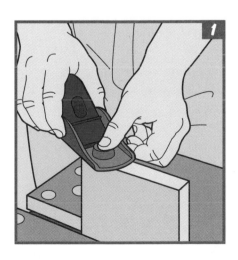

Raboter à angle

Lorsqu'on adoucit un grain d'extrémité, la difficulté est d'éviter les éclatements dans les coins. Voici les trois meilleures façons d'y parvenir. Chaque méthode requiert un petit rabot muni d'un fer très aiguisé qui produira de petits copeaux.
☞ Fixez la pièce de bois à un étau.
☞ Réglez le fer de manière à ce qu'il enlève le moins possible de

bois à chaque mouvement.
☞ Placez le rabot légèrement à angle (1), et guidez-le tandis que vous allez d'un bout vers le centre.
☞ Soulevez le rabot et répétez en partant de l'autre bout.

Couper un chanfrein

Dans le domaine du travail du bois, un chanfrein désigne une arête en biseau.

TROIS FAÇONS D'ADOUCIR UN GRAIN D'EXTRÉMITÉ AVEC UN PETIT RABOT (SUITE)

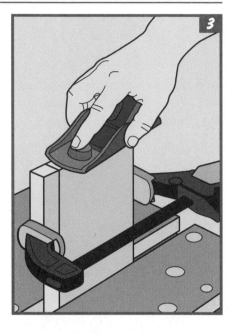

🔨 Fixez la pièce de bois dans un étau.

🔨 Tenez le petit rabot à un angle de 45 degrés contre un coin et rabotez une fois (2).

🔨 Rabotez toute l'extrémité, en tenant le rabot légèrement à angle jusqu'au chanfrein.

Utiliser un bloc de bois

La troisième façon consiste à fixer un bloc de bois à un côté de la pièce de bois au moyen d'un serre-joint.

🔨 Maintenez en place la pièce de bois à raboter.

🔨 Avec un serre-joint, serrez un bloc contre la pièce de bois du côté où se terminera le rabotage. Le bloc devrait être à égalité avec la pièce de bois et avoir la même épaisseur.

🔨 Tenez le petit rabot légèrement à angle (3). Rabotez d'un coup sur toute la longueur, et répétez plusieurs fois.

LIMER

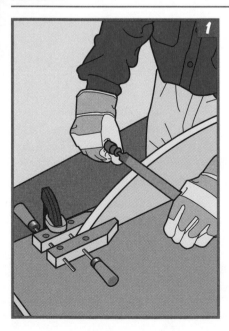

Limer à traits croisés

Limer à traits croisés est une bonne façon d'adoucir une rive convexe. Utilisez une lime plate et portez des gants de travail. Faites plusieurs mouvements dans une seule direction : ne faites jamais des mouvements de va-et-vient.

🔨 Maintenez en place la pièce de bois.

🔨 Tenez dans une main le bout de la lime et dans l'autre le manche.

🔨 Déposez la lime perpendiculairement sur le bois, le bout à plat contre la rive.

🔨 Avec un mouvement long et régulier, poussez la lime le long de la rive et en travers, en appliquant suffisamment de pression pour couper dans le bois.

🔨 Lorsque le manche approche du bois (1), soulevez la lime sans arrêter et ramenez-la au point de départ pour répéter l'opération.

🔨 Nettoyez la lime des poussières à mesure qu'elle s'encrasse.

ADOUCIR LE BOIS AVEC UNE PONCEUSE À COURROIE

Les ponceuses à courroie ont deux utilisations principales : enlever du bois des planches et panneaux, et adoucir les surfaces de bois rugueuses. Les courroies à poncer sont offertes dans une gamme de grosseurs de grains, de fins à très gros. Un numéro est assigné à chaque grosseur de grain, qui varie selon le fabricant. Plus le numéro est petit, plus les grains sont gros. Consultez l'information ci-dessous pour vous aider à choisir la courroie qui conviendra le mieux au travail que vous voulez effectuer. Dans bien des cas, il est préférable d'adoucir une pièce de bois en trois étapes : commencez avec une courroie à gros grains, puis à grains moyens, et enfin à grains fins.

GRAIN	USAGE
36, 50	Pour enlever rapidement du bois des planches et panneaux
80	Pour adoucir le bois et lisser les égratignures et autres imperfections
100,120	Pour l'adoucissement final du bois

CONSEIL DE SÉCURITÉ *Les ponceuses à courroie sont bruyantes et produisent de la poussière : portez des protecteurs d'oreilles et un masque antipoussière. Ne portez pas de vêtements amples car ils pourraient se coincer dans la courroie. Éloignez vos doigts de la courroie.*

TEMPS REQUIS
Moins de deux heures

OUTILS
- Ponceuse à courroie (et courroies) • Protecteur d'oreilles
- Masque antipoussière
- Serre-joint à coulisse
- Serre-joint en bois

MATÉRIAUX
- Blocs d'arrêt (chutes de bois)
- Bloc de caoutchouc de néoprène

MISE EN PLACE

1. Changer une courroie

Les courroies forment une boucle et elles s'ajustent autour de deux rouleaux actionnés par le moteur de la ponceuse.

☞ La ponceuse débranchée, déposez l'outil sur le côté et soulevez le levier de tension aussi loin que possible (1) pour retirer toute pression sur la courroie.

☞ Retirez l'ancienne courroie et remplacez-la par la nouvelle, bien au centre des rouleaux. Assurez-vous que la flèche à l'intérieur de la courroie pointe dans la même direction que celle sur l'outil.

☞ Abaissez le levier de tension pour fixer la courroie en place.

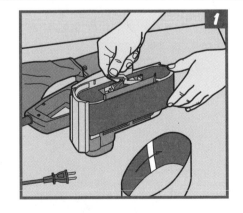

2. Régler la position latérale

☞ Retournez la ponceuse à l'envers et mettez en marche le moteur. Si l'outil est doté d'un bouton qui permet de bloquer l'allumage du moteur, actionnez-le.

☞ Réglez la position de la courroie au moyen d'un bouton d'ajustement situé sur le centre du rouleau avant (2). Sur la plupart des modèles, le bouton permet de déplacer la courroie de gauche à droite, au besoin.

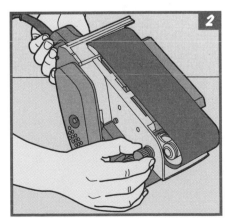

PONCER

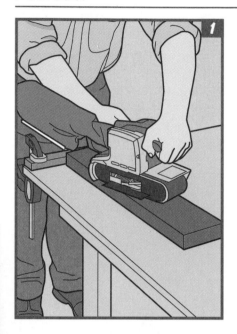

Poncer une planche

☞ Avec un serre-joint coulissant, fixez à un coin de votre table de travail une pièce de bois qui servira d'arrêt.

☞ Déposez la pièce de bois contre l'arrêt. Ne mettez pas en marche le moteur de la ponceuse lorsque celle-ci est déposée sur le bois pour ne pas en creuser la surface.

☞ Déposez doucement la ponceuse sur la surface à l'extrémité retenue par l'arrêt, à un angle de 30 degrés par rapport au grain du bois. La courroie à plat contre la surface, guidez la ponceuse vers l'autre bout de la pièce de bois en un mouvement régulier (1). La ponceuse doit toujours être en mouvement pour ne pas creuser le bois.

☞ À la fin du mouvement, tirez la ponceuse vers l'arrêt et répétez.

Poncer ainsi à angle laissera des égratignures. Si l'apparence de la pièce de bois est importante, adoucissez-la, tel que montré à la prochaine étape.

Adoucir une planche

☞ Procédez comme pour égaliser une planche, mais tenez la ponceuse parallèlement au grain du bois (2). Poussez l'outil d'un geste ample et droit, en ne faisant pas de mouvements circulaires. Pas plus de la moitié de la courroie ne devrait dépasser du bout ou des rives de la plan-che, sinon vous risquez d'arrondir les arêtes.

☞ Tirez la ponceuse vers vous, en la déplaçant d'une demi-largeur de courroie. Continuez ce mouvement de va-et-vient jusqu'à ce que la planche soit douce.

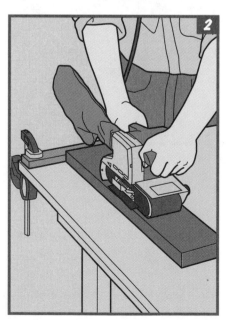

Adoucir un panneau

☞ Déposez le panneau sur votre table de travail et fixez un bloc d'arrêt à chaque bout, pour l'empêcher de se déplacer.

☞ En tenant la ponceuse au-dessus du panneau, dans un coin, mettez en marche le moteur. Déposez l'outil à plat parallèlement au grain du bois, et poussez-le immédiatement le long de la rive du panneau. À la fin du mouvement, déplacez la ponceuse d'une demi-largeur de courroie et ramenez-la vers vous.

☞ Continuez d'adoucir le panneau de cette manière, en guidant la ponceuse d'avant en arrière en faisant des « U » (3).

LA PEINTURE ET LA DÉCORATION

Poncer plusieurs rives à la fois

En plus d'accélérer votre travail, poncer plusieurs pièces en même temps vous assure que la même quantité de bois est enlevée à chaque pièce.

🔨 Fixez les pièces ensemble, face contre face, avec un serre-joint en bois à chaque bout, en alignant les rives et les extrémités. Utilisez ensuite un serre-joint coulissant pour les fixer à votre table de travail, les rives vers le haut.

🔨 Adoucissez les rives comme vous le feriez pour une planche, en travaillant dans le sens du grain (4).

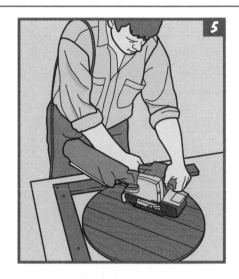

Poncer des pièces rondes

🔨 Pour maintenir en place votre pièce ronde pendant que vous la poncez, fixez deux arrêts en « L », à un coin de votre table de travail.

🔨 Placez la pièce de bois contre les arrêts de manière à ce que le grain du bois soit à 45 degrés par rapport à chaque arrêt.

🔨 Adoucissez la pièce comme vous le feriez pour un panneau, en prenant soin de ne pas arrondir l'arête (5).

Nettoyer les courroies

🔨 Déposez la ponceuse sur le côté et mettez en marche le moteur, en maintenant la fonction d'allumage, si cela est possible.

🔨 Enlevez les particules de bois de la courroie en tenant un bloc de caoutchouc de néoprène contre la courroie qui tourne (6). La courroie se nettoiera en quelques secondes.

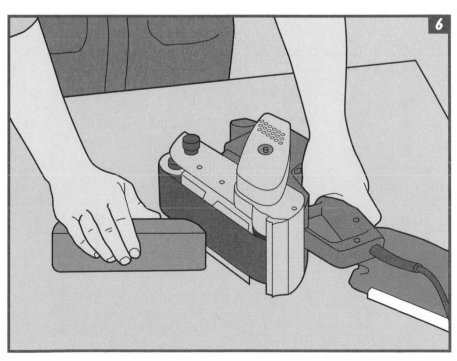

CONNAÎTRE LES TECHNIQUES DE PEINTURE

Pour la peinture intérieure, optez pour le latex au lieu de l'alkyde. Les peintures au latex actuelles sont durables et elles sèchent plus rapidement et produisent moins de vapeurs nocives que les peintures alkydes. Pour les plafonds et les murs du salon, de la salle à manger et des chambres, optez pour une peinture mate. Pour la cuisine, la salle de bain et la salle de jeu des enfants, utilisez une peinture semi-lustrée qui résiste à de vigoureux nettoyages, et pour les portes et boiseries, utilisez une peinture semi-lustrée ou lustrée. Si l'ancienne peinture est en mauvais état ou si elle est plus foncée que la nouvelle, appliquez une couche d'apprêt avant de peindre.

Mélangez d'abord parfaitement la peinture avec un bâton de bois. Si vous utilisez de la vieille peinture, filtrez-la dans un coton à fromage afin d'enlever la « peau » qui aurait pu se former. Si vous avez besoin d'utiliser au moins deux pots de peinture de la même couleur, mélangez-les d'abord dans un grand seau afin d'assurer l'uniformité de la couleur.

TEMPS REQUIS
Plus de quatre heures

OUTILS
• Lampe de travail • Tournevis • Couteau large • Couteau à mastic • Pistolet à calfeutrer • Éponge à poncer • Ponceuse manuelle à long manche • Éponge • Seau • Toile • Ruban-cache • Escabeau • Bâton à mélanger • Pinceaux • Rouleau avec long manche • Bac à peinture • Peigne-grattoir • Grattoir à vitre • Lunettes de sécurité • Gants de caoutchouc

MATÉRIAUX
• Composé de remplissage • Bouche-pores • Scellant • Triphosphate de sodium • Apprêt • Peinture

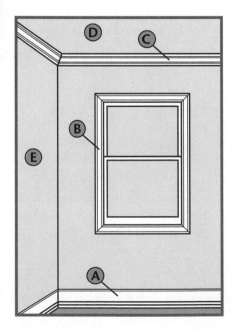

La marche à suivre

Respecter une marche à suivre permet d'assurer que les couleurs contrastantes ne seront pas visibles là où elles ne doivent pas l'être. Commencez par les boiseries : les plinthes, les moulures autour des portes et des fenêtres, et autres. Si vous voulez que les moulures supérieures soient d'une couleur différente de celle des murs ou du plafond, peignez-les en premier. Une fois les boiseries sèches, peignez le plafond et, en dernier, les murs.

1. Préparer la pièce

☞ Coupez l'électricité dans la pièce en fermant les disjoncteurs ou en dévissant les fusibles. Laissez l'électricité dans une pièce adjacente afin d'avoir l'éclairage dont vous avez besoin.

☞ Retirez la plaque des boîtes électriques (1). Au moyen d'un ruban gommé, collez les vis aux plaques afin de ne pas les perdre.

☞ Dévissez les luminaires et laissez-les pendre du mur ou du plafond.

☞ Avec du ruban-cache, protégez les installations fixes.

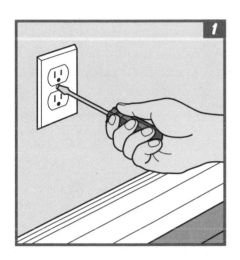

🔨 Poussez les meubles au centre de la pièce et couvrez-les d'une toile ou d'un plastique.

🔨 Éteignez les appareils de climatisation ou de chauffage par air pulsé.

2. Préparer les boiseries

🔨 Au moyen d'un couteau large, enlevez la peinture qui boursoufle, pèle ou s'écaille. Faites des mouvements légers et égaux pour éviter de rainurer le bois.

🔨 Remplissez les trous de clou, les creux, les égratignures et les autres imperfections avec un bouche-pores ou du mastic.

🔨 Laissez les réparations sécher, puis sablez toute la boiserie avec une éponge à poncer à grains fins (2) afin que la peinture adhère bien. Enfilez des gants de caoutchouc et lavez les boiseries avec une solution de triphosphate de sodium, puis rincez à l'eau claire.

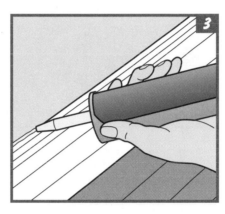

3. Les derniers préparatifs

🔨 Remplissez les espaces entre les murs et les plinthes avec un scellant (3). Coupez l'embout près de la pointe afin de pouvoir atteindre les petites fissures. Scellez aussi les espaces entre les murs et les cadres de porte et de fenêtre.

🔨 Lavez les murs avec une solution de triphosphate de sodium et laissez sécher. Enlevez les taches de moisissure avec de l'eau de Javel. Enlevez les taches d'encre, d'eau et de fumée avec un détachant, puis scellez ces endroits avec une gomme-laque blanche.

🔨 Passez l'aspirateur partout sur le plancher et le bord des fenêtres.

🔨 Recouvrez toutes les réparations d'une couche d'apprêt.

4. La bonne façon d'imbiber le pinceau

🔨 Tenez le pinceau de manière à avoir une prise confortable. Le tenir près de la base aide à prévenir les éclaboussures et fatigue moins la main.

🔨 Trempez les soies du pinceau en partie seulement dans la peinture, sur environ le tiers de leur longueur (4).

🔨 Tapez légèrement les soies contre le bord du pot afin d'enlever le surplus de peinture. N'essuyez pas les soies contre le bord du pot car cela n'enlèverait le surplus de peinture que d'un seul côté et la peinture pourrait quand même dégoutter. Pour empêcher que la peinture ne coule à l'extérieur du pot, faites quelques trous dans le bord en forme de U du pot.

5. Peindre les plinthes et les boiseries

🔨 Protégez le plancher avec du ruban-cache. Si possible, faites glisser une petite partie du ruban-cache sous la moulure.

☞ Avec un pinceau de 2 pouces tenu à angle, peignez les plinthes (5), les cadres de fenêtre et de porte, et toute autre boiserie. Débordez un peu sur le mur : la peinture sera couverte lorsque les murs seront peints.

☞ Assurez-vous qu'il n'y a pas de dégoulinades. Lissez-les avec un pinceau au fur et à mesure.

☞ Si la moulure supérieure doit être peinte d'une couleur différente de celle du plafond ou des murs, c'est le moment de la peindre.

6. Peindre les cadres de fenêtre

☞ Pour les fenêtres à guillotine à deux châssis mobiles (qui s'ouvrent de bas en haut), faites glisser le châssis intérieur pour qu'il soit à 6 pouces du haut. Pour les fenêtres à battants, ouvrez-les de 6 pouces.

☞ Enlevez ou masquez toutes les ferrures. Il n'est pas nécessaire de masquer les vitres.

☞ Peignez toutes les surfaces exposées, sauf les côtés et le dessous des châssis car cela pourrait les empêcher de s'ouvrir et de se fermer correctement.

☞ Renversez la position des châssis des fenêtres à guillotine et peignez les surfaces qui restent.

☞ Une fois la peinture séchée, utilisez un grattoir pour gratter la peinture sur les vitres (6).

7. Le découpage du plafond

Avant de peindre au rouleau, vous devez faire le découpage du périmètre du plafond. Travaillez par sections, en alternant découpage au pinceau et peinture au rouleau.

☞ En commençant dans un coin, faites le découpage le long du plus petit mur avec un pinceau de 2 pouces tenu à angle (7). Débordez d'environ $\frac{1}{4}$ de pouce sur le mur.

☞ Faites une partie du découpage le long des deux murs adjacents, sur l'équivalent d'environ trois largeurs de rouleau.

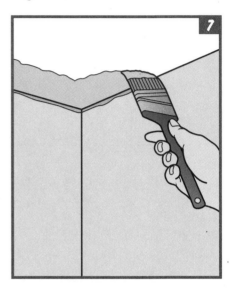

8. Peindre le plafond au rouleau

☞ Imbibez un rouleau de peinture et enlevez le surplus le long du plan incliné du plateau. Le rouleau devrait être recouvert de peinture également, mais sans dégoutter.

☞ Peignez le plafond au rouleau le long du plus petit mur. Maintenez une pression égale sur le rouleau, en l'imbibant au besoin.

☞ Peignez une deuxième bande qui chevauche la première sur environ 3 pouces (8). Faites la deuxième bande aussi parallèlement que possible à la première.

☞ Après avoir peint trois bandes, retournez au point de départ et passez légèrement le rouleau presque sec sur chaque bande.

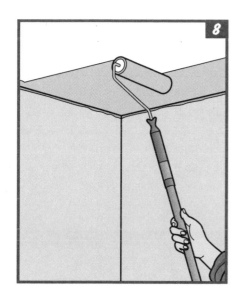

À la fin de chaque passe, retirez le rouleau et recommencez au mur de départ. Vous obtiendrez ainsi une texture égale.

☞ Continuez de découper et de peindre par sections jusqu'à ce que le plafond soit terminé.

9. Le découpage des murs

Attendez que le plafond soit sec avant de commencer les murs.

☞ En commençant dans un coin avec un pinceau de 2 pouces, découpez le long d'un côté d'un mur. Débordez d'environ ¼ de pouce sur le mur adjacent.

☞ Sur ce même mur, découpez le long du plafond. Pour éviter de toucher le plafond, faites des mouvements verticaux de 4 pouces de longueur, se chevauchant (9), en vous assurant de ne pas déposer les soies du pinceau à moins de ⅛ de pouce du plafond. Commencez dans un coin et découpez sur une distance équivalente à trois ou qua-

tre largeurs de rouleau. Puis, lissez les coups de pinceaux d'un seul long mouvement.

☞ Découpez le long de la plinthe en utilisant la même technique. Travaillez très lentement, en vous assurant qu'il n'y a pas de dégoulinades.

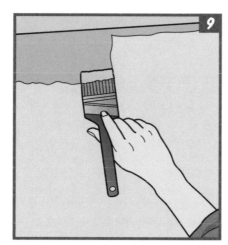

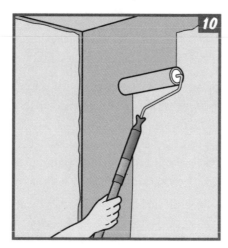

10. Peindre les murs au rouleau

☞ Imbibez le rouleau de peinture. En commençant aussi près du coin que possible, faites une première bande, du haut vers le bas, le plus verticalement possible. Imbibez le

rouleau au besoin. Faites une deuxième bande qui chevauchera la première d'environ 3 pouces (10).

☞ Lorsque vous aurez peint trois ou quatre bandes, repassez à nouveau un rouleau presque sec, légèrement, verticalement et du haut vers le bas, pour obtenir une texture égale. Soulevez le rouleau à la fin de chaque mouvement et retournez au haut du mur pour la passe suivante de finition.

☞ Continuez d'alterner découpage et peinture au rouleau.

11. Nettoyer les pinceaux

☞ Utilisez un peigne-grattoir pour gratter les empâtements de peinture dans les soies (11).

☞ Rincez plusieurs fois le pinceau sous l'eau jusqu'à ce que l'eau soit parfaitement claire.

☞ Dans un seau, faites tourner le pinceau entre vos mains pour enlever le surplus d'eau.

DÉCAPER UN MEUBLE EN BOIS

Décaper et finir un meuble en bois permet de restaurer sa beauté originale. Les meubles teints sont plus difficiles à décaper que les meubles peints. La plupart des décapants produisent des vapeurs nocives (les décapants plus sécuritaires mettent plus de temps à agir). Ils sont offerts sous forme liquide ou de pâte, celle-ci adhérant mieux aux surfaces verticales. Évitez les décapants qui requièrent un rinçage à l'eau car cela peut faire lever le grain du bois.

Les teintures pour bois sont faites à base d'huile ou d'eau. Certaines pénètrent le bois tandis que d'autres ne teignent que la surface. Les teintures à l'huile pénétrantes donnent des résultats plus égaux mais elles produisent plus de vapeurs toxiques que celles à l'eau. Un fini clair protégera et embellira la surface. Le vernis au polyuréthane est populaire car il est durable et robuste. Pour les antiquités, toutefois, une huile ou une laque traditionnelles conviennent mieux.

TEMPS REQUIS
Plus de quatre heures

OUTILS
• Grattoir en métal • Grattoir en bois • Grattoir pour coins • Bloc de ponçage • Bandes abrasives • Pinceaux en soies naturelles • Tampon à décaper • Éponge à poncer à angle • Bâton à cuticules et pic à noix • Chiffons à dépoussiérer • Couteaux à mastic • Gants en néoprène • Lunettes de sécurité

MATÉRIAUX
• Décapant pour meubles • Papier à poncer • Laine d'acier • Vis • Papier journal

1. Appliquer le décapant

☞ Posez des vis de 2 pouces sous les pattes du meuble pour l'éloigner de la surface de travail, puis posez le meuble sur du papier journal ou du carton qui absorbera le surplus de décapant.

☞ Avec un pinceau épais en soies naturelles, appliquez une généreuse couche de décapant sur une partie du meuble (1). Laissez le produit agir le temps indiqué par le fabricant. On peut améliorer l'efficacité d'un produit à action lente en l'enveloppant de plastique.

CONSEIL DE SÉCURITÉ *Portez des manches longues, des gants en néoprène et des lunettes de sécurité lorsque vous décapez et appliquez un fini. Travaillez dans un lieu bien aéré si le fabricant le recommande.*

2. Gratter le fini

☞ Pour des couches très épaisses de peinture, passez d'abord un grattoir en métal, une fois dans le sens du grain. Utilisez ensuite un grattoir en bois, qui risque moins d'endommager la surface.

☞ Avec le grattoir en bois, retirez une couche de fini d'un seul mouvement, dans le sens du grain (2). Après chaque mouvement, essuyez bien l'outil contre le bord d'une boîte de conserve ou sur un carton.

☞ Au besoin, appliquez une ou deux autres couches de décapant.

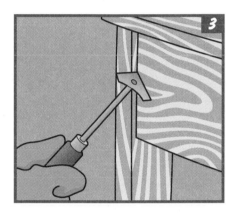

3. Décaper les parties sculptées et les coins

Un outil spécial pour coins permet d'enlever efficacement le fini dans les joints et les crevasses (3). Appliquez plus de décapant sur ces sections et évitez d'égratigner la surface du bois. La partie concave de l'outil est idéale pour travailler les pattes de table et de chaise, ainsi que les poteaux et les barreaux. Un outil pointu, comme un pic à noix ou un bâton pour cuticules, est pratique pour enlever le fini dans les parties sculptées.

4. Terminer le décapage

Pour enlever les dernières traces de fini, appliquez une autre couche de décapant que vous laisserez agir.

Puis, en suivant le sens du grain, frottez la section avec une laine d'acier de catégorie 0000 (4) ou un tampon à décaper en nylon jusqu'à ce que tout le fini soit enlevé. Si vous voulez appliquer une teinture à l'eau, n'utilisez pas de laine d'acier car la teinture pourrait faire rouiller les particules d'acier et ainsi laisser des marques.

5. Poncer

☞ Pour enlever les égratignures des surfaces planes, commencez en utilisant un papier à poncer n° 180 fixé à un bloc de ponçage, que vous passerez légèrement à angle par rapport au grain. Puis, lissez la surface avec un papier n° 220 passé dans le sens du grain (5).

☞ Sablez les joints et les autres endroits difficiles à travailler avec une éponge à poncer à angle, et sur les pattes et les barreaux ronds avec des bandes abrasives en un mouvement de va-et-vient.

☞ Enlevez la poussière avec un pinceau souple ou un chiffon.

6 . Réparer la surface du bois

☞ Remplissez les trous et les creux avec le bouche-pores, puis passez un couteau à mastic sur cette région, dans le sens du grain (6). Pour remplir les fentes et les égratignures sur une grande section, étendez une couche de bouche-pores sur un côté de cette section puis étendez-la de nouveau avec un couteau plus large.

☞ Laissez le bouche-pores sécher le temps recommandé par le fabricant, puis poncez tout surplus avec un papier à poncer n° 220 fixé à un bloc à poncer.

☞ Essuyez la poussière avec un chiffon à dépoussiérer.

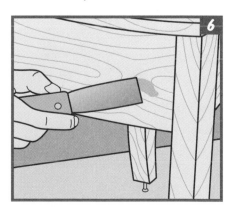

VERNIR UN MEUBLE

La technique à utiliser dépend du produit choisi et du nombre de meubles. Une huile siccative, comme une huile d'abrasin ou de graines de lin, s'étale au moyen d'un linge. Appliquez la plupart des autres finis (vernis, polyuréthane ou laque) au pinceau ou, si vous avez plusieurs meubles à couvrir et que vous voulez accélérer le travail, avec un pulvérisateur.

Quels que soient le produit ou la technique utilisés, il faut généralement appliquer plusieurs couches pour obtenir l'effet désiré. Suivez les directives du fabricant pour les détails. Laissez chaque couche sécher avant d'appliquer la suivante. Dépendant du produit, vous devrez peut-être poncer légèrement avec du papier à poncer à grains fins ou ultra-fins entre les couches.

CONSEIL DE SÉCURITÉ *Plusieurs types de finis peuvent produire des émanations toxiques. N'appliquez de fini que dans une pièce bien aérée, et portez des gants de caoutchouc et des lunettes de sécurité. Si vous utilisez un pulvérisateur, portez aussi un respirateur.*

TEMPS REQUIS

De deux à quatre heures

OUTILS

• Pinceau • Pulvérisateur
• Marteau • Lunettes de sécurité
• Gants de caoutchouc
• Respirateur

MATÉRIAUX

• Blocs de bois • Clous de finition • Linges • Fini

PRÉPARATION

Lire les étiquettes des produits

L'étiquette (1) fournit de l'information importante sur le produit, allant des techniques d'application et de nettoyage aux mesures de sécurité à prendre et aux premiers soins à donner. Lisez l'étiquette attentivement pour utiliser un produit efficacement et de façon sécuritaire.

Faire des supports de séchage

En plaçant le meuble sur de petits blocs de bois, il vous sera plus facile d'appliquer le fini à la base des pattes.

☞ Coupez quatre blocs de bois d'environ 2 pouces sur 2.

☞ Plantez un clou de finition au centre de chaque bloc (2).

☞ Utilisez les blocs sur une surface de niveau, la pointe des clous vers le haut de manière à soutenir les pattes ou les coins du meuble.

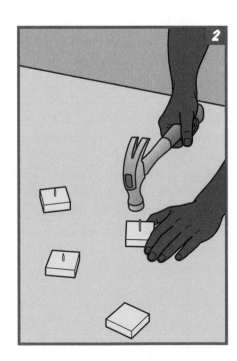

FINIR À LA MAIN

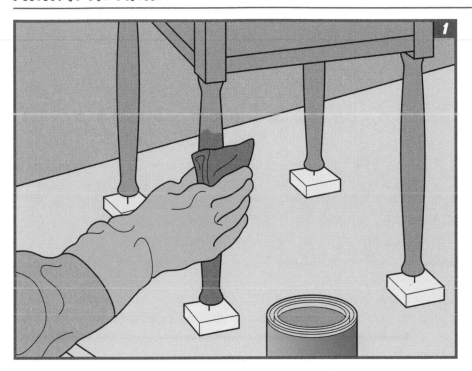

🔨 Appliquez un fini à séchage rapide, comme une gomme-laque ou une laque, sur des petites sections, sans les chevaucher.

🔨 Dans le cas d'une grande surface, commencez au centre, en partant du bas (2).

Essuyer le fini

🔨 Déposez le meuble sur des blocs de soutien.

🔨 Trempez un linge doux dans le fini et essorez-le pour enlever l'excédent. Étalez une couche fine et égale de fini sur la surface du bois (1).

🔨 Laissez le fini pénétrer dans le bois pendant quelques minutes, puis essuyez l'excédent avec un linge propre et sec.

🔨 Laissez sécher en suivant les directives du fabricant avant d'appliquer les couches suivantes.

Techniques d'utilisation du pinceau

Les techniques d'utilisation du pinceau varient selon le type de

fini, le temps de séchage et la taille du meuble. Utilisez un pinceau de qualité : il absorbera plus de fini sans dégouliner.

🔨 Appliquez la première couche d'un fini épais, long à sécher, dans le sens contraire du grain, puis lissez-le avec le pinceau dans le sens du grain. Appliquez tout autre fini dans le sens du grain.

Ce qu'il faut savoir sur l'utilisation d'un pinceau

🔨 Trempez environ le tiers des soies d'un pinceau dans le fini.

🔨 Appliquez une mince couche de fini, en faisant les plus longs mouvements possibles pour éviter de faire pénétrer des bulles d'air et de faire des marques de chevauchement (3).

🔨 Laissez le fini sécher avant d'appliquer les autres couches.

🔨 Dépendant du fini, nettoyez les pinceaux avec de l'alcool, de l'essence minérale, de la térébenthine ou du diluant pour laque. Suspendez les pinceaux à un crochet : ne les entreposez jamais reposant sur les soies.

PULVÉRISER UN FINI

1. Ajuster le mode de pulvérisation

Plusieurs pulvérisateurs permettent trois types de pulvérisation : verticale, horizontale et circulaire. Utilisez le mode vertical pour les surfaces horizontales et larges; le mode horizontal pour les surfaces verticales; et le mode circulaire pour une pulvérisation étendue, tout-usage.

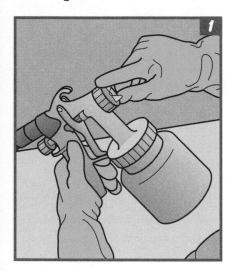

☞ Remplissez de fini le contenant du pulvérisateur et vissez la buse.
☞ Réglez le mode de pulvérisation en ajustant le bouchon régulateur d'air de la buse (1).

2. Ajuster l'intensité

Testez la pulvérisation sur une grande pièce de chute de bois : elle devrait être mince et égale, et ne laisser ni dégoulinades ni sections nues.

☞ Tenez le pulvérisateur à 8 à 10 pouces de la pièce de bois et tirez sur le mécanisme de déclenchement de la buse pour libérer le jet. Au besoin, diminuez le flot en tournant le bouton de réglage vers la gauche, ou augmentez-le en le tournant vers la droite (2).
☞ Faites l'essai de différents modes de pulvérisation.

3. Pulvériser sur une surface plane

☞ En gardant le pulvérisateur à 8 à 10 pouces de la surface, commencez à pulvériser le bas du meuble, en faisant des mouvements de va-et-vient droits et chevauchés dans le sens contraire du grain. Dirigez le centre de la pulvérisation vers les rives extérieures de la passe précédente (3). Gardez votre poignet droit pendant que vous travaillez.
☞ Une fois la première couche sèche, appliquez la couche suivante en faisant des mouvements de haut en bas sur toute la surface, et en pulvérisant dans le sens du grain.

4. Pulvériser dans les coins

Pulvériser dans les coins peut être difficile. Faites d'abord un essai sur une chute de bois de mêmes dimensions.
☞ Pulvérisez directement sur le coin, en appliquant du fini également ment sur les surfaces adjacentes (4).

LA TECHNIQUE DU POCHOIR

Décorer en utilisant la technique du pochoir produit un effet artisanal unique. On utilise souvent cette technique pour faire des bordures sur les murs, les plafonds et autres surfaces. Les pochoirs sont offerts dans un grande variété de motifs : la plupart sont faits d'acétate, un matériau durable, transparent et lavable. Les motifs peuvent être répétés à intervalles réguliers ou être reliés en une bande continue. Pour une première fois, choisissez un motif simple et complet sur une seule feuille d'acétate, que vous reproduirez à intervalles réguliers, et qui ne requiert qu'une seule couleur.

Fabriquer son propre pochoir apporte une touche personnelle et procure encore plus de satisfaction. Inspirez-vous de tissus, papiers peints et illustrations. Vous pouvez aussi répéter un élément de décoration déjà présent dans votre maison. On réalise un pochoir en traçant un motif sur une feuille d'acétate, et en découpant le long du tracé avec un stylet. Vous devrez peut-être tracer des « ponts », ou des bandes d'acétate, qui maintiendront ensemble des motifs longs et minces, comme la queue d'un hippocampe, par exemple. Les trous laissés par les ponts seront retouchés plus tard.

Lavez les feuilles d'acétate avec de l'eau. Grattez toute accumulation de peinture avec un stylet et entreposez les pochoirs à plat.

TEMPS REQUIS
Plus de quatre heures

OUTILS
• Stylets • Planche à découper • Règle • Cordeau à craie • Ruban à mesurer • Contenant de plastique (ou palette de peintre) • Pinceau large • Pinceau fin

MATÉRIAUX
• Feuilles d'acétate (ou pochoirs commerciaux) • Ruban-cache • Peinture

CRÉER UN POCHOIR

1. Tracer le motif

La feuille d'acétate doit être suffisamment grande pour contenir deux ou trois fois le motif choisi, distancé selon votre goût. Assurez-vous que les coins de la feuille d'acétate ont un angle droit parfait.

☞ Avec un crayon feutre et une règle, tracez un cadre de référence sur la feuille à 1 pouce des bords.

☞ Placez la feuille sur le motif, dans un coin du cadre. Tracez le motif sur la feuille d'acétate (1).

☞ Tracez le motif aux trois autres coins et, si désiré, au centre, en le positionnant à l'œil.

2. Découper le motif

☞ Placez la feuille d'acétate sur une planche à découper et découpez les formes avec un stylet (2). Pour couper des cercles et des formes courbes, utilisez un stylet à tête pivotante.

☞ Si vous coupez accidentellement le bord d'un motif, renforcez ce bord avec du ruban-cache.

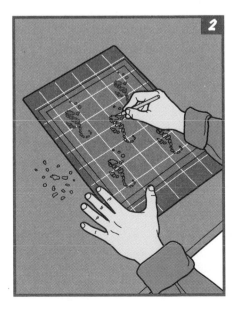

CRÉER UNE BORDURE AU POCHOIR

1. Utiliser un cordeau à craie

Pour que votre bordure soit bien droite, faites une ligne au cordeau sur chaque mur : elles serviront de référence.

☞ Avec un ruban à mesurer, déterminez la hauteur désirée de la bordure et marquez-la d'un X aux deux extrémités du mur.

☞ Plantez un petit clou dans le mur à l'une des marques et attachez-y le cordeau à craie. Vous pouvez aussi demander à un aide de tenir le bout du cordeau sur la marque. Déroulez le cordeau jusqu'à l'autre marque de manière à ce que la corde soit bien tendue contre le mur. Tirez sur la corde (1) pour qu'elle claque et dépose ainsi une ligne de craie.

☞ Répétez sur les autres murs.

2. Fixer la feuille d'acétate

La plupart des pochoir commerciaux ont une ligne de référence qui peut être alignée sur la ligne de craie du mur. Vous pouvez aussi aligner le bas de la feuille elle-même à la ligne de craie.

☞ En commençant dans un coin, déposez la feuille à plat contre le mur et maintenez-la en place avec quelques longueurs de ruban-cache.

☞ Alignez la ligne de référence de la feuille sur la ligne de craie, puis collez le bord supérieur de la feuille avec d'autres longueurs de ruban-cache (2).

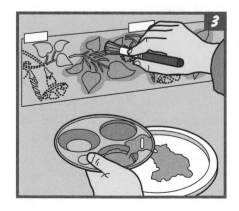

3. Tamponner la peinture

Pour éviter que la peinture ne s'infiltre sous les bords de la découpe, tenez votre pinceau perpendiculairement au mur lorsque vous peignez.

☞ Versez un peu de peinture dans un contenant de plastique ou sur une palette de peintre.

☞ Trempez un peu le pinceau dans la peinture, puis tamponnez-le contre un bac ou une assiette pour enlever l'excédent de peinture.

☞ En tamponnant légèrement, remplissez tous les motifs (3). Pour créer une impression de profondeur, laissez un peu de la couleur du mur transparaître légèrement à certains endroits.

Note : *Pour plus de précision lorsque vous peignez dans des découpes étroites, enveloppez de ruban-cache le pinceau juste au-dessus du joint entre les soies et le manche.*

4. Chevaucher le pochoir

La plupart des pochoirs commerciaux répètent deux fois un motif de manière à ce qu'ils s'alignent sur les derniers motifs peints, afin d'assurer une suite parfaite.

☞ Enlevez soigneusement la feuille du mur.

☞ Alignez la feuille sur la ligne de craie et sur le dernier motif peint (4).

☞ Collez la feuille d'acétate en place et continuez de peindre.

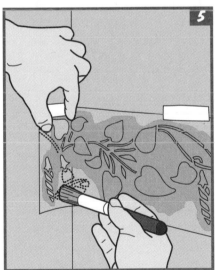

Peignez légèrement deux ou trois motifs sur l'autre mur, qui serviront de référence (5).

Retirez le pochoir et placez-le sur l'autre mur, en alignant les motifs peints sur les découpes. Fixez la feuille et continuez de peindre.

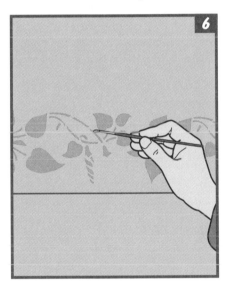

5. Faire les coins

Il est important de ne pas faire de pli dans la feuille d'acétate lorsqu'on peint dans les coins car elle pourrait être difficile à utiliser par la suite.

Appuyez doucement la feuille dans le coin avec votre main libre et terminez la peinture des motifs sur le premier mur.

6. Remplir les espaces et retoucher

Remplissez les espaces non désirés laissés par les ponts avec un pinceau fin (6). Pour que la texture soit la même qu'avec le pinceau large, ne saturez pas le pinceau fin de peinture. Tamponnez-le sur un bac ou une assiette pour enlever l'excédent de peinture.

Au besoin, retouchez les coins de la même manière.

Laissez la peinture sécher, puis retouchez les bords qui ont dépassé du motif au moyen d'un pinceau fin trempé dans la peinture du mur.

7. Appliquer la deuxième couleur

La plupart des motifs au pochoir requièrent l'utilisation d'une deuxième feuille d'acétate, à moins que les deux couleurs soient appliquées loin l'une de l'autre. En plus de ses propres motifs, cet autre pochoir comporte d'ordinaire les motifs du premier qui serviront de référence.

En commençant au même point de départ, alignez les découpures de référence sur le motif peint, et collez la feuille d'acétate avec du ruban-cache.

Appliquez la deuxième couleur sur les deuxièmes motifs, de la même manière que les premiers (7).

Suivez les mêmes directives pour appliquer d'autres couleurs.

LA TECHNIQUE DU LAVIS

La technique du lavis consiste à appliquer un mélange de peinture à base d'eau et de glacis transparent. Au lieu d'appliquer la peinture de façon traditionnelle, d'autres méthodes sont utilisées pour produire une apparence rustique et vieillie par le temps. Chaque méthode d'application crée des variantes légèrement différentes d'un même effet de base.

Peu importe la méthode utilisée, le mélange est toujours fait d'environ une part de glacis pour deux parts de peinture. Mélangez la peinture et le glacis dans un seau de plastique.

Deux des trois méthodes présentées ici exigent que le mur soit humidifié d'abord pour permettre aux couleurs de transparaître légèrement et donner une apparence plus douce au fini. Faites un test sur une chute de bois ou une section de mur qui sera invisible (derrière le réfrigérateur, par exemple).

Protégez le plancher avec une toile de peintre, et portez des gants de caoutchouc pour protéger vos mains. Posez du ruban de masquage sur les ferrures et surfaces adjacentes à celles qui seront peintes : évitez d'utiliser du ruban-cache.

TEMPS REQUIS

Plus de quatre heures

OUTILS

- Seau de plastique • Pinceaux
- Éponges de mer • Mitaine pour peinture (ou cirage de voiture) • Gants de caoutchouc

MATÉRIAUX

- Peinture au latex • Glacis transparent • Toile de peintre
- Ruban de masquage

Choisir les couleurs

Le lavis a une meilleure apparence lorsqu'une teinte plus foncée est ajoutée à une teinte plus pâle. Lorsque vous ajoutez plus d'une couleur, chaque nouvelle couleur devrait être plus foncée que la précédente. Choisissez différentes nuances d'une couleur sur une carte-échantillon. Ou ajoutez une plus grande proportion de glacis à la même peinture pour créer une deuxième teinte plus claire. Ici, deux nuances d'orange seront appliquées sur un mur jaune.

LE LAVIS AU PINCEAU

1. Appliquer la première couche

Le lavis au pinceau endommage les soies : utilisez des pinceau bon marché. Travaillez successivement sur des sections de 3 pieds sur 3.

🔨 Trempez un pinceau aux soies souples dans le mélange peinture-glacis.

🔨 Poussez le pinceau contre le mur, en écartant les soies (1). Ne pas faire de mouvements de balayage. Laissez la couche de base transparaître à différents endroits pour créer un contraste.

2. Appliquer une deuxième couche

🔨 Trempez un pinceau propre dans la couleur plus foncée en utilisant la technique décrite à l'étape 1 (2). Toutefois, appliquez cette

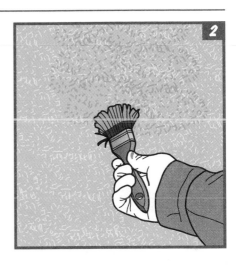

couche un peu moins généreusement que la précédente. La couche de base devrait toujours être visible à certains endroits.

LE LAVIS À L'ÉPONGE

1. Appliquer le glacis

🔨 Humidifiez d'eau froide une section de mur de 3 pieds sur 3.

🔨 Trempez un pinceau aux soies souples dans le mélange peinture-glacis et appliquez-le sur la section humidifiée en faisant des mouvements irréguliers de balayage et en laissant des rayures de la couleur de

base transparaître (1). Si la section sèche avant que vous n'ayez fini d'appliquer le mélange, humidifiez-la à nouveau. Ne vous inquiétez pas: pour le moment, il est normal que l'apparence ne soit pas très belle.

2. Éponger la surface

Repasser sur la section peinte avec une éponge de mer atténue les rayures et enlève l'excédent de glacis pour donner une apparence uniforme.

🔨 Imbibez d'eau froide l'éponge de mer puis essorez-la pour la sécher presque entièrement. Tapotez l'éponge sur la section peinte (2), en prenant soin d'atténuer les rayures

abruptes des coups de pinceau.

🔨 Lavez souvent l'éponge dans de l'eau froide, puis essorez-la. Changez l'eau souvent.

🔨 Pour adoucir l'effet d'ensemble, attendez que la surface soit presque sèche, puis passez un pinceau sec et propre dessus en faisant des 8. Essuyez le pinceau sur un linge mouillé après quelques passes.

LE LAVIS À LA MITAINE

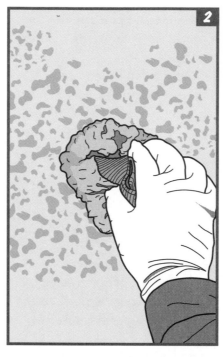

1. Préparer la mitaine

Faire un lavis avec une mitaine pour peinture ou cirage de voiture crée un effet intéressant.

🔨 Humidifiez une section de mur de 3 pieds sur 3.

🔨 Appliquez le mélange peinture-glacis sur un côté de la mitaine avec un pinceau (1).

2. Appliquer la première couche

🔨 Tenez la mitaine en boule et tapotez le mur, en créant un motif à peu près uniforme et en laissant la couche de base transparaître (2). Ne portez pas la mitaine pour appliquer le mélange : on pourrait déceler la forme de votre main. Si la section sèche avant que vous ayez fini, humidifiez-la à nouveau avec un linge.

3. Appliquer une deuxième couche

🔨 Laissez sécher la première couche. (Pour un fini d'apparence plus douce, humidifiez la première couche avec une éponge, comme vous l'avez fait pour la couche de base, en travaillant successivement sur des sections de 3 pieds sur 3.)

🔨 Appliquez une deuxième couche plus foncée à la mitaine, en répétant la même procédure (3). Toutefois, appliquez moins de mélange en tamponnant très légèrement. La couche de base devrait toujours transparaître par endroits.

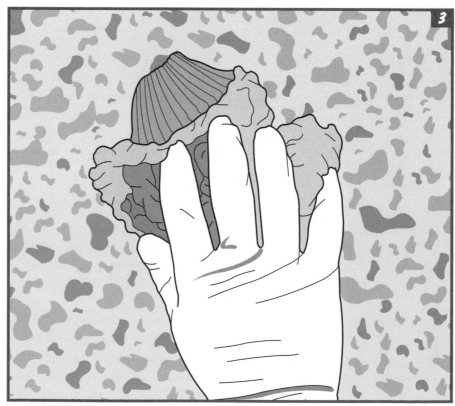

LA TECHNIQUE DE L'ÉPONGE

La peinture à l'éponge est une technique facile et rapide qui, dépendant de la façon dont on tient l'éponge et des couleurs choisies, peut créer différents effets. Il existe deux méthodes de base : avec éponge seulement (en appliquant une peinture diluée avec l'éponge) et avec pinceau-éponge (en appliquant la peinture au pinceau puis en la tamponnant avec une éponge propre).

Utilisez de la peinture au latex diluée avec de l'eau ou du glacis, selon la technique utilisée. La peinture diluée avec du glacis sèche plus lentement, ce qui laisse le temps nécessaire pour procéder avec la technique pinceau-éponge. La peinture diluée avec de l'eau convient mieux à la technique utilisant l'éponge seulement. Dans les deux cas, mélangez des quantités à peu près égales de diluant et de peinture dans un seau de plastique.

Pour produire une belle surface à l'éponge, il faut créer une impression de régularité, sans monotonie. Pour ce faire, bougez l'éponge dans votre main pendant que vous travaillez et utilisez en alternance deux éponges de formes différentes.

Protégez le plancher avec une toile de peintre, et portez des gants de caoutchouc pour protéger vos mains. Posez du ruban de masquage sur les ferrures et surfaces adjacentes à celles qui seront peintes : évitez d'utiliser du ruban-cache.

TEMPS REQUIS

Plus de quatre heures

OUTILS

• Seau de plastique • Bac à peinture (ou assiette de plastique) • Pinceaux • Éponges de mer • Pinceau fin • Gants de caoutchouc

---

MATÉRIAUX

• Peinture au latex • Glacis • Toile de peintre • Ruban de masquage

Choisir les couleurs

Dans le cas du travail à l'éponge seulement, il n'y a pas de règles pour les couleurs. Mais si vous êtes trop aventureux, vous risquez d'être déçu du résultat, surtout si vous n'avez pas beaucoup d'expérience en décoration. Pour un travail réussi, les décorateurs recommandent de travailler avec des couleurs provenant de la même carte-échantillon. Pour la peinture à l'éponge avec une seule couleur, choisissez une couleur de base deux tons plus clairs que celui de la carte-échantillon. Pour la peinture avec deux couleurs, choisissez la couleur de base et la première couleur de la même manière, puis choisissez une autre couleur de deux tons plus claire que la couleur de base. Appliquez la teinte la plus foncée au départ, et la teinte la plus claire à la fin.

LA PEINTURE ET LA DÉCORATION

MÉTHODE À L'ÉPONGE

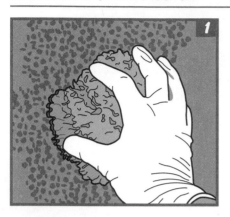

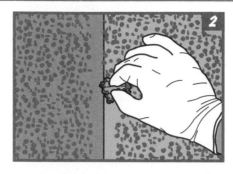

1. Appliquer la première couleur

🔨 Tamponnez légèrement le mur avec l'éponge (1). Travaillez sur des sections d'environ 2 pieds sur 2, en appliquant la peinture de haut en bas afin de pouvoir recueillir les gouttes.

🔨 Bougez l'éponge dans votre main au fur et à mesure que vous travaillez pour varier l'effet. Utilisez en alternance deux éponges de formes différentes.

🔨 Couvrez environ 50 pour cent de la couleur de base.

🔨 Évitez autant que possible de chevaucher les bords d'une section déjà faite.

2. Peindre les coins

Tamponner dans un coin avec une grosse éponge créera une ligne sombre qui brisera l'effet désiré.

🔨 Déchirez un morceau d'éponge suffisamment petit pour qu'il aille au fond des coins étroits entre les murs.

🔨 Imbibez l'éponge et essorez l'excédent.

🔨 Finissez de peindre un mur à l'éponge (2), puis passez à l'autre.

🔨 Retouchez les endroits que l'éponge ne peut atteindre avec un pinceau fin, en évitant de donner des coups de pinceau.

3. Ajouter une deuxième couleur

Une deuxième couleur, plus claire, créera un effet de profondeur. Diluez la peinture de la même manière que vous l'avez fait avec la première couleur. Utilisez des éponges propres ou nettoyez bien les éponges déjà utilisées et laissez-les sécher pendant plusieurs heures.

🔨 En travaillant comme vous l'avez fait pour la première couleur, épongez la deuxième couche (3), cette fois en appliquant un peu moins de peinture.

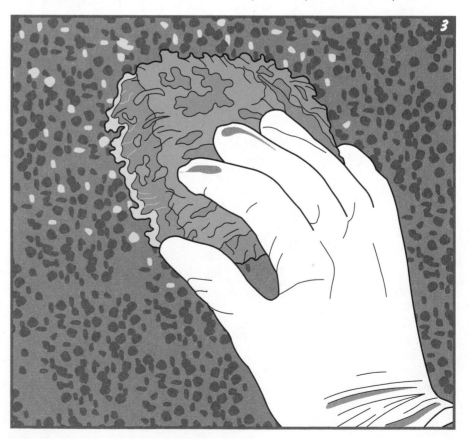

MÉTHODE PINCEAU-ÉPONGE

1. Étaler le glacis au pinceau

Assurez-vous que la couche de base est sèche avant de commencer. Appliquez le mélange de glacis sur une section de 2 pieds sur 2 à la fois et travaillez de haut en bas pour recueillir les gouttes.

☞ Diluez la peinture dans un seau de plastique.

☞ Avec un pinceau de 3 pouces, étalez le mélange de glacis en entrecroisant les passes (1). Faites des mouvements de plus en plus légers lorsque vous approchez des bords de section afin d'éviter tout chevauchement apparent.

Note : *La peinture diluée peut aussi être appliquée au rouleau à éponge. Cette méthode prend moins de temps, mais elle produit un résultat final plus uniforme.*

2. Éponger

Après avoir couvert au pinceau une section de 2 pieds sur 2, repassez immédiatement avec une éponge humide : cela atténue les rayures, enlève l'excédent de glacis, et produit une apparence plus uniforme. Rincez et essorez l'éponge, et changez l'eau plusieurs fois pour chaque mur peint.

☞ Tamponnez légèrement l'éponge sur la surface humide (2).

☞ Faites bouger l'éponge dans votre main pendant que vous travaillez afin de varier la texture. Utilisez en alternance deux éponges de formes différentes.

LA PEINTURE AU CHIFFON

La peinture au chiffon est une technique facile qui consiste à presser un chiffon de coton doux contre une surface pour créer une impression de texture. Il existe deux méthodes de base : avec chiffon seulement (la peinture diluée est appliquée avec un chiffon) et avec pinceau-chiffon (la peinture diluée est appliquée avec un pinceau puis tamponnée avec un chiffon).

Utilisez de la peinture au latex diluée avec de l'eau ou du glacis, selon la technique utilisée. La peinture diluée avec du glacis demeure humide plus longtemps, ce qui laisse le temps nécessaire pour procéder avec la technique pinceau-chiffon. La peinture diluée avec de l'eau convient à la technique utilisant le chiffon seulement. Dans les deux cas, mélangez des quantités à peu près égales de diluant et de peinture

dans un seau de plastique. Les chiffons devraient mesurer environ 2 pieds sur 2 et ne devraient pas avoir de bords élimés ou de peluches.

L'effet obtenu dépendra de la manière dont vous utiliserez le chiffon et du type de tissu utilisé. Plus le tissu est doux, plus doux sera l'effet de texture. Plusieurs variantes d'une même méthode sont présentées ici. Songez à faire un essai sur une chute de bois peinte de la couleur de base de vos murs, ou sur une section qui sera invisible, comme l'arrière d'une commode.

Avant de commencer, protégez avec du ruban de masquage les ferrures et surfaces adjacentes à celles qui seront peintes : évitez d'utiliser du ruban-cache. Pour faciliter le nettoyage, étalez des toiles de peintre et portez des gants de caoutchouc.

TEMPS REQUIS
Plus de quatre heures

OUTILS
• Seau de plastique (ou bac à peinture) • Pinceau • Gants de caoutchouc

MATÉRIAUX
• Peinture au latex • Glacis • Toile de peintre • Ruban de masquage • Chiffons

Choisir les couleurs

Il peut être amusant de faire des expériences avec les couleurs mais, à moins que vous ne soyez absolument certain de l'effet que vous allez créer, il est préférable de s'en tenir aux valeurs sûres. Pour être certain que les couleurs s'agencent bien, choisissez différentes nuances sur une même carte-échantillon. Pour l'application d'une seule couleur au chiffon, choisissez cette dernière deux tons plus foncée que la couleur de base du mur. Une deuxième couleur devrait être de deux tons plus claire que la couche de base pour créer une impression de profondeur.

MÉTHODE AVEC CHIFFON SEULEMENT

1. Imbiber le chiffon

Assurez-vous que la couche de base est sèche avant de commencer.

☞ Diluez la peinture dans un seau.

☞ Imbibez de mélange un chiffon propre et sec (1).

2. Essorer le chiffon

☞ Essorez suffisamment de peinture (2) pour éviter que le chiffon ne dégoutte lorsque vous travaillez. Vous saurez rapidement à l'usage quelle quantité de peinture le chiffon devrait contenir.

3. Appliquer la peinture

☞ Tamponnez légèrement le chiffon sur le mur (3). Pour créer un effet plus varié, bougez le chiffon dans votre main au fur et à mesure que vous travaillez. Couvrez successivement des sections de 3 pieds

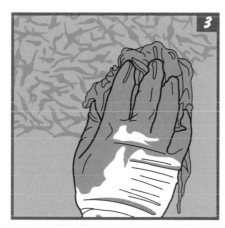

sur 3, du haut vers le bas pour recueillir les gouttes.

☞ Travaillez soigneusement dans les coins pour éviter les chevauchements de couches.

4. Appliquer une deuxième couleur

Laissez sécher la première couleur, puis diluez la peinture de la deuxième couleur.

☞ Imbibez de mélange un chiffon propre et sec et essorez-le.

☞ Tamponnez le chiffon sur le mur (4) comme vous l'avez fait pour la première couleur, mais en faisant des touches plus légères pour que la couche de base et la première couche transparaissent.

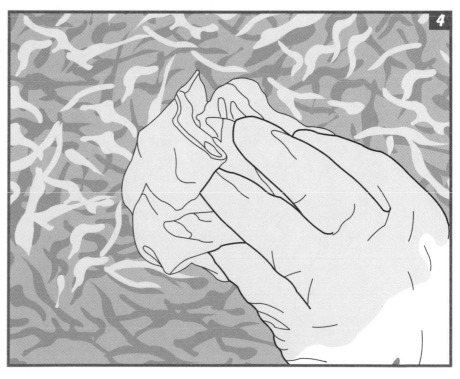

MÉTHODE AVEC PINCEAU-CHIFFON

1. Appliquer le glacis

Assurez-vous que la couche de base est sèche avant de commencer.

☞ Diluez la peinture dans un seau.

☞ Appliquez le mélange avec un pinceau de 4 pouces (1), en travaillant successivement sur des sections de 2 pieds sur 2. Ne lissez pas les traits laissés par le pinceau.

2. Tamponner avec le chiffon

Passer sur des sections de 2 pieds sur 2 pendant qu'elles sont encore humides permet de laisser transparaître par endroits la couche de base, ce qui crée un effet plus doux qu'avec la méthode avec chiffon seulement.

☞ Trempez un chiffon propre dans de l'eau et essorez-le.

☞ Pressez légèrement le chiffon dans le glacis humide (2) et enlevez-le rapidement. Rincez et essorez le chiffon au besoin.

VARIANTES

Faire rouler le chiffon

Créer l'effet fripé présenté ici est un peu plus difficile mais le résultat final peut être formidable. Vous pouvez utiliser cette technique tant

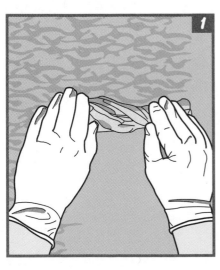

pour le travail avec chiffon seulement qu'avec le pinceau et le chiffon. Dans le premier cas, appliquez légèrement de la peinture sur le chiffon avec un pinceau. Dans le deuxième cas, appliquez d'abord sur le mur la peinture diluée avec un pinceau.

☞ Tordez un chiffon épais pour lui donner la forme d'une corde.

☞ En tenant le chiffon à l'horizontale, faites-le rouler vers le bas du mur (1). Faites des bandes verticales successives.

Effet adouci

Comme le terme le dit, cette technique permet d'adoucir l'effet de « chiffonnage ».

☞ Tamponnez très légèrement un chiffon doux sur les motifs humides (2).

☞ Rincez et essorez le chiffon régulièrement pendant le travail.

LA PEINTURE ET LA DÉCORATION

L'IMITATION DE PIERRE

Créer un effet de granite ou de marbre est une technique de peinture décorative plus difficile à réaliser que d'autres (comme la peinture à l'éponge ou au chiffon), mais avec un peu de pratique et les bons outils, vous prendrez vite le tour. D'ailleurs, si vous ne créez pas l'effet voulu du premier coup, vous pouvez toujours appliquer une nouvelle couche de base et recommencer.

Si vous observez bien une surface de marbre réel, vous constaterez que certaines veines semblent bien découpées et sombres, tandis que d'autres sont plus effacées et plus floues. C'est ce qui donne au marbre une impression de profondeur : un effet qui peut être reproduit lorsqu'on connaît la méthode.

Quant au granite, il se caractérise par des taches de différentes couleurs. Ces taches peuvent être reproduites avec une éponge et des éclaboussures bien contrôlées.

L'imitation de pierre réalisée sur les plinthes et autres endroits qui risquent de se salir doivent être protégés avec quelques couches de vernis luisant. Le vernis ajoutera aussi un aspect de pierre polie.

Avant de commencer, protégez avec du ruban de masquage les ferrures et surfaces adjacentes à celles qui seront peintes : évitez d'utiliser du ruban-cache. Portez des gants de caoutchouc et protégez le plancher avec des toiles de peintre.

TEMPS REQUIS

Plus de quatre heures

OUTILS

- Seau de plastique • Éponges de mer • Bac en plastique
- Plume • Pinceau large
- Pinceau fin • Brosse à dents
- Bâton à mélanger la peinture
- Gants de caoutchouc

MATÉRIAUX

- Peinture au latex • Glacis
- Vernis luisant • Ruban de masquage • Toile de peintre
- Papier journal

Choisir les couleurs

Le marbre naturel peut avoir différentes couleurs, mais l'imitation de marbre la plus réaliste est celle du marbre blanc strié de bleu foncé ou de noir. Parce que le marbre blanc est en réalité blanc cassé, la couche de base dans le premier exemple est un gris pâle auquel on a ajouté une touche de brun pour donner de la chaleur. Les veines foncées sont réalisées avec un bleu sombre.

Les couleurs utilisées pour créer l'effet de granite du deuxième exemple proviennent d'une même carte-échantillon, à l'exception du rouge appliqué vers la fin du procédé. La couleur de base est un gris moyen. La couleur suivante est un gris charbon plus foncé, et la deuxième couleur ajoutée un gris pâle, de quatre tons plus clairs. Le rouge est utilisé pour faire ressortir les taches.

L'IMITATION DE MARBRE

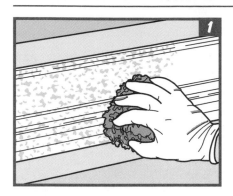

1. Éponger la première couleur

Après avoir appliqué la couche de base et l'avoir laissée sécher, mélangez dans un seau de plastique une petite quantité de gris foncé à un peu de peinture de base. Ajoutez juste assez de gris pour produire une petite différence de couleur. Appliquer ce mélange avec une éponge créera l'effet de nuage typique du marbre.

🔨 Avec un pinceau, étalez du mélange sur l'éponge de mer.

🔨 Tamponnez l'éponge contre un bac ou une assiette pour enlever l'excédent de peinture.

🔨 Tamponnez légèrement la surface avec l'éponge (1). Faites rouler l'éponge dans votre main au fur et à mesure que vous travaillez pour varier le motif.

2. Peindre dans les coins

Pour qu'une imitation de marbre soit réussie, il faut que le motif de base soit appliqué avec régularité sur toute la surface. Cela peut être difficile à réaliser dans certains endroits, comme les coins, pour lesquels une grosse éponge ne convient pas.

🔨 Déchirez un morceau d'éponge suffisamment petit pour qu'il puisse être utilisé dans ces endroits.

🔨 Appliquez de la peinture sur cette éponge et tapotez pour enlever l'excédent.

🔨 Épongez soigneusement les coins et autres petits endroits avec de petits morceaux d'éponge (2), en vous assurant que le motif est appliqué avec régularité.

3. Peindre les veines

Créez un effet de veine en vous servant d'une grande plume sou-ple (en vente dans les magasins d'artisanat). Ayez un contenant d'eau à la portée de la main. Dans un autre contenant, mélangez deux parts de glacis pour une part de peinture bleu foncé.

🔨 Trempez le bout de la plume dans l'eau, puis dans le mélange glacis-peinture.

🔨 Déplacez la plume à angle sur la surface en faisant des mouvements légers et tremblotants (3). Certaines veines peuvent en croiser d'autres.

🔨 Peignez quelques veines sans tremper la plume dans l'eau pour produire des lignes plus foncées.

4. Adoucir les veines

Adoucir l'effet de certaines veines ajoute à l'impression de profondeur. Cela doit être fait avant que les veines ne sèchent.

🔨 Passez légèrement avec un pinceau fin propre sur quelques veines encore humides (4). Faites rouler le pinceau au fur et à mesure que vous travaillez pour mieux intégrer le bord des veines aux couleurs du fond.

L'IMITATION DE GRANITE

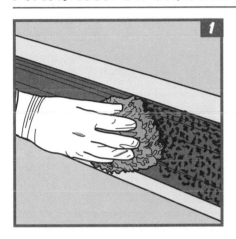

1. Appliquer à l'éponge la première couleur

🔨 Appliquez la couche de base gris moyen au pinceau et laissez sécher. Ne vous préoccupez pas des coups de pinceau visibles, ils ajouteront à l'effet de pierre.

🔨 Diluez deux parts de peinture gris charbon dans une part d'eau dans un seau de plastique.

🔨 Appliquez le mélange au pinceau sur un côté d'une éponge de mer.

🔨 Tamponnez l'éponge contre un bac ou une assiette pour enlever l'excédent de peinture.

🔨 Tamponnez légèrement la surface avec l'éponge (1). Laissez de 20 à 30 pour cent de la couleur de base transparaître.

🔨 Déchirez des morceaux d'éponge pour travailler dans les coins et autres petits endroits. Épongez soigneusement avec ces petits morceaux d'éponge, en vous assurant que le motif est appliqué avec régularité.

2. Ajouter la deuxième couleur

La prochaine étape consiste en l'éclaboussure de peinture pour créer l'effet tacheté typique du granite. Ce procédé peut être salissant. Aussi, protégez les surfaces adjacentes avec du papier journal ou du carton.

🔨 Diluez deux parts de peinture gris pâle dans une part d'eau.

🔨 Trempez un pinceau de 2 pouces dans le mélange et tapotez-le sur un bac à peinture ou une assiette pour enlever l'excédent.

🔨 Tenez un bâton pour mélanger la peinture à angle au-dessus de la surface de travail et frappez contre lui le pinceau de manière à ce que la peinture tombe en fines éclaboussures.

🔨 Répétez sur toute la longueur de la surface.

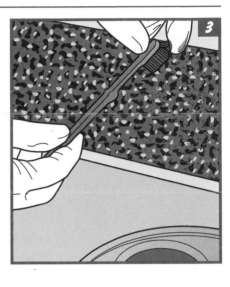

3. Appliquer une couleur d'accent

Pulvériser une couleur d'accent ajoute du caractère et complète la combinaison de couleurs.

🔨 Imprégnez une brosse à dents de peinture et tapotez l'excédent sur un bac ou une assiette.

🔨 En tenant la brosse à dents à quelques pouces de la surface, faites glisser vos doigts contre les soies (3), pour les plier afin qu'elles éclaboussent de petites taches de peinture. Plus la brosse est éloignée de la surface, plus les taches seront petites. Répétez tout le long de la surface, en imprégnant à nouveau les soies au besoin.

🔨 Raffinez l'effet désiré en ajoutant des touches de gris pâle ou de gris charbon.

🔨 Appliquez une couche de vernis lorsque la surface est sèche. Appliquez une deuxième couche une fois la première couche séchée.

ENLEVER DU VIEUX PAPIER PEINT

Enlevez le vieux papier peint avant d'en poser un nouveau ou de peindre un mur. Il peut arriver que vous vous en tiriez en posant un papier peint neuf sur un vieux, mais vous risquez que la colle du vieux papier se dissolve avec l'eau ou la nouvelle colle, avec pour résultat que les papiers, neuf et vieux, se détacheront du mur. Quant à l'application de peinture sur du papier peint, les résultats sont généralement peu esthétiques.

Certains types de papiers peints, ceux qui sont recouverts de vinyle par exemple, sont qualifiés de décollables. Dans la plupart des cas, cela signifie qu'on peut les enlever assez facilement, comme une pelure. Mais les papiers peints «décollables» ne le sont pas tous vraiment : souvent, des sections bien collées devront être raclées.

Le papier à pellicule de vinyle se retire en deux couches. La première se détache assez facilement, pour laisser voir la seconde qui devra être imbibée de dissolvant pour papier peint puis raclée. Cette méthode convient à la plupart des papiers peints tenaces. Toutefois, les dissolvants ne sont pas efficaces avec certains types de papiers peints non décollables dotés d'une colle à l'épreuve de l'eau. Avec de tels papiers peints, il est nécessaire de gratter à sec.

LA PEINTURE ET LA DÉCORATION

TEMPS REQUIS

Plus de quatre heures

OUTILS

• Couteau utilitaire • Couteau à mastic • Bouteille avec pulvérisateur • Outil à entailler • Éponge • Pulvérisateur pour jardin (ou vaporisateur pour papier mural) • Grattoir

---

MATÉRIAUX

• Eau • Dissolvant pour papier peint • Scellant pour taches

DÉCOLLER LE PAPIER À SEC

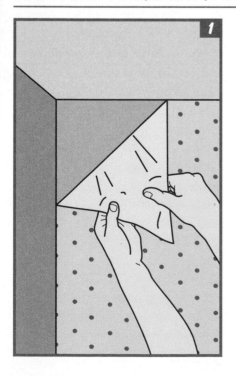

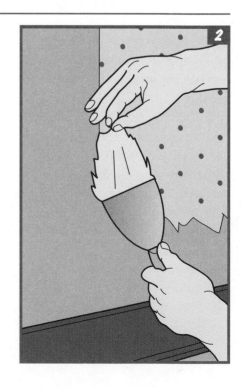

1. Décoller par bandes

☞ Dans un coin, en commençant par le haut, décollez une bande de papier peint avec un ongle ou un couteau utilitaire.

☞ Continuez de tirer, le papier à plat contre lui-même pour éviter qu'il ne se déchire (1).

2. Enlever les sections tenaces

☞ Tenez un couteau à mastic à angle et insérez-le sous le papier, en prenant soin de ne pas creuser le mur. Tirez sur le papier qui décolle avec votre main libre (2).

IMBIBER DE DISSOLVANT

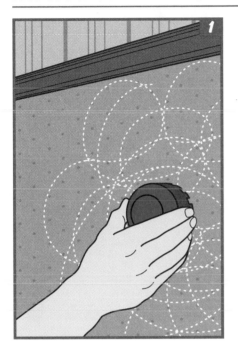

1. Entailler le papier mural

Les papiers peints en vinyle et certains autres doivent être entaillés afin que le dissolvant puisse pénétrer dessous. Si votre papier peint ne se détache pas facilement, faites un essai en pulvérisant un peu d'eau : si l'eau pénètre, le papier n'a pas besoin d'être entaillé.

🔨 Grattez le papier avec un outil à entailler (1), ou faites des rainures horizontales avec un couteau utilitaire. Attention de ne pas trop appuyer pour ne pas endommager le panneau mural qui se trouve dessous.

2. Appliquer un dissolvant pour papier peint

Portez des gants de caoutchouc pour mélanger et appliquer le dissolvant pour papier.

🔨 Préparez une solution de dissolvant et d'eau en suivant les directives du fabricant, puis appliquez-la sur le papier peint avec une éponge (2).

🔨 Attendez le temps recommandé, puis mouillez le papier à nouveau et commencez à racler.

Note : *Vous pouvez aussi appliquer le dissolvant avec un pulvérisateur pour jardin, une solution pratique pour les grands travaux. Déposez des toiles de peintre sur le plancher, et portez des lunettes de sécurité. Ajustez ensuite la buse pour obtenir un jet fin, et non un brouillard. Pour gagner du temps, vous pouvez aussi louer un vaporisateur pour papier peint.*

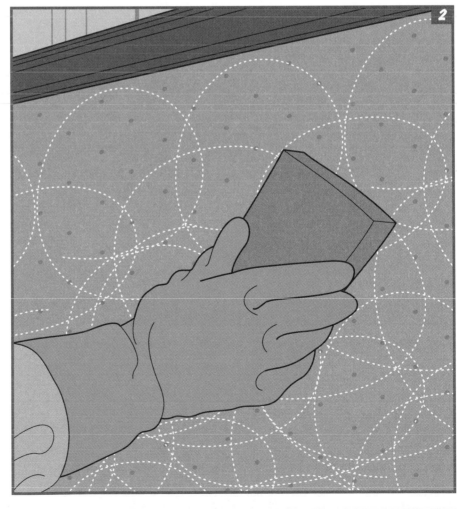

IMBIBER DE DISSOLVANT (SUITE)

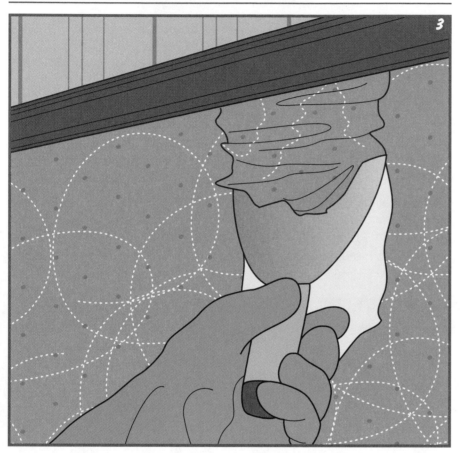

RACLER À SEC

Racler le papier

Les papiers non décollables qui ont une colle à l'épreuve de l'eau et ne peuvent être ramollis avec du dissolvant doivent être retirés à la main à l'aide d'un un grattoir.

🔨 Faites des rainures horizontales dans le papier avec le grattoir, en prenant soin de ne pas endommager le panneau mural en appuyant trop fort.

🔨 En tenant la lame du grattoir à angle, insérez-le dans une rainure et poussez vers le haut pour détacher une bande de papier (1) que vous décollerez avec vos doigts.

🔨 Travaillez de la même manière sur des bandes successives de papier jusqu'à ce que le mur soit dénudé.

3. Détacher le papier

🔨 Tenez le couteau à mastic à angle et insérez-le sous le papier mouillé (3), en prenant soin de ne pas endommager le panneau mural. Si le papier ne se détache pas facilement, imbibez-le à nouveau.

4. Décoller le papier

🔨 Décollez le papier ramolli vers le haut avec une main, en le tenant à plat contre lui-même pour éviter qu'il ne se déchire (4).

Continuez de détacher le papier avec un couteau à mastic et de le décoller à la main jusqu'à ce que le mur soit dénudé.

POSER DU PAPIER PEINT

Tous les papiers peints ne sont pas faits que de papier: il y a aussi des vinyles et des papiers recouverts de vinyle. Il est préférable d'utiliser ces derniers dans les cuisines et les salles de bain parce qu'ils sont plus faciles à laver et qu'ils résistent mieux à l'humidité que le papier.

Lorsque vous choisissez un papier peint, gardez en tête qu'un jour vous voudrez peut-être l'enlever. Les papiers peints décollables s'enlèvent entièrement du mur d'un seul coup, tandis que dans le cas du papier peint enlevable, seule la couche supérieure du papier se retire facilement. Quant au papier peint indécollable, l'enlever peut être toute une entreprise.

Le papier peint dont il est question dans ce projet est préencollé et il faut le faire tremper dans l'eau pour en activer la colle. Pour poser du papier non encollé, vous devrez appliquer la colle à l'endos du papier avec un rouleau. Avant de commencer à poser le papier, assurez-vous de lire toutes les directives du fabricant.

TEMPS REQUIS	OUTILS	MATÉRIAUX
Plus de quatre heures	• Couteau à mastic • Rouleau à peinture • Ruban à mesurer • Bac à papier peint • Couteau • Grands ciseaux • Niveau de menuisier • Lissoir en plastique • Brosse à lisser • Éponge • Roulette à joint	• Papier peint • Toile de peintre

1. Mesurer et couper

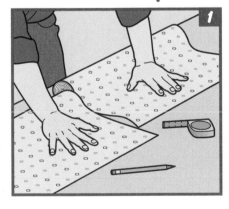

☞ Préparez une table de travail et couvrez-la d'une toile de protection.
☞ Mesurez la hauteur du mur, du plafond jusqu'à la plinthe.

☞ Pour couper la première feuille, déroulez le papier sur votre table. Mesurez et marquez la hauteur du mur en ajoutant 3 pouces afin de donner un peu de jeu au bas et au haut du papier. Tracez une ligne droite et coupez le papier avec de grands ciseaux.
☞ Pour la deuxième feuille, alignez les motifs avec ceux du haut de la première feuille, et remarquez le décalage entre les deux feuilles (1). Marquez l'endroit, pliez le papier à l'endos, et coupez le surplus de papier le long du pli. Coupez ensuite cette deuxième feuille de la même longueur que la première.

☞ Numérotez l'endos de chaque feuille avec un crayon et dessinez une flèche indiquant l'extrémité qui touchera au plafond.
☞ Avant de couper d'autres feuilles, mesurez à nouveau la distance qui sépare le plafond de la plinthe.

2. Le trempage

☞ Remplissez un bac à papier peint aux deux tiers d'eau à la température de la pièce.
☞ Roulez votre première feuille de papier peint, l'endos du papier à l'intérieur, en commençant par le bas de la feuille.

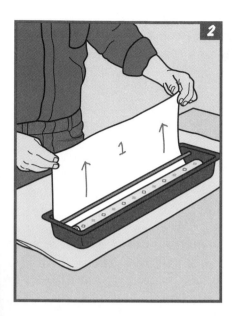

☛ Placez le rouleau dans le bac et pressez doucement pour enlever les bulles d'air. Conformez-vous au temps de trempage recommandé par le fabricant.

☛ En tenant les coins supérieurs, tirez le papier vers le haut jusqu'à 18 pouces environ, en le faisant passer par le diviseur pour le dérouler (2).

3. La préparation des feuilles

Une fois trempé, le papier doit reposer un moment afin de permettre à la colle de pénétrer. Avant de mettre une feuille de côté, pliez-la pour l'empêcher de sécher.

☛ Une fois que vous avez tiré environ 18 pouces de papier du bac, pliez-le sur lui-même, les surfaces encollées les unes contre les autres. (Évitez de marquer le pli.) Tirez le papier un peu plus, et repliez-le dans l'autre direction.

☛ Continuez de plier le papier en accordéon. Lorsque vous arrivez au bas de la feuille, pliez-la dans la direction opposée aux autres plis, afin de créer un rebord.

☛ Préparez ainsi deux ou trois feuilles de papier dans l'ordre de leur pose sur une partie sèche de la toile de peintre et laissez-les reposer conformément au temps indiqué par le fabricant.

4. Poser la première feuille

Les motifs de la première et de la dernière feuille ne correspondront pas parfaitement. Pour cacher cette imperfection, commencez au milieu d'un mur et faites le tour de la pièce dans chacune des directions, en finissant dans un endroit peu apparent.

☛ Avec un niveau et un crayon, tracez très légèrement une ligne verticale là où vous désirez que le bord de la feuille arrive.

☛ Dépliez la partie supérieure de la feuille pliée en accordéon, en alignant les motifs le long du plafond.

☛ Dépliez le reste de la feuille, en l'alignant le long de la ligne verticale, et en la lissant au moyen d'un lissoir en plastique (4).

☛ Au moyen du lissoir, faites un pli dans le papier à la jonction du plafond et du mur, en laissant un surplus de $1\frac{1}{2}$ pouce de papier empiéter sur le plafond.

Note : *Utilisez une brosse à lisser pour les papiers très délicats.*

5. Déplier la partie inférieure

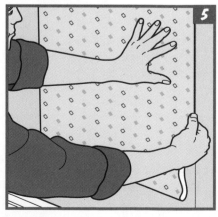

☞ Une fois que vous avez lissé la feuille jusqu'à sa partie inférieure, dépliez le rebord (5).

☞ Avec le lissoir en plastique, pressez le papier contre le dessus de la plinthe.

6. Tailler le papier

Une fois que la feuille a été posée et lissée, taillez le surplus de papier empiétant sur la plinthe et le plafond.

☞ Pressez l'équerre à découper contre le surplus de papier sur la plinthe et coupez-le au moyen d'un couteau à papier peint (6). Faites la même chose au plafond.

☞ Épongez la surface du papier peint avec de l'eau, puis tapotez pour sécher avec une serviette.

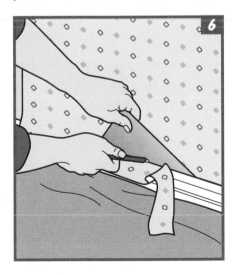

7. La deuxième feuille

Chaque feuille doit être alignée avec la précédente afin qu'elle soit bien verticale et que les motifs s'accordent.

☞ Posez la deuxième feuille en partant de la partie supérieure du mur. Accolez en douceur la deuxième feuille à la première, en accordant les motifs (7).

☞ Avec le lissoir, faites un pli dans le papier à la jonction du plafond et du mur, puis lissez jusqu'en bas, en ajustant la position du papier avec votre main.

☞ Passez doucement sur les bords du papier la roulette à joints. Dans le cas d'un papier gaufré ou délicat, utilisez une éponge.

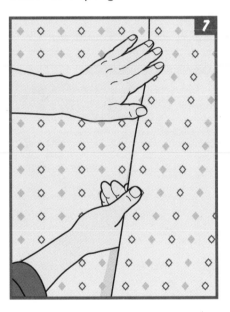

8. Le découpage des coins

Un léger chevauchement de papier dans les coins empêche la création d'un espace sans papier peint.

☞ Lorsque vous arrivez à un coin de mur, tenez le papier de manière à ce qu'il chevauche le mur adjacent, en le pliant au niveau du plafond.

☞ Pour faire un pli dans le coin, faites des coupures diagonales dans le papier là où il repose au plafond ou sur la plinthe. Lissez le papier sur toute la longueur du coin.

☞ Coupez le surplus de papier au plafond et sur la plinthe. Puis coupez le long du coin, cette fois non pas en vous servant de l'équerre à découper mais du lissoir comme guide (8). L'épaisseur du lissoir permettra de laisser $1/8$ de pouce de papier sur le mur adjacent.

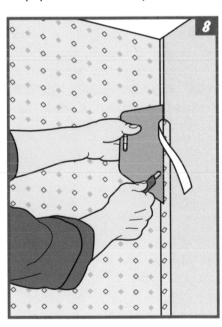

9. Le mur suivant

Les coins sont rarement parfaitement verticaux. Chaque fois que vous avez fait un coin, tracez une nouvelle ligne verticale.

☞ Mesurez sur le mur non encore couvert de papier, à partir du coin, la largeur d'une feuille moins 2 pouces. Marquez une ligne verticale à cet endroit.

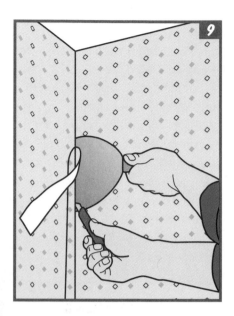

☞ Posez la feuille de papier à partir du plafond, alignée sur la ligne verticale, en repliant le papier sur le mur précédent. Pliez le surplus de papier au plafond.

☞ Dans un mouvement de va-et-vient, déplacez cette nouvelle feuille de papier afin d'aligner les motifs au haut du papier avec ceux de la feuille qui se trouve au-dessous, en vous assurant que la nouvelle feuille est toujours bien verticale. (Si le coin n'est pas droit, les motifs ne pourront s'agencer parfaitement.)

☞ Dans les coins, coupez le papier en diagonale, en haut et en bas, et enlevez le surplus de papier au plafond et sur la plinthe.

☞ Coupez cette nouvelle feuille avec précision le long du coin en vous servant d'un couteau à large lame comme guide (9), et en faisant attention de ne pas couper le papier de la feuille qui se trouve au-dessous.

10. Le découpage autour des fenêtres

Ne tentez pas de tailler à l'avance vos feuilles pour qu'elles s'ajustent aux cadres de fenêtre. Posez plutôt le papier par-dessus les fenêtres et découpez-le.

☞ Posez la première feuille qui atteint une fenêtre, en la laissant recouvrir le cadre. Lissez jusqu'à la fenêtre, en pliant le papier contre le cadre.

☞ Tout en pressant le papier contre le cadre, déterminez l'emplacement du coin de la fenêtre avec la pointe du couteau à large lame, et faites une entaille en diagonale vers le bas (10). Faites une autre entaille en diagonale au bas de la fenêtre.

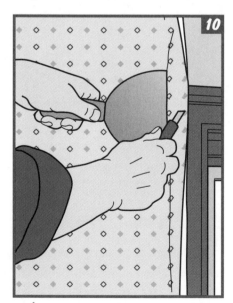

☞ En vous servant du couteau à large lame comme d'un guide, enlevez le surplus de papier le long du haut, des côtés et du bas du cadre de la fenêtre.

☞ Posez de courtes feuilles de papier peint au-dessus et au-dessous de la fenêtre, en accordant les motifs, puis répétez la procédure de l'autre côté de la fenêtre.

11. Le découpage autour d'une boîte électrique

☞ Coupez l'alimentation en électricité de cette pièce et retirez la plaque.

☞ Posez le papier peint par-dessus la boîte électrique.

☞ Lorsque vous lissez le papier au-dessus de l'ouverture, faites une marque aux quatre coins avec la lame de votre couteau à papier peint. Lissez jusqu'à la plinthe.

☞ Faites des entailles diagonales entre les marques, puis coupez juste assez de papier pour découvrir la boîte électrique et les œillets de la prise ou de l'interrupteur.

CONSEIL DE SÉCURITÉ *Soyez absolument certain que l'alimentation en électricité de la pièce a été coupée avant de découper autour des prises et des interrupteurs!*

LA PEINTURE ET LA DÉCORATION

PRÉPARER ET PEINDRE DES GARNITURES ET MOULURES EXTÉRIEURES

En matière de peinture extérieure, la préparation et la peinture des garnitures et moulures sont souvent les tâches qui requièrent le plus de temps. D'ordinaire, la préparation consiste à racler la peinture qui s'écaille, à nettoyer et réparer le bois pourri, à gratter la rouille des balustrades de fer forgé, et à remplacer les matériaux d'étanchéité le long des cadres de porte et de fenêtre. Peindre les moulures et garnitures extérieures peut prendre beaucoup de temps lorsqu'elles sont situées dans des endroit étroits et difficiles à atteindre.

Ayez un linge à portée de main pour essuyer au fur et à mesure les dégoulinades ou les traits de peinture involontaires.

Pour les surfaces en fer forgé ou en aluminium, appliquez d'abord un apprêt antirouille. Pour les autres surfaces, un apprêt tout usage au latex constitue un bon choix. Consultez un associé de Réno-Dépôt avant de choisir un apprêt et une peinture, ainsi que le type de matériau d'étanchéité qui convient le mieux à vos besoins.

TEMPS REQUIS	OUTILS	MATÉRIAUX
De deux à quatre heures	• Couteau à mastic (ou grattoir à peinture) • Poinçon • Ciseau à bois • Râpe • Bloc à poncer • Pistolet à calfeutrer • Brosse métallique • Perceuse électrique (avec dispositif pour brosse métallique) • Pinceaux • Mitaine de peinture • Bac à peinture • Lunettes de sécurité	• Linge • Apprêt antirouille pour métal • Apprêt pour bois • Matériau d'étanchéité pour l'extérieur • Papier à poncer • Durcisseur liquide pour bois • Bouche-pores pour bois à l'époxyde • Nettoyant pour aluminium • Peinture • Ruban-cache • Toile de peintre (ou papier journal)

PRÉPARER LES SURFACES

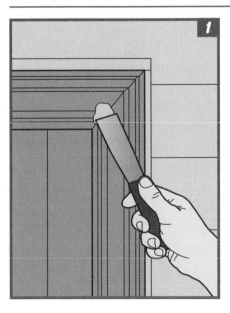

Préparer les moulures de bois

☞ Grattez la peinture qui s'écaille des moulures de bois avec un couteau à mastic ou un grattoir à peinture, puis poncez les rives de la peinture écaillée avec un papier à poncer à grains moyens.

☞ Vérifiez si le bois est pourri en sondant les sections tachées ou exposées aux intempéries avec un poinçon ou un clou. Le bois pourri est habituellement gris et spongieux.

☞ Détachez le bois pourri avec un ciseau à bois.

☞ Appliquez un durcisseur liquide pour bois dans les trous avec un pinceau, puis laissez sécher.

☞ Remplissez chaque trou de bouche-pores à l'époxyde (1) en suivant les directives du fabricant.

☞ Laissez le bouche-pores sécher, puis égalisez les réparations avec le bois adjacent au moyen d'une râpe, avant de le lisser avec un papier à poncer à grains moyens.

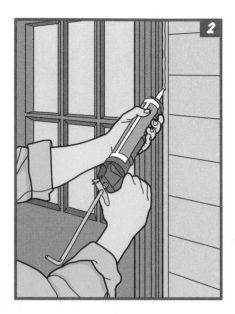

Sceller les joints

👆 Détachez le produit d'étanchéité décollé ou endommagé autour des cadres de fenêtre et de porte avec un couteau à mastic ou un vieux tournevis.

👆 Scellez les joints ainsi dégagés avec un matériau d'étanchéité et un pistolet à calfeutrer. Placez à angle le bout du tube sur le joint et déplacez le pistolet lentement sur le joint (2).

👆 Passez un doigt humide le long du produit d'étanchéité pour le pousser dans le joint et produire une surface concave.

Préparer les garnitures en métal pour la peinture

👆 Nettoyez l'aluminium non peint avec un nettoyant pour aluminium.

👆 Enlevez la peinture qui s'écaille du forgé avec une brosse métallique (3).

👆 Enlevez les écailles de peinture qui se détachent et la poussière d'une balustrade avec un linge sec et appliquez l'apprêt immédiatement.

Utiliser une brosse métallique fixée à une perceuse

On peut aussi enlever la peinture qui s'écaille de l'aluminium et du fer forgé en fixant une brosse circulaire à une perceuse électrique. Assurez-vous que la perceuse est débranchée lorsque vous fixez la brosse au mandrin.

👆 En tenant la brosse près de la surface, mettez en marche la perceuse et commencez à brosser les sections qui s'écaillent (4).

CONSEIL DE SÉCURITÉ *Portez des lunettes de sécurité pour enlever la peinture avec une brosse métallique manuelle ou fixée à une perceuse électrique.*

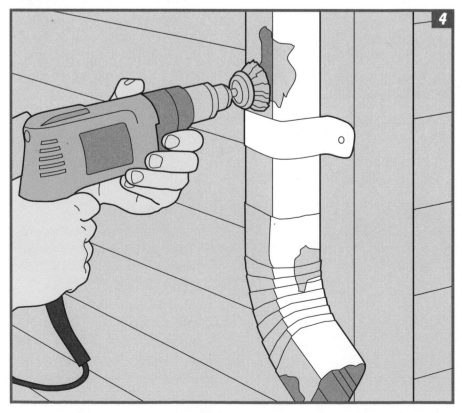

LA PEINTURE ET LA DÉCORATION

APPRÊTER ET PEINDRE

Apprêter les surfaces en métal

Toutes les surfaces doivent être propres et sèches avant l'application de l'apprêt et de la peinture.

☞ Utilisez un pinceau pour appliquer un apprêt antirouille aux descentes de gouttière et autres pièces en métal (1).

☞ Laissez l'apprêt sécher, puis peignez.

Peindre les soffites, avant-toits et bordures

Après avoir peint les gouttières et descentes, passez aux soffites, avant-toits et bordures de toit, dans cet ordre. Utilisez un pinceau pour châssis et commencez par les rives et les coins.

☞ Peignez à rebrousse-poil dans les coins et endroits étroits (2). (Un rouleau pour coin peut être utile ici.)

Peindre les moulures en bois

Avant de peindre les moulures de porte et de fenêtre, protégez les surfaces adjacentes avec du ruban-cache.

☞ Utilisez un pinceau pour moulure et peignez dans le sens de la face de la moulure (3), de haut en bas.

Peindre les balustrades

Utilisez une mitaine de peintre pour accélérer la peinture des balustrades.

☞ La main dans la mitaine, trempez le côté paume dans le bac de peinture et laissez la mitaine s'imprégner de peinture.

☞ Empoignez les barreaux et descendez lentement le long de la surface (4). Tamponnez la mitaine contre la balustrade pour éliminer les rayures.

Note : *Les mitaines de peintre sont salissantes : protégez le sol des dégoulinades avec une toile de peintre ou du papier journal.*

REFAIRE LA FINITION D'UNE TERRASSE

Les terrasses faites de bois traité sous pression sont à l'abri du pourrissement et des dommages causés par les insectes. Toutefois, l'eau peut quand même faire fendre et gauchir le bois. Pour qu'il conserve une allure neuve, appliquez un imperméabilisant. Pour une terrasse au deuxième étage, songez à en appliquer aussi sur le dessous.

Les imperméabilisants sont à base d'huile ou de latex et ils sont tous aussi durables. Préférez le latex car il dégage moins de vapeurs nocives et se nettoie avec de l'eau. Le produit doit contenir un agent antimoisissure et une protection contre les ultraviolets (UV) si vous ne voulez pas que le bois devienne gris. Il peut être clair ou teinté.

Les imperméabilisants durent de un à quatre ans. Chaque mois de mai ou octobre, vérifiez l'état du fini en versant un verre d'eau sur une planche. Si l'eau décolore le bois, c'est qu'elle pénètre le fini : il faut en appliquer de nouveau. D'abord, nettoyez la terrasse avec un nettoyant à cet usage pour enlever la saleté et raviver la couleur. Si le bois a été teint, commencez le nettoyage dans un endroit peu visible pour vous assurer que le nettoyant ne décapera pas la teinture.

TEMPS REQUIS

De deux à quatre heures

OUTILS

- Couteau à mastic en plastique
- Balai-brosse • Chasse-clou
- Marteau • Perceuse sans fil
- Seau carré • Brosse à plancher
- Tuyau et pistolet d'arrosage
- Bac à peinture • Rouleau avec long manche • Petit rouleau
- Pinceau • Gants de caoutchouc • Lunettes de sécurité

MATÉRIAUX

- Nettoyant pour terrasse
- Imperméabilisant • Vis pour terrasse

1. Enlever les débris

☞ Avec un couteau à mastic en plastique, enlevez les feuilles mortes, les saletés et autres débris entre les planches (1). Vous pouvez aussi utiliser un vieux tournevis ou un long clou.

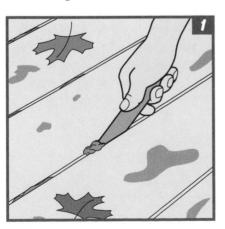

☞ Balayez la terrasse au complet avec un balai-brosse, dans le sens des planches pour éviter de faire pénétrer à nouveau les débris dans les interstices.

2. Enfoncer les clous qui ressortent

Les déplacements sur la terrasse peuvent faire ressortir les clous. Au lieu de les enlever, les clous doivent être enfoncés de nouveau.

☞ Au moyen d'un chasse-clou et d'un marteau, enfoncez les clous sous la surface des planches.

☞ Pour vous assurer que les clous ne ressortiront plus, posez au moyen d'une perceuse une vis à terrasse dans la planche, à côté du clou (2).

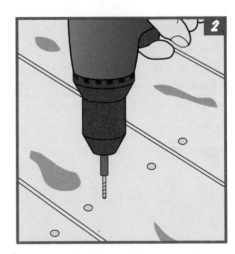

3. Appliquer le nettoyant pour terrasse

☞ Versez le nettoyant dans un seau de plastique carré, trempez un balai-brosse dans la solution, et appliquez-la sur les planches.

LA PEINTURE ET LA DÉCORATION

Récurez ainsi quatre planches à la fois, dans le sens de la longueur, en commençant d'un côté de la terrasse et en reculant jusqu'à l'autre (3).

Si les mains courantes et les balustres semblent tachés ou salis, appliquez le nettoyant avec le balai-brosse ou une brosse à soies dures.

CONSEIL DE SÉCURITÉ *Les nettoyants pour terrasse contiennent un agent de blanchiment. Portez de vieux vêtements, des lunettes de sécurité et des gants industriels lorsque vous les utilisez, et ne vous penchez pas directement au-dessus du seau lorsque vous versez. Ne versez pas le nettoyant dans un seau de métal et ne le mélangez jamais à un produit contenant de l'ammoniaque, car leur combinaison pourrait causer des vapeurs nocives.*

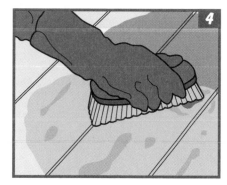

4. Récurer la terrasse

Récurez la terrasse au complet dans le sens des planches avec le balai-brosse.

Certaines sections auront peut-être besoin d'un nettoyage plus en profondeur. Récurez en particulier les zones salies ou tachées, comme par exemple sous le barbecue ou un cache-pot, avec une brosse à soies dures (4).

5. Rincer à grande eau

Rincez complètement la surface de la terrasse, les mains courantes et les balustres, au moyen d'un tuyau d'arrosage (5). Rincez jusqu'à ce qu'aucune bulle n'apparaisse.

Laissez sécher le temps recommandé par le fabricant du nettoyant (en général au moins deux jours).

Note : *Le nettoyant peut endommager les plantes et arbustes qui entourent la terrasse. Avant de rincer la terrasse, arrosez bien les plantes et la terre environnantes avec de l'eau afin de diluer tout nettoyant qui pourrait s'y trouver. Après avoir rincé la terrasse, arrosez à nouveau les plantes et la terre.*

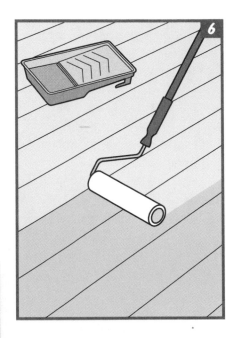

7. Appliquer le fini sur les rampes

🔨 Appliquez le fini avec un rouleau de 3 pouces à poils courts sur les mains courantes et les balustres (7). Enlevez les dégoulinades avec un pinceau. Laissez sécher.

🔨 Si le bois des rampes paraît gris et sec, appliquez une deuxième couche de fini.

8. Recouvrir de fini les endroits difficiles à atteindre

🔨 Avec un pinceau, recouvrez de fini les extrémités des planches et laissez sécher. Étant donné que les extrémités ont tendance à absorber l'humidité, appliquez une deuxième couche de fini.

🔨 Avec le pinceau, faites pénétrer le fini dans les endroits où les planches se rencontrent, comme entre les poteaux et les planches (8). Laissez sécher et appliquez une deuxième couche.

6. Appliquer un fini

Avant d'appliquer un fini, assurez-vous que la terrasse est parfaitement sèche.

🔨 Versez de l'imperméabilisant dans le bac et appliquez le fini au rouleau ou avec un tampon. Si vous utilisez un rouleau, faites-le rouler quelques fois sur le plan incliné du bac afin d'enlever le surplus de produit. Pour éviter que des lignes n'apparaissent en séchant, appliquez le fini dans le sens de la longueur, par sections de quatre planches à la fois (6).

🔨 Laissez sécher le temps recommandé par le fabricant (généralement 24 heures, mais cela peut prendre de 2 à 3 jours si le temps est humide). S'il y a plus d'un an que la finition de votre terrasse n'a été refaite, appliquez une deuxième couche. Laissez sécher avant de marcher sur la terrasse.

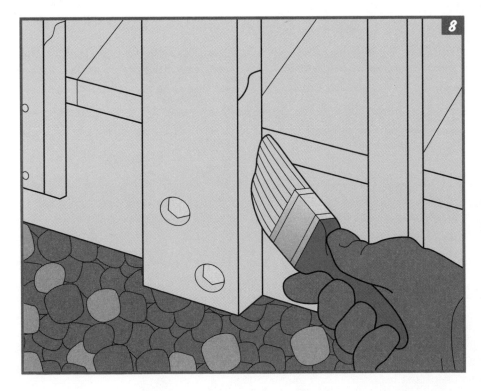

RÉPARER UNE TOITURE ENDOMMAGÉE

Une inspection annuelle ou semi-annuelle de la toiture vous aidera à prévenir des problèmes majeurs, et les dépenses qui y sont associées. Commencez votre inspection dans les combles: des taches d'eau à l'intérieur vous indiqueront quels endroits inspecter de l'extérieur.

Les bardeaux d'asphalte peuvent être réparés avec du mastic pour toiture, ou être remplacés sans trop de difficulté. Une toiture en goudron et en gravier qui a des cloques (habituellement causées par une accumulation d'humidité sous la membrane) est facile à réparer. Toutefois, dans le cas de dommages importants, il faut consulter un spécialiste.

Pour travailler en sécurité, il faut d'abord déterminer l'angle de l'inclinaison du toit en mesurant les chevrons avec un inclinomètre ou avec un niveau et un ruban à mesurer. La pente la plus inclinée sur laquelle on peut travailler en sécurité est de 6 sur 12, c'est-à-dire 6 pouces d'élévation sur 12 pouces horizontalement. Si l'angle de l'inclinaison est plus grand que 4 sur 12, portez une ceinture ou un harnais de sécurité fixé à une corde antichute.

TEMPS REQUIS

De deux à quatre heures

OUTILS

• Échelle à coulisse • Massette
• Couteau à mastic • Couteau utilitaire • Truelle • Ciseaux robustes • Gants de travail

MATÉRIAUX

• Mastic pour toiture • Toile en fibre de verre • Corde de nylon • 2 x 2 • Vis à œillet

TRAVAILLER EN HAUTEUR EN TOUTE SÉCURITÉ

1. Installer une échelle à coulisse

La distance entre le pied de l'échelle et le mur doit être égale au quart de la hauteur entre le sol et le bord du toit, plus 3 pieds.

☞ Demandez à un aide de se placer contre le mur et de tenir les patins de l'échelle avec ses pieds. Levez l'autre bout de l'échelle au-dessus de votre tête en marchant vers le mur et en déplaçant vos mains le long des montants jusqu'à ce que l'échelle soit verticale.

☞ Pendant que l'aide tient le bas des montants, tirez la corde pour faire coulisser l'échelle à la hauteur désirée.

☞ Si le terrain sous l'échelle est inégal ou mou, mettez-le de niveau en plaçant une planche sous les patins.

☞ Plantez un piquet fait d'un 2 x 3 dans le sol entre l'échelle et le mur, et attachez le bas des montants avec une corde de nylon de bonne qualité, en faisant des nœuds qui ne glisseront pas (1).

2. Fixer le haut de l'échelle

☞ Si l'échelle est appuyée contre une gouttière, renforcez cette dernière en plaçant un 2 x 4 à l'intérieur.

☞ Fixez une vis à œillet sur la bordure d'avant-toit près de chaque montant. Passez une corde de nylon de bonne qualité dans les œillets et autour des montants, puis nouez solidement (2).

RÉPARER DES BARDEAUX D'ASPHALTE

1. Boucher les fissures

🔨 Soulevez la jupe du bardeau pour avoir accès à la partie endommagée. Au besoin, décollez-la avec un couteau à mastic.

🔨 Avec un couteau à mastic, appliquez du mastic pour toiture sur la partie endommagée de la jupe (1).

🔨 Scellez en appliquant du mastic pour toiture sous la jupe, à 2 pouces des coins inférieurs, puis pressez fermement en place.

2. Réparer les bardeaux

🔨 Avec un couteau à mastic, appliquez du mastic pour toiture sur la surface endommagée (2), en remplissant les fissures et cavités.

🔨 Lissez les bords et grattez le surplus avec le couteau.

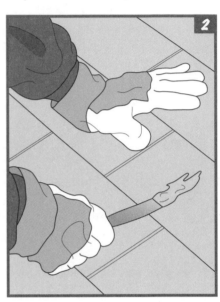

RÉPARER LES CLOQUES DANS UNE TOITURE EN GOUDRON ET EN GRAVIER

1. Enlever le gravier

Pour réparer une cloque, le gravier doit être retiré de la partie à réparer. Étant donné que le gravier colle au goudron lorsqu'il fait chaud, tra-vaillez par temps frais. Portez des gants de travail pour protéger vos mains.

🔨 Avec un balai-brosse à poils raides, éloignez le gravier de la cloque dans un périmètre de 2 pieds tout autour (1).

2. Percer la cloque

Pour réparer une toiture qui comporte une cloque, celle-ci doit être découpée, et la surface située au-dessous doit être asséchée. Une pièce de toile en fibre de verre ou de papier de construction et du mastic pour toiture sont ensuite posés.

🔨 Avec un couteau utilitaire, découpez un X dans la cloque (2). Faites sortir l'air de la cloque en pressant sur la toile coupée.

🔨 Soulevez chaque pointe et essuyez l'humidité avec un linge sec, puis laissez sécher à l'air pendant environ une heure.

3. Refermer l'ouverture

☞ Avec une truelle, appliquez du mastic pour toiture sur la partie inférieure des pointes ainsi que sur la surface au-dessous (3). Poussez le mastic aussi loin que possible au-delà de la partie coupée.

☞ Replacez les pointes à plat et appuyez fermement.

4. Découper des pièces

En plus de mastic pour toiture, les cloques doivent être recouvertes de deux couches de toile en fibre de verre (tel que démontré ici), ou de papier de construction de 15 livres.

☞ Avec des ciseaux robustes, coupez deux pièces carrées de toile de fibre de verre (4). Découpez la première 6 pouces plus longue et plus large que la partie endommagée, et la deuxième, environ 12 pouces plus longue et plus large.

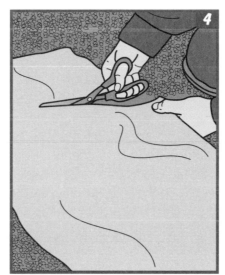

5. Poser la première pièce

☞ Avec une truelle, appliquez une couche de mastic pour toiture sur la réparation et sur une surface de 3 à 4 pouces plus grande que la petite pièce.

☞ Placez la petite pièce sur le mastic pour toiture, en la centrant sur la réparation. Pressez fermement.

☞ Avec la truelle, appliquez une couche de mastic sur la pièce, sur une surface de 3 à 4 pouces plus grande que la deuxième (5).

6. Poser la deuxième pièce

☞ Centrez la deuxième pièce sur le mastic et pressez fermement (6).

☞ Avec une truelle, appliquez une dernière couche de mastic pour toiture, en débordant de la deuxième pièce de quelques pouces. Assurez-vous que les coins sont complètement enduits.

☞ Avant que le mastic ne sèche, recouvrez de gravier la surface réparée en vous servant d'un balai-brosse à poils raides.

☞ Au besoin, ajoutez du gravier pour couvrir la surface également. Prenez garde de ne pas soulever les pièces avec le balai-brosse.

Chapitre 6
LES PELOUSES ET LES JARDINS

Pour bien des gens, la pelouse et le jardin font partie intégrante de leur propriété : ce sont des extensions naturelles de la surface d'habitation intérieure. Aussi, améliorer un terrain et le conserver en bon état sont aussi importants que les rénovations et améliorations apportées à l'intérieur d'une maison.

Une pelouse en santé et exempte de mauvaises herbes n'est pas le fruit du hasard. Grâce à une tonte, une fertilisation et un arrosage réguliers, une pelouse peut demeurer belle et en bonne santé pendant tout l'été.

Que votre projet d'aménagement paysager consiste en la plantation d'un arbre ou de toute une rangée d'arbustes, ces ajouts à votre terrain procurent une gamme de bénéfices. En plus d'être agréables à l'œil, les arbres et arbustes apportent de l'ombre, préservent votre intimité, servent de limite ou protègent du vent une pelouse ou une terrasse, tout en augmentant la valeur de votre propriété. Et la bonne nouvelle est que planter des arbres et des arbustes est facile et simple à réaliser et, avec de bons soins et un

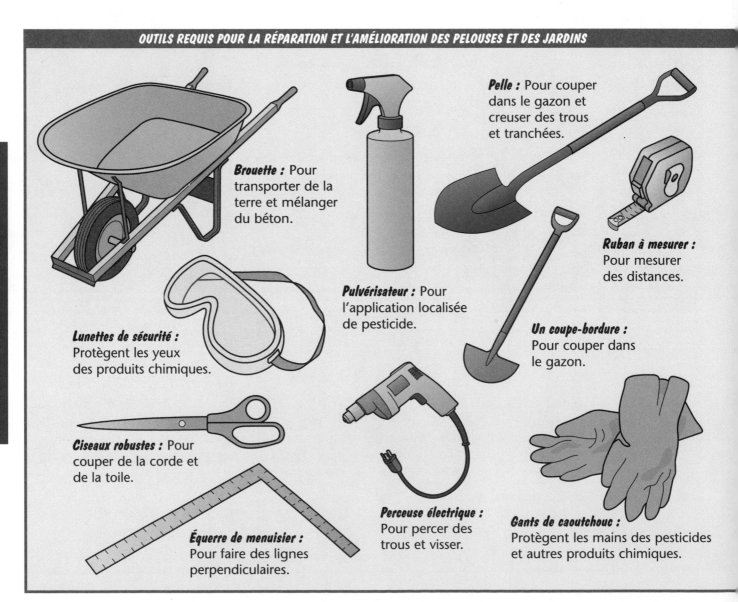

OUTILS REQUIS POUR LA RÉPARATION ET L'AMÉLIORATION DES PELOUSES ET DES JARDINS

Brouette : Pour transporter de la terre et mélanger du béton.

Pelle : Pour couper dans le gazon et creuser des trous et tranchées.

Pulvérisateur : Pour l'application localisée de pesticide.

Ruban à mesurer : Pour mesurer des distances.

Lunettes de sécurité : Protègent les yeux des produits chimiques.

Un coupe-bordure : Pour couper dans le gazon.

Ciseaux robustes : Pour couper de la corde et de la toile.

Perceuse électrique : Pour percer des trous et visser.

Gants de caoutchouc : Protègent les mains des pesticides et autres produits chimiques.

Équerre de menuisier : Pour faire des lignes perpendiculaires.

entretien adéquat qui inclut la taille, l'épandage de pesticide et la protection contre le froid, ces végétaux vous procureront du plaisir pendant des années. Vous trouverez toutes ces activités de jardinage décrites dans le détail dans les pages qui suivent.

Mère Nature peut procurer tout ce qui est nécessaire pour avoir une pelouse et un jardin attrayants. Toutefois, il existe une gamme de travaux à effectuer sur votre terrain qui peuvent améliorer l'apparence et la valeur de votre propriété et résoudre certains problèmes d'aménagement paysager. Ce chapitre présente plusieurs projets pratiques et faciles à réaliser, dont la création d'un jardin aquatique, l'installation d'une bordure, et la construction et l'installation d'un treillis. Vous trouverez aussi des instructions étape par étape pour installer une clôture de vinyle ou de bois, faire une terrasse en dalles préfabriquées ou paver une entrée en pierres. L'installation d'une gouttière et d'une descente éloignera de votre maison les écoulements de pluie et de fonte de neige.

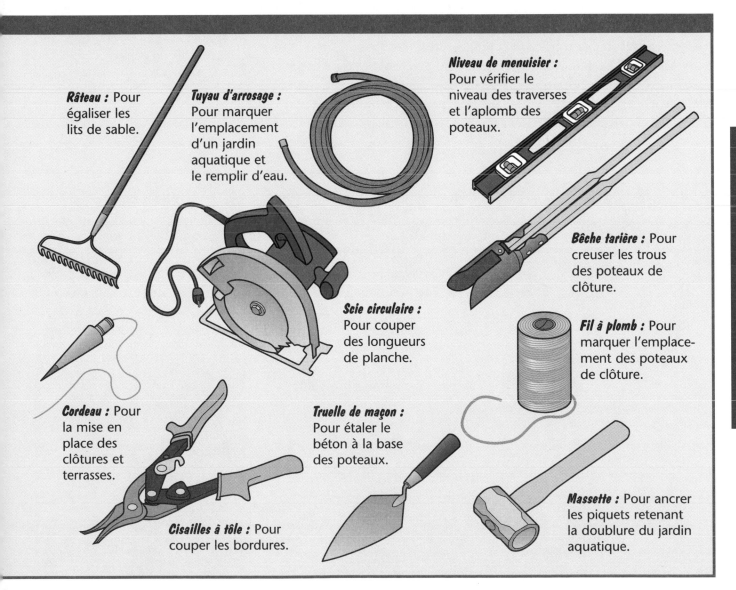

Râteau : Pour égaliser les lits de sable.

Tuyau d'arrosage : Pour marquer l'emplacement d'un jardin aquatique et le remplir d'eau.

Niveau de menuisier : Pour vérifier le niveau des traverses et l'aplomb des poteaux.

Scie circulaire : Pour couper des longueurs de planche.

Bêche tarière : Pour creuser les trous des poteaux de clôture.

Fil à plomb : Pour marquer l'emplacement des poteaux de clôture.

Cordeau : Pour la mise en place des clôtures et terrasses.

Truelle de maçon : Pour étaler le béton à la base des poteaux.

Cisailles à tôle : Pour couper les bordures.

Massette : Pour ancrer les piquets retenant la doublure du jardin aquatique.

ÉPANDRE DE L'ENGRAIS

Le désir d'avoir une pelouse parfaite occupe les propriétaires de maison depuis des temps immémoriaux... Il existe une façon d'aider la nature : l'épandage d'un engrais. Les engrais pour pelouse sont offerts sous des formes et compositions différentes. Les engrais liquides sont faciles à appliquer avec un pulvérisateur mais ils ont tendance à être lessivés du sol trop rapidement : ils requièrent donc des épandages fréquents. L'engrais le plus populaire est constitué de granules secs : il agit rapidement, est relativement peu coûteux, et est facile à appliquer.

Les trois principaux ingrédients d'un engrais sont l'azote, le phosphore et le potassium. Le pourcentage de chacun de ces ingrédients dans un produit est indiqué sur l'emballage, dans cet ordre, au moyen d'un code de trois chiffres (le reste est essentiellement du remplissage). Dans la plupart des cas, vous pouvez utiliser une formule standard 21-3-7 au printemps, et une formule contenant la moitié moins d'azote et un peu plus de phosphore à l'automne. Vous pouvez aussi effectuer des tests de sol (étapes 2 et 3) pour déterminer avec plus de précision quels nutriments manquent à votre pelouse. Ainsi, vous pourrez épandre un engrais dont la formule conviendra parfaitement à votre terrain.

TEMPS REQUIS

Moins de quatre heures

OUTILS

• Pelle ou coupe-bordure • Seau • Transplantoir • Trousse d'analyse de sol • Épandeur (à auge ou centrifuge) • Gants de travail • Masque antipoussière

MATÉRIAUX

• Engrais (liquide ou en granules) • Serviettes de papier

1. Planifier l'épandage

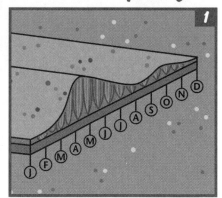

Une pelouse doit être fertilisée au cours des périodes de croissance de pointe (1).

☞ Au Canada, où les graminées résistantes au froid prospèrent (comme le pâturin, la fétuque et le fromental), la croissance des pelouses est en pointe au printemps, décline l'été et connaît une légère période de pointe à l'automne.

☞ Dépendant des espèces de gazon, vous pouvez appliquer de 1½ à 3 livres d'azote par 1000 pieds carrés de terrain par année. Mais vous ne devriez jamais épandre plus d'une livre d'engrais par 1 000 pieds carrés par mois. Trop d'azote en une seule fois peut brûler le gazon.

2. Recueillir des échantillons de sol

Pour une analyse de sol précise, recueillez des échantillons à différents endroits du terrain. Portez des gants afin de ne pas ajouter d'impuretés aux échantillons.

☞ Avec une pelle ou un coupe-bordure, faites une coupe semi-circulaire dans le gazon.

☞ En soulevant le gazon d'une main, servez-vous d'un transplantoir pour couper sous le gazon une tranche de sol d'environ 6 pouces de profondeur sur 6 pouces de largeur.

Déposez l'échantillon dans un seau propre, et pressez-le au fond.

Une fois que vous aurez recueilli quelques échantillons, retirez tous les débris (pierres, herbe, racines) et mélangez bien la terre avec un transplantoir (2).

3. Analyser le sol

Vous pouvez vous procurer une trousse d'analyse de sol qui permet de savoir si votre terre manque d'azote, de phosphore ou de potassium. Vous pouvez aussi déterminer le pH du sol, pour en connaître le degré d'acidité ou d'alcalinité. Le testeur présenté ici est fait d'une tige de métal reliée à un indicateur d'alcalinité ou d'acidité.

Avec un papier essuie-tout, nettoyez la tige.

Insérez la tige à au moins 2 pouces dans l'échantillon de terre (3) et laissez reposer deux minutes. La terre devrait être bien compactée autour de la tige. Si elle est sèche et grumeleuse, ajoutez de l'eau pour l'humidifier.

Enlevez le testeur, nettoyez-le, et plongez-le à nouveau dans la terre. Laissez reposer une autre minute, puis prenez une lecture. Comme la plupart des plantes, l'herbe pousse mieux dans une terre légèrement acide dont le pH se situe entre 6 et 7. Vous pouvez solutionner un problème d'acidité excessive (pH de moins de 6) en ajoutant de la chaux dolomitique; un sol trop alcalin (pH de plus de 7) sera stabilisé avec du sulfate de fer ou d'aluminium, ou du soufre moulu.

4. Calculer la quantité d'engrais nécessaire

Si vous savez de quelle espèce de gazon votre pelouse est faite, vous pouvez obtenir des conseils pour déterminer quelle quantité d'azote est requise. La grandeur de la pelouse influence aussi la quantité d'engrais à appliquer. Lisez sur l'emballage quelle quantité d'engrais doit être appliquée sur une surface déterminée.

Si votre pelouse est rectangulaire, calculer sa surface est facile : multipliez la longueur par la largeur.

Si votre pelouse a une forme irrégulière, divisez-la d'abord en sections à peu près rectangulaires. Mesurez la longueur et la largeur de chaque section (4) pour calculer sa surface, et additionnez les résultats.

Pour épandre également l'engrais, utilisez un épandeur. Les épandeurs à auge et les épandeurs centrifuges sont courants dans le commerce.

CONSEIL DE SÉCURITÉ *Plusieurs engrais contiennent des produits chimiques nocifs : portez des manches longues et des gants de travail pour protéger votre peau, et un masque antipoussières pour éviter d'inhaler des particules.*

ÉPANDEUR À AUGE

1. Ajuster un épandeur à auge

Un épandeur à auge permet d'épandre de l'engrais en rangées égales, sur la largeur du corps de l'appareil. Il est facile d'épandre trop d'engrais car ces épandeurs laissent tomber leur contenu par des trous ajustables situés sous le récipient. La largeur des trous s'ajuste avec une molette située sur la poignée (1). Un levier est alors utilisé pour ouvrir et fermer les trous.

En vous assurant que les trous sont fermés, remplissez l'épandeur aux trois-quarts.

LES PELOUSES ET LES JARDINS

☞ Ajustez l'ouverture des trous en suivant les directives du fabricant.

2. Épandre l'engrais avec un épandeur à auge

☞ Les trous toujours fermés, poussez l'épandeur jusqu'à un coin du terrain. Les lignes et les flèches de l'illustration (2) indiquent un chemin qui assure un épandage égal et complet. Ouvrez les trous et poussez l'épandeur à une vitesse modérée le long d'une extrémité du terrain.

☞ À la fin de la rangée, fermez les trous, tournez l'épandeur dans l'autre sens, et déplacez-le d'une largeur de récipient. Ouvrez les trous et retournez à votre point de départ afin que le second trajet se fasse à côté du premier, sans chevauchement.

☞ Couvrez deux autres rangées (A) sur l'extrémité opposée du terrain de la même manière.

☞ Couvrez la section qui se trouve entre les rangées déjà couvertes en faisant un trajet perpendiculaire.

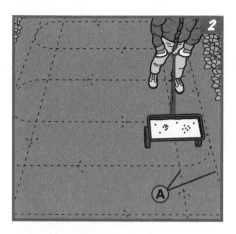

ÉPANDEUR CENTRIFUGE

1. Préparer l'épandeur centrifuge

Les épandeurs centrifuges risquent moins que les épandeurs à auge d'épandre trop d'engrais car le mécanisme de distribution disperse le contenu en cercles de 3 à 4 pieds de diamètre.

☞ Assurez-vous que les trous sont fermés et remplissez le récipient environ aux trois-quarts (1).

☞ Ajustez la dimension des trous de la manière suggérée par le fabricant.

2. Épandre l'engrais avec un épandeur centrifuge

Parce que ces épandeurs épandent moins d'engrais que les épandeurs à auge, il est nécessaire de passer l'appareil deux fois sur le terrain pour assurer un épandage complet. Les lignes et les flèches de l'illustration ci-dessous (2) présentent un trajet efficace.

☞ En commençant à un coin du terrain, ouvrez les trous et poussez l'épandeur à une vitesse modérée et régulière le long d'un côté du terrain. Sans vous arrêter, retournez à votre point de départ, en chevauchant d'environ un pied l'épandage effectué précédemment.

☞ Lorsque tout le terrain a été couvert et que vous êtes arrivé au côté opposé, tournez-vous sur 90 degrés et répétez l'opération de manière à ce que le nouveau trajet soit à angle droit par rapport au premier (2).

LES PELOUSES ET LES JARDINS

ÉMONDER UN ARBRE

En jardinage, l'émondage des arbres ne fait pas partie de la routine habituelle. Les arbres fruitiers requièrent un émondage annuel pour produire de plus belles fleurs et de meilleurs fruits, mais les autres arbres n'ont besoin d'être émondés qu'au besoin, s'il sont devenus trop grands, ou sont endommagés ou malades.

Le choix du bon outil dépend de la taille de la branche. Utilisez un sécateur pour les pousses adventives et les ramilles, un ébrancheur ou un élagueur à long manche pour les branches d'au plus 1½ pouce d'épaisseur, et une scie à émonder pour les branches d'au plus 4 pouces. L'émondage des branches de plus de 4 pouces de diamètre doit être confié à un spécialiste.

L'émondage, en particulier celui des branches maîtresses, se fait en tenant compte de deux éléments : le collet, partie ronde située à la base de la branche, et l'arête, sorte de joint dans l'écorce du tronc ou d'une branche maîtresse. Coupez à ras, tout juste au-dessus du collet ou de l'arête. Lorsque vous enlevez des branches malades, nettoyez la lame de l'outil avec de l'alcool à friction pour empêcher la propagation de la maladie.

CONSEIL DE SÉCURITÉ *Portez des gants de travail et des lunettes de sécurité lorsque vous émondez. Lorsque vous coupez au-dessus de votre tête, portez aussi un casque de protection.*

TEMPS REQUIS
Moins de deux heures

OUTILS
• Couteau à émonder • Sécateur • Ébrancheur • Scie à émonder • Élagueur à long manche

PLANIFIER LE TRAVAIL

Évaluer les besoins

Le meilleur moment pour émonder un arbre à feuilles caduques est durant sa période de dormance. Dans les climats froids, émondez au printemps, avant que les feuilles n'apparaissent. Avant de commencer, évaluez l'arbre dans son ensemble, en notant les problèmes ainsi que les caractéristiques à conserver. Éliminez les branches qui se croisent (A), les branches cassées ou malades (B), et les branches qui poussent à un angle étroit près du tronc (C) : elles risquent toutes de se briser facilement. Émondez les pousses adventives qui sortent des branches (D), ainsi que les gourmands qui poussent sur les racines (E). Si l'arbre est mature et trop touffu, émondez légèrement d'autres branches que vous aurez sélectionnées pour l'éclaircir, tout en préservant sa forme naturelle.

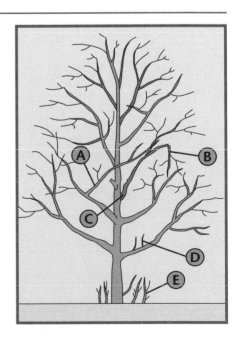

LES PELOUSES ET LES JARDINS

ÉMONDER LES PETITES BRANCHES

Couper avec un sécateur

Utilisez un sécateur pour couper les branches adventives et les branches de moins de ¾ de pouce de diamètre.

☞ Tenez le sécateur le plus près possible du tronc ou de la branche maîtresse sans endommager l'écorce (1), et faites une coupe unique et propre. Évitez de faire tourner le sécateur, ce qui endommagerait l'écorce.

Émonder avec un ébrancheur

Utilisez un ébrancheur pour couper les branches basses de ¾ à 1½ pouce de diamètre. Les longs manches permettent d'exercer une puissance de levier additionnelle.

☞ En tenant la lame supérieure contre le tronc ou la branche maîtresse et la lame inférieure à l'extérieur de l'arête ou du collet, faite une coupe unique et propre (2). Évitez de faire tourner l'ébrancheur, ce qui déchirerait l'écorce.

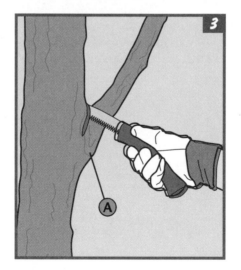

Couper avec une scie à émonder

Utilisez une scie à émonder pour couper les branches de 1 à 2 pouces de diamètre.

☞ Déposez la lame de la scie contre la branche tout juste à l'extérieur de l'arrête (3).

☞ Coupez à angle vers l'extérieur pour éviter de toucher au collet (A).

Couper avec un élagueur à long manche

Coupez les hautes branches de ¾ à 1½ pouce de diamètre avec un élagueur à long manche.

☞ En vous tenant loin de la branche, placez le crochet de l'élagueur sur la branche et appuyez le côté de l'outil contre le tronc ou la branche.

☞ Tirez sur la corde pour couper la branche (4).

ÉMONDER LES GROSSES BRANCHES

2. Terminer la coupe

☞ Placez la lame à environ 1 pouce plus loin que la première coupe, vers l'extérieur, tenez la branche avec votre main libre, et commencez à couper (2). La branche cassera sec lorsque vous aurez coupé sur environ la moitié du diamètre.

3. Couper le tronçon

En travaillant par au-dessus, placez la scie à l'extérieur de l'arête (A) et coupez à angle vers l'extérieur (3) pour éviter le collet (B).

1. Faire une première coupe

Avec une grande scie à émonder, coupez une branche de 2 à 4 pouces de diamètre en deux étapes pour qu'elle ne se casse pas, ce qui endommagerait l'arbre. Tout d'abord, coupez la branche à environ 10 pouces du tronc, du bas vers le haut. Puis, coupez le tronçon près du tronc.
☞ Enlevez tous les rameaux et dégagez l'espace au-dessous de la branche.
☞ Placez la scie à émonder sous la branche (1) et coupez vers le haut, presque jusqu'à la moitié.

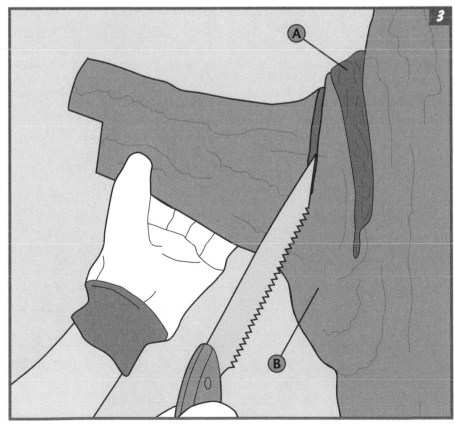

PULVÉRISER UN PESTICIDE LIQUIDE

En matière de lutte contre les ennemis des jardins, il vaut mieux y aller lentement. Bien souvent, vous pourrez enlever à la main les insectes nuisibles ou les chasser avec un jet d'eau pulvérisée. Dans certains cas, des détergents insecticides ou des pièges collants feront l'affaire. Mais si rien de tout cela ne réussit, vous devrez sans doute avoir recours à un pesticide chimique.

Un traitement réussi et sécuritaire requiert l'utilisation du bon produit pour résoudre le problème et d'une application au bon moment. Décrivez les symptômes du problème à un associé de Réno-Dépôt ou communiquez avec l'Agence de règlement de la lutte antiparasitaire de Santé Canada pour obtenir des conseils sur les produits qui conviennent, les outils requis, et les bons moments pour les appliquer.

Le type de pulvérisateur à choisir dépend beaucoup du type de plante et de la grandeur de la région à traiter. Les étapes 2 à 8 vous montrent comment utiliser une grande gamme de pulvérisateurs.

CONSEIL DE SÉCURITÉ *Avant d'utiliser un pesticide, lisez sur l'étiquette du produit les directives concernant la santé et la sécurité. Ne pulvérisez que par temps calme et sans vent. Portez des vêtements appropriés : des gants de caoutchouc, des lunettes de sécurité, ainsi qu'un respirateur qui vous évitera d'inhaler des poussières toxiques et des gouttelettes de produit. Un chapeau à large bord protégera votre tête, et une combinaison en polypropylène protégera vos vêtements.*

TEMPS REQUIS

Moins de deux heures

OUTILS

• Tasse à mesurer • Bouteille avec pulvérisateur • Pulvérisateur avec pompe à main • Pulvérisateur pour tuyau d'arrosage • Tuyau d'arrosage • Pulvérisateur dorsal • Contenant de plastique robuste • Entonnoir • Gants de caoutchouc • Respirateur • Combinaison en polypropylène • Chapeau à large bord

MATÉRIAUX

• Pesticide • Savon à vaisselle • Huile légère pour machine

LES PELOUSES ET LES JARDINS

1. Préparer le mélange

Plusieurs pesticides sont vendus prêts à l'emploi, avec leur propre applicateur. Toutefois, si vous achetez un concentré liquide, vous devrez le diluer dans de l'eau en suivant les directives du fabricant.

☞ Enfilez vos vêtements de protection avant de préparer le mélange et utilisez des contenants et des ustensiles qui ne serviront qu'à cet usage. Ne manipulez les pesticides qu'à l'extérieur, ou dans un endroit de la maison situé loin des enfants, animaux domestiques et aires de repas et de préparation des aliments.

☞ Ne préparez que la quantité de pesticide que vous comptez utiliser afin de réduire au minimum la quantité de produit à jeter une fois que vous aurez terminé (étape 9).

☞ Remplissez le bidon de l'applicateur (ici une pompe à main) avec la quantité d'eau requise avant d'ajouter le concentré.

☞ Versez le concentré dans une tasse à mesurer (1), ajoutez-le au bidon, vissez fermement l'applicateur et secouez-le.

2. Faire des applications localisées

Idéal pour traiter des plantes et arbustes séparément, un pulvérisateur en bouteille comporte une buse ajustable qui facilite l'application à courte distance et empêche d'appliquer trop de produit.

🦞 Ajustez la buse afin qu'elle pulvérise un fin brouillard. Pulvérisez à 4 à 6 pouces de la région affectée (2).

🦞 Secouez la bouteille à l'occasion pour vous assurer d'un bon mélange du produit.

3. Préparer la pompe à main

Les pulvérisateurs avec pompe à main sont idéaux pour l'application de pesticide dans une section de taille moyenne, comme pour un petit arbre.

🦞 Préparez la solution de pesticide, tel que montré à l'étape 1.

🦞 Glissez l'assemblage pompe-poignée sur l'ouverture du bidon et serrez fermement.

🦞 Pressurisez la pompe près de l'endroit où vous travaillerez. Dans le cas du modèle présenté ici, tournez la poignée d'un quart de tour, puis pompez à fond de haut en bas (3) jusqu'à ce que la pompe ne s'actionne plus ou qu'il n'y ait plus d'air qui s'échappe de la valve.

4. Utiliser un pulvérisateur avec pompe à main

🦞 Pour ajuster l'intensité et la portée du jet, tournez la buse (A) dans le sens des aiguilles d'une montre pour un jet étroit et concentré, et dans le sens contraire pour un jet large de fines gouttelettes.

🦞 En tenant le bidon d'une main et la tige de l'autre, appuyez sur le levier de commande (B) pour commencer à pulvériser. Visez le dessous des feuilles, là où se nourrissent plusieurs insectes (4).

🦞 Lorsque la pression commence à diminuer, pompez à nouveau, tel que décrit à l'étape 3.

🦞 Lorsque vous remplissez ou videz le bidon, enlevez l'assemblage pompe-poignée lentement pour libérer la pression.

5. Remplir un pulvérisateur pour tuyau d'arrosage

Ce pulvérisateur utilise la pression de l'eau d'un tuyau d'arrosage pour mélanger le concentré de pesticide à l'eau et pour pulvériser la solution sur un grand secteur en peu de temps. Un cadran situé sur le bouchon du pulvérisateur (A) vous permet d'ajuster le mélange. Ce type d'applicateur est idéal pour traiter les pelouses, plate-bandes et arbres.

🦞 Dévissez le bouchon et remplissez le bidon de pesticide concentré (5).

CONSEIL DE SÉCURITÉ *Remplissez le bidon près du secteur où vous travaillez, loin des enfants, des animaux domestiques et des aires de repas et de préparation des aliments.*

6. Utiliser un pulvérisateur pour tuyau d'arrosage

🖝 Connectez le bout de votre tuyau d'arrosage à la valve de l'entrée d'eau située sur le bouchon du pulvérisateur, puis vissez fermement le bouchon sur le bidon.

🖝 Dans le cas du modèle présenté ici, ajustez le déflecteur (A) pour obtenir un jet large de fines gouttelettes ou un jet étroit et concentré.

🖝 En vous servant du cadran, ouvrez la valve d'entrée d'eau. Ouvrez le robinet d'eau.

🖝 Réglez le cadran en suivant les directives du fabricant. Le mélange eau-pesticide commencera à être pulvérisé.

🖝 Pour traiter un arbre, visez le dessous des feuilles (6).

7. Préparer un pulvérisateur dorsal

Un pulvérisateur dorsal est une bonne solution de rechange lorsque le tuyau est hors d'accès ou que son usage est peu commode. Il est facile à porter malgré sa grande capacité et convient bien à la pulvérisation sur un grand secteur.

🖝 Préparez le mélange de pesticide dans un contenant distinct, dévissez le bouchon du bidon dorsal, et transvidez la solution en la filtrant (7).

🖝 Vissez fermement.

8. Utiliser le pulvérisateur dorsal

🖝 Portez le pulvérisateur, en ajustant les courroies de manière à ce que le bidon repose confortablement au milieu de votre dos.

🖝 Lorsque vous êtes prêt, pressurisez le pulvérisateur en pompant le levier de commande situé sur un côté. Pompez de haut en bas jusqu'à ce que vous sentiez de la résistance.

🖝 Ajustez l'intensité et pulvérisez en tournant la buse (B) dans le sens des aiguilles d'une montre pour un jet étroit et concentré, et dans le sens contraire pour un jet large de fines gouttelettes.

🖝 Pour traiter un arbre, visez le dessous des feuilles (8). Lorsque vous videz ou remplissez à nouveau le bidon, enlevez le bouchon lentement pour libérer la pression.

9. Disposer du pesticide non utilisé

La plupart des localités ont établi des règlements concernant la mise au rebut des pesticides et autres déchets toxiques : informez-vous des mesures à prendre. De nombreuses municipalités font la collecte une ou deux fois par année des déchets toxiques domestiques.

☞ Toujours en portant vos lunettes de sécurité, versez le restant dans un contenant de plastique robuste en vous servant d'un entonnoir pour éviter les pertes (9). Si vous renversez du pesticide, nettoyez immédiatement et rincez bien la surface touchée avec de l'eau.

☞ Étiquetez clairement le contenant et entreposez-le dans un endroit sécuritaire (étape 12) jusqu'à ce que vous en disposiez.

CONSEIL DE SÉCURITÉ *Disposez d'un pesticide loin des enfants, des animaux domestiques, des aires de repas et de préparation des aliments.*

10. Nettoyer l'équipement

☞ Dès que le bidon est vidé, remplissez-le d'eau claire, puis versez cette eau dans un seau de plastique (10). Faites tremper les par-

ties du pulvérisateur, en pièces détachées, dans le seau.

☞ Rincez à nouveau le bidon, cette fois en ajoutant un peu de savon à vaisselle. Vissez le bouchon et secouez. Versez l'eau savonneuse dans le seau et rincez à nouveau.

☞ Nettoyez toutes les pièces détachables du pulvérisateur dans l'eau de rinçage. Dans le cas de la pompe à main présentée ici, cela inclut l'assemblage pompe-poignée, la buse et les connections à la tige. Nettoyez aussi tout contenant ou ustensile utilisé.

11. Rincer les pièces

☞ Remplissez le bidon d'eau et de savon à vaisselle. Assemblez à nouveau la tige et la buse, et vissez-les au bidon. Vissez l'assemblage pompe-poignée.

☞ Pulvérisez le contenu du bidon dans un seau de plastique (11).

☞ Rincez le bidon à l'eau claire, remplissez-le à nouveau d'eau, et pulvérisez l'eau dans le seau jusqu'à ce que l'eau soit exempte de savon.

☞ Disposez de l'eau de rinçage tel que montré à l'étape 9.

12. Entreposer les pesticides et pulvérisateurs

☞ Laissez bien sécher le pulvérisateur et lubrifiez toutes ses pièces mobiles avec de l'huile légère pour machine.

☞ Étiquetez clairement tous les contenants de pesticide et disposez de tout produit dont la date de péremption est dépassée.

☞ Entreposez les applicateurs et les pesticides sur une tablette dans un endroit sec et frais, hors de la portée des enfants. Verrouillez le lieu d'entreposage pour plus de sécurité (12).

LES PELOUSES ET LES JARDINS

PLANTER DES ARBRES ET DES ARBUSTES

Assurez-vous de choisir une espèce d'arbre ou d'arbuste suffisamment robuste pour résister au climat local, et un emplacement qui procurera l'ensoleillement et le drainage nécessaires. Même si elles sont correctement plantées, les plantes mal situées sont condamnées à l'avance. Dans un climat sujet aux gels, le printemps est la meilleure période de l'année pour planter arbres et arbustes. Néanmoins, la plantation peut se faire tout au long de l'été.

Les arbres et arbustes sont le plus souvent vendus dans des contenants de plastique, mais aussi dans des pots de fibre, des paniers de métal, ou encore les racines nues ou emmottées et recouvertes de toile. Dans tous les cas, la technique de plantation est semblable.

Soyez patient! Selon les espèces, il faut parfois attendre un an après la transplantation pour constater des signes de croissance. Et il faut parfois plusieurs années à un arbre ou à un arbuste ligneux pour bien s'établir.

TEMPS REQUIS	OUTILS	MATÉRIAUX
De deux à quatre heures	• Ruban à mesurer • Seau • Pelle • Couteau polyvalent • Brouette • Pic • Gants de travail • Gants de caoutchouc • Lunettes de sécurité	• Géotextile perméable épais • Gravier • Mousse de tourbe • Terre de rempotage ou terre arable • Fumier ou compost • Engrais • Paillis fin

LES PELOUSES ET LES JARDINS

1. Creuser le trou de plantation

Les arbres et arbustes plantés trop profondément ne se développeront pas. Aussi, il est important de bien calculer la profondeur du trou à creuser. Les racines pénétreront plus facilement le sol environnant si elles sont soutenues par une couche de remblai fait de terre travaillée. Dans les zones mal drainées, il faut retirer au trou 6 pouces de terre de plus pour ajouter une couche de gravier.

☞ Pour déterminer le diamètre du trou, mesurez la largeur du contenant et doublez-la.

☞ Pour déterminer la profondeur du trou, mesurez la hauteur du contenant. Soustrayez de ce chiffre 2 pouces pour permettre au sol de se tasser et assurer que le collet des racines sera situé au-dessus de la surface du sol. Puis, ajoutez 6 pouces pour laisser suffisamment d'espace pour un remblai au fond du trou, sous la motte de racines.

☞ Avec une pelle, creusez un trou selon ces dimensions (1).

2. Assurer un bon drainage

Il faut assurer un bon drainage afin que l'eau s'écoule et ne s'amasse pas autour du système racinaire. Un excès d'eau noiera les racines et finira par tuer l'arbre ou l'arbuste.

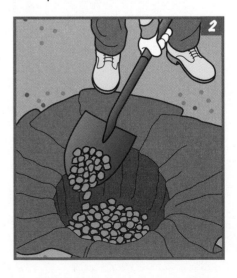

Dans les zones mal drainées, déposer une couche de gravier au fond du trou de plantation permettra d'éviter un tel problème.

☞ Creusez le trou de plantation 6 pouces plus profond afin d'avoir assez d'espace pour le gravier.

☞ Recouvrez l'intérieur du trou de géotextile perméable épais. Utilisez suffisamment de tissu pour que vous puissiez le replier au-dessus du gravier.

☞ Ajoutez 6 pouces d'un gravier de ¾ de pouce (2).

☞ Repliez les bords du géotextile perméable épais au-dessus du gravier, en le couvrant complètement, et coupez le surplus.

3. Remblayer avec la terre d'origine

Avec la pelle, ajoutez au-dessus du gravier et du géotextile perméable épais une couche de 6 pouces de terre. Utilisez la terre que vous avez retirée du sol, en la brisant légèrement avec une pelle si elle est lourde et compacte.

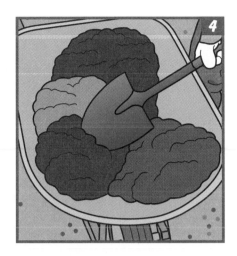

4. Préparer la nouvelle terre de remblayage

Préparez un mélange de terre de remblayage enrichi dans une brouette. Mélangez les ingrédients en utilisant la pelle comme mesure et en suivant la recette suivante : deux parts de terre d'origine, deux parts de nouvelle terre (terre de rempotage ou terre arable de qualité); une part de mousse de tourbe; et une part de fumier ou de compost (4). Préparez un peu plus de ce mélange que le strict nécessaire pour remplir le trou.

☞ Ajoutez graduellement de petites quantités d'eau dans la nouvelle terre de remblayage jusqu'à ce que la terre soit bien saturée. Pressez entre vos mains le mélange : la terre doit être humide, sans dégoutter.

5. Mettre en place l'arbre ou l'arbuste

☞ En tenant l'arbre ou l'arbuste par le collet des racines, et en soutenant les racines, placez-le délicatement au centre du trou, en vous assurant que son côté le plus agréable à l'œil soit placé en direction de l'endroit d'où il sera le plus visible (5).

☞ Si les racines sont entourées d'un panier de métal, coupez et repliez vers le bas la partie supérieure du panier. Dans le cas d'une toile, retirez les fils de nylon qui l'attachent et dépliez la toile de manière à découvrir environ la moitié de la motte de racines. S'il s'agit d'un pot de fibre, retirez-le entièrement. Retirez aussi les doublures et les étiquettes en plastique.

☞ Assurez-vous que le collet des racines se situe au-dessus du niveau du sol.

Note : *Lorsque la motte est entourée d'un enchevêtrement de racines, le système racinaire est immobilisé. Avec un couteau polyvalent, faites quelques tailles en croix dans la motte pour stimuler la croissance de nouvelles racines.*

6. Remblayer

👉 Ajoutez une petite quantité de la nouvelle terre autour de l'arbre ou de l'arbuste afin de le maintenir en place.

👉 Reculez et faites le tour de l'arbre ou de l'arbuste pour vous assurer qu'il est bien droit. S'il faut le replacer, tenez-le par la motte de racines et non par le tronc ou le pied.

👉 Remplissez le trou avec de la terre de remblayage neuve jusqu'au niveau du sol, en vous assurant qu'aucun fil métallique ou morceau de toile n'est visible (6).

👉 Tassez le sol fermement autour de la base de l'arbre ou de l'arbuste avec la plante du pied. Évitez d'utiliser vos talons car vous pourriez endommager les racines.

👉 Ajoutez de la terre jusqu'à ce qu'elle arrive à égalité avec la surface du sol.

👉 Tout juste au-delà de l'endroit où l'eau s'écoulera du feuillage, créez un petit barrage de terre de 4 à 6 pouces de hauteur autour de l'arbre ou de l'arbuste, pour retenir l'eau.

7. Arroser et ajouter l'engrais

Demandez de l'aide en magasin pour choisir l'engrais qui convient à l'espèce d'arbre ou d'arbuste que vous avez choisi, et assurez-vous qu'il facilitera la croissance des racines et non du feuillage. Ne mettez pas d'engrais lorsqu'il fait très chaud ou très sec.

👉 Arrosez abondamment l'arbre ou l'arbuste afin d'humidifier tout le système radiculaire (7). Laissez le sol s'imbiber d'eau complètement.

👉 Arrosez à nouveau, cette fois en ajoutant l'engrais. Évitez d'éclabousser d'engrais le feuillage.

👉 Arrosez encore une semaine plus tard (ou plus tôt s'il fait très chaud, et plus tard s'il a plu).

👉 Au cours de la première saison de croissance, arrosez aussi souvent que nécessaire pour prévenir l'assèchement du sol. Ajoutez de l'engrais à l'eau une fois par mois, mais n'ajoutez plus d'engrais au début de l'automne.

CONSEIL DE SÉCURITÉ *Portez des manches longues, des gants de caoutchouc et des lunettes de sécurité lorsque vous mélangez l'engrais à l'eau.*

8. Poser un paillis

Un paillis fin de cèdre ou de pruche moulus est le paillis qui convient le mieux aux arbres et arbustes fraîchement plantés. Les copeaux et les écorces ne devraient être utilisés que lorsque l'arbre ou l'arbuste est déjà bien établi dans le sol. Il est préférable d'utiliser des paillis de commerce car ils sont stérilisés.

👉 Distribuez une couche de paillis de 3 pouces de hauteur au maximum à l'intérieur du petit barrage protecteur (8). Pour empêcher les maladies de se propager à l'arbre ou l'arbuste, assurez-vous que le paillis ne touche pas au tronc ou au pied.

👉 Ajoutez un paillis neuf tous les deux ans. Au cours de la saison de croissance, défaites le paillis tous les mois avec une pelle afin qu'il ne forme pas de couche dure.

PROTÉGER LES ARBRES ET LES ARBUSTES POUR L'HIVER

Dans les climats froids, il importe de protéger les petits arbres et les arbustes l'hiver si l'on veut conserver un beau jardin en santé. Les conifères enneigés sont magnifiques mais l'accumulation de neige et de glace peut provoquer un affaissement ou une cassure dommageable. Quant aux arbres à feuillage caduc, ils sont eux aussi vulnérables; les jeunes bouleaux et les érables argentés en particulier doivent être enveloppés pour protéger leur écorce du froid.

Il existe plusieurs moyens de protéger les arbres et arbustes, et chacun a ses avantages. Ainsi, par exemple, attacher les branches des conifères avec de la corde ou les envelopper de toile de jute pour diminuer l'étendue des branches sont des moyens faciles d'empêcher l'accumulation de neige. La construction d'un auvent assure une protection plus complète des arbustes et arbrisseaux contre les chutes de glace ou de neige en provenance du toit de la maison. Ces façons de protéger vos arbres et arbustes ne prennent pas beaucoup de temps. Assurez-vous toutefois d'avoir tout le matériel nécessaire sous la main avant que l'hiver ne frappe à la porte!

TEMPS REQUIS

De deux à quatre heures

OUTILS

- Massette • Marteau • Ruban à mesurer • Equerre de menuisier
- Ciseaux robustes • Agrafeuse
- Pulvérisateur à pompe manuelle
- Gants de travail • Gants de caoutchouc • Ceinture porte-outils • Lunettes de sécurité

MATÉRIAUX

- Bande adhésive • Toile de jute
- Corde de nylon • Filet de plastique • Anti-dessication liquide
- 2 x 2 • 1 x 3 • Clous galvanisés

LES ARBRES À FEUILLAGE CADUC

Protéger avec une bande adhésive

L'écorce des jeunes arbres, en particulier les bouleaux et les érables argentés, a tendance à craquer sous des températures froides. Aussi, protégez la base des troncs avec une bande adhésive.

☞ En partant du sol, entourez le tronc, en chevauchant le matériel d'environ 1 pouce à chaque tour (1).

☞ Continuez jusqu'à la branche la plus basse, puis coupez le surplus avec des ciseaux robustes.

Note : *Pour empêcher les rongeurs de s'attaquer à l'écorce, enveloppez le tronc de l'arbre d'une pellicule de plastique perforée, jusqu'à environ 12 pouces au-dessus du niveau prévu de la neige.*

LES CONIFÈRES

Attacher les branches avec de la corde de nylon

Attacher les branches des conifères étroits aide à les protéger du poids de l'accumulation de neige et de glace.

☞ Au moyen d'une corde de nylon de bonne qualité, faites un nœud serré autour de la base du conifère.

☞ Déroulez la corde de sa bobine et enroulez-la autour du conifère, en montant plus haut à chaque tour (1). Serrez la corde au fur et à mesure, de manière à ce que les branches soient poussées vers le haut et que l'espace entre elles soit réduit. Assurez-vous toutefois que la corde n'endommage pas les branches.

☞ Lorsque vous arrivez dans la partie supérieure du conifère, nouez la corde et coupez le surplus.

☞ N'oubliez pas d'enlever la corde tôt au printemps, avant que les nouvelles pousses n'apparaissent.

LES ARBUSTES ET ARBRISSEAUX

1. Étaler du paillis

La perte d'humidité au cours de l'hiver endommage tout particulièrement les plantes comme le houx et les rhododendrons. Pour qu'elles conservent leur humidité, couvrez la région des racines avec du paillis. Le paillis organique assure non seulement une bonne couverture, mais il fournit des nutriments importants au sol lors du dégel, ce qui diminue les besoins en fertilisant.

☞ Étalez un cercle de paillis d'environ 3 pouces de hauteur autour de la base des arbustes et arbrisseaux (1). Assurez-vous que le paillis est vieux, car les copeaux ou les écorces de bois vert peuvent lessiver l'azote contenu dans le sol. L'idéal est d'utiliser un mélange d'aiguilles de pin et de feuilles de chêne.

2. Appliquer un antidessication

L'application d'un anti-dessication liquide est un excellent moyen d'aider à retarder les pertes d'humidité dans les arbustes et arbrisseaux à larges feuilles.

☞ Diluez l'antidessication liquide dans de l'eau en suivant les directives du fabricant et remplissez le bidon d'un pulvérisateur à pompe manuelle.

☞ Vaporisez complètement chaque arbuste ou arbrisseau, en recouvrant bien le dessous des feuilles, là ou les stomates (les pores d'où sort l'humidité) sont situés (2).

☞ Au milieu de l'hiver, vérifiez l'état des arbustes et arbrisseaux. Si la couche cireuse a disparu, appliquez une nouvelle couche de produit.

CONSEIL DE SÉCURITÉ *Les anti-dessication ne sont pas toxiques mais ils laissent un résidu collant et cireux. Protégez vos mains en portant des gants de caoutchouc.*

3. Construire un abri

Les structures en forme de tipi faites de 1 x 3 et de toile de jute constituent des abris robustes et efficaces pour les arbustes et arbrisseaux.

☞ Coupez quatre piquets faits de 1 x 3 environ 6 pouces plus longs que la hauteur de l'arbuste ou arbrisseau à protéger.

☞ Positionnez les piquets à égale distance autour de l'arbuste ou arbrisseau, en leur donnant un angle de manière à ce qu'ils touchent à peine les limites extérieures des branches. Avec une massette, plantez les piquets dans le sol afin qu'ils se rencontrent à la cime de l'arbuste ou de l'arbrisseau (3).

☞ Nouez le haut des piquets ensemble avec une corde de nylon.

4. Recouvrir l'abri

☞ Avec des ciseaux robustes, coupez un morceau de toile de jute (plus étroit à la cime qu'à la base) suffisamment large pour s'ajuster autour des piquets tout en conservant un chevauchement de plusieurs pouces.

☞ Agrafez un bout de la toile à un piquet tous les 4 à 6 pouces (4), puis entourez les piquets et agrafez l'autre bout de la toile.

Note : *Pour les arbustes et arbrisseaux qui doivent être isolés, utilisez des feuilles de mousse de plastique au lieu de la toile de jute.*

LES ARBUSTES ET ARBRISSEAUX EN BORDURE DE LA MAISON

1. Bâtir le cadre

Les arbustes et arbrisseaux en bordure de la maison seront bien protégés par un solide auvent.

☞ Coupez deux paires de piquets dans des 2 x 2. Une paire doit avoir 1 pied de plus que la hauteur de l'arbuste ou arbrisseau, et l'autre paire environ 2 pieds de plus.

☞ Avec une massette, plantez les piquets dans le sol, les plus longs à l'arrière, près de la maison, et les plus courts en ligne avec les premiers, devant les arbustes ou arbrisseaux. Au besoin, utilisez un ruban à mesurer et une équerre de menuisier pour vous assurer que les angles sont droits.

☞ Clouez une traverse faite d'un 2 x 2 dans le haut de chaque paire de piquets plantés le plus de niveau possible (1).

Portez des lunettes de sécurité lorsque vous clouez.

2. Construire un auvent protecteur

L'auvent est une grille faite de planchettes de 1 x 3 espacées de 2½ pouces.

☞ Mesurez la longueur et la largeur de la base, puis coupez des planchettes de 1 x 3 de la longueur qui convient, en comptant qu'il faut un espace de 2½ pouces entre chaque planchette.

☞ Sur une surface de travail plate, utilisez une équerre de charpentier pour mettre en place les planchettes. En laissant un espace de 2 ½ pouces entre les planchettes, fixez les petites aux longues avec des clous galvanisés de 1¼ pouce (2).

Note : *Utilisez une planchette comme espaceur pour assurer un espacement égal.*

3. Fixer l'auvent

☞ Déposez l'auvent terminé sur la structure.

☞ Fixez l'auvent à la base au moyen de clous galvanisés plantés à travers le bout des planchettes dans les traverses (3).

☞ Vous pouvez aussi fixer l'auvent au moyen de vis galvanisées qui pourront être dévissées au printemps lorsque vous voudrez désassembler la structure.

CRÉER UN JARDIN AQUATIQUE

Pour votre jardin aquatique, choisissez un endroit où le sol est de niveau et évitez les terrains bas car ils ont tendance à être inondés par temps de pluie. De plus, évitez les emplacements trop longtemps exposés au soleil direct car un excès de chaleur et de lumière favorise la croissance incontrôlée des algues. Évitez aussi de situer le bassin directement sous un arbre car les feuilles qui tombent peuvent contaminer l'eau.

On peut créer un bassin en utilisant une coquille de fibre de verre ou une doublure souple en élastomère synthétique (EPDM). Les coquilles de fibre de verre sont faciles à installer. En revanche, les doublures souples prennent la forme que vous désirez et elles vous permettent de créer une bordure qui a l'air naturelle.

Si vous désirez que votre bassin contienne des poissons, l'eau devra être aérée et nettoyée au moyen d'un filtre à pompe. Consultez les directives des fabricants pour trouver le modèle qui conviendra le mieux à la taille de votre bassin.

TEMPS REQUIS

Plus de quatre heures

OUTILS

• Ruban à mesurer • Niveau pour cordeau • Longue règle de bois • Pelle • Bêche • Seau • Massette • Couteau utilitaire • Brouette • Pic • Tuyau d'arrosage • Gants de travail • Genouillères • Bottes en caoutchouc à bouts de métal

MATÉRIAUX

• Doublure en EPDM • Toile épaisse pour bassin • Piquets de métal (et rondelles) • 1 x 1 • Cailloux • Pierres

Anatomie d'un jardin aquatique

Chaque type de plante aquatique doit être planté à une profondeur spécifique. Afin de pouvoir contenir plusieurs sortes de plantes, notre bassin possède trois niveaux : la périphérie (1), la plateforme (2), et le fond (3). La doublure (A), posée entre deux couches de toile épaisse pour bassin (B), épouse ces niveaux et déborde de 2 pieds au delà du périmètre.

Déterminez la largeur et la longueur du bassin en suivant les directives de l'étape 1, puis utilisez cette formule pour calculer les

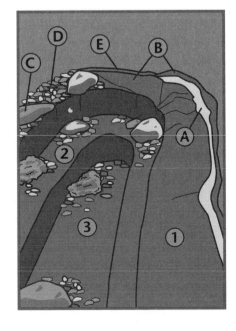

quantités requises de doublure et de toile pour bassin.

☞Longueur de doublure et de toile = (2 x la profondeur) + la longueur du bassin + 4 pieds
☞Largeur de doublure et de toile = (2 x la profondeur) + la largeur du bassin + 4 pieds

Le tour du bassin comporte trois éléments : de grosses pierres (C), des cailloux (D), et un ancrage (E) fait de clous galvanisés qui fixent la doublure et la toile à une tranchée.

LES PELOUSES ET LES JARDINS

2. Commencer à creuser

☞Marquez la bordure en coupant dans le sol le long du tuyau d'arrosage, puis enlevez le tuyau. À l'extérieur de la bordure, creusez jusqu'à une profondeur de 2 pouces, une lisière de 2 pieds de largeur.

☞ Creusez le bassin jusqu'à une profondeur légèrement moins grande que celle de la plateforme, soit environ 10 ou 12 pouces (2). Utilisez un pic pour enlever les pierres et ameublir le sol.

☞ Replacez le cordeau au-dessus de la longueur du bassin, à égalité avec la surface du bassin. Mettez le cordeau à niveau au moyen d'un niveau pour cordeau.

☞ Vérifiez la profondeur en mesurant à plusieurs endroits le long du cordeau. Déplacez un des piquets, remettez le cordeau à niveau et vérifiez ainsi plusieurs endroits.

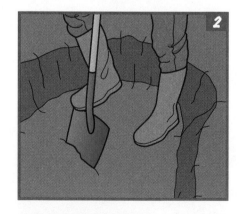

CONSEIL DE SÉCURITÉ *Pour éviter de vous blesser le dos, pliez les genoux lorsque vous levez un poids. Des genouillères vous protégeront des pierres pointues et du sol humide.*

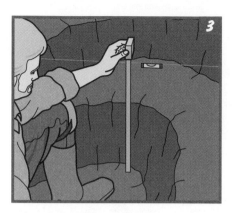

1. Marquer le périmètre

N'achetez la doublure et la toile pour bassin que lorsque vous aurez marqué et mesuré le périmètre de votre jardin aquatique.

☞ Faites sur papier un croquis de la forme du bassin. Reproduisez ensuite le périmètre de cette forme en utilisant un tuyau d'arrosage. Examinez votre tracé à partir de différents points de vue et adoucissez les angles trop pointus.

☞ Plantez un piquet fait d'un 1 x 1 dans le sol, à chacun des deux bouts les plus éloignés (la longueur). Tendez solidement un cordeau entre les piquets, puis mesurez la distance entre les endroits où il croise le tuyau.

☞ Mesurez la partie la plus large de la largeur du bassin, en posant le ruban à mesurer à angle droit avec le cordeau (1).

☞ Retirez le cordeau entre les piquets et mettez-le à côté.

3. Terminer le trou

☞ Enlevez le cordeau et creusez la partie centrale du bassin, en laissant tout le tour une plateforme d'environ 12 pouces de largeur.

☞ Avant d'atteindre la profondeur finale de 24 pouces, replacez le cordeau, assurez-vous qu'il est de niveau et vérifiez la profondeur du trou en plusieurs endroits (3).

☞ Finissez de creuser le fond et les côtés du bassin en vous servant d'une bêche.

Note : *Évitez de creuser trop profondément. Remplir de terre meuble céera une base moins solide pour votre doublure et les parois de la plateforme pourraient s'effondrer.*

4. Poser une première couche de toile

Choisissez une toile pour bassin qui ressemble à du feutre. Planifiez à l'avance la coupe pour conserver les plus grands morceaux pour la couche supérieure, et utilisez les plus petits morceaux pour la couche du fond.

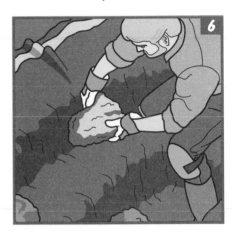

🔨 Placez plusieurs grosses pierres au fond du bassin et le long de la plateforme, près des parois (6), pour empêcher la toile de flotter une fois l'eau ajoutée.

🔨 Dépliez la toile au-dessus du trou. Lissez-la contre les côtés, la plateforme et le fond. Assurez-vous qu'elle dépasse d'au moins 2 pieds autour du bord du bassin.

🔨 Si vous avez besoin de plus d'un morceau de toile, assurez-vous que les morceaux qui forment le fond du bassin chevauchent de 6 pouces ceux qui couvrent les côtés (4).

🔨 Avec un couteau utilitaire, découpez le surplus de toile afin qu'il ne dépasse pas de plus de 2 pieds le bord du bassin.

5. Poser la doublure

🔨 Dépliez et étalez la doublure au-dessus du bassin, en la lissant contre la toile. Laissez au moins 2 pieds de doublure dépasser autour du bord du bassin.

🔨 En travaillant de l'intérieur du bassin, lissez les plis le long des parois. Défaites tous les plis, puis faites un seul grand pli avec le surplus (5).

🔨 Découpez les bords pour qu'ils aient 1 pouce de moins que la couche de toile pour bassin.

Note : *Avant de poser la doublure, assurez-vous qu'elle ne comporte pas de trous. Demandez à plusieurs assistants de la déplier et de la tenir à la lumière afin que vous puissiez l'examiner.*

6. Poser la deuxième couche de toile pour bassin

La couche supérieure de toile pour bassin protège la doublure des pierres et cailloux et apporte de l'humidité aux plantes situées le long de la bordure.

🔨 Posez la toile dans le bassin, dans le sens de la longueur. Lorsque vous utilisez plus d'un morceau, faites se chevaucher leurs bords sur 12 pouces.

🔨 Coupez les bords de la toile de manière à ce qu'elle soit 1 pouce plus court que la doublure.

7. Remplir le bassin

La pression d'eau du tuyau d'arrosage a tendance à projeter de la terre sur la toile pour bassin et sur les pierres, ce qui opacifie l'eau pendant quelques jours. Évitez ce problème en faisant couler l'eau dans un seau maintenu au fond du bassin (7). Remplissez ainsi le bassin jusqu'à ce que l'eau soit à quelques pouces de la bordure.

8. Ajuster les bords

☞ Avec une longue règle de bois, vérifiez la profondeur de l'eau au centre du bassin (8). Assurez-vous que la règle est verticale et qu'elle repose au fond du bassin et non sur une pierre submergée. Déterminez combien de pouces d'eau doivent être ajoutés pour atteindre la profondeur finale de 24 pouces.

☞ Le long des bords, vérifiez combien d'espace il reste entre la surface de l'eau et le niveau du sol.

Note : *Au fur à mesure que vous faites la bordure, vous devrez creuser ou créer un monticule de manière à ce que les pierres et les cailloux soient partiellement submergés mais que la section servant de tranchée soit toujours 3 pouces au-dessus de l'eau.*

9. Placer les pierres de la bordure

Les pierres et les cailloux absorbent la chaleur et trop de chaleur peut favoriser la croissance d'algues. Ne placez de pierres et de cailloux que sur la moitié extérieure du bord du bassin.

☞ Placez les pierres sur la couche supérieure de la toile, leur pointe vers l'extérieur. Ajoutez de la terre ou creusez sous la toile et la doublure afin que la partie inférieure des pierres soit submergée par 2 ou 3 pouces d'eau lorsque l'eau sera ajoutée.

☞ Repliez une partie de la toile contre la face supérieure de chaque pierre et, avec un couteau polyvalent, découpez-la juste sous le haut de la pierre.

☞ Pour empêcher la toile d'aspirer l'eau hors du bassin, repliez la doublure au-dessus de la couche supérieure de la toile (9). Au besoin, découpez la doublure.

☞ Découpez la couche inférieure de la toile et pliez-la afin qu'elle recouvre la doublure, en vous assurant qu'elle ne touche pas à la couche supérieure de la toile. Compactez la terre contre les couches afin qu'elles reposent bien à leur place contre la pierre.

10. Créer une plage de cailloux

Pour que les cailloux demeurent en place, créez une plage entre deux grosses pierres.

☞ Soulevez les couches de doublure et de toile et créez une crête de retenue de 2 à 3 pouces le long de l'intérieur de la bordure où seront déposés les cailloux. Assurez-vous que la crête est suffisamment basse pour être submergée lorsque l'eau sera ajoutée.

☞ Faites glisser le bout de la bêche sous les couches de doublure et de toiles, puis grattez la terre vers vous à partir de la crête, pour créer une pente graduelle sur environ 18 pouces.

LES PELOUSES ET LES JARDINS

☛ Replacez les tissus. Coupez les couches pour obtenir une largeur de 18 pouces de manière à ce que la toile inférieure dépasse de 1 pouce de la doublure et que la doublure dépasse de 1 pouce de la toile supérieure.

☛ Déposez les cailloux derrière la crête, sur la toile supérieure (10).

11. Préparer la tranchée

Là où il n'y a ni pierres ni cailloux pour maintenir en place les couches de toile et la doublure, posez des piquets de métal dans une tranchée peu profonde.

☛ Creusez ou ajoutez de la terre là où la tranchée sera faite de manière à ce que le sol soit à 3 pouces au-dessus du niveau d'eau final.

☛ Déposez un long 2 x 4 sur l'eau, le long de la rive du bassin, où la tranchée sera creusée. Repliez les couches de doublure et de toile sur le 2 x 4.

☛ Creusez une tranchée de 6 pouces de profondeur le long du bord, à 2 ou 3 pouces de l'eau (11). Faites attention de ne pas défaire les bords du bassin. Ayez de la terre à côté de vous pour le remplissage.

12. Ancrer la doublure et les toiles

☛ Repliez les couches de doublure et de toile. Faites-les reposer contre le fond et les parois de l'ancrage.

☛ Égalisez la couche supérieure jusqu'au bord de l'ancrage.

☛ Avec une massette, plantez des piquets de métal munis d'une rondelle tous les 24 pouces le long de l'ancrage, dans les couches de doublure et de toile (12). Si la tranchée doit être faite le long d'une courbe, plantez des piquets tous les 12 pouces.

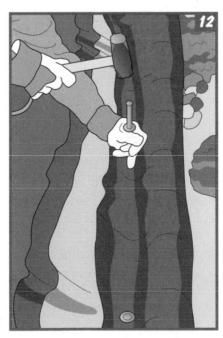

13. Cacher la tranchée

Une fois les couches de doublure et de toile fixées, la tranchée sera cachée par de la terre et des plantes.

☛ Coupez la doublure, en laissant assez de matériau pour pouvoir la replier sur la couche supérieure de toile et empêcher l'aspiration de l'eau (effet de mèche) (13).

☛ Repliez la couche inférieure de toile jusqu'au bord de la doublure et coupez l'excédent.

☛ Compactez la terre derrière les couches de doublure et de toile, en les maintenant fermement contre le côté du bassin.

☛ Terminez de remplir le bassin d'eau, jusqu'à 3 pouces du bord.

INSTALLER UNE BORDURE PAYSAGÈRE

Les bordures de plastique sont peu coûteuses et faciles à poser, et elles constituent un matériau de choix lors de la création de plate-bandes aux formes arrondies. D'autres matériaux, comme la brique ou l'aluminium, conviennent mieux aux plate-bandes à angles pointus.

Faire le tracé de votre plate-bande avec un tuyau d'arrosage permet d'avoir une bonne idée du résultat. Le tuyau peut vous servir de guide pour déterminer l'em-

placement d'une tranchée, mais vous risquez de l'endommager en creusant. Aussi, marquez l'emplacement du tuyau au sol avec de la craie en poudre et creusez le long de la ligne de craie.

Achetez toujours quelques pieds supplémentaires de bordure : il est plus facile d'enlever de l'excédent que d'ajouter une longueur une fois que tout a été mis en place.

TEMPS REQUIS
Deux à quatre heures

OUTILS
• Tuyau d'arrosage • Craie en poudre • Bêche • Pic (ou autre soulève-gazon) • Cisailles à tôle (ou sécateur) • Massette • Genouillères • Gants de travail

MATÉRIAUX
• Bordure • Raccords • Piquets d'ancrage • Ruban-cache

LES PELOUSES ET LES JARDINS

1. Faire le tracé

Avant de commencer, déposez le tuyau d'arrosage et la bordure au soleil pendant quelques heures : ils s'assoupliront et seront plus faciles à manipuler.

☞ Faites le tracé avec le tuyau, en essayant différentes formes jusqu'à ce que vous obteniez le résultat voulu.

☞ Pressez sur la bouteille de craie en poudre le long du bord extérieur du tuyau (1), puis enlevez le tuyau.

2. Creuser la tranchée

La tranchée doit avoir une profondeur égale, et suffisante pour qu'environ $\frac{1}{2}$ pouce de bordure dépasse du sol.

☞ Avec une bêche, creusez une tranchée le long de la ligne de craie, le côté extérieur vertical afin de soutenir adéquatement la bordure (2).

☞ Enlevez le gazon à l'intérieur de la tranchée avec un pic ou un soulève-gazon.

3. Placer la bordure

Pour que les raccords soient le moins visibles possible, évitez de joindre la bordure dans les coins.

🔨 Placez la bordure dans la tranchée (3), en ajoutant ou enlevant de la terre au besoin afin que le fond demeure égal.

Note : *Empêchez la terre de retomber dans la tranchée en travaillant autant que possible le long du bord extérieur de la bordure.*

4. Couper les morceaux de bordure

🔨 Utilisez du ruban-cache pour marquer l'emplacement des bandes qui se chevauchent.

🔨 Coupez la bordure avec des cisailles ou un sécateur à la marque (4). Faites une coupe droite pour que les joints soient le moins visibles possible.

5. Faire un joint

Les extrémités sont jointes avec un raccord fait du matériau de la bordure et qui est roulé et glissé dans les canaux situés dans le haut de la bordure.

🔨 Faites glisser un raccord à mi-chemin dans un canal.

🔨 En tenant le bout de la première pièce fermement pour que le raccord demeure en place, glissez-y l'autre pièce de bordure (5).

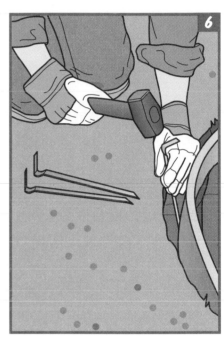

6. Ancrer la bordure

Si elle n'est pas ancrée, une bordure de plastique sortira éventuellement du sol. Certains types de bordures sont ancrés avec des piquets cachés dans le sol. D'autres, comme ici, sont ancrés avec des piquets dont les crochets retiennent le dessus de la bordure.

🔨 Avec une massette, plantez un piquet à tous les 3 ou 4 pieds le long du bord extérieur de la bordure (6).

🔨 Remplissez la tranchée de terre et compactez bien.

CREUSER DES TROUS POUR POTEAUX ET POSER DES POTEAUX DE CLÔTURE

On dit que les bonnes clôtures font les bons voisins... Mais qu'est-ce qu'une bonne clôture? Une bonne partie de la réponse se trouve dans ce mot : poteaux. Ceux qui sont bien localisés et bien installés. Une bonne clôture requiert aussi une bonne planification et les bons matériaux.

Dépendant de la hauteur de la clôture et du poids des matériaux, installez un poteau à tous les 6 à 8 pieds. Les poteaux de coin, de bout et de porte, en particulier, doivent être bien ancrés dans le sol. Le matériau le plus couramment utilisé est le 4 x 4 traité sous pression ou le bois d'un diamètre plus gros. Bien sûr, les essences résistantes à la pourriture, comme le séquoia et le cèdre, sont aussi populaires.

Faites le tracé de la clôture sur papier pour avoir une idée du nombre de poteaux requis. Vous aurez aussi besoin de gravier pour couvrir le fond des trous. Songez à remplir les trous des poteaux de coin, de bout et de porte avec du béton. De la terre compactée peut être utilisée pour les autres poteaux.

Les trous doivent être plus profonds d'au moins 6 pouces que la ligne de gel, et au moins un tiers de la hauteur des poteaux devrait se trouver sous le sol. Consultez le Code local du bâtiment pour savoir à quelle distance de la limite de terrain la clôture peut être installée et quelles sont les règles concernant la hauteur et les matériaux.

TEMPS REQUIS

Plus de quatre heures

OUTILS

• Ruban à mesurer • Cordeau • Craie en poudre • Niveau à bulle • Niveau pour poteau (ou niveau de menuisier) • Fil à plomb • Massette • Bêche • Bêche tarière (ou bêche tarière électrique) • Brouette (ou cuve à mélanger) • Binette de maçon • Truelle • Gants de travail • Lunettes de sécurité

MATÉRIAUX

• 4 x 4 • 2 x 2 • 1 x 3 • 2 x 4 • Ruban-cache • Gravier • Béton prémélangé

(marge gauche verticale) LES PELOUSES ET LES JARDINS

1. Faire la mise en place

Faites la mise en place et déterminez l'emplacement des trous de poteau avec des paires de repères et des cordeaux.

☞ Pour faire un repère, clouez une traverse (2 x 2) à deux piquets (2 x 2).

☞ Plantez les repères dans le sol à 18 pouces au-delà de l'extrémité prévue des rangées de clôture.

☞ Attachez bien un cordeau entre des paires parallèles de traverses (1).

2. Ajuster les repères

Assurez-vous que le cordeau est de niveau avec un niveau à bulle, qui est fait de deux tubes de plastique clair gradués qui se vissent aux extrémités d'un tuyau d'arrosage.

☞ Vissez les tubes gradués au tuyau en suivant les directives du fabricant.

☞ En vous faisant aider, étalez le tuyau entre une paire de repères et tenez les tubes de manière à ce que le niveau de l'eau dans un des tubes soit aligné sur le dessus d'une des traverses (2). Ajustez la hauteur de l'autre traverse jusqu'à ce que son dessus soit au même niveau d'eau que celui du premier tube.

☞ Mettez le cordeau de niveau entre chaque paire de repères de la même façon.

4. Marquer l'emplacement des poteaux

Commencez à un coin ou au bout d'une rangée de clôture pour marquer l'emplacement de chaque poteau.

☞ Placez un morceau de ruban-cache sur le cordeau à chaque emplacement de poteau.

☞ Transférez au sol chaque marque faite sur le cordeau avec un fil à plomb, et marquez cet emplacement avec de la craie en poudre (4).

devraient avoir trois fois la largeur du diamètre des poteaux. Ceux qui seront remplis de terre peuvent être un peu plus étroits.

☞ En vous guidant sur les marques à la craie faites sur le sol pour l'intérieur des poteaux, creusez un cercle dans le gazon avec une bêche.

☞ Avec une bêche tarière, creusez les trous (5) de la profondeur requise, et à angle afin que le fond soit un peu plus large que le haut.

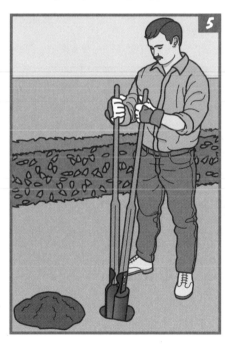

3. Faire des coins d'équerre

☞ Pour vous assurer que les cordeaux se croisent à 90 degrés, mesurez sur un cordeau 3 pieds à partir de l'intersection et marquez cet emplacement avec du ruban-cache. Marquez l'autre cordeau à 4 pieds de l'intersection.

☞ Mesurez la distance entre les marques (3). Si la distance est de 5 pieds, le coin est d'équerre. Au besoin, repositionnez les cordeaux sur les traverses jusqu'à ce qu'ils se croisent à 90 degrés.

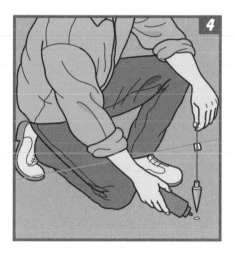

☞ Marquez la position de chaque cordeau sur les traverses, puis détachez les cordeaux et mettez-les de côté pour référence future.

5. Creuser les trous des poteaux

Les poteaux doivent être plantés au moins 6 pouces plus creux que la ligne de gel et le tiers de la hauteur du poteau doit se trouver sous le niveau du sol. Les trous qui seront remplis de béton

☞ Avec une pelle, déposez une couche de gravier de 4 pouces dans chaque trou et compactez le gravier avec le bout d'un 2 x 4.

Note : *Pour une grande clôture, louez une bêche tarière électrique. Quelqu'un devra vous aider pour faire fonctionner l'outil mais le travail sera fait plus rapidement, en particulier si la terre est très compactée.*

6. Poser des contrefiches

Maintenez chaque poteau en place dans son trou au moyen de 3 contrefiches faites de 1 x 3 fixés avec une vis à des piquets faits de 2 x 2.

🔨 Une fois les trous creusés, attachez un cordeau sur les traverses, aux endroits marqués.

🔨 En vous alignant sur les cordeaux, placez chaque poteau dans son trou, assurez-vous de son aplomb au moyen d'un niveau pour poteau ou d'un niveau de menuisier, et fixez-le en place avec des contrefiches (6).

CONSEIL DE SÉCURITÉ *Portez des lunettes de sécurité lorsque vous percez.*

7. Remplir les trous de béton

Préparez la quantité de béton prémélangé nécessaire pour remplir un ou deux trous à la fois.

🔨 Dans une brouette ou une cuve à mélanger, servez-vous d'une binette de maçon pour mélanger une quantité de béton

prémélangé en suivant les directives du fabricant (7).

🔨 Remplissez de béton tous les trous des poteaux de coin, de bout et de porte, en travaillant le béton de haut en bas avec un 2 x 4 pour éliminer les poches d'air.

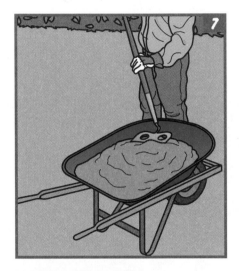

CONSEIL DE SÉCURITÉ *Le béton peut brûler la peau, aussi protégez-vous en portant une chemise à manches longues, un pantalon, des gants de travail et des lunettes de sécurité.*

8. Donner une pente au béton

🔨 Remplissez un trou avec du béton en dépassant de 2 pouces le niveau du sol.

🔨 Avec une truelle, lissez la surface du béton, en lui donnant une pente du poteau vers le sol (8) qui éloignera l'eau.

🔨 Laissez le béton durcir pendant au moins 24 heures avant d'enlever les contrefiches.

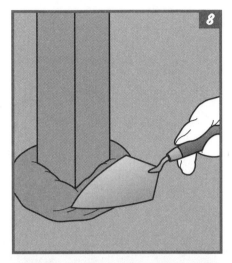

9. Remplir de terre

🔨 Remplissez les poteaux intermédiaires de terre (9), et compactez-la avec le bout d'un 2 x 4 après chaque ajout de 6 pouces de terre.

🔨 Remplissez les trous en dépassant de 2 pouces le niveau du sol, puis donnez une pente à la terre pour éloigner l'eau des poteaux.

LES PELOUSES ET LES JARDINS

S'ASSURER QU'UN BARBECUE AU GAZ NE FUIT PAS

L'attrait d'un barbecue au gaz tient en grande partie à son côté pratique. On peut allumer les brûleurs et faire griller la viande dans la minute qui suit. Mais il est important de prendre le temps de vérifier régulièrement si l'appareil ne fuit pas.

Les barbecues au gaz sont parfaitement sécuritaires lorsqu'ils fonctionnent correctement : une certaine quantité de gaz est transférée de la bonbonne de métal aux brûleurs en passant par des raccords et un tuyau, puis est brûlée lentement. Toutefois, une fuite qui surviendrait le long de ce trajet pourrait avoir des conséquences désastreuses. Le gaz qui fuit pourrait s'enflammer et faire exploser la bonbonne.

S'assurer qu'un barbecue au gaz ne fuit pas ne prend que quelques minutes. Faites ce test au début de la saison des barbecues et chaque fois que vous remplissez à nouveau la bonbonne ou déplacez l'appareil. Si vous découvrez une fuite, n'utilisez pas le barbecue avant qu'il soit réparé. Si vous ne pouvez pas arrêter la fuite en resserrant les raccords de la bonbonne, fermez le robinet de la bonbonne et téléphonez à votre fournisseur de gaz propane.

CONSEIL DE SÉCURITÉ *Transportez toujours une bonbonne de gaz propane en la tenant bien droite, le robinet complètement fermé, et le bouchon de sécurité vissé fermement. Elle ne doit pas être renversée.*

TEMPS REQUIS

Moins de deux heures

OUTILS

• Clé • Contenant • Pinceau

MATÉRIAUX

• Savon à vaisselle

---

1. Installer la bonbonne

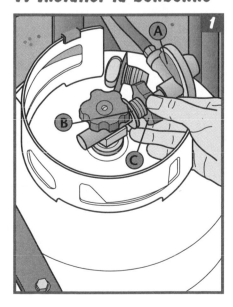

☞ Placez la bonbonne de gaz propane en suivant les directives du fabricant. Dans le cas d'un modèle comme celui présenté ici, placez-la sur ses supports, sur le chariot du barbecue.

☞ Insérez le raccord du régulateur (A) situé au bout du tuyau dans l'ouverture du robinet de la bonbonne (B).

☞ Resserrez les connections en tournant la poignée à ressort (C) vers la gauche aussi loin que possible (1). Sur les modèles sans poignée à ressort, commencez à resserrer le raccord du régulateur à la main et terminez avec une clé.

2. Préparer la solution du test

☞ Mélangez une quantité égale de savon à vaisselle et d'eau dans un petit contenant (2).

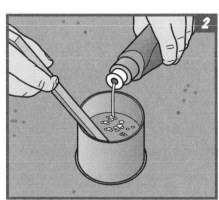

3. Fermer les boutons de commande

☞ Fermez l'arrivée du gaz au moyen des boutons de commande (3) situés à l'avant du barbecue.

☞ Si d'autres boutons se trouvent sur les côtés, fermez-les aussi.

4. Ouvrir le robinet de la bonbonne

☞ Tournez le robinet de la bonbonne vers la gauche aussi loin que possible (4). Cela permettra au gaz de circuler dans le tuyau.

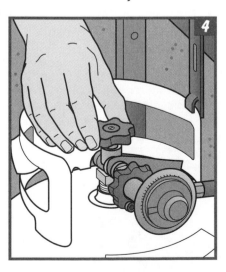

5. Tester le robinet de la bonbonne

☞ Trempez un petit pinceau dans la solution et appliquez-en généreusement sur le point de rencontre entre le raccord du régulateur et le robinet de la bonbonne (5).

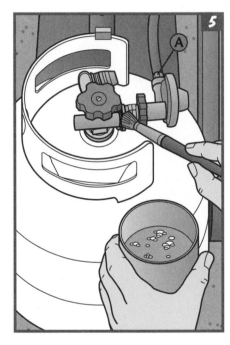

☞ Appliquez de la solution sur la poignée et les filets du robinet, sur la longueur du tuyau, et sur le point de rencontre (A) du tuyau et du régulateur. Si des bulles apparaissent, c'est qu'il y a une fuite de gaz. Fermez le robinet et resserrez les raccords (étape 1). Refaites le test. Si des bulles apparaissent encore, à quelque endroit que ce soit, fermez le robinet et remplacez les pièces défectueuses. Testez à nouveau. Si le problème persiste, consultez votre fournisseur de gaz propane.

6. Tester les raccords du tuyau

☞ Le robinet de la bonbonne ouvert, appliquez de la solution sur le raccord à l'autre bout du tuyau, tout juste sous les boutons de commande (6).

☞ Tournez le bouton de contrôle de droite au maximum, et testez le tuyau et les raccords qui vont du bouton au brûleur. Fermez complètement le bouton. Répétez l'opération pour le bouton de gauche. Si vous voyez des bulles au cours de ces tests, fermez le robinet et communiquez avec votre fournisseur de gaz propane. N'utilisez pas le barbecue tant que la fuite n'a pas été réparée.

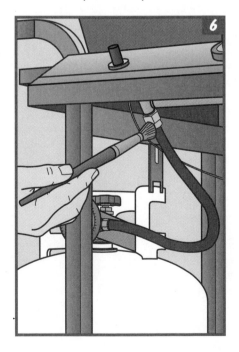

LES PELOUSES ET LES JARDINS

INSTALLER UN TREILLIS EN ÉVENTAIL

Vous pouvez acheter un treillis en éventail déjà fait (les treillis sont généralement faits de plastique blanc ou vert et sont offerts dans un choix limité de formats), mais il y a des avantages à construire son propre treillis: vous pouvez lui donner les dimensions qui conviennent le mieux à votre jardin et faire des économies.

Il y a une largeur limite à l'étalement du treillis qu'il faut respecter si l'on ne veut pas que le bois fende. Règle générale, plus le treillis est haut, plus il peut être étalé. Aussi, plus le bois est épais, moins il se plie. Le treillis présenté ici mesure 6 pieds de hauteur et s'étale sur une largeur de 4 pieds dans le haut. Il est fait de baguettes de bois de $\frac{3}{8}$ de pouce sur 1 pouce.

Pour un treillis qui résiste aux éléments, utilisez du bois résistant à la pourriture, comme le cèdre, le séquoia, ou le pin traité sous pression. Assemblez le treillis avec des boulons de carrosserie galvanisés et installez-le à quelques pouces du sol.

TEMPS REQUIS
De deux à quatre heures

OUTILS
• Serre-joint rapide • Scie circulaire • Ruban à mesurer • Clé combinée • Marteau • Équerre de menuisier • Équerre combinée • Perceuse électrique • Niveau • Pointe de tournevis • Mèche torsadée • Foret de maçonnerie • Lunettes de sécurité

MATÉRIAUX
• Bois résistant à la pourriture • Boulons de carrosserie galvanisés • Clous de finition • Vis à maçonnerie

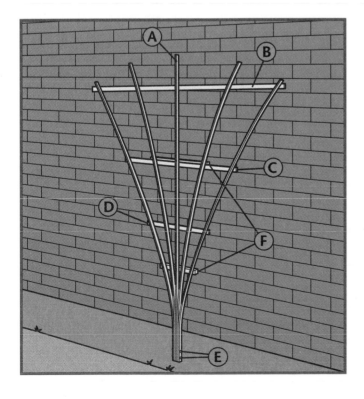

Anatomie d'un treillis en éventail

Le treillis ci-joint est fait de cinq montants de $\frac{3}{8}$ de pouce x 1 pouce (A) d'une longueur de 6 pieds. Trois traverses de $\frac{3}{8}$ de pouce x 1 pouce retiennent les montants ensemble en position d'éventail. La traverse du haut (B) mesure 48 pouces de long, celle du milieu (C) 30 pouces, et celle du bas (D) 17 pouces. Deux boulons de carrosserie de $\frac{1}{4}$ de pouce x 2 pouces (E) retiennent ensemble les montants dans le bas. Deux fourrures (F) faites dans des 2 x 2 (une de 18 pouces et l'autre de 8 pouces de longueur) retiennent le treillis au mur.

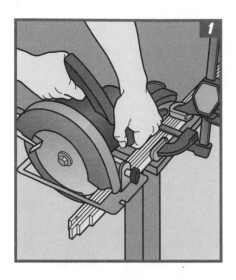

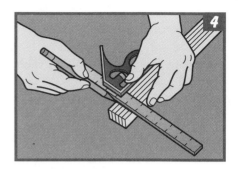

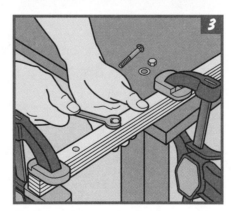

1. Couper les pièces

☞ Placez les cinq montants côte à côte, alignés à un bout, et serrez-les ensemble dans le serre-joint.

☞ Mesu-rez et marquez une ligne de coupe sur un des montants puis, avec une équerre combinée, tracez la ligne de coupe sur tous les montants.

☞ Serrez l'ensemble sur une table de travail afin que la ligne de coupe dépasse du bord de la table.

☞ Sciez les montants avec une scie circulaire (1).

☞ Sciez les trois traverses, une à la fois.

2. Préparer les montants pour le boulonnage

☞ Serrez ensemble à nouveau les montants, les bouts alignés. Placez un serre-joint à la base des montants, et fixez l'ensemble à votre table de travail de manière à ce que la base des montants dépasse du bord de la table.

☞ Tracez une marque à 3 pouces et une à 6 pouces à partir de la base.

☞ Avec une perceuse et une mèche torsadée de ¼ de pouce, percez un trou à travers les cinq montants, à chaque marque (2).

CONSEIL DE SÉCURITÉ *Portez des lunettes de sécurité lorsque vous percez.*

3. Boulonner les montants ensemble

☞ Insérez un boulon de carrosserie galvanisé de 2 pouces dans chaque trou percé dans les montants.

☞ Placez des rondelles et des écrous, puis serrez avec une clé combinée (3).

☞ Retirez les serre-joints.

4. Marquer l'emplacement des traverses sur les montants

☞ En tenant le haut des montants ensemble (la partie qui n'est pas boulonnée), marquez l'emplacement de la traverse du haut à 1 pouce de l'extrémité sur les deux montants extérieurs (4).

☞ Faites aussi une marque à 20 pouces et à 36 pouces à partir du haut, pour situer l'emplacement des traverses du milieu et du bas.

5. Marquer les traverses

Vous devez marquer l'emplacement des cinq montants sur la traverse du haut. Pour les traverses du milieu et du bas, marquez l'emplacement seulement pour le montant du milieu et ceux de l'extérieur.

☞ Faites une marque à 1 pouce de chaque bout de la traverse du haut, une au centre et une à mi-chemin entre le centre et chaque bout (dans ce cas-ci, à 12 pouces de chaque bout). Utilisez un ruban à mesurer pour faire les marques puis, avec une équerre combinée, prolongez les lignes.

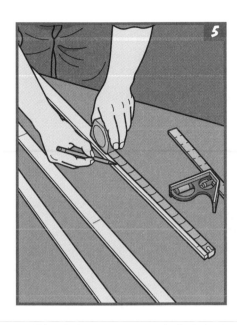

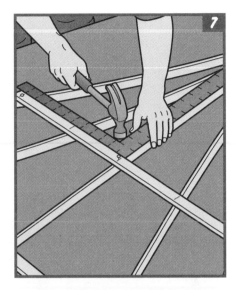

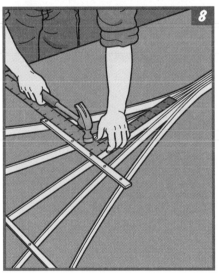

☞ Sur les traverses du milieu et du bas, faites une marque à 1 pouce de chaque bout et au centre (5). Avec une équerre combinée, prolongez les lignes.

6. Fixer la traverse du haut

☞ Placez les montants sur le bord de votre table de travail et serrez la base boulonnée à la table.

☞ Placez la traverse du haut sur les montants de manière à ce que la marque du centre soit alignée avec le montant du milieu et fixez-la au montant avec un clou de finition galvanisé de 1 pouce.

☞ Tirez doucement un des montants extérieurs pour qu'il s'aligne sur sa marque sur la traverse, puis clouez-le.

☞ Fixez l'autre montant extérieur à la traverse de la même façon (6), puis clouez les deux autres montants à la traverse, à la marque de leur emplacement.

Note : *Pour empêcher que les clous ne fassent fendre le bois, aplatissez d'abord leur pointe avec un marteau.*

7. Fixer la traverse du milieu

☞ Placez la traverse du milieu sur les montants de manière à ce que les marques situées près des bouts soient alignées sur les montants extérieurs.

☞ Clouez la traverse aux montants extérieurs.

☞ En plaçant une équerre de charpente contre la traverse et le montant du centre, placez le montant d'un côté ou de l'autre, si nécessaire, de manière à ce que les deux pièces soient perpendiculaires. Fixez la traverse au montant (7).

☞ Clouez la traverse aux deux autres montants.

8. Fixer la traverse du bas

Fixez la traverse du bas aux montants de la même façon que celle du milieu.

☞ Placez la traverse du bas sur les montants et clouez-la aux montants extérieurs. Puis, clouez la traverse au montant du milieu, en vous assurant qu'ils forment un angle droit (8).

☞ Fixez la traverse du bas aux deux autres montants.

9. Positionner les fourrures

Vous pouvez fixer votre treillis en éventail à un mur comme nous vous le montrons ici, ou à un poteau indépendant.

👉 Placez le treillis contre le mur à l'endroit désiré, en vous assurant que le bas est au moins à quelques pouces du sol. En tenant le treillis d'aplomb et de niveau, tracez une ligne de crayon le long de la rive supérieure de la traverse du milieu pour marquer l'emplacement de la fourrure supérieure (9).

👉 Mettez le treillis de côté et tracez une deuxième ligne 2 pieds sous la première, pour la fourrure du bas.

10. Préparer les fourrures pour le montage

Pour monter les fourrures sur un mur de brique, comme on le voit ici, utilisez des vis à maçonnerie : la plupart des fabricants fournissent un foret de maçonnerie avec vis pour percer des avant-trous du diamètre qui convient. Si vous fixez le treillis à un parement de bois, d'aluminium ou de vinyle, utilisez des vis à bois ou des tire-fonds pour rejoindre le revêtement intermédiaire, et de préférence, dans les colombages.

👉 Coupez deux longueurs de fourrure dans des 2 x 2 résistant à la pourriture, celle du haut mesurant 18 pouces et celle du bas 8 pouces.

👉 Placez la fourrure du haut à sa place sur le mur. Déplacez-la si nécessaire, pour qu'elle ne se trouve pas directement au-dessus des joints de mortier, puis percez dans le mur un avant-trou pour une vis à maçonnerie de 2½ pouces, près de chaque bout de la fourrure (10). (Percez dans la brique plutôt que dans le mortier pour une installation plus solide.)

👉 Percez des avant-trous dans la fourrure du bas, de la même façon.

11. Fixer les fourrures

👉 Placez la pointe de tournevis dans la perceuse, replacez la fourrure du haut sur le mur, et fixez-la avec deux vis à maçonnerie de 2½ pouces (11).

👉 Fixez la fourrure du bas de la même façon.

12. Fixer le treillis

👉 Placez le treillis sur le mur, les traverses du milieu et du bas appuyées contre les fourrures.

👉 Tenez le treillis d'aplomb avec un niveau placé contre le montant du centre et fixez la traverse à la fourrure du haut avec trois clous à finir galvanisés de 2 pouces (12). Au besoin, demandez à un aide de tenir le treillis.

👉 Clouez la traverse du bas à la fourrure.

POSER UNE CLÔTURE DE VINYLE

Les clôtures de vinyle sont populaires parce qu'elles sont relativement faciles à installer et qu'elles ne requièrent presque pas d'entretien. Une bonne planification au départ vous évitera bien des problèmes futurs. Commencez par vérifier le Code local du bâtiment : vous pourriez, par exemple, devoir placer la clôture en retrait des limites de votre propriété. De plus, demandez aux services publics où sont situées les installations souterraines avant de creuser. Discutez de votre projet avec vos voisins immédiats avant de commencer : vous éviterez peut-être des malentendus. Tracez sur papier l'emplacement de la clôture avant de creuser pour vous aider à déterminer l'emplacement des poteaux et portes, et pour faciliter l'estimation du coût des matériaux.

Pour la clôture présentée ici, il faut d'abord installer les poteaux (voir pages 270 à 272), puis les traverses et les sections de panneau. Après la pose des capuchons, vient celle de la porte. Suivez les procédures d'installation fournies par le fabricant de votre clôture si elles diffèrent de celles présentées ici.

(voir pages 270 à 272)

TEMPS REQUIS

Plus de quatre heures

OUTILS

• Ruban à mesurer • Bêche tarière • Pelle • Truelle • Marteau • Niveau de menuisier • Équerre combinée • Scie circulaire • Scie à métaux • Couteau utilitaire • Perceuse • Lunettes de sécurité

MATÉRIAUX

• Clôture de vinyle avec porte • 4x4 • Béton préparé • Vis à bois • Clous • Colle pour PVC • Ruban-cache

Anatomie d'une clôture de vinyle

Chacun des poteaux faits de 4 x 4 (A) en pin traité sous pression ou en bois résistant à la pourriture (comme le cèdre) est ancré dans le béton. Un manchon de vinyle (B) est glissé sur chaque poteau, puis recouvert d'un capuchon (C). Chaque panneau (D) est inséré entre une traverse supérieure (E) et une traverse inférieure (F). Les traverses sont fixées aux poteaux avec des supports (G). La porte (H) est fixée au haut et au bas d'un poteau par des charnières (I) et à l'autre poteau par un loquet (J). Un tendeur (K) assure la rigidité de la porte.

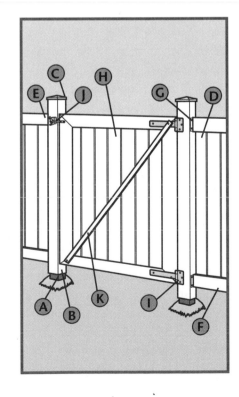

1. Enfiler les manchons

☞ Faites la mise en place, marquez l'emplacement des poteaux et ancrez-les (voir pages 270 à 272).

☞ Dans une brouette, mélangez du béton préparé puis remplissez les trous autour des poteaux de bout et de porte. Donnez une pente au béton pour éloigner l'eau des poteaux.

☞ Laissez durcir le béton pendant 24 heures, puis marquez chaque poteau à 52 pouces au-dessus du sol.

☞ Avec une équerre combinée,

(voir pages 270 à 272)

reportez la marque sur les quatre faces des poteaux.

☞ Avec une scie circulaire, coupez les poteaux sur la marque, sur deux côtés opposés. (La profondeur de coupe d'une scie circulaire est insuffisante pour couper un poteau d'un seul trait.)

☞ Plantez un clou dans chaque poteau à 2¼ pouces au-dessus du sol, en laissant dépasser la tête d'environ 1 pouce.

☞ Enfilez un manchon de vinyle sur chaque poteau (1). Le clou retiendra le manchon à ¼ de pouce plus haut que le dessus du poteau.

LES PELOUSES ET LES JARDINS

2. Installer les traverses inférieures

☞ Une fois tous les poteaux posés, installez les traverses et les panneaux d'une section à la fois. Commencez par faire glisser un support (A) à chaque bout de la traverse inférieure.

☞ Fixez un support à un poteau à 4 pouces au-dessus du sol avec des vis à bois de 2 pouces, en posant les rondelles de plastique fournies. Centrez le support sur le poteau.

☞ Pour fixer le support à l'autre bout de la traverse, placez la traverse contre le poteau et mettez-la de niveau, puis marquez les trous du support sur le poteau (2). Enlevez le niveau, alignez les clous de vis sur les marques, et posez les vis.

☞ Retirez les clous que vous aviez plantés pour retenir les manchons.

3. Fixer les panneaux de bout

☞ Afin que les panneaux de bout s'appuient bien sur les poteaux, coupez des encoches avec un couteau utilitaire le long des bords du haut et du bas pour contourner les supports de traverse. Faites des encoches de ⅛ de pouce de largeur sur 1 pouce de longueur.

☞ Faites glisser le panneau de bout dans la traverse inférieure de manière à ce que l'encoche s'ajuste au-dessus du support. Le panneau centré sur le poteau, fixez-le avec des vis à bois de ¾ de pouce et les rondelles de plastique qui sont fournies (3).

CONSEIL DE SÉCURITÉ *Portez des lunettes de sécurité lorsque vous vissez avec une perceuse électrique.*

4. Assembler les panneaux entre les poteaux

☞ Accrochez et glissez un panneau dans celui qui est déjà installé de manière à ce que le bas soit assis dans la traverse inférieure.

☞ Répétez l'opération pour toute la section en emboîtant chacun des panneaux de la même manière (4) et en les glissant dans la traverse inférieure.

☞ Au bout de la section, fixez le dernier panneau au poteau de bout.

6. Fixez les traverses aux panneaux

🔨 Avec une vis à bois de ¾ de pouce et une rondelle de plastique, vissez la traverse supérieure à l'emboîture de deux panneaux situés au milieu d'une section (6).

🔨 Fixez la traverse du bas aux deux panneaux de la même manière.

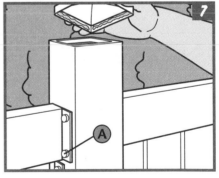

5. Installer les traverses supérieures

🔨 Une fois les panneaux posés dans une section, insérez un support à chaque bout de la traverse supérieure.

🔨 Ajustez la traverse supérieure sur les panneaux (5).

🔨 Vissez les supports aux poteaux avec des vis à bois de 2 pouces et les rondelles qui sont fournies.

7. Poser les capuchons

🔨 Pour la touche finale, couvrez les vis et les rondelles avec les capuchons de plastique (A) qui sont fournis.

🔨 Appliquez de la colle pour PVC le long du bord intérieur de chaque capuchon de poteau.

🔨 Placez un capuchon au-dessus de chacun des manchons de poteau (7).

8. Poser la quincaillerie de la porte

La porte se pose lorsque toutes les traverses et tous les panneaux sont en place.

☛ Posez la porte sur le sol et placez une charnière sur la traverse inférieure en centrant son aile sur la traverse et en vous assurant que le cylindre est aligné sur le bord de la porte. Fixez l'aile à la traverse avec des vis de $1\frac{1}{2}$ pouce.

☛ Le tendeur (A) partage une vis de charnière avec la traverse supérieure. Placez le tendeur en diagonale sur la barrière. S'il est trop long, coupez-le avec une scie à métaux.

☛ Fixez le bout inférieur du tendeur à la traverse inférieure, puis fixez le bout du tendeur et la charnière du haut à la traverse supérieure (8).

9. Fixer la porte aux poteaux

☛ Placez la porte entre les poteaux de manière à ce que les ailes libres des charnières

s'appuient sur un poteau. Placez la porte sur les 4 x 4 et calez-la au besoin afin qu'elle soit de niveau avec la clôture.

☛ Placez un espaceur de $\frac{3}{8}$ de pouce (A) entre la porte et chaque poteau.

☛ Fixez les ailes libres des charnières aux poteaux avec des vis de $1\frac{1}{2}$ pouce (9).

10. Poser le loquet

☛ Vissez la gâche à l'autre poteau à la même hauteur que la charnière du haut.

☛ Posez la tige du loquet dans la gâche et vissez-la à la porte (10).

☛ Retirez les espaceurs entre la porte et les deux poteaux.

LES PELOUSES ET LES JARDINS

FAIRE UN PATIO EN DALLES PRÉFABRIQUÉES

Un patio en dalles préfabriquées est un moyen fantastique d'embellir et de personnaliser votre cour ou votre jardin. La technique présentée ici, qui ne requiert pas de base de mortier, est plutôt facile à exécuter. Les dalles préfabriquées sont assises dans du sable déposé sur une épaisseur de gravier et de toile pour jardin. Facile à réaliser, ce type de patio est, de plus, moins porté à se fissurer que celui dont les dalles sont ancrées dans du mortier.

L'étape la plus compliquée de ce projet est de donner au patio une inclinaison descendante à partir de la maison ou, dans le cas d'un patio non adjacent à une maison, à partir de son centre, comme dans le projet illusté ici.

Le travail avec les dalles peut être exténuant: portez un support dorsal lorsque vous soulevez les dalles préfabriquées et des genouillères lorsque vous travaillez à genoux sur un sol humide et inégal.

TEMPS REQUIS
Plus de quatre heures

OUTILS
• Marteau • Ruban à mesurer • Cordeau de maçon • Niveau pour cordeau • Fil à plomb • Coupe-bordure • Râteau • Pelle • Pioche ou pic • Brouette • Pilon • Gros ciseaux • Massette • Maillet de caoutchouc • Ciseau de maçon • Niveau de menuisier • Balai-brosse • Tuyau et pistolet d'arrosage • Gants de travail • Lunettes de sécurité • Support dorsal • Genouillères

MATÉRIAUX
• 2 x 2 • 2 x 4 • Clous • Gravier • Sable • Sable de maçon • Toile pour jardin • Dalles préfabriquées

Anatomie d'un patio en dalles préfabriquées

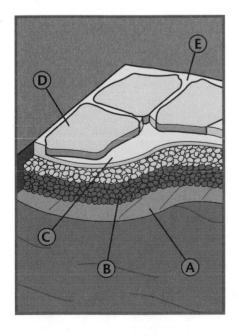

Le patio repose sur un fond de gravier et de sable. Une toile pour jardin (A), dont les bords sont repliés vers le haut le long de la bordure du patio, empêche le gazon et les mauvaises herbes de pousser. Dans le cas d'un sol argileux, la toile doit être posée en premier afin de séparer le sol du gravier. Dans le cas d'un sol sablonneux, elle doit être placée sur le gravier afin d'empêcher la couche de sable de s'écouler à travers le gravier. La couche de gravier (B) assure un bon drainage en permettant à l'eau de s'égoutter dans le sol. Une couche de sable compacté (C) sert d'assise pour les dalles préfabriquées (D). Elle doit avoir une pente pour aider au drainage. Du sable additionnel (E) remplit les joints entre les dalles préfabriquées pour les empêcher de se déplacer.

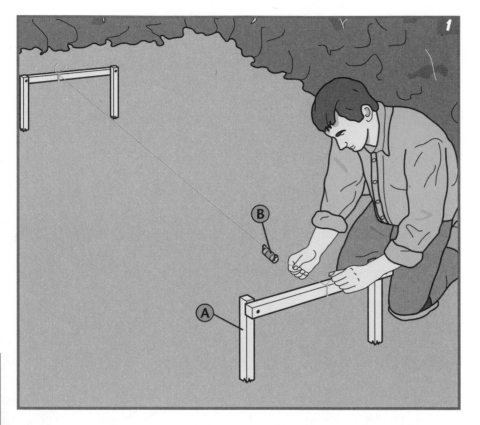

LES PELOUSES ET LES JARDINS

2. Marquer l'emplacement des coins

🔨 À chaque point de rencontre des cordeaux, suspendez un fil à plomb.

🔨 Marquez l'endroit sur le sol, juste sous la pointe du fil à plomb, avec de la craie en poudre (2). Les marques indiquent les quatre coins du patio.

Note : *Vérifiez si les coins ont bien un angle de 90 degrés en mesurant diagonalement d'un coin à l'autre. Les deux dimensions doivent être les mêmes.*

3. Enlever le gazon

🔨 Avec un coupe-bordure, coupez le gazon le long des côtés du tracé du patio en vous servant des cordeaux de maçon comme guide (3).

🔨 Utilisez le coupe-bordure pour couper le gazon en sections à l'intérieur du périmètre.

🔨 Avec une pelle, enlevez les morceaux de gazon et déposez-les au fur et à mesure dans une brouette pour vous faciliter le travail.

1. Faire la mise en place

Choisissez un emplacement pratique et bien situé par rapport au soleil et à l'ombre.

🔨 Marquez approximativement l'emplacement du patio et posez de chaque côté une planche de repère. Pour faire une planche de repère (A), coupez deux 2 x 2 pour les piquets et un autre pour la traverse. Clouez les piquets à chaque bout de la traverse.

🔨 Avec une massette de 2½ livres, enfoncez les repères dans le sol à environ 1 pied à l'extérieur du patio.

🔨 Tendez fermement un cordeau de maçon entre les deux repères en nouant la corde sur les traverses (1), tout en vérifiant le niveau à

l'aide d'un niveau pour cordeau (B). Répétez pour chaque côté. (voir page 271).

🔨 Assurez-vous que les coins ont des angles droits (voir page 271).

4. Creuser le site

Dans le cas d'un sol argileux, vous devrez creuser à une profondeur de 9 pouces sous la surface du sol afin d'avoir assez d'espace pour les dalles préfabriquées, le gravier et le sable. Dans le cas d'un sol sablonneux, creusez à une profondeur de 7 pouces.

☝ Avec une pioche ou un pic, brisez le sol à l'intérieur du périmètre du patio.

☝ Avec une pelle pointue, enlevez le sol brisé tout le tour du périmètre.

☝ Vérifiez régulièrement la profondeur de l'excavation en mesurant à partir de la surface du terrain environnant.

☝ Une fois que vous avez creusé à une profondeur égale tout le tour du périmètre, continuez vers le milieu du site. Avec un niveau de menuisier déposé sur un 2 x 4, assurez-vous que le fond de l'excavation est de niveau (4).

5. Étendre la toile pour jardin

Dans le cas d'un sol argileux, la toile pour jardin doit séparer le sol de la couche de gravier. Si votre sol est sablonneux, déposez d'abord une couche de gravier (étape 7) avant de poser la toile. Dans les deux cas, étendez la toile sur les bords de l'excavation ainsi que dans le fond.

☝ En débutant dans un coin, déroulez la toile, en la faisant dépasser d'environ 6 pouces sur le gazon (5).

☝ Déroulez la toile pour compléter un premier rang, puis coupez-la avec des ciseaux pour qu'elle dépasse de 6 pouces sur le gazon à l'autre bout.

☝ Couvrez toute la base de gravier de cette façon en vous assurant que chaque rang chevauche le précédent de 6 pouces.

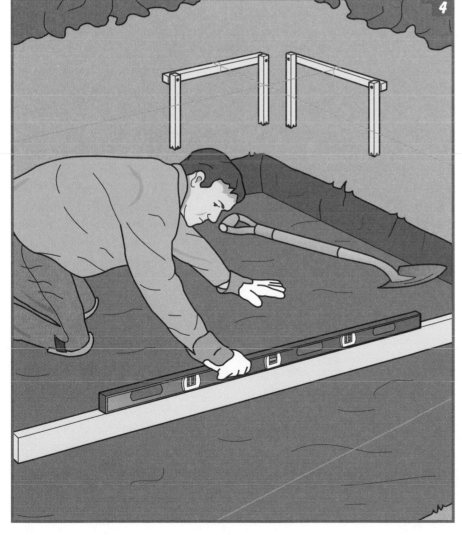

6. Compacter la base de gravier

☞ Avec une pelle, déposez du gravier sur tout le site, puis étendez-le également avec un râteau.

☞ Continuez d'ajouter du gravier et de l'étendre jusqu'à ce que l'excavation soit couverte d'une couche égale d'environ 6 pouces d'épaisseur dans le cas d'un sol argileux et de 4 pouces d'épaisseur dans le cas d'un sol sablonneux.

☞ Compactez le gravier avec un pilon jusqu'à ce que la surface soit ferme (6).

☞ Vérifiez l'épaisseur de la base de gravier en mesurant le long du périmètre de l'excavation. Vérifiez aussi le niveau. Ajoutez du gravier au besoin et pilonnez-le au fur et à mesure.

Note : *L'utilisation d'une dame vibrante vous facilitera le compactage du gravier.*

7. Faire un lit de sable

☞ Avec une pelle, jetez du sable en tas sur la toile.

☞ Égalisez le sable uniformément avec le côté plat d'un râteau jusqu'à ce que le lit de sable ait environ 2 pouces d'épaisseur.

☞ Lissez la surface avec un long 2 x 4, vérifiez le niveau et pilonnez le lit de sable.

☞ Plantez un piquet dans le sol à quelques pouces à l'extérieur de chaque coin. Fixez un cordeau de maçon en diagonale entre deux coins opposés. Faites de même pour les deux autres coins opposés.

☞ Mesurez la distance du point de rencontre des cordeaux à l'un des coins. Créez une pente descendante de 1/8 à 1/4 de pouce par pied en ajoutant du sable au centre et en l'étalant graduellement vers les bords avec un râteau. Vérifiez la pente en mesurant la distance entre les cordeaux et le lit de sable avec un ruban à mesurer (7). La mesure devrait augmenter progressivement du centre vers les coins.

LES PELOUSES ET LES JARDINS

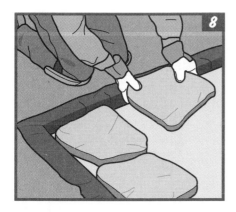

8. Agencer les dalles

👉 Pour ne pas défaire le lit de sable, agencez les dalles préfabriquées à l'extérieur du périmètre en travaillant une section de 4 pieds sur 4 à la fois.

👉 Lorsque vous êtes satisfait de votre agencement, transférez les dalles sur le lit de sable (8) en commençant dans un coin et en travaillant agenouillé à l'extérieur du périmètre. Laissez un espace d'au moins ½ pouce entre les dalles et un espace de quelques pouces entre les dalles et les bords du lit de sable.

👉 Placez les dalles le long du périmètre du lit de sable puis agnouillez-vous sur les dalles que vous venez de poser pour compléter le centre. Évitez de marcher sur le sable.

9. Asseoir les dalles

👉 Une fois toutes les dalles placées dans une section, asseyez-les fermement dans le sable en tapant sur leur surface avec un maillet de caoutchouc (9).

10. Niveler le patio

👉 Une fois les dalles assises dans le sable dans une section, vérifiez le niveau en plaçant sur leur surface un long 2 x 4 (10).

👉 Tentez de caler les dalles trop élevées avec quelques coups de maillet de caoutchouc. Si cela ne suffit pas, enlevez du sable sous la dalle et replacez-la.

👉 Pour les dalles trop basses, ajoutez du sable dessous.

11. Remplir les joints

👉 Une fois toutes les dalles assises, les espaces entre elles doivent être remplis et toute la surface doit être compactée.

👉 Avec une pelle, déposez du sable de maçonnerie sur les dalles et, avec un balai-brosse à soies dures, balayez-le dans les joints (11).

👉 Avec un tuyau d'arrosage, pulvérisez de l'eau sur le sable pour le caler entre les joints. Ajoutez du sable et de l'eau jusqu'à ce que les joints soient remplis.

👉 Avec le pilon, compactez toute la surface pour mieux asseoir les dalles et compacter le sable.

👉 Avec des ciseaux, coupez le surplus de toile tout juste au-dessous de la surface des bords extérieurs du périmètre de dalles et de la bordure de gazon.

👉 Recouvrez l'espace entre le périmètre du patio et le bord de l'excavation avec de la terre et des bandes de gazon.

INSTALLER UNE GOUTTIÈRE ET UNE DESCENTE

Les gouttières et descentes canalisent l'eau qui s'écoule du toit jusqu'au sol, l'empêchant ainsi de tacher et de dégrader le parement, les boiseries extérieures et la maçonnerie. Elles éloignent aussi l'eau de la maison afin de prévenir les fuites dans le sous-sol et l'érosion de la terre ou du gravier autour des fondations.

Avant d'installer une gouttière, vérifiez l'état du bord du toit. Assurez-vous que les bardeaux font saillie au-dessus de l'avant-toit et que le bord est garni d'un larmier. Le larmier dirigera l'eau dans la gouttière et l'empêchera de refluer dans le matériau de couverture.

La plupart des gouttières sont faites de vinyle ou d'aluminium. Ces deux matériaux sont durables légers, et ils ne requièrent qu'un nettoyage annuel. Les gouttières de vinyle sont toutefois plus faciles à installer.

TEMPS REQUIS

Plus de quatre heures

OUTILS

- Échelle avec stabilisateur
- Ruban à mesurer • Niveau pour cordeau • Petit niveau de 8 po • Perceuse sans fil
- Cordeau à craie • Scie à métaux
- Longue règle • Marteau

MATÉRIAUX

- Gouttières • Crochets et queues d'aronde • Jonctions • Bouchons
- Coins • Tuyaux de décharge
- Crépines • Descentes • Coudes
- Raccords • Colliers • Déflecteurs
- Vis à bois • Vis tarauds • 2 x 4
- Clous

Anatomie d'un système de gouttière

L'illustration représente toutes les pièces d'un système de gouttière et de descente. La gouttière (A) est fixée à la bordure du toit au moyen de crochets et de queues d'aronde (B) et elle est fermée aux extrémités avec des bouchons (C). Les sections de gouttière sont reliées au moyen de jonctions (D) intérieures et extérieures, et elles sont recouvertes d'une crépine (E). Des coins (F) intérieurs et extérieurs permettent de suivre la forme du toit. Un tuyau de décharge, ou une naissance, (G) est installé tous les 40 pieds. À ce tuyau sont reliés des coudes (H) et

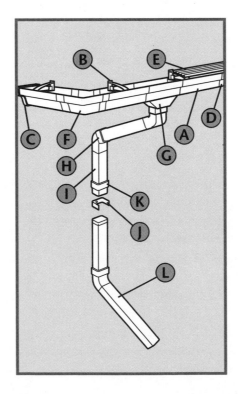

des longueurs de descente (I), qui sont fixés au mur avec des colliers (J) et joints ensemble au moyen de raccords (K). Une section supplémentaire de descente est fixée au coude inférieur afin de diriger l'eau loin des fondations.

Pour déterminer les longueurs et les pièces nécessaires pour votre maison, faites un croquis à l'échelle de la forme de votre toit à partir des dimensions réelles.

1. Tracer une ligne de guidage

La gouttière doit présenter une légère pente afin que l'eau coule en direction de la descente.

👉 Faites une marque à une extrémité de la bordure, à ½ pouce sous l'avant-toit. Posez un clou à cet endroit et attachez-y un cordeau. Tirez la corde fermement jusqu'à l'autre extrémité de la bordure et assurez-vous qu'elle soit de niveau. Faites une marque au bout de cette ligne de guidage.

👉 Calculez une baisse de niveau de ⅛ de pouce pour chaque 10 pieds et mesurez cette distance sous la marque du côté de la bordure où sera installée la descente.

👉 Remplacez le cordeau par un cordeau à craie et tirez une ligne le long de la bordure. Faites claquer le cordeau à craie à la marque la plus basse (1).

CONSEIL DE SÉCURITÉ *Un stabilisateur empêche non seulement l'échelle de glisser mais il l'éloigne de l'avant-toit, ce qui vous donne de l'espace pour installer la gouttière.*

2. Fixer les queues d'aronde

👉 Séparez les queues d'aronde des crochets.

👉 En commençant au point le plus élevé de la ligne de guidage, positionnez une queue d'aronde à 1 pied de l'extrémité de la bordure, le bord supérieur de la queue d'aronde aligné sur la ligne de guidage. Vissez-la dans la bordure.

👉 Vissez une queue d'aronde à tous les 1½ pieds, le long de la ligne de guidage (2), et jusqu'à environ 3 pieds de l'autre côté de la bordure.

3. Poser les crochets

Les crochets devraient être à peu près alignés sur les queues d'aronde déjà posées. Ils peuvent toutefois être ajustés lors de l'installation de la gouttière. Au sol, faites glisser les crochets sur le rail le long des bords intérieurs de la gouttière (3). Positionnez un crochet à environ 1 pied de l'extrémité bouchée de la gouttière, et laissez 1½ pied entre les autres.

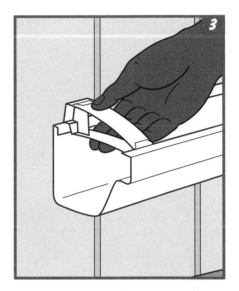

4. Poser les bouchons

Au sol, posez un bouchon à l'extrémité de la première section (4), en couvrant le bout de la gouttière avec la collerette de fixation.

Note : *Si les pièces sont difficiles à mettre en place ou ne glissent pas bien, lubrifiez-les avec du savon liquide et de l'eau.*

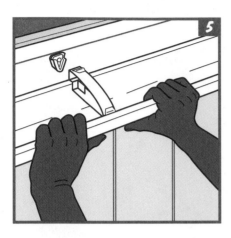

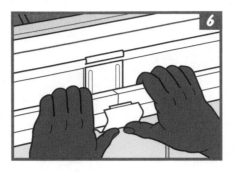

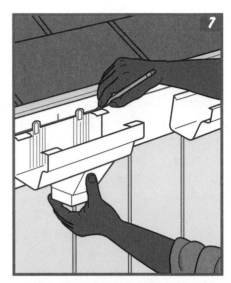

LES PELOUSES ET LES JARDINS

5. Installer la gouttière

☞ Positionnez la première section de gouttière de manière à ce que le bout soit aligné sur la rive des bardeaux.

☞ Faites glisser les crochets dans les queues d'aronde (5), en les repositionnant au besoin.

☞ Installez les autres sections de gouttière, en laissant un espace d'au moins 1 pied entre la dernière section et l'endroit prévu pour le tuyau de décharge afin de pouvoir ajuster la coupe de la dernière section.

Note : *Il peut être difficile d'installer des sections de gouttière de 10 pieds. Demandez l'aide d'un assistant ou utilisez une échelle supplémentaire qui servira de support.*

6. Relier les sections de gouttière

☞ Couvrez le joint avec une jonction intérieure en la faisant glisser sous la lèvre de la gouttière, côté bordure. Mettez-la en place sur le joint, en forçant l'autre côté de la jonction sous l'autre lèvre de la gouttière.

☞ Faites glisser la jonction extérieure entre la bordure du toit et la gouttière, en l'alignant sur la jonction intérieure déjà posée. Pressez la lèvre de la jonction sur la rive intérieure de la gouttière, en couvrant le joint. Puis, tirez la lèvre extérieure de la jonction sur la partie externe de la gouttière, et mettez-la en place en pressant (6).

7. Positionner le tuyau de décharge

La descente est généralement installée à un coin de la maison et elle est fixée à la planche cornière du parement. Puisque la bordure du toit dépasse habituellement le coin, vous devrez prendre des mesures pour la positionner.

☞ Faites une marque sur la bordure à l'endroit voulu, en situant le centre du tuyau de décharge.

☞ Centrez le tuyau à cet endroit. Faites deux autres marques sur la bordure, alignées sur les guides de positionnement du tuyau qui correspondent à la température à ce moment (7).

8. Installer la dernière section de gouttière

Couper la dernière section de gouttière pour l'aligner sur la bonne marque de positionnement du tuyau de décharge permet au vinyle de se dilater et de se contracter.

☞ Mesurez la distance entre le bord de la gouttière déjà posée et la marque la plus près (8).

👆 Avec une scie à métaux, coupez la section de gouttière de cette longueur.

👆 Dépendant de la longueur, posez le nombre nécessaire de crochets et de queues d'aronde.

👆 Faites glisser les crochets dans les queues d'aronde et ajoutez des jonctions sur le joint créé entre les deux sections de gouttière.

Note : *Pour que la gouttière demeure rigide lors de la coupe, placez-y un 2 x 4 dont un bout arrive tout juste à côté de la ligne de coupe.*

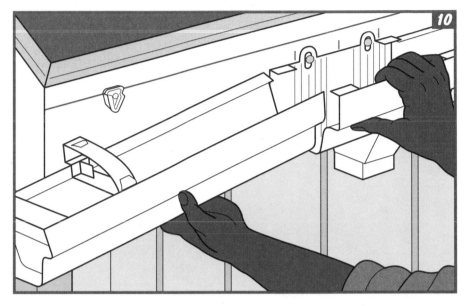

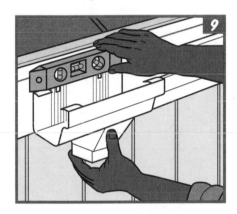

9. Installer le tuyau de décharge

Contrairement à la gouttière, le tuyau de décharge doit être de niveau.

👆 Faites glisser le tuyau sur l'extrémité de la gouttière, en le repositionnant sur son axe.

👆 Avec un petit niveau, assurez-vous que le tuyau de décharge est de niveau (9).

👆 Marquez la position des vis, retirez le tuyau et vissez à moitié des vis de support dans la bordure.

👆 Remettez le tuyau de décharge en place, en le montant sur les vis.

10. Finir un côté

👆 Mesurez la distance entre le guide de positionnement le plus près de l'extrémité du toit et le surplomb de bardeaux. Coupez une section de gouttière de cette longueur.

👆 Fixez une queue d'aronde à 1 pied de l'extrémité de la bordure, en plaçant la partie supérieure légèrement au-dessus de la ligne de guidage afin de créer une légère pente vers le tuyau de décharge.

👆 Faites glisser un crochet sur le rail et posez un bouchon à l'extrémité de la gouttière.

👆 Faites glisser la section de gouttière dans le tuyau de décharge (10), en alignant son extrémité sur la rive des bardeaux.

👆 Faites glisser le crochet dans la queue d'aronde.

11. Poser une crépine

Une crépine empêche les débris de tomber dans la gouttière et aide à diriger l'eau.

👆 Posez une section de crépine sur la gouttière et le tuyau de décharge, le larmier de la crépine face à la maison. Pressez les bords de la crépine dans les rayons situés dans la partie supérieure des crochets (11).

👆 Assurez-vous que le larmier de la crépine se courbe vers le haut de manière à toucher le larmier de l'avant-toit.

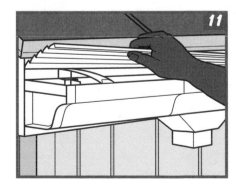

12. Installer la partie inférieure de la descente

☞ Faites une marque au centre de la planche cornière à au moins 6 pouces au-dessus du sol. Vissez le collier de la descente sur la marque (12). Utilisez des vis tarauds pour un mur en maçonnerie.

☞ Pressez le coude dans le collier, en vous assurant que les flèches correspondent au sens de l'écoulement de l'eau.

☞ En remontant le long de la planche cornière, vissez un collier tous les 5 pieds, jusqu'à 2 pieds sous le tuyau de décharge.

☞ Insérez une section de descente de 10 pieds dans le coude inférieur et pressez-le dans les colliers.

13. Terminer l'installation de la descente

☞ Faites glisser un coude sur l'ouverture du tuyau de décharge. Positionnez un autre coude contre la planche cornière juste au-dessous

du tuyau de décharge. Avec une longue règle, alignez les deux coudes. Marquez la position du coude sur la planche cornière.

☞ Mesurez la distance entre les ouvertures des deux coudes (13). Mesurez aussi la distance entre le bout de la section de descente déjà installée et le coude placé contre la planche cornière.

☞ Coupez des longueurs de descente pour ces deux sections.

☞ Vissez un collier juste au-dessous de la marque du coude supérieur. Avec un raccord, joignez la section de descente à la descente déjà installée et pressez-la dans le collier supérieur.

☞ Insérez le coude supérieur dans la descente et joignez ce coude et le coude du tuyau de décharge au moyen de l'autre section de descente que vous avez coupée.

☞ Fixez chaque coude avec une vis taraud, en vissant à travers le coude dans la descente.

14. Canaliser l'écoulement de l'eau

Une section additionnelle de descente attachée au coude inférieur éloignera l'eau de la fondation. Une plaque d'écoulement placée sous la sortie d'eau (14) empêchera l'érosion.

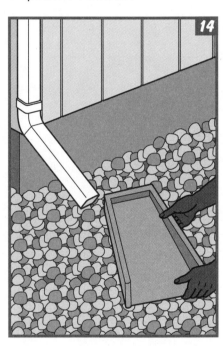

Parmi les autres accessoires que l'on peut utiliser, on compte les déflecteurs à charnière qui peuvent être levés afin de faire des travaux sur le terrain, et des tuyaux flexibles qui peuvent être enterrés ou pliés de manière à diriger l'eau vers l'endroit désiré.

LES PELOUSES ET LES JARDINS

INSTALLER UNE CLÔTURE DE BOIS

Avant d'entreprendre ce projet, déterminez la taille et le style de la clôture que vous désirez construire. Consultez le Code local du bâtiment. Déterminez les limites de votre terrain et installez la structure au moins 2 pouces à l'intérieur. Avant de commencer à creuser, assurez-vous auprès de vos fournisseurs d'électricité, de téléphone et de gaz qu'il n'y a pas de lignes ou de tuyaux souterrains.

Le bois traité sous pression est le matériau le plus économique et le plus populaire. Bien qu'ils soient plus chers, les produits de vinyle et de polychlorure de vinyle (PVC) sont durables et nécessitent très peu d'entretien. Les éléments d'assemblage galvanisés ou faits d'acier inoxydable sont durables et ne rouillent pas.

La clôture présentée ici est construite avec des poteaux faits de 4 x 4 et des traverses de 2 x 4, qui conviennent aux planches mesurant jusqu'à 6 pieds. C'est aussi une clôture de « bon voisinage » puisqu'elle a la même apparence des deux côtés.

TEMPS REQUIS
Plus de quatre heures

OUTILS
• Niveau • Ruban à mesurer • Perceuse sans fil • Scie circulaire • Égoïne • Marteau • Tournevis • Truelle de maçon • Équerre combinée • Bêche tarière • Pelle • Massette

MATÉRIAUX
• 4 x 4 • 2 x 4 • 1 x 6 • 1 x 4 • 1 x 2 • Ruban-cache • Gravier • Béton prémélangé • Clous à deux têtes • Vis

1. Installer les poteaux de coin et de bout

☞ Faites la mise en place des poteaux, assurez-vous que les coins sont d'équerre, et creusez les trous (voir pages 270 et 271).

☞ Déposez un lit de gravier de 6 pouces au fond des trous.

☞ Attachez encore les cordeaux sur les piquets et centrez le poteau de coin dans son trou à l'intersection.

☞ Fixez une contrefiche (1 x 4) sur les deux côtés adjacents du poteau, au moyen d'un clou à deux têtes.

☞ Enfoncez un piquet (1 x 2) dans le sol au bout de chaque contrefiche et clouez-les ensemble.

☞ Vérifiez l'aplomb du poteau sur

les faces adjacentes avec un niveau (1). Pour ajuster la position du poteau, enfoncez un peu plus dans le sol l'un des piquets.

☞ Installez les poteaux de bout dans le sol de la même façon.

2. Espacer les poteaux intermédiaires

Espacez les poteaux intermédiaires aussi uniformément que possible, en vous assurant qu'il y a au maximum 8 pieds de distance entre eux. Fabriquez un espaceur en coupant une traverse (2 x 4) de la longueur

de la distance que vous désirez avoir entre les poteaux.

🔨 Posez l'espaceur sur le sol, contre le côté d'un poteau de bout ou de coin, en ligne avec le cordeau. Faites une marque sur le sol au bout de l'espaceur (2).

🔨 Détachez le cordeau et creusez superficiellement le sol à l'endroit marqué avec la pelle.

3. Installer les poteaux intermédiaires

🔨 Creusez le trou et déposez un lit de gravier.

🔨 Attachez à nouveau le cordeau et remettez en place l'espaceur, en vous assurant qu'il repose également contre le sol et bien droit contre le poteau de coin ou de bout.

🔨 Glissez un poteau dans le trou contre l'espaceur et en ligne avec le cordeau (3).

🔨 Vérifiez l'aplomb et posez des contrefiches au poteau.

🔨 Espacez et posez les autres poteaux de la même façon.

🔨 Pour les poteaux supportant la porte, laissez entre eux un espace égal à la largeur de la porte plus ½ pouce (dans ce projet-ci, cela équivaut à 42 pouces).

4. Verser le béton

Pour empêcher qu'ils ne bougent, les poteaux doivent être maintenus en place avec du béton. Pour les poteaux intermédiaires, de la terre compactée peut suffire.

🔨 Préparez le béton prémélangé.

🔨 Avec une pelle, remplissez le trou de béton humide. Ajoutez du béton pour créer un petit monticule au-dessus du niveau du sol (4).

🔨 Avec une truelle de maçon, formez avec le béton une pente vers le sol.

🔨 Remplissez les autres trous.

🔨 Une semaine plus tard, remplissez les espaces vides au bas des poteaux avec un matériau d'étanchéité au silicone.

5. Installer les traverses

Les traverses ne doivent pas être posées à plus de 12 pouces des extrémités supérieure et inférieure des planches verticales.

🔨 Sur un poteau de coin ou de bout, marquez la position du support de traverse à environ 6 pouces au-dessus de l'endroit où vous désirez que l'extrémité inférieure des planches soit située.

🔨 Alignez et vissez un support (encadré) à l'endroit marqué. Déposez la traverse mais ne la fixez pas au support.

🔨 Mettez la traverse de niveau contre le poteau suivant, marquez sa position (5) et vissez le support à l'endroit indiqué. Déposez la traverse et fixez-la aux deux supports.

🔨 Mesurez à partir du bas de la traverse afin de positionner celle du haut, puis installez-la.

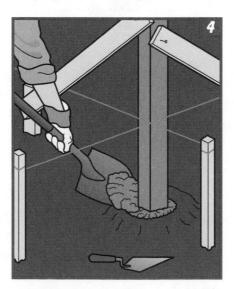

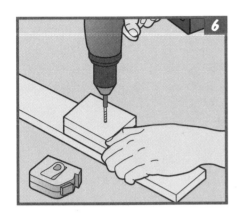

6. Fabriquer un espaceur

En plus d'assurer un espacement et un alignement égaux, un espaceur fait d'un 1 x 4 vous assure que les planches de la clôture faite de 1 x 6 se chevaucheront uniformément des deux côtés des traverses.

☞ Placez une planche sur les traverses contre le poteau, à la hauteur désirée. Vérifiez l'aplomb, puis fixez la planche aux traverses avec deux vis.

☞ Coupez un espaceur de la même longueur que les planches. Placez-le contre la planche vissée, en alignant les extrémités supérieures. Marquez sur l'espaceur la position du haut de la traverse supérieure.

☞ Faites un tasseau avec deux retailles de 1 x 4. Alignez le bas du tasseau sur la marque et fixez-le avec deux vis (6).

7. Fixer les planches

☞ Appuyez l'espaceur contre la première planche, le tasseau reposant sur la traverse supérieure. La planche et l'espaceur doivent être alignés.

☞ Appuyez la deuxième planche contre l'espaceur.

☞ Espacez et vissez les autres planches de la même façon (7), en vérifiant l'aplomb à chaque trois ou quatre planches.

☞ Ajustez l'espacement des trois dernières planches de cette section, soit avec une pleine largeur de planche, soit avec un plein espace.

8. Terminer l'autre côté

Les planches du deuxième côté chevauchent celles du premier.

☞ Positionnez l'espaceur sur la traverse supérieure à 1 pouce du poteau.

☞ Appuyez la première planche contre l'espaceur, en alignant les extrémités supérieures, et fixez-la aux traverses (8).

☞ Poursuivez de la même façon.

9. Égaliser les poteaux

☞ Au moyen d'une équerre combinée, marquez la hauteur des planches sur chacune des faces des poteaux.

☞ Coupez les poteaux également le long des marques avec une égoïne.

☞ Appliquez une couche de protection pour bois sur la partie coupée du poteau. Laissez sécher.

☞ Vissez un chapeau sur chaque poteau dans les trous déjà percés (9).

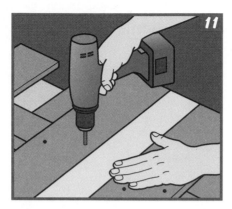

10. Faire un cadre de porte

Assurez-vous que votre porte est ½ pouce moins large que la distance qui sépare les deux poteaux de porte.

☞ Mesurez et coupez un cadre de porte dans un 2 x 4. Coupez les pièces horizontales de manière à ce qu'elles couvrent toute la largeur de la porte et protègent les bouts des planches verticales de l'humidité.

☞ Fixez chaque coin avec une seule vis posée à angle à travers le joint d'about.

☞ Ajoutez un support diagonal qui ira du coin inférieur côté charnières au coin supérieur côté loquet. Pour faire le support, placez un 2 x 4 au-dessus des coins du cadre, puis coupez-le de manière à ce qu'il s'ajuste au cadre. Fixez-le à chaque bout avec une seule vis posée à angle dans le cadre (10).

11. Le revêtement de la porte

☞ Positionnez une première planche sur le cadre, au même niveau que la rive du cadre. Appuyez votre espaceur à côté, le tasseau reposant sur la traverse supérieure. Alignez le dessus de la première planche avec le dessus de l'espaceur.

☞ Fixez la planche au cadre en vissant deux vis dans le support diagonal, ainsi que dans chaque traverse.

☞ Espacez et fixez les autres planches, et complétez un côté de la porte. Retournez la porte et fixez les planches afin qu'elles chevauchent les premières (11).

12. Mettre les charnières

C'est parce que le coin inférieur où se trouve le support soutient la plus grande partie du poids de la porte

que les charnières sont posées de ce côté. Elles sont fixées sur la face interne du poteau, permettant ainsi à la porte de s'ouvrir vers l'intérieur.

☞ Placez les charnières sur les planches extérieures de la porte, en les centrant sur les traverses. Marquez et percez des trous de guidage, puis vissez les charnières à travers les planches, dans les traverses.

☞ Positionnez la porte en la faisant reposer sur des blocs et alignez ses traverses avec celles de la clôture.

☞ Vérifiez l'aplomb, puis fixez les charnières au poteau (12).

13. Installer le loquet

☞ Positionnez le loquet à la hauteur désirée sur le poteau de la porte. Marquez et percez des trous de guidage, puis fixez le loquet au poteau.

☞ Placez la tige dans le loquet et marquez sa position sur la porte. Percez des trous de guidage, puis vissez la tige (13).

LES PELOUSES ET LES JARDINS

POSER DES DALLES DE PIERRE

Les dalles sont des pierres (comme le calcaire ou le grès) fendues en grands morceaux plats. Elles sont de tailles irrégulières ou coupées en rectangles. Si vous choisissez les dalles irrégulières, privilégiez celles dont les bords sont droits et non courbes car elles s'ajusteront mieux les unes aux autres, ce qui diminuera le nombre de coupes à faire. Les dalles sont vendues au pied carré : calculez la surface à paver et ajoutez 10 pour cent pour les pertes.

Les dalles peuvent être posées sur une couche de mortier ou de sable. Les passages faits sur du sable requièrent plus d'entretien mais ils sont plus faciles à faire. Utilisez du sable à béton car il se compacte bien et empêche la pousse de mauvaises herbes. Si le sol est argileux et mal drainé, étalez une couche de 4 pouces de gravier de ¾ de pouce avant de déposer le sable. Vous pouvez faire un pavage sans bordure, ce qui donne un aspect rustique et naturel à votre passage ou votre patio.

<table>
<tr><td>TEMPS REQUIS</td></tr>
<tr><td>Plus de quatre heures</td></tr>
</table>

<table>
<tr><td>OUTILS</td></tr>
<tr><td>• Ruban à mesurer • Cordeau • Bêche • Pic • Pilon • Grands ciseaux • Massette • Maillet en caoutchouc • Ciseau à pierre • Niveau • Balai-brosse • Tuyau d'arrosage • Gants de travail • Lunettes de sécurité • Support dorsal • Genouillères</td></tr>
</table>

<table>
<tr><td>MATÉRIAUX</td></tr>
<tr><td>• 2 x 2 • 2 x 4 • Toile géotextile pour jardin • Sable à béton • Dalles de pierre</td></tr>
</table>

1. Préparer le terrain

Assurez-vous que l'endroit à paver est assez plat, bien drainé et sans grosses racines.

☞ Pour les sections droites, plantez des piquets de 2 x 2 dans le sol et attachez-y un cordeau. Pour les sections courbes, marquez l'endroit à paver avec du sable.

☞ Avant de commencer à creuser, observez bien la taille et la forme du tracé et, au besoin, apportez des changements.

☞ Avec une bêche, découpez le sol le long du tracé (1).

☞ Enlevez les piquets et le cordeau.

2. Creuser

Pour savoir à quelle profondeur creuser, mesurez l'épaisseur de la dalle la plus épaisse et ajoutez un pouce. Avec une couche de sable de 1½ pouce, la surface des dalles dépassera légèrement la surface du sol, permettant un tassement. Si l'endroit est mal drainé, creusez 4 pouces plus profondément afin d'ajouter une base de gravier.

☞ Creusez à la profondeur désirée, en utilisant un pic pour enlever les pierres et les racines.

☞ Étendez une toile pour jardin (voir page 285).

☞ Pour vérifier la profondeur, déposez un 2 x 4 droit au-dessus de l'excavation. Mesurez la distance entre le bas de la planche et le fond de l'excavation, à chaque 2 pieds, et marquez avec du sable les secteurs à corriger.

☞ Lorsque la profondeur de l'excavation est uniforme, utilisez un pilon pour compacter le sol (2).

3. Préparer une couche de sable

☞ Déposez des 2 x 4 au fond de l'excavation, à plat, le long des bords.

☞ Déposez une couche de sable suffisante pour atteindre la partie supérieure des 2 x 4.

☞ Égalisez le sable en faisant glisser sur toute la surface un 2 x 4 coupé de la même largeur que celle de l'excavation (3).

☞ Compactez le sable avec un pilon. Ajoutez du sable et égalisez à nouveau.

☞ Enlevez les 2 x 4 et remplissez de sable les espaces créés. Pilonnez le sable qui vient d'être ajouté.

☞ Les sections courbes peuvent être égalisées sans utiliser de 2 x 4. Assurez-vous de l'uniformité de la profondeur du sable en plaçant d'un bord à l'autre un 2 x 4 et en mesurant la profondeur du sable à différents endroits le long du 2 x 4.

☞ Coupez la toile à égalité avec la surface de la couche de sable.

4. Poser les dalles

☞ Choisissez une dalle dont deux bords forment un angle de 90 degrés ou presque, et posez-la dans un coin de la couche de sable.

☞ Choisissez les dalles suivantes afin qu'elles s'ajustent le plus possible à la première. Les joints devraient avoir au moins ⅜ de

pouce, mais pas plus de 2 pouces. Tapez sur les dalles avec un maillet en caoutchouc.

☞ Avec un niveau, assurez-vous que la surface de chaque dalle arrive à égalité avec les dalles adjacentes (4) puis posez un lit de dalles de pierre. (voir page 287).

CONSEIL DE SÉCURITÉ *Les dalles peuvent être très lourdes. Pour diminuer les risques de blessure, demandez l'aide d'un assistant pour soulever les plus grosses.*

5. Marquer les coupes

Si vous ne trouvez pas de dalle du bon format ou de la bonne forme, coupez-en une selon vos besoins.

☞ Placez une dalle à peu près en position et, avec un crayon gras, tracez la coupe désirée sur sa face supérieure (5).

LES PELOUSES ET LES JARDINS

☞ Transférez les marques sur les côtés de la dalle, puis sur l'endos, en la retournant.

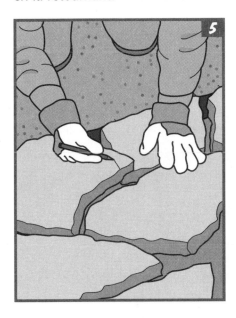

6. Les petites coupes

☞ Déposez la dalle sur une surface plate et stable. L'idéal est de la poser sur trois 2 x 4.

☞ N'enlevez que de petits morceaux de dalle à la fois, en vous servant d'un ciseau à pierre et d'une massette (6). Travaillez

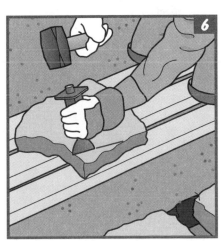

lentement : enlever de plus gros morceaux peut provoquer une cassure soudaine. Si une partie ne se casse pas, retournez la dalle et taillez de ce côté.

CONSEIL DE SÉCURITÉ *Portez des lunettes de sécurité pour tailler la pierre.*

7. Les grandes coupes

☞ Avec un ciseau à pierre et une massette, faites une incision de chaque côté de la dalle, le long de la marque.

☞ Déposez la dalle sur les 2 x 4, la ligne d'incision directement

au-dessus de la rive extérieure de la dernière planche.

☞ Avec la massette et le ciseau à pierre, tapez vigoureusement le long de l'incision jusqu'à ce que la dalle se fende (7). N'oubliez pas qu'une fissure déjà présente pourrait provoquer une cassure soudaine (voir page 287).

☞ Remplissez les joints de la même manière que pour un patio en dalles préfabriquées (voir page 287).

Note : *Une meuleuse angulaire équipée d'une lame de diamant est un outil pratique pour couper les dalles.*

Chapitre 7
DANS L'ATELIER

Sans outils, pas de rénovations ni d'améliorations de maison possibles... La qualité de vos outils et de leur entretien déterminent en bonne partie la rapidité et la facilité avec lesquelles vous pourrez exécuter les travaux présentés dans ce livre.

Utilisez toujours l'outil indiqué pour un travail, et utilisez-le toujours correctement. Lorsque vous désirez acheter un outil, choisissez-le toujours de la meilleure qualité que vous pouvez vous offrir. Un outil de première qualité durera plus longtemps et dans la plupart

des cas travaillera mieux qu'un outil bon marché. S'il s'agit d'un outil coûteux ou spécialisé dont vous n'aurez besoin qu'une seule fois ou à l'occasion seulement, songez à le louer.

Les outils, comme les maisons ou les voitures, requièrent des soins et un entretien réguliers. Une scie dont la lame est émoussée et rouillée, par exemple, ne coupera pas bien, peu importe son efficacité lorsqu'elle était neuve. Un outil mal entretenu peut aussi être dangereux : s'il requiert qu'on applique plus

OUTILS REQUIS POUR LES AMÉLIORATIONS ET RÉPARATIONS DANS UN ATELIER

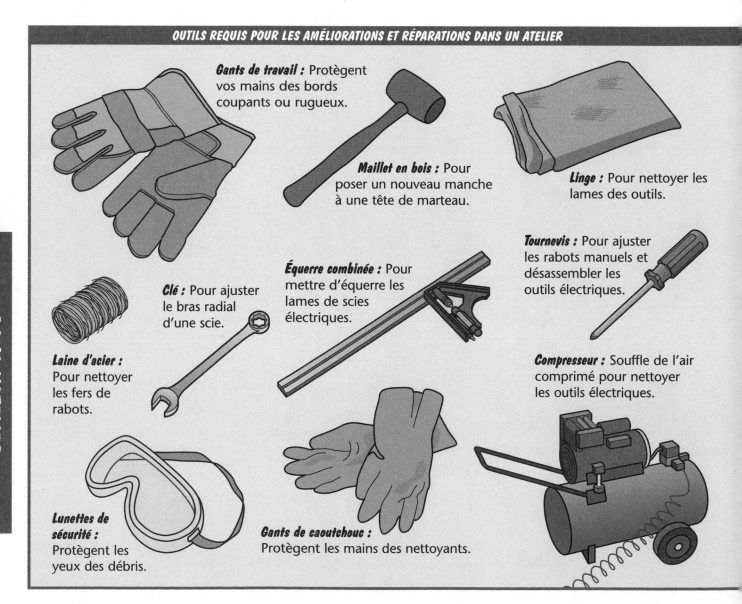

Gants de travail : Protègent vos mains des bords coupants ou rugueux.

Maillet en bois : Pour poser un nouveau manche à une tête de marteau.

Linge : Pour nettoyer les lames des outils.

Laine d'acier : Pour nettoyer les fers de rabots.

Clé : Pour ajuster le bras radial d'une scie.

Équerre combinée : Pour mettre d'équerre les lames de scies électriques.

Tournevis : Pour ajuster les rabots manuels et désassembler les outils électriques.

Compresseur : Souffle de l'air comprimé pour nettoyer les outils électriques.

Lunettes de sécurité : Protègent les yeux des débris.

Gants de caoutchouc : Protègent les mains des nettoyants.

de force que la normale parce qu'il est émoussé ou mal ajusté, il pourrait blesser gravement.

Ce chapitre vous expliquera tout ce qu'il faut faire pour conserver vos outils en parfait état. Ils doivent être rangés de manière adéquate. Les outils sont plus souvent endommagés à cause d'un rangement sans soin ou déficient qu'ils ne le sont à cause de leur utilisation.

Les outils coupants, comme les scies, ciseaux, mèches de perceuse et rabots requièrent un aiguisage régulier. Vous économiserez de l'argent et serez plus enclin à les aiguiser lorsque cela est nécessaire si vous pouvez effectuer le travail vous-même. L'aiguisage requiert quelques outils spécialisés mais lorsqu'on songe aux prix exigés par les aiguiseurs de métier, il sera rapidement rentabilisé.

Vu le prix des outils électriques neufs, il vaut la peine de garder en bon état ceux que vous possédez déjà. Ce chapitre vous expliquera comment remplacer les pièces qui font le plus rapidement défaut : les cordons d'alimentation et les fiches.

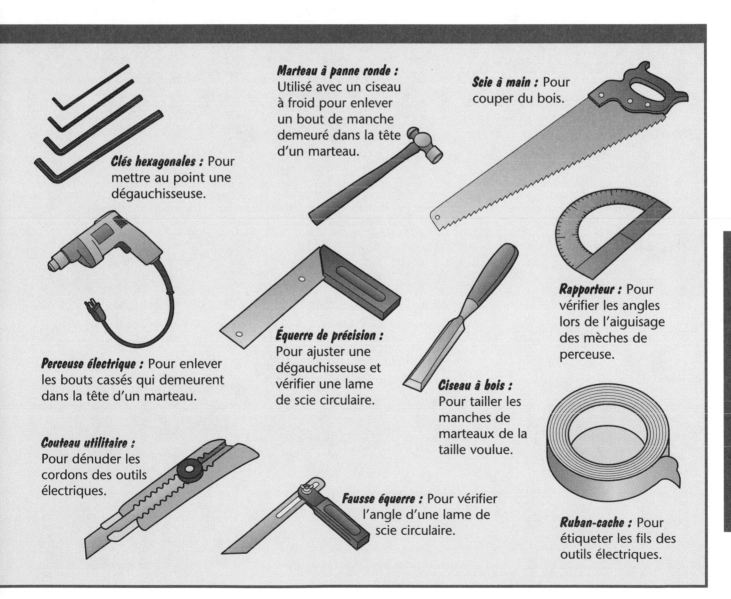

Clés hexagonales : Pour mettre au point une dégauchisseuse.

Marteau à panne ronde : Utilisé avec un ciseau à froid pour enlever un bout de manche demeuré dans la tête d'un marteau.

Scie à main : Pour couper du bois.

Perceuse électrique : Pour enlever les bouts cassés qui demeurent dans la tête d'un marteau.

Équerre de précision : Pour ajuster une dégauchisseuse et vérifier une lame de scie circulaire.

Ciseau à bois : Pour tailler les manches de marteaux de la taille voulue.

Rapporteur : Pour vérifier les angles lors de l'aiguisage des mèches de perceuse.

Couteau utilitaire : Pour dénuder les cordons des outils électriques.

Fausse équerre : Pour vérifier l'angle d'une lame de scie circulaire.

Ruban-cache : Pour étiqueter les fils des outils électriques.

DANS L'ATELIER

ENTRETENIR VOS OUTILS

Les spécialistes conseillent d'acheter les outils de meilleure qualité. Toutefois, aucun outil ne travaillera bien ou ne durera longtemps s'il n'est pas entretenu avec soin. Ceci n'assure pas que la durabilité ou la performance : l'utilisation d'une scie dont la lame est rouillée, d'un ciseau au tranchant ébréché, d'une scie sauteuse à la lame tordue ou d'une scie circulaire empâtée de sciure n'est pas sécuritaire. Les bonnes habitudes sont rentables. Ranger avec ordre les outils permet de les avoir à

portée de la main, de les protéger, et de les trouver rapidement. Nettoyer les outils après usage aide à conserver les tranchants aiguisés et les sorties d'air exemptes de poussières. Si vous prenez soin régulièrement de vos outils, leur entretien se fera rapidement. Ils ne requièrent souvent pas plus qu'un nettoyage et qu'une application d'huile à machine légère pour les protéger de la rouille. Pour bien fonctionner, certains outils doivent être ajustés régulièrement. Consultez le mode d'emploi.

TEMPS REQUIS
De deux à quatre heures

OUTILS
• Marteau • Linges • Laine d'acier • Craie • Tige de métal • Air comprimé • Brosse métallique • Brosse à soies dures • Dresse-meule à étoile • Meuleuse d'établi • Lime • Équerre combinée • Gants de travail • Gants de caoutchouc • Lunettes de sécurité

MATÉRIAUX
• Essence minérale • Détergent doux • Huile à machine légère • Craie • Solvant pour résine • Panneaux durs perforés • Crochets en U et supports

RANGER LES OUTILS

Les outils manuels

Rangez les outils de manière à ce qu'ils soient à portée de la main.
☞ Clouez des panneaux durs perforés aux murs de l'atelier.

☞ Posez des crochets en U et des supports conçus spécialement pour cet usage dans les trous (1).

Note : *Avec un crayon feutre, tracez le contour des outils sur les panneaux afin de les ranger au bon endroit.*

Les outils électriques

☞ Retirez les mèches, lames ou autres accessoires coupants qui n'ont pas de couvercle de protection.
☞ Enroulez le cordon d'alimentation autour du corps de l'outil, et rangez ce dernier dans son boîtier, s'il en a un.

☞ Entreposez les outils électriques dans une armoire fermée à clé (2) afin d'éviter de les endommager et pour qu'ils soient hors de la portée des enfants.

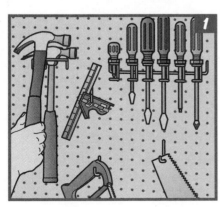

NETTOYER LES OUTILS

Nettoyer un ciseau à bois

🔨 Essuyez bien la poignée du ciseau avec un linge doux et une solution faite de détergent doux et d'eau.

🔨 Humectez d'essence minérale un linge doux et frottez la lame du ciseau (1).

🔨 Enlevez la rouille de la lame en frottant avec une laine d'acier trempée dans une huile à machine légère.

Note : *Appliquez un peu d'huile à machine légère sur la lame avant d'entreposer le ciseau.*

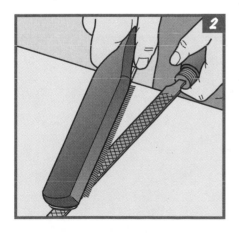

Nettoyer une lime

Nettoyez votre lime avant et après utilisation pour enlever les poussières et les particules de métal.

🔨 Frottez les dents de la lime avec une brosse métallique (2) pour enlever les particules de métal. Délogez les particules tenaces avec la pointe d'un petit clou.

🔨 Frottez ensuite les dents de la lime avec une craie pour empêcher les particules de s'accumuler.

🔨 Enveloppez les limes séparément dans des linges, et entreposez-les dans un tiroir.

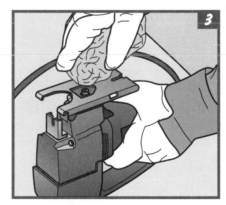

Nettoyer une scie sauteuse

🔨 Débranchez la scie, retournez-la à l'envers, desserrez légèrement la vis de retenue de la bride de fixation de la lame, puis retirez la lame.

🔨 Avec de l'air comprimé, soufflez les débris hors des évents, crevasses et autres parties difficiles à atteindre. Portez des lunettes de sécurité.

🔨 Nettoyez le corps de la scie avec un linge doux et une solution faite de détergent doux et d'eau.

🔨 Avec une lime, ébarbez la plaque d'assise de la scie .

🔨 Avec de la laine d'acier trempée dans de l'essence minérale, enlevez de la plaque d'assise les résidus de résine, colle ou autre (3).

Nettoyer une scie circulaire

🔨 Débranchez la scie.

🔨 Avec une brosse à soies dures, enlevez la poussière accumulée.

🔨 Avec de l'air comprimé, soufflez les débris hors du corps du moteur (4) et du protège-lame. Portez des lunettes de sécurité.

🔨 Nettoyez le corps de la scie avec un linge doux et une solution faite de détergent doux et d'eau.

🔨 Avec de la laine d'acier trempée dans de l'essence minérale, enlevez de la plaque d'assise les dépôts tenaces (4).

🔨 Avec une lime, ébarbez la plaque d'assise de la scie.

NETTOYER LES OUTILS (SUITE)

Nettoyer une perceuse électrique

🔨 Débranchez la perceuse et retirez la mèche du mandrin.

🔨 Enlevez la sciure accumulée avec une brosse à soies rigides.

🔨 Essuyez la graisse du corps et de la poignée de la perceuse avec un linge doux et une solu-tion faite de détergent doux et d'eau.

🔨 Si les dents du mandrin ne s'ouvrent et ne se ferment pas bien, faites faire des rotations au collier du mandrin et sondez le mandrin avec une tige de métal afin de déloger les débris (5).

🔨 Lubrifiez le mandrin avec une huile à machine légère.

AJUSTER LES OUTILS

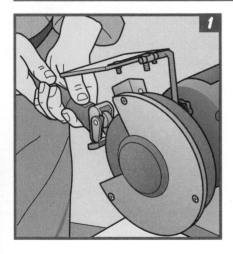

Dresser une meule

De l'équarrissage à l'affûtage, du ponçage au polissage, la meuleuse d'établi a de nombreux usages. Avec le temps, la surface de la meule s'émousse ou devient irrégulière. Pour nettoyer et dresser une meule, utilisez un dresse-meule à étoile.

🔨 Placez l'écran protecteur au-dessus de la meule et portez vos lunettes de sécurité.

🔨 Abaissez le dresse-meule et met-tez la meule en marche. Poussez lentement le dresse-meule sur la meule (1). Poussez et retirez le dresse-meule jusqu'à ce que la sur-face de la meule soit propre et lisse.

CONSEIL DE SÉCURITÉ *Soyez prudent avec l'air comprimé. Dirigez toujours le jet d'air loin de vous.*

S'assurer du bon angle d'une lame de scie sauteuse

Lorsque vous posez une lame, servez-vous d'une équerre com-binée pour vous assurer que la lame forme un angle droit avec la plaque d'assise.

🔨 Débranchez la scie et retournez-la à l'envers, puis desserrez légèrement la vis de retenue de la bride de fixation de la lame et retirez la vieille lame.

🔨 Insérez la nouvelle lame et fixez-la en place.

🔨 Déposez la partie courte de l'équerre combinée sur la plaque d'assise et levez délicatement la partie longue de l'équerre pour l'appuyer contre la lame. Si la lame et la plaque d'assise ne for-ment pas un angle de 90 degrés, desserrez un peu la vis de retenue de la plaque avec une clé hexago-nale et ajustez la plaque.

🔨 Lorsque la plaque d'assise et la lame forment un angle droit, resserrez la vis (2).

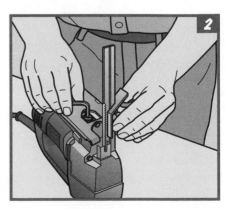

AIGUISER UNE SCIE À MAIN

Pour bien couper, les dents d'une scie doivent être aiguisées. Vous pouvez recourir aux services d'un aiguiseur de métier, mais il y a plusieurs avantages à faire le travail vous-même. Vous pourrez aiguiser une scie dès que le besoin s'en fait sentir et, puisque les outils requis sont peu coûteux, ils seront rentabilisés en peu de temps.

L'aiguisage des dents d'une scie à main se fait en trois étapes. On égalise la longueur des dents avec un gabarit muni d'une lime. Le redressage consiste à redonner aux dents l'angle qui convient avec une avoyeuse, de manière à ce que la scie avance sans se coincer. Quant à l'aiguisage, il consiste à limer les dents. Les scies occidentales, comme la scie à tronçonner, la scie à refendre, la scie combinée et la petite scie pour boîte à outils requièrent une lime à parer triangulaire. Pour les scies japonaises, vous aurez besoin d'une lime en losange. Dans tous les cas, ne limez qu'en effectuant des mouvements vers l'avant afin d'obtenir un bord tranchant et lisse.

CONSEIL DE SÉCURITÉ *Pour protéger vos mains, portez des gants de travail lorsque vous aiguisez une scie.*

TEMPS REQUIS

Moins de deux heures

OUTILS

- Gabarit de limage • Avoyeuse
- Lime bâtarde plate • Lime à parer triangulaire • Lime en losange • Guide d'aiguisage
- Ruban à mesurer • Étau
- Gants de travail

MATÉRIAUX

- Plaquettes de contreplaqué

ÉGALISER ET RECTIFIER LATÉRALEMENT LES DENTS

1. Fixer la scie

☞ Pour faire un travail sécuritaire, faites deux plaquettes de bois qui seront insérées dans l'étau. Coupez deux morceaux droits de 6 pouces sur 18 dans du contreplaqué de ½ pouce d'épaisseur.

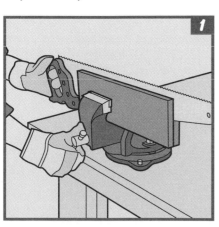

☞ Insérez la lame de la scie entre les plaquettes de manière à ce que les dents dépassent du bois sur environ 1½ pouce.

☞ Placez la scie et les plaquettes dans un étau, les dents de la scie vers le haut et le manche le plus près possible des mâchoires de l'étau (1).

2. Rectifier latéralement les dents

Un gabarit de limage de commerce (A) vous permet de faire glisser une lime également sur la pointe des dents.

☞ Fixez une lime bâtarde plate au gabarit en suivant les directives du fabricant, puis serrez-la en place avec l'écrou de retenue.

☞ Placez la garde du gabarit à égalité contre un côté de la lame de la scie, en vous assurant que la lime touche les dents. En tenant le manche de la scie, passez le gabarit et limez quelques fois dans un mouvement de va-et-vient sur toute la longueur de la lame (2).

ÉGALISER ET RECTIFIER LATÉRALEMENT LES DENTS (SUITE)

3. Rectifier latéralement les dents

☞ L'avoyeuse montrée ici peut être ajustée afin de correspondre au nombre de dents par pouce de votre lame de scie. Comptez le nombre de dents par pouce de votre lame, puis ajustez l'avoyeuse en fonction de cette donnée.

☞ Les dents d'une scie sont pliées alternativement d'un côté puis de l'autre de la lame. En commençant à un bout de la scie, réglez l'avoyeuse sur la première dent pliée vers l'extérieur, puis serrez le manche pour plier la dent dans le bon angle.

☞ Ajustez ainsi toutes les autres dents pliées dans la même direction (3), puis retirez la scie de l'étau, tournez-la dans la direction opposée, et pliez les autres dents.

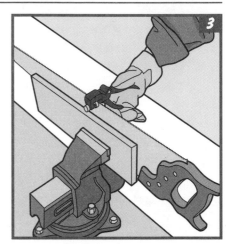

AIGUISER LES DENTS

Une scie à tronçonner

Les dents d'une lame de scie à tronçonner sont relativement rapprochées les unes des autres. Il y a d'ordinaire de 8 à 12 dents par pouce.

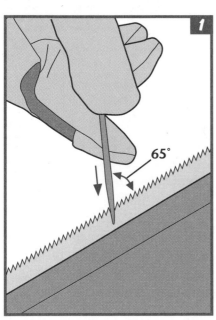

☞ La scie toujours dans l'étau, placez une lime à parer triangulaire entre les deux premières dents à un bout de la lame. Les bords de ce type de dent ont d'ordinaire un biseau de 65 degrés. En tenant la lime à égalité contre le bord à angle de la première dent près de vous, la lime légèrement inclinée, glissez dans un mouvement vers l'avant.

☞ Limez le côté opposé de la même dent de la même manière, puis aiguisez toutes les autres dents qui sont orientées vers vous (1).

☞ Tournez la scie dans l'autre direction, fixez-la dans l'étau, et limez les autres dents.

Une scie à refendre

Les dents d'une scie à refendre sont plus espacées que celles d'une scie à tronçonner. Elles sont d'ordinaire dotées de 5 à 7 dents par pouce. Contrairement aux dents de la scie à tronçonner, les bords des dents de la scie à refendre ne sont pas biseautés.

☞ Aiguisez les dents avec une lime à parer triangulaire comme vous le feriez pour une lame de scie à tronçonner, mais tenez la lime à plat contre les bords de la dent à un angle de 90 degrés (2).

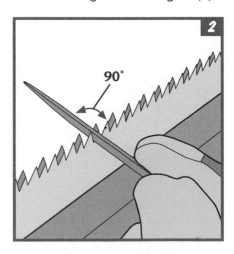

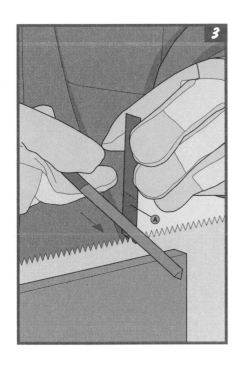

Une scie pour boîte à outils

Certaines scies, comme les petites scies pour boîte à outils, ont des dents dont les bords sont biseautés dans le haut. Des guides d'aiguisage spéciaux (A) sont offerts avec certains modèles pour vous aider à aiguiser ces dents.

☞ Aiguisez les dents de la scie comme vous le feriez pour une scie à tronçonner, puis tenez le guide d'aiguisage bien droit de manière à ce que sa lame se trouve entre les deux premières dents de la scie.

☞ Placez un côté d'une lime à parer triangulaire contre le guide et l'autre contre le dessus de la première dent qui vous fait face. En penchant le manche de la lime à un angle de 30 degrés, effectuez un ou deux mouvements vers l'avant sur la dent (3).

☞ Limez toutes les deuxièmes dents de la même façon jusqu'à l'autre bout de la lame.

☞ Tournez la scie dans la direction contraire dans l'étau et limez les autres dents.

Une scie combinée

Conçues tant pour tronçonner que pour refendre, les scies combinées ont des dents biseautées sur les deux côtés.

☞ Limez comme vous le feriez pour une scie à tronçonner, en tenant la lime à parer triangulaire à un angle d'environ 60 degrés (4).

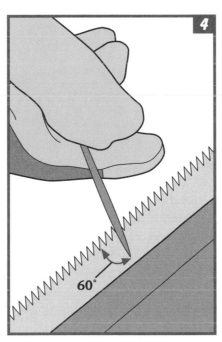

Une scie à tronçonner japonaise

Leurs dents sont biseautées sur les deux côtés ainsi que sur le dessus de chaque dent. Les scies japo-naises sont plus souples que les scies occidentales et elles plient plus facilement. Aussi, assurez-vous que les plaquettes de bois que vous avez coupées pour les maintenir en place dans l'étau les supportent sur toute la longueur.

☞ Aiguisez les dents comme vous le feriez pour une scie à tronçonner occidentale, mais utilisez une lime en losange à un angle de 60 degrés, et limez la dent qui s'éloigne de vous. Poussez vers le bas et vers la gauche afin de suivre le biseau de la dent et limez seulement avec des mouvements vers l'extérieur (5).

☞ Limez le dessus de chaque dent en suivant l'angle du biseau.

☞ Tournez la scie dans l'autre direction dans l'étau et aiguisez les autres dents.

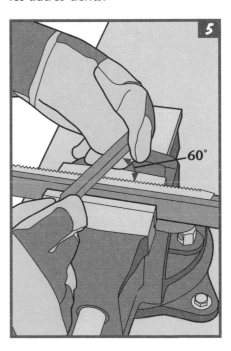

AIGUISER UN CISEAU

Pour sculpter proprement et efficacement, les ciseaux doivent être aiguisés régulièrement. L'aiguisage se fait en deux étapes de base : l'aiguisage de la partie biseautée (les tranchants à angle), et le polissage des ébarbures (ou arêtes de métal) qui en résultent, sur le côté plat de la lame. Pour ce faire, on utilise une pierre ou une meuleuse d'établi.

Il existe deux catégories de pierres, définies en fonction du lubrifiant utilisé: huile ou eau. Elles sont offertes en différents degrés de rugosité, les pierres à huile étant généralement plus rugueuses que les pierres à eau. Les pierres combinées ont un côté rugueux et un côté plus doux, ce qui en fait un choix polyvalent. Pour une pierre à huile, utilisez une huile à machine légère et essuyez la pierre après chaque usage. Entreposez les pierres à eau dans de l'eau.

La meuleuse d'établi aiguise beaucoup plus rapidement que la pierre mais il faut faire attention que la lame du ciseau ne chauffe pas trop, ce qui en détruirait la dureté. Une meule standard est souvent trop rugueuse, surtout pour les ciseaux très fins, mais une vaste gamme de meules spécialisées et de polissoirs est offerte.

TEMPS REQUIS

Moins de deux heures

OUTILS

• Pierre d'établi • Meuleuse d'établi • Lunettes de sécurité

MATÉRIAUX

• Pâte à roder • Huile pour pierre à aiguiser • Panneau de verre
• Chute de bois • Vis à bois
• Huile à machine légère
• Pâte à polir

UTILISER UNE PIERRE D'ÉTABLI

1. Dresser une pierre

Une pierre d'établi se creusera éventuellement au centre. Pour aplanir (ou dresser) une pierre, utilisez de la pâte à roder et un panneau de verre.

☞ Insérez le panneau de verre entre deux languettes de bois vissées à une planche.

☞ Préparez un coulis de pâte à roder à gros grains en suivant les directives du fabricant. Pour une pierre à huile, utilisez une huile pour pierre; pour une pierre à eau, utilisez de l'eau.

☞ Étalez le coulis sur le verre, puis frottez la pierre sur la surface dans un mouvement circulaire (1).

☞ Nettoyez le panneau de verre et répétez l'opération avec un coulis fait d'une pâte à grains plus fins. Continuez avec des coulis faits d'une pâte contenant des grains toujours plus fins jusqu'à ce que la pierre soit plate.

Note : *Vous pouvez aussi dresser une pierre avec une feuille de papier au silicone et au carbure (mouillée/sèche) fixée à une surface plane avec du ruban-cache.*

2. Préparer la pierre

On peut utiliser une pierre combinée pour aiguiser les lames de tous les ciseaux standard.

☞ Insérez la pierre, le côté rugueux au-dessus, entre deux languettes de bois vissées à une planche.

☞ Saturez la pierre de lubrifiant:

une huile à machine légère pour une pierre à huile et de l'eau pour une pierre à eau.

☞ Tenez le ciseau de manière à ce que le biseau de la lame repose à plat contre la pierre (2).

3. Aiguiser la lame

☞ Soulevez le ciseau de 5 degrés (3) et glissez la lame le long de la pierre en faisant des mouvements longs et elliptiques, et en appliquant une pression moyenne. Soulevez la lame à la fin de chaque mouvement.

☞ Répétez jusqu'à ce qu'un deuxième biseau se forme sur le tranchant extérieur du biseau existant.

☞ Retournez la pierre de manière à ce que le côté doux soit au-dessus, lubrifiez-la, et effectuez quelques mouvements d'aiguisage de la même manière.

4. Ébarber

Aiguiser une lame produit des arêtes de métal, ou ébarbures, sur son côté plat. Lissez-les avec la pierre.

☞ Le côté doux de la pierre au-dessus, déposez le plat de la lame sur la pierre et frottez-la contre la surface en faisant des mouvements circulaires (4) jusqu'à ce qu'elle soit lisse.

UTILISER UNE MEULEUSE D'ÉTABLI

1. Aiguiser la lame

N'appliquez pas trop de pression sur le talon ou le bout du biseau.

☞ Installez une meule sur la meuleuse, ajustez le porte-outil (A) et mettez l'appareil en marche.

☞ En tenant la lame du ciseau entre les doigts et le pouce d'une

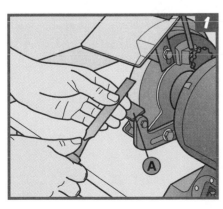

main, déposez votre main sur le porte-outil et placez le talon du biseau contre la meule (1).

☞ Faites descendre la lame sur la meule jusqu'à ce que le bout tranchant y touche.

2. Polir le ciseau

Polissez la lame avec une roue de polissage et une pâte à polir pour enlever les ébarbures sur le dos de la lame.

☞ Installez une roue de polissage sur la meuleuse, mettez en marche l'appareil et tenez un bloc de pâte à polir contre la roue jusqu'à ce qu'elle en soit entièrement couverte.

☞ Tenez le côté plat de la lame contre la roue (2), en la faisant glis-

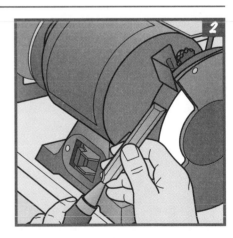

ser dans un mouvement de va-et-vient jusqu'à ce qu'elle soit lisse.

☞ Retournez le ciseau et polissez le biseau.

CONSEIL DE SÉCURITÉ *Portez des lunettes de sécurité lorsque vous utilisez une meule d'établi.*

AIGUISER UN FER DE RABOT

DANS L'ATELIER

Le rabot est un instrument de précision mais, si le fer n'est pas bien aiguisé, il creusera et abîmera le bois au lieu de le planer proprement.

Aiguiser un fer se fait en trois étapes : la production d'un biseau sur le tranchant; l'aiguisage d'un micro-biseau sur l'avant du tranchant du premier biseau; et l'enlèvement des ébarbures (les arêtes de métal résultant de l'aiguisage). La première étape peut se faire avec une meuleuse ou une pierre d'établi, et les deux autres préférablement avec une pierre.

Il existe deux catégories de pierres, définies en fonction du lubrifiant utilisé : huile ou eau. Utilisez une huile pour machine légère avec une pierre à huile et de l'eau avec une pierre à eau. Les pierres combinées, qui ont un côté rugueux et un côté plus doux, sont le meilleur choix.

TEMPS REQUIS
Moins de deux heures

OUTILS
• Meuleuse d'établi • Pierre • Gabarit de meulage • Guide d'angle d'aiguisage • Lunettes de sécurité

MATÉRIAUX
• Chutes de bois • Vis à bois • Huile pour machine légère

1. Produire un biseau

La première étape consiste à produire un biseau sur le tranchant. Pour ce faire, on peut utiliser une meuleuse, comme ici, ou une pierre.

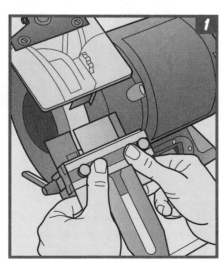

☞ Fixez le fer sur un gabarit de meulage, le côté biseauté vers le bas et le tranchant parallèle au bord de la bride de serrage.

☞ Ajustez le porte-outil pour qu'il ait un angle de 30 degrés, puis tenez le gabarit sur l'appui et déplacez-le vers l'avant jusqu'à ce que le tranchant du fer touche la meule (1).

☞ En appliquant une pression légère, déplacez le fer d'un côté à l'autre sur la meule. Vérifiez le tranchant après quelques mouvements et cessez de meuler lorsqu'un biseau s'est formé.

CONSEIL DE SÉCURITÉ *Portez des lunettes de sécurité lorsque vous utilisez une meuleuse d'établi.*

2. Préparer la pierre

Une fois qu'un biseau a été produit sur le fer, un deuxième biseau, appelé micro-biseau doit être produit sur l'avant du tranchant.

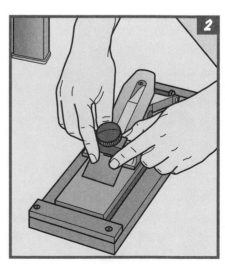

☞ Insérez une pierre combinée, le côté plus doux au-dessus, entre deux languettes de bois vissées à une planche.

☞ Imbibez la pierre de lubrifiant : de l'huile à machine légère pour une pierre à huile et de l'eau pour une pierre à eau.

☞ Fixez le fer dans le guide d'angle d'aiguisage de manière à ce que le biseau repose à plat sur la pierre (2).

3. Aiguiser le fer

Un biseau produit sur une meule se creuse légèrement (de manière concave) à cause de la forme de la meule. Si vous produisez un biseau sur une pierre, il sera plat : dans ce cas, soulevez le fer à un angle d'environ 5 degrés pour produire le micro-biseau.

☞ En appliquant une pression modérée sur le guide, faites glisser le fer d'un bout à l'autre le long de la pierre (3), jusqu'à ce que le micro-biseau se soit formé.

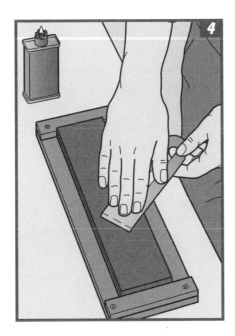

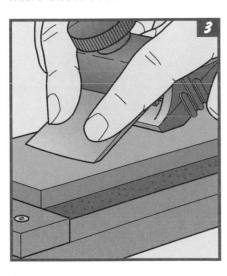

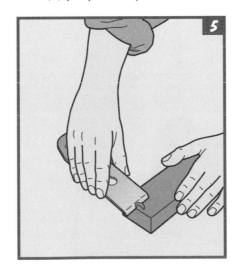

4. Enlever les ébarbures

Aiguiser un fer produit des arêtes de métal, ou ébarbures, sur le côté plat du tranchant, qui doit être lissé.

☞ Imbibez à nouveau de lubrifiant le côté doux de la pierre.

☞ Déposez le côté plat du fer sur la pierre, biseau vers le haut, et frottez dans un mouvement circulaire (4) jusqu'à ce qu'il soit lisse.

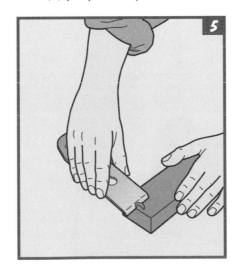

5. Tester le tranchant

☞ Testez le tranchant en poussant le fer dans la rive d'une chute de bois mou (5). Un fer bien aiguisé enlèvera proprement un copeau de bois.

6. Aiguiser le contre-fer

Pour bien tenir le fer en place, le bord du contre-fer doit être parfaitement plat, ce qui empêche aussi les copeaux de bois de se coincer entre le contre-fer et le fer. Au besoin, aiguisez le contre-fer.

☞ Lubrifiez le côté fin de la pierre et frottez le bout du contre-fer sur la surface (6) dans un mouvement circulaire, jusqu'à ce qu'il soit plat.

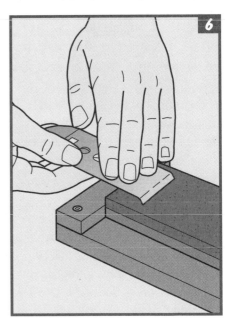

DANS L'ATELIER

AJUSTER UN RABOT

Un rabot permet de dresser et d'adoucir le bois avant de le poncer, de le coller ou d'appliquer un fini. Un rabot de bonne qualité peut être coûteux, mais vous l'aurez pour toute la vie si vous l'entretenez correctement.

Vous désirez vous en procurer un? Sachez qu'une demi-varlope de 14 pouces est un outil tout usage qui s'utilise sur les rives et les faces du bois, et qu'un petit rabot est nécessaire pour raboter le grain d'extrémité. Vous pouvez également vous procurer des rabots spécialisés, comme le guillaume, pour les travaux d'ébénisterie.

Vous devrez régulièrement désassembler votre rabot pour le nettoyer et l'aiguiser. Bien qu'un rabot soit constitué de plusieurs pièces, le désassembler et le remonter n'est pas trop compliqué : vous n'avez besoin que d'un tournevis.

Note : *Pour éviter d'endommager le tranchant du fer, déposez et rangez le rabot sur son côté et non sur sa semelle.*

TEMPS REQUIS
Moins de deux heures

OUTILS
• Tournevis • Brosse à soies de laiton • Gants de caoutchouc

MATÉRIAUX
• Laine d'acier • Linge • Détergent doux • Essence minérale

Anatomie d'un rabot

Le pommeau se visse sur le nez et la poignée sur le talon de la semelle (A). Fixée à la semelle avec des vis de serrage (B), la fourchette (C) soutient le fer (D), ou lame. Le fer s'avance, côté biseauté vers le bas, au-delà d'une ouverture dans la semelle appelée lumière (qui permet d'évacuer les copeaux). Une vis d'ajustement fait glisser la fourchette de l'avant à l'arrière sur la semelle afin de régler la largeur de la lumière ($\frac{1}{32}$ à $\frac{1}{16}$ de pouce donne généralement les meilleurs résultats). Le bouton de réglage de la profondeur de coupe (E) déplace le fer de l'intérieur vers l'extérieur de la lumière (la profondeur de coupe habituelle de $\frac{1}{32}$ de pouce est idéale). Le levier de réglage latéral (F) donne un angle au fer d'un côté

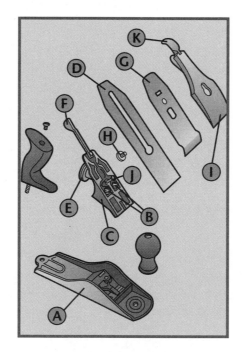

à l'autre de la lumière afin qu'elle puisse être centrée parallèlement aux bords. Le contre-fer (G) maintient le fer en place. Le contre-fer et le fer sont fixés ensemble au moyen

d'une vis (H). Le bloc d'arrêt (I) se pose sur le contre-fer et est fixé au moyen d'une vis (J) qui pénètre dans la fourchette. Le levier du bloc (K) maintient fermement le bloc d'arrêt sur le contre-fer et le fer.

DANS L'ATELIER

1. Enlever les fers

🔨 Desserrez la vis du bloc d'arrêt et libérez le levier du bloc. Retirez le bloc d'arrêt.

🔨 Retirez le fer et le contre-fer de la fourchette (1).

🔨 Avec un tournevis, desserrez la vis du contre-fer et séparez-le du fer.

CONSEIL DE SÉCURITÉ *Attention de ne pas vous couper avec le fer, ou de l'endommager en le heurtant sur une surface dure.*

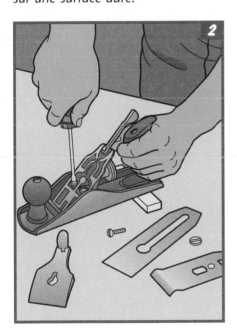

2. Enlever la fourchette, la poignée et le pommeau

🔨 Avec un tournevis, dévissez les deux vis de la fourchette (2).

🔨 Soulevez la fourchette de la semelle.

🔨 Dévissez la poignée (sur le talon de la semelle) et le pommeau (sur le nez du rabot).

3. Nettoyer les pièces

Avec un bon nettoyage, un rabot bien utilisé aura l'air d'un neuf. Et avec un peu d'effort, vous pourrez même rajeunir un vieil outil usé.

🔨 Frottez les pièces du rabot avec une laine d'acier ou un linge doux mouillé d'un détergent doux.

🔨 Versez une petite quantité d'essence minérale dans un contenant. En portant des gants de caoutchouc, trempez une brosse à soies de laiton dans l'essence minérale et frottez chaque pièce (3).

🔨 Essuyez les pièces pour les sécher et, au besoin, aiguisez le fer.

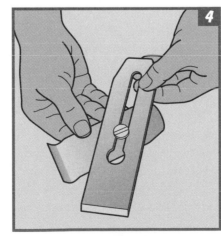

4. Assembler les fers

🔨 Pour assembler le rabot, vissez d'abord la vis du contre-fer dans son trou.

🔨 Faites glisser la tête de la vis du contre-fer dans le trou du fer, la partie biseauté du fer tournant le dos au contre-fer.

🔨 En tenant le fer fermement, faites faire une rotation au contre-fer tout en faisant glisser la tête de la vis le long de la rainure du fer (4) jusqu'à ce que les bouts des deux fers soient alignés.

Note : *Attention de ne pas égratigner ou endommager le tranchant du fer lorsque vous assemblez les fers.*

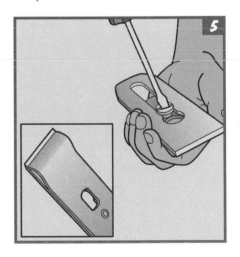

5. Ajuster les fers

🔨 Faites glisser le contre-fer vers l'arrière jusqu'à ce que l'extrémité du fer dépasse de $\frac{1}{16}$ de pouce (encadré).

🔨 Alignez parfaitement les côtés des fers, puis resserrez la vis du contre-fer (5).

🔨 Mettez soigneusement les fers de côté sur une surface de bois pour éviter d'endommager leur tranchant.

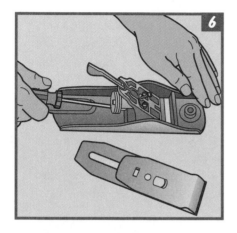

6. Ajuster la lumière

🔨 Tournez la vis de réglage de la fourchette presque jusqu'au fond, puis vissez la fourchette à la semelle. Serrez les vis de serrage et la vis du bloc d'arrêt.

🔨 Placez les fers sur la fourchette de manière à ce que la vis du bloc d'arrêt s'insère dans les fers.

🔨 Vérifiez l'espace entre le tranchant du fer et le bord avant de la lumière. Pour raboter un bois mou comme le pin, l'espace devrait être de $\frac{1}{16}$ de pouce. Pour un bois dur, comme le chêne, il devrait être de $\frac{1}{32}$ de pouce.

🔨 Pour ajuster cet espace, enlevez les fers, desserrez légèrement les vis de retenue de la fourchette, et desserrez ou serrez la vis d'ajustement de la fourchette au besoin (6).

🔨 Vérifiez à nouveau cet espace, puis serrez les vis de retenue de la fourchette.

7. Poser les fers

🔨 Revissez la poignée et le pommeau et déposez le rabot sur votre table de travail, un bloc de bois sous le talon pour que le tranchant du fer ne touche pas sa surface.

🔨 Placez les fers sur la fourchette de manière à ce que la patte d'ajustement de la profondeur repose dans la fente du contre-fer (7) et que le tranchant du fer soit droit dans la lumière.

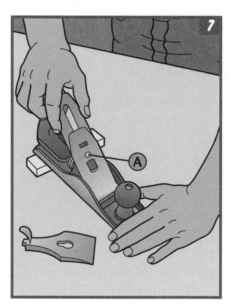

8. Installer le bloc d'arrêt

🔨 Placez le bloc d'arrêt sur les fers de manière à ce que la vis du levier passe dans la fente.

🔨 Engagez le levier (8). S'il ne se referme pas, desserrez un peu la vis et recommencez. Si le levier se ferme trop facilement et qu'il n'exerce pas suffisamment de pression sur les fers, resserrez la vis.

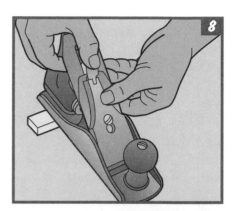

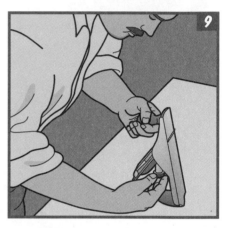

9. Ajuster la profondeur du fer

🔨 Tenez le rabot debout, sur son talon, les fers vous faisant face.

🔨 En regardant par le haut le point de rencontre de la semelle et du fer, tournez le bouton de réglage de la profondeur de coupe de manière à ce que le fer dépasse à peine (environ $\frac{1}{32}$ de pouce) (9). Que votre dernier mouvement aille vers l'extérieur et non l'intérieur, sinon le fer glissera la prochaine fois que vous l'utiliserez.

🔨 Déplacez le levier de réglage latéral jusqu'à ce que le tranchant du fer soit parallèle aux bords de la lumière.

REMPLACER UN MANCHE DE MARTEAU

Une tête de marteau peut durer éternellement, mais son manche, surtout s'il est en bois, peut se briser ou s'user. Si votre marteau a une tête de métal forgé bien balancée, avec une tête de frappe légèrement convexe (la meilleure forme pour enfoncer des clous sans abîmer la surface du bois), il vaut la peine de remplacer un manche brisé ou endommagé. Il est facile d'enlever un manche de marteau en bois, et les manches de remplacement sont faciles à trouver et à poser.

Les étapes qui suivent vous expliquent comment remplacer un manche en bois, mais il est aussi possible de remplacer un manche en fibre de verre. Vous n'avez qu'à couper le vieux manche avec une scie à métaux, à égalité avec le bas de la tête, puis à enlever la partie du manche demeurée dans la tête avec une perceuse électrique. Fixez un nouveau manche en fibre de verre avec de la colle époxyde, ordinairement fournie avec le manche. Vous pouvez aussi poser un manche en bois. Votre marteau est fait tout d'une pièce avec un manche en métal? Pas de chance! Vous devrez remplacer l'outil au complet.

TEMPS REQUIS

Moins de deux heures

OUTILS

• Scie à métaux • Perceuse électrique • Scie à dos (ou à chantourner ou sauteuse) • Étau • Ciseau à froid • Marteau à panne ronde • Ciseau à bois • Maillet en bois • Coins en métal • Lunettes de sécurité

MATÉRIAUX

• Manche de remplacement (en bois ou en fibre de verre) • Plaquettes de bois

1. Enlever le vieux manche

Enlever un manche en bois se fait en deux étapes. Sciez d'abord le manche juste au-dessous de la tête. Bien qu'une scie à chantourner ou sauteuse fasse l'affaire, une scie à dos est plus facile à contrôler et produit une coupe nette et égale.

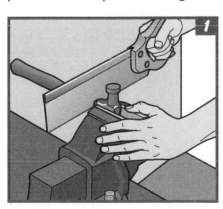

🔨 Serrez la tête du marteau dans un étau, la tête de frappe vers le haut.

🔨 Sciez le manche juste sous la tête (1).

2. Enlever la partie demeurée dans la tête

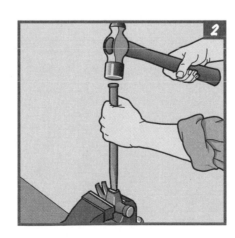

Le bois qui demeure dans la tête est retenu en place par un ou plusieurs coins en métal. Enlevez le bois et les coins ensemble.

🔨 Serrez le tête du marteau dans l'étau, le bout coupé du manche vers le haut. Laissez un espace entre la tête et la base de l'étau.

🔨 En tenant un ciseau à froid à la verticale, la pointe au centre du bois, tapez plusieurs fois sur le manche du ciseau avec un marteau à panne ronde pour le faire sortir (2).

3. Préparer le nouveau manche

Pour assurer un ajustement serré, le bout du manche de remplacement est habituellement plus large que l'ouverture de la tête du

DANS L'ATELIER

DANS L'ATELIER

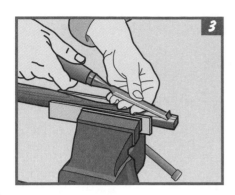

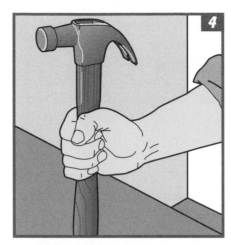

marteau. Vous devrez tailler ce bout de manche pour l'ajuster.

🔨 Tenez le bout du manche contre l'ouverture de la tête pour déterminer approximativement quelle quantité de bois devra être enlevée.

🔨 En le protégeant avec des plaquettes de bois, serrez le manche dans un étau, un côté vers le haut et le bout du manche dépassant de quelques pouces des mâchoires de l'étau.

🔨 En commençant à environ 2 pouces du bout du manche, enlevez de fines lisières de bois (3). Tenez le ciseau à angle, le côté biseauté vers le haut.

🔨 Retournez le manche dans l'étau et retirez la même quantité de bois de ce côté. Essayez d'insérez le bout du manche dans la tête du marteau. Continuez d'enlever des lisières de bois également de chaque côté, ainsi que sur l'avant et le dos au besoin, jusqu'à ce que le manche s'insère étroitement dans la tête.

4. Fixer le manche

🔨 Enfoncez le manche le plus loin possible dans la tête du marteau.

🔨 Pour bien asseoir le manche,

tenez-le droit, tête en haut, et frappez avec de petits coups secs sur le bout inférieur du manche, sur une surface solide (4). Le poids de la tête permettra de bien enfoncer le manche.

5. Enfoncer la tête

🔨 Pour asseoir complètement le manche dans la tête, tenez le marteau tête en bas au niveau de votre taille et frappez le bout du manche avec un maillet en bois

(5). Le manche s'enfoncera plus avant dans la tête.

🔨 Continuez jusqu'à ce que le manche ne s'enfonce plus.

🔨 Si le bout du manche dépasse de la tête, serrez le marteau dans un étau et sciez la partie qui dépasse.

6. Fixer le manche

Pour fixer le manche à la tête, utilisez deux coins de métal pour que le bois prenne de l'expansion dans la tête.

🔨 Serrez le marteau debout dans un étau. Avec un ciseau à froid et un marteau à panne ronde, coupez à angle deux rainures parallèles de $\frac{1}{16}$ de pouce sur le haut du manche.

🔨 En tenant le marteau à l'endroit sur votre table de travail, placez un coin de métal dans une rainure et enfoncez-le dans le manche avec le marteau à panne ronde.

🔨 Enfoncez le deuxième coin, en arrêtant dès qu'il bloque (6). Forcer le deuxième coin pourrait fendre le manche.

🔨 Avec une scie à métaux, coupez les coins à égalité avec le dessus de la tête du marteau.

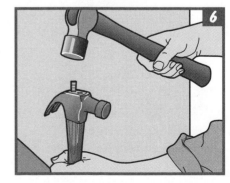

AIGUISER LES MÈCHES DE PERCEUSE

Pour percer des trous nets et précis, les mèches de perceuse doivent être toujours bien aiguisées. Non seulement une mèche émoussée dérapera au lieu de pénétrer une surface, mais elle brûlera le bois et exigera plus de puissance du moteur de la perceuse.

Vous pouvez aiguiser la plupart des mèches standard avec quelques limes choisies, une meuleuse et un dispositif de meulage pour perceuse électrique. Pour maintenir en place la mèche, serrez-la dans un étau en protégeant sa base avec des plaquettes de bois. Aiguiser des mèches est un travail délicat : prenez votre temps et travaillez avec soin. Si les mèches sont trop endommagées, faites-les aiguiser par un spécialiste.

Pour que les mèches demeurent aiguisées longtemps, utilisez-les à la vitesse recommandée par le fabricant, et faites-les pénétrer dans la pièce lentement. Essuyez-les avec de l'huile pour prévenir la rouille.

TEMPS REQUIS

Moins de deux heures

OUTILS

• Meuleuse d'établi • Étau • Perceuse électrique • Dispositif rotatif de meulage • Rapporteur • Lime bâtarde à taille simple • Petite lime triangulaire • Gants de travail • Lunettes de sécurité

MATÉRIAUX

• Huile à machine légère

LES MÈCHES TORSADÉES

1. Utiliser une meuleuse d'établi

Portez des gants de travail pour aiguiser une mèche torsadée avec une meuleuse car la friction sur la meule pourrait chauffer la mèche.

☞ Des deux mains, tenez la mèche entre le pouce et l'index, et déposez le bout de la mèche sur le porte-outil (A).

☞ Placez la mèche à angle de manière à ce qu'un bord d'attaque soit d'équerre avec la meule, et appuyez doucement la mèche sur la meule qui tourne (1). Faites tourner la mèche vers la droite pour aiguiser le bord également.

☞ Évitez de surchauffer la mèche en travaillant trop lentement. Arrêtez régulièrement pour vérifier l'angle du bord d'attaque (2).

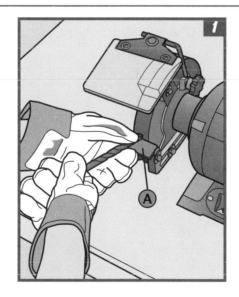

2. Vérifier l'angle des bords tranchants

Les bords tranchants d'une mèche torsadée devraient avoir un angle d'environ 60 degrés. Pour vérifier l'angle lorsque vous aiguisez, utilisez un rapporteur.

☞ Aboutez le bord d'attaque contre la base du rapporteur et faites pivoter le bras de manière à ce qu'il repose contre le côté de la mèche (2).

☞ Continuez de meuler la mèche, en vous assurant que l'angle du bord d'attaque est de 60 degrés.

☞ Meulez l'autre bord d'attaque de la même manière.

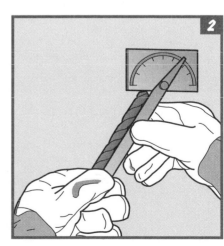

LES MÈCHES PLATES

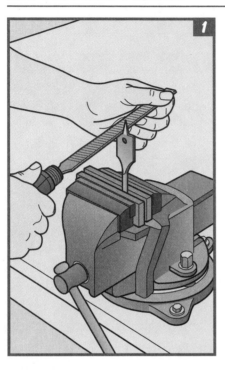

1. Limer les bords tranchants

☞ Utilisez une lime bâtarde à taille simple. Limez en ne faisant que des mouvements vers l'avant.
☞ Tenez la lime à deux mains et limez le premier bord d'attaque, en tenant la lime dans le même angle que celui du bord d'attaque (1).
☞ Répétez l'opération pour l'autre bord d'attaque.

2. Limer la pointe

☞ Aiguisez les deux côtés de la pointe de la même manière, en tenant la lime dans l'angle qui

convient et en faisant des mouvements vers l'avant seulement (2).

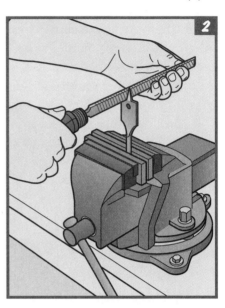

LES MÈCHES À POINTES

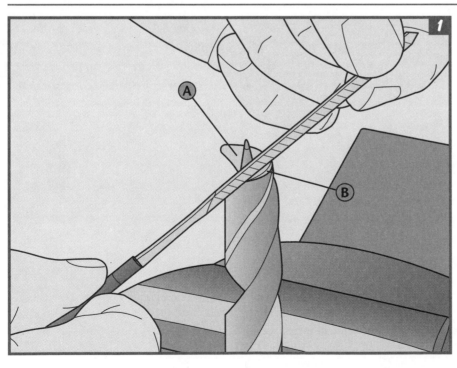

Limer les élévateurs de copeaux et les traçoirs

Utilisez une petite lime triangulaire pour aiguiser une mèche à pointes.
☞ Limez les deux élévateurs de copeaux (A) jusqu'à ce qu'ils soient plats et que leurs bords soient tranchants (1).
☞ Aiguisez les bords des traçoirs (B) en poussant la lime vers la pointe.

REMPLACER LE CORDON D'ALIMENTATION D'UN OUTIL ÉLECTRIQUE

Parce qu'ils s'usent, les cordons d'alimentation des outils électriques doivent être remplacés à l'occasion, tout comme d'autres pièces. Les mouvements constants tordent le cordon, ce qui peut éventuellement faire craquer le boîtier de l'outil et endommager les fils qui se trouvent à l'intérieur.

Une fois que vous aurez déterminé le type de cordon qui convient (étape 4), tâchez d'obtenir vos pièces de rechange du centre de services du fabricant de l'outil avant de vous les procurer au magasin Réno-Dépôt le plus près de chez vous. Sachez aussi qu'une réparation pourrait annuler la garantie. Vérifiez si l'appareil est toujours couvert par une garantie et, si c'est le cas, apportez votre outil à un centre de services autorisé pour y faire effectuer la réparation.

CONSEIL DE SÉCURITÉ *Avant d'entreprendre la réparation d'un outil électrique, assurez-vous qu'il est débranché.*

TEMPS REQUIS	OUTILS	MATÉRIAUX
Moins de deux heures	• Tournevis • Couteau utilitaire • Pince universelle • Pince à long bec • Multimètre	• Cordon d'alimentation • Ruban-cache

1. Accéder aux bornes

Dans de nombreux outils électriques, l'interrupteur, dans lequel se trouvent les bornes, est situé à l'intérieur de la poignée. C'est là que les fils sont connectés à l'outil.
☞ Assurez-vous que l'outil est débranché.
☞ Pour enlever le boîtier de la poignée, enlevez le couvercle (A), puis dévissez les vis qui le maintiennent en place (1).
☞ Soulevez et enlevez le boîtier.

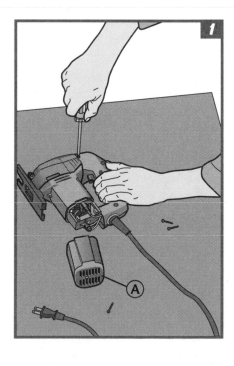

2. Déconnecter les fils

Un cordon d'alimentation doté d'une fiche à deux lames comporte d'ordinaire deux fils connectés aux bornes de l'interrupteur. Une fiche à trois lames comportera trois fils.
☞ Avant de retirer les fils des bornes, identifiez-les avec une bande de ruban-cache, ce qui vous aidera à connecter les nouveaux fils de la bonne façon.
☞ Avec un petit tournevis, desserrez les vis des bornes (2) et tirez doucement les fils pour les

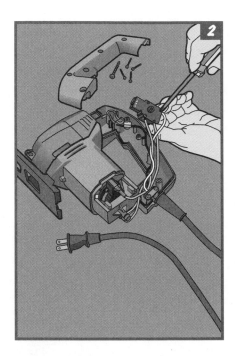

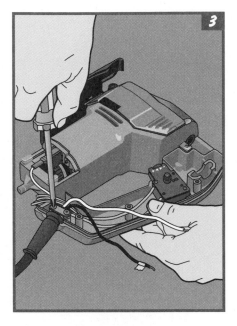

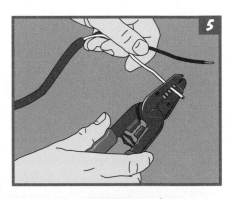

dégager. Notez le chemin que suivent les fils de la poignée. Dans un outil électrique, l'espace est restreint : si les fils ne sont pas replacés correctement, vous pourriez les écraser lorsque vous remettrez en place le boîtier.

3. Enlever le vieux cordon d'alimentation

Une patte de retenue maintient en place le cordon d'alimentation dans le boîtier pour l'empêcher d'être tiré hors des bornes lorsque l'outil est utilisé. Cette patte doit être desserrée ou enlevée avant de retirer le vieux cordon.

☞ Dévissez les vis qui maintiennent la patte de retenue en place (3).

☞ Enlevez le cordon d'alimentation, mais gardez-le à portée de la main pour vous y référer lorsque vous installerez le nouveau cordon.

4. Acheter un cordon de remplacement

Tout ce que vous devez savoir pour acheter un nouveau cordon d'alimentation est habituellement indiqué sur la plaque signalétique de l'outil (4).

☞ Le modèle et le numéro de série vous seront particulièrement utiles si vous achetez directement du fabricant.

☞ Si vous achetez votre cordon à la quincaillerie, connaître le voltage et l'ampérage vous aidera à faire le bon choix.

☞ Dépendant du cordon acheté, les fils peuvent être prêts à être connectés : ils seront alors dénudés et torsadés. Sinon, passez aux étapes 5 et 6.

5. Dénuder les fils

La gaine, ou enveloppe extérieure, recouvre d'ordinaire jusqu'au bout les cordons d'alimentation neufs, et une gaine isolante recouvre les fils. Pour connecter les fils aux bornes, une partie de chaque fil doit être dénudée.

☞ Avec un couteau utilitaire, tranchez dans la gaine sur une longueur de 6 pouces, à un bout. N'entaillez pas les fils. Exposez les fils en tirant sur la gaine et, avec le couteau, coupez la gaine ouverte.

☞ Avec une pince universelle, dénudez ½ pouce de gaine isolante de chaque fil, en commençant par le bout. Les pinces universelles sont dotées de coches de différents diamètres. Trouvez celui qui convient à vos fils, refermez la pince sur la gaine isolante (5) et tirez pour la détacher.

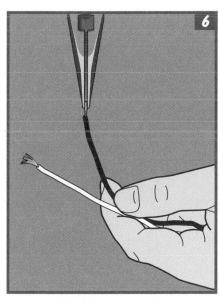

6. Torsader les fils

Pour établir de bonnes connexions dans les bornes, les brins de chaque fil doivent être torsadés ensemble.

☞ Saisissez les brins d'un fil avec une pince à long bec et torsadez-les soigneusement et fermement ensemble en tournant vers la droite (6).

☞ Si le bout du fil doit être relié à une borne à vis, tenez un bout de fil torsadé avec une pince et faites-le tourner dans le sens des aiguilles d'une montre pour former un crochet semi-circulaire. (Dans le cas de l'outil présenté ici, les bouts de fil sont poussés dans des fentes de la borne, puis fixés avec des vis.)

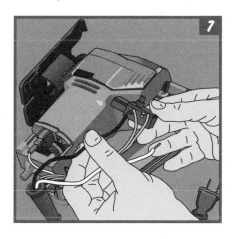

7. Installer le nouveau cordon d'alimentation

☞ Au besoin, vérifiez le vieux cordon et les fils étiquetés pour vous aider à faire les bonnes connexions. Faites passer chaque bout de fil dans les trous appropriés de la borne (7) ou enroulez-les autour des bornes à vis. Serrez les vis.

☞ Placez le cordon sur le boîtier de l'outil de manière à ce que la partie dénudée de la gaine extérieure soit complètement à l'intérieur du boîtier.

☞ Remettez la patte de retenue en place et fixez-la, avec le cordon d'alimentation, au corps de l'outil.

☞ Remettez en place le boîtier de la poignée et la contre-plaque.

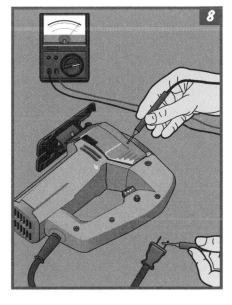

8. Vérifier la continuité du courant

Une mauvaise connexion peut faire passer le courant électrique dans le boîtier métallique de l'outil, ce qui est dangereux. Le multimètre, un outil de diagnostic utilisé pour mesurer la résistance et le courant dans des circuits électriques, permet de déterminer si un circuit est complet.

☞ Réglez le multimètre à RX1. Avec une des sondes, touchez une des lames de la fiche et, avec l'autre sonde, le métal du boîtier. L'aiguille ne devrait pas bouger. Répétez ce test avec l'autre lame de la fiche ainsi que d'autres parties de métal du boîtier (8).

☞ Si l'aiguille du multimètre bouge (elle signale un courant) au cours de quelque test que ce soit, désassemblez l'outil et vérifiez vos connexions. Si le problème persiste, faites réparer l'outil par un spécialiste.

REMPLACER LA FICHE D'UN OUTIL

Les indices que la fiche d'un outil électrique doit être remplacée sont habituellement très clairs. Les fiches dont les lames sont pliées, branlantes ou endommagées de quelque manière que ce soit (souvent parce qu'on tire sur le cordon pour les retirer au lieu de tenir la gaine de la fiche) devraient être remplacées immédiatement. Les fiches qui sont chaudes au toucher après qu'un outil ait été utilisé, signe qu'il y a fuite de voltage, devraient aussi être remplacées.

Lorsque vous achetez une fiche de remplacement pour un outil électrique, procurez-vous un modèle pour cordon rond. Dépendant de la fiche originale, vous choisirez une fiche à deux lames (sans mise à la terre) ou une fiche à trois lames (avec mise à la terre). Pour vous assurer que la fiche est compatible avec l'outil, apportez la vieille fiche au magasin, ou notez la marque, le numéro du modèle, le voltage et l'ampérage de l'outil.

CONSEIL DE SÉCURITÉ *Avant d'entreprendre la réparation d'un outil électrique, assurez-vous qu'il est débranché.*

TEMPS REQUIS	OUTILS	MATÉRIAUX
Moins de deux heures	• Pince universelle • Tournevis à tête plate • Couteau utilitaire • Pince à long bec	• Fiche

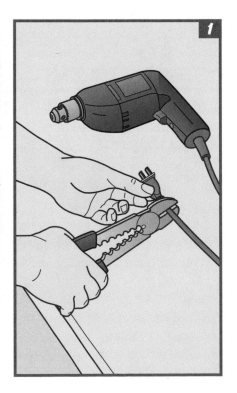

1. Enlever la vieille fiche

☞ Débranchez l'outil.

☞ Avec une pince universelle, coupez le cordon d'alimentation, tout juste sous la fiche (1).

2. Préparer la fiche de remplacement

Pour insérer le cordon d'alimentation dans la nouvelle fiche, vous devrez enlever l'attache du cordon (A) et la plaque (B).

☞ Enlevez les vis de l'attache retenant le cordon à la fiche, enlevez l'attache et mettez-la de côté.

☞ Dévissez la plaque de la fiche (2) et mettez-la de côté.

☞ Insérez le bout du cordon d'alimentation dans le corps de la fiche.

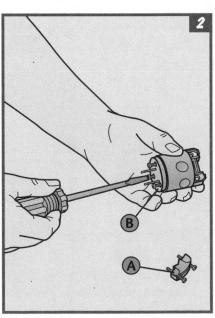

3. Retirer la gaine du cordon

Vous devrez enlever environ 2 pouces de gaine isolante pour exposer les fils situés à l'intérieur.

☞ Avec un couteau utilitaire, tranchez dans la gaine sur une longueur de 2 pouces, en commençant par le bout coupé du cordon. N'entaillez pas les fils.

☞ Dégagez les fils en tirant sur la gaine isolante (3).

☞ Avec un couteau utilitaire, coupez soigneusement la longueur tranchée de la gaine.

4. Torsader les fils

Pour établir de bonnes connexions entre les fils du cordon d'alimentation et les bornes de la nouvelle fiche, torsadez ensemble les brins de chaque fil.

☞ Dénudez les fils (voir page 320) puis, en tenant un fil par sa gaine isolante, saisissez les brins avec une pince à long bec et torsadez-les vers la droite (4).

☞ Faites la même chose avec l'autre fil.

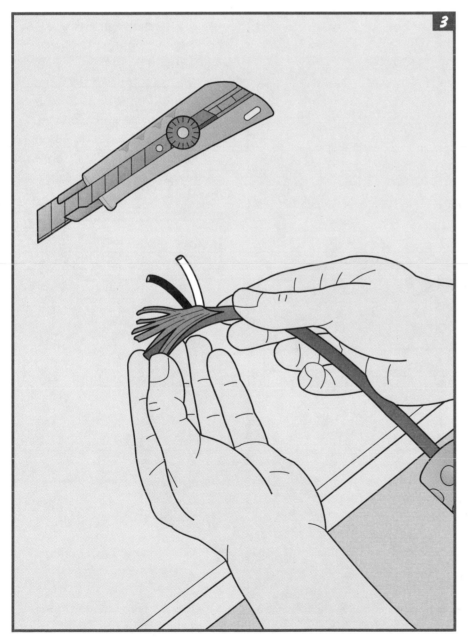

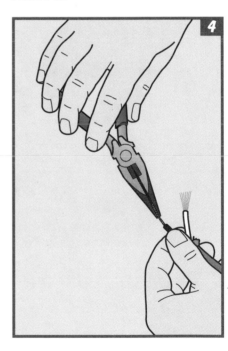

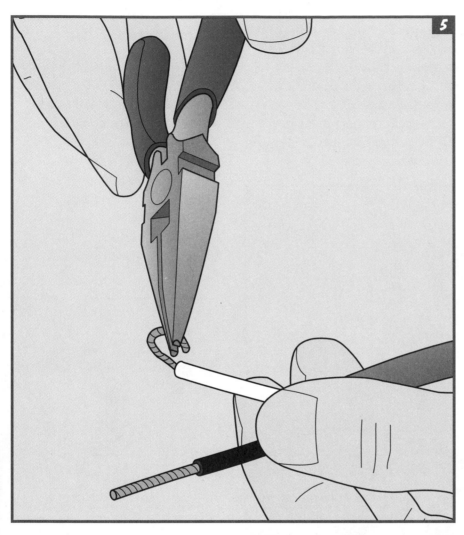

6. Connecter la fiche

Consultez le symbole de la polarisation sur la fiche signalétique de l'outil : un carré dans un carré. Si l'outil est polarisé, connectez le fil blanc à la borne de la lame large de la fiche, et le fil noir à la lame étroite. Si l'outil n'est pas polarisé, connectez le fil noir à la borne de laiton et le fil blanc à la borne d'argent.

☞ Avec un tournevis, desserrez les vis des bornes sur la plaque, puis enroulez les crochets dans le sens des aiguilles d'une montre autour de la tige des vis. Serrez les bornes jusqu'à ce que les fils y soient bien fixés (6).

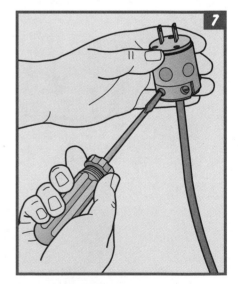

5. Donner aux brins la forme d'un crochet

Pour connecter de façon sécuritaire les fils d'un cordon d'alimentation aux bornes de la fiche, les brins torsadés doivent avoir la forme d'un crochet.

☞ Saisissez les brins avec la pince, et pliez-les dans le sens des aiguilles d'une montre pour former un crochet semi-circulaire (5).

☞ Faites la même chose avec l'autre fil.

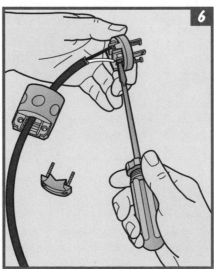

7. Assembler la fiche

☞ Pour terminer l'assemblage, vissez la plaque au corps de la fiche.

☞ Fixez l'attache du cordon au corps de la fiche (7).

METTRE AU POINT UNE SCIE À BRAS RADIAL

Le grand attrait de la scie à bras radial est qu'elle peut couper à différents angles, de plusieurs directions. Faites des mises au point fréquentes pour vous assurer que votre scie fonctionne avec précision et de manière sécuritaire. En plus de nettoyer et de huiler les rails et les roulements à billes le long du bras, vérifiez les roulements à rouleaux du chariot, la tension sur la colonne et les brides de serrage, et faites les ajustements nécessaires. Enfin, assurez-vous que la lame est bien alignée.

Avant de faire des tests ou des ajustements, débranchez la scie. Sauf pour vérifier l'ajustement de la lame, enlevez aussi la lame.

TEMPS REQUIS	OUTILS	MATÉRIAUX
Moins de deux heures	• Clé à douille • Tournevis • Clé • Serre-joint • Gants de travail	• Linge • Ammoniaque • Huile à machine légère • Goujon • Chute de bois

L'ENTRETIEN DU MÉCANISME DE GLISSEMENT

1. Nettoyer le rail et les roulements à billes

☞ Trempez un linge dans une solution d'ammoniaque et d'eau.
☞ Poussez le bâti à un bout du bras et nettoyez le rail et les roulements à billes avec le linge (1). Déplacez le bâti et essuyez le rail et les roulements à billes à l'autre bout du bras.

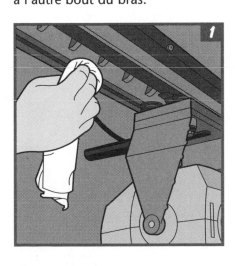

☞ Appliquez une fine couche d'huile à machine légère sur le rail et les roulements à billes, et essuyez l'excédent.

2. Ajuster les roulements à rouleaux du chariot

Pour ajuster les roulements à rouleaux, utilisez une clé à douille avec une rallonge suffisamment longue pour accéder par le haut aux écrous du roulement.
☞ Enlevez la plaque de recouvrement du bras.
☞ Vérifiez la tension du roulement en appuyant votre pouce contre chaque rouleau, l'un après l'autre, et en éloignant le bâti de vous. Les rouleaux devraient tourner aisément.
☞ Si votre pouce empêche un rouleau de bouger, serrez l'écrou correspondant à ce rouleau (2).

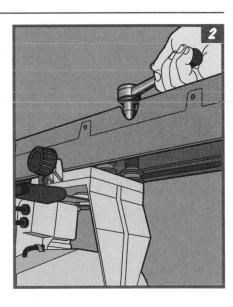

☞ Si le bâti se bloque sur le bras, desserrez l'écrou du roulement.

3. Vérifier la tension de la colonne dans sa base

Ajustez la tension de la colonne avec les quatre vis ou boulons situés à sa base (certains modèles

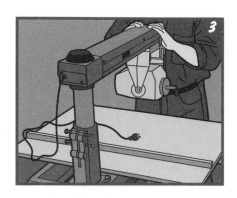

sont dotés de boulons et de vis de serrage). Il faut parfois plusieurs essais pour réussir un ajustement.

🔧 Tenez le bout du bras avec vos deux mains et essayez de le pousser vers le haut (3). Il ne devrait pas y avoir de jeu (ou très peu).

🔧 Tournez le bouton d'ajustement de la profondeur dans

les deux directions. Le bras devrait bouger facilement de haut en bas.

🔧 Si la colonne bouge ou que le bras donne des coups ou vibre lorsqu'on l'élève ou l'abaisse, ajustez les boulons ou les vis de serrage situés sur la base de la colonne ou les deux.

AJUSTER LES BRIDES DE SERRAGE

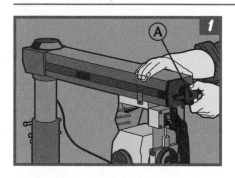

1. Ajuster la bride de serrage de l'onglet

🔧 Desserrez le blocage de la bride de l'onglet, tournez le bras pour lui donner un angle d'environ 30 degrés et bloquez-le en place (1).

🔧 Essayez de pousser sur le bras vers la position « 0 degré ».

🔧 Si le bras bouge, serrez la vis d'ajustement de la bride de l'onglet (A).

2. Ajuster la bride de serrage du bâti

🔧 Tournez le bâti à moitié entre les positions utilisées pour le sciage longitudinal et pour le sciage transversal, puis serrez en place.

🔧 Essayez de pousser le moteur dans la position de coupe transversale.

🔧 Si le bâti bouge, serrez l'écrou d'ajustement de la bride du bâti (2).

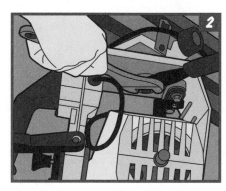

3. Ajuster la bride de serrage du biseau

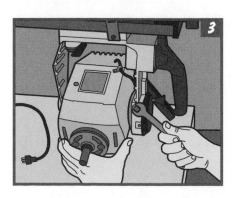

🔧 Inclinez le moteur à un angle d'environ 30 degrés et bloquez-le en place.

🔧 Essayez de pousser le moteur de haut en bas. S'il bouge, serrez l'écrou d'ajustement de la bride du biseau avec une clé (3).

4. Ajuster la bride de serrage du sciage longitudinal

🔧 Bloquez la bride de sciage longitudinal (4) et essayez de pousser le bâti le long du bras. S'il bouge, desserrez la bride et serrez le boulon de la bride. Assurez-vous que le bâti se déplace en douceur le long du bras.

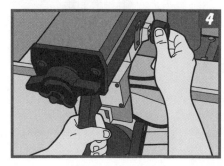

AJUSTER LA LAME

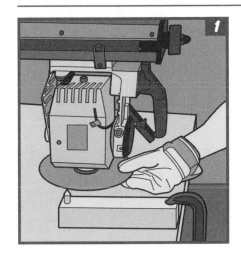

1. Vérifier l'ajustement horizontal

Avec une lame mal ajustée, une scie ne pourra que mal couper. Pour vérifier l'ajustage, faites un gabarit sonore en aiguisant un goujon en pointe et en l'insérant dans un trou de même diamètre dans un bloc de bois.

☞ Débranchez la scie.

☞ Poussez le bâti à un bout du bras, placez la lame parallèlement à la table, et bloquez-la en place.

☞ Le gabarit sonore sur la table, abaissez la lame et placez le gabarit de manière à ce que bout du goujon touche une dent de scie. Serrez le gabarit en place.

☞ En portant des gants de sécurité, faites faire une rotation à l'envers à la lame et écoutez le son produit par le goujon frottant contre elle (1).

☞ Poussez le bâti à l'autre bout du bras et répétez le test. Le son devrait être le même aux deux bouts.

☞ Si les sons sont différents, ajustez la lame en suivant les directives du fabricant et refaites le test.

2. Vérifier l'ajustement vertical

☞ Débranchez la scie.

☞ Le bâti à un bout du bras, placez la lame perpendiculairement à la table et bloquez-la en place.

☞ Placez le gabarit sonore sur un côté et abaissez la lame jusqu'à ce qu'une dent touche le bout du goujon. Serrez le goujon en place.

☞ En portant des gants de sécurité, faites faire une rotation à l'envers à la lame et écoutez le son produit par le goujon frottant contre elle (2).

☞ Poussez le bâti à l'autre bout du bras et répétez le test. Le son devrait être le même aux deux bouts.

☞ Si les sons sont différents, ajustez la lame en suivant les directives du fabricant et refaites le test.

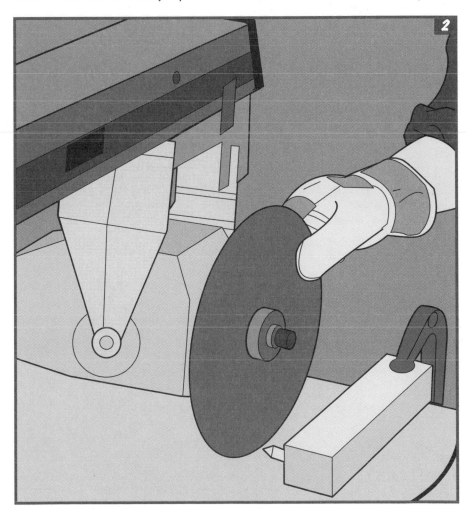

RÉGLER UNE DÉGAUCHISSEUSE

La dégauchisseuse est un outil relativement simple, mais comme tous les autres outils qui coupent, elle doit être attentivement inspectée et ajustée pour pouvoir couper avec précision. Assurez-vous que la table de sortie est de la même hauteur que la lame des couteaux à leur point le plus élevé, et assurez-vous que les tables d'entrée et de sortie sont à la même hauteur. Ajuster la hauteur des tables peut nécessiter plusieurs réglages de précision. Ajustez la hauteur des lames en tournant les vis de calage avec une clé hexagonale.

CONSEIL DE SÉCURITÉ *Assurez-vous que la dégauchisseuse est débranchée avant d'entreprendre une vérification ou de faire des ajustements.*

TEMPS REQUIS	OUTILS	MATÉRIAUX
Moins de deux heures	• Serre-joints • Clé hexagonale • Clé • Règle • Tournevis à tête plate • Gants de travail	• Coins de bois • Chute de planche de bois dur

RÉGLER LA HAUTEUR DE LA TABLE DE SORTIE ET DES COUTEAUX

1. Vérifier la hauteur de la table

Pour qu'une dégauchisseuse effectue un travail précis, l'alignement entre la table de sortie et le tranchant supérieur des couteaux doit être parfait.

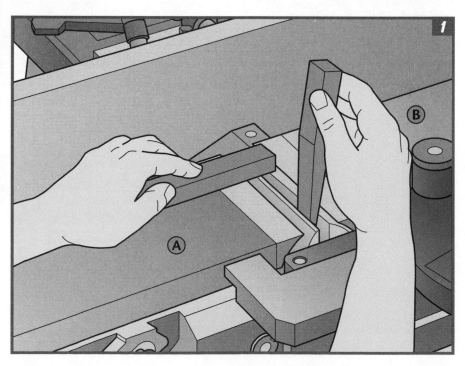

🔨 Éloignez le protège-lame, en le fixant avec un serre-joint au besoin.

🔨 Insérez un petit coin de bois entre les couteaux et faites faire une rotation au porte-lame jusqu'à ce qu'un couteau soit à son point le plus élevé.

🔨 Placez une planche droite en bois dur sur la table de sortie (A) de manière à ce qu'elle dépasse du porte-lame, mais sans toucher la table d'entrée (B). Le couteau devrait à peine toucher la planche.

🔨 Répétez ce test sur la longueur de la lame et pour les autres couteaux (1).

🔨 Ajustez la hauteur du couteau si elle est trop élevée. Si elle est trop basse, ajustez la hauteur de la table.

2. Ajuster la hauteur de la table de sortie

☞ En tenant la planche en place, ajustez la hauteur de la table de sortie (2) jusqu'à ce que le tranchant du couteau ne fasse qu'y toucher, puis serrez la manette en place.

☞ Vérifiez la hauteur de la table par rapport aux autres couteaux et faites les ajustements nécessaires.

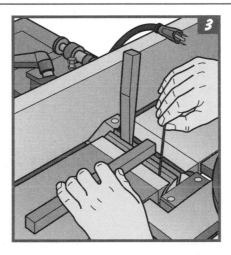

3. Ajuster la hauteur du couteau

☞ Le coin maintenant le tranchant du couteau à son point le plus élevé, ajustez la hauteur de la lame en serrant les vis de calage avec une clé hexagonale (3).

☞ Lorsque toute la longueur de la lame touche légèrement la planche, serrez les vis de retenue.

☞ Vérifiez et ajustez les autres couteaux de la même manière.

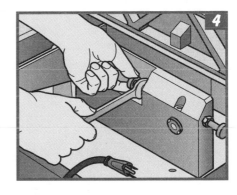

4. Ajuster les butées fixes

Ajustez les butées fixes si la table de sortie n'est toujours pas de niveau avec les couteaux.

☞ Desserrez les écrous de retenue qui les maintiennent en place (4), puis retirez les deux butées.

☞ Ajustez la hauteur de la table de sortie pour qu'elle soit alignée sur le couteau.

☞ Serrez le blocage de la table, vissez les butées à leur place aussi loin que possible, et resserrez les écrous du blocage.

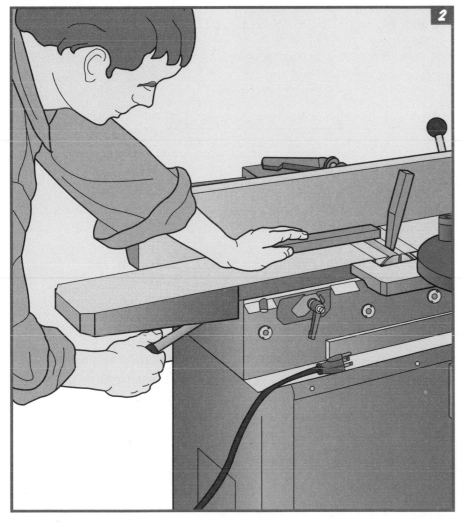

DANS L'ATELIER

329

RÉGLAGE D'UNE SCIE CIRCULAIRE

Il y a de fortes chances pour que vous deviez effectuer chacun des ajustements suivants lorsque vous voudrez utiliser votre scie circulaire. Bien que la plupart des scies soient dotées d'une lame combinée (une lame tout usage qui permet les coupes longitudinales et transversales), il vaut la peine de poser une lame faite spécialement pour le travail que vous voulez effectuer, surtout quand il importe que les coupes soient précises. En plus de lames pour les coupes longitudinales et transversales, vous pouvez vous procurer des lames pour les contreplaqués et les placages, pour les pan-neaux d'aggloméré avec mélamine et autres panneaux manufacturés, ainsi que des lames rectifiées en creux qui permettent des coupes d'ébénisterie.

Entreposez les lames de scie circulaire dans un endroit sec et nettoyez-les après chaque usage. Lorsque vous changez de lame, n'utilisez que la clé fournie avec la scie, et ne serrez jamais trop les écrous, boulons ou boutons de réglage.

CONSEIL DE SÉCURITÉ *Débranchez toujours une scie cir-culaire avant d'effectuer quelque réglage que ce soit.*

TEMPS REQUIS	OUTILS	MATÉRIAUX
Moins de deux heures	• Équerre de précision • Ruban à mesurer • Fausse équerre • Rapporteur • Serre-joints • Gants de travail	• Linge • Huile à machine légère • Ruban-cache

METTRE LA LAME D'ÉQUERRE

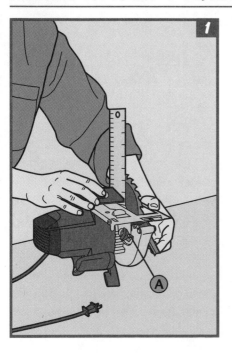

Ajuster la lame par rapport à la semelle

Les coupes faites avec une scie circulaire ne seront parfaitement droites que si la lame est perpen-diculaire à la semelle. Chaque fois que vous posez une nouvelle lame, assurez-vous qu'elle est d'équerre.

☞ Assurez-vous que la scie est débranchée. Retournez-la à l'en-vers sur une table de travail et réglez la lame à la profondeur de coupe maximale.

☞ Escamotez le protège-lame et placez une équerre de précision contre la semelle et la lame, entre deux dents (1).

☞ S'il y a un espace entre l'é-querre et la lame, réglez l'angle de la semelle avec le bouton de réglage de l'angle (A) jusqu'à ce que la lame repose de tout son rayon contre l'équerre.

RÉGLER LA PROFONDEUR DE COUPE

Scie à semelle pivotante

Le réglage de la profondeur de coupe se fait essentiellement en fonction de deux types de scies: à semelle pivotante et à semelle à glissières. Sur une scie à semelle pivotante, la profondeur s'ajuste au moyen d'un levier qui permet au corps et à la lame de pivoter à l'avant de la semelle: l'angle de la poignée change lorsque la profondeur de coupe change.

☞ En vous assurant que la scie est débranchée, tirez vers l'arrière le protège-lame et placez la semelle sur la pièce à couper. Tenez la lame contre la rive de la pièce de bois.

☞ Desserrez le levier de profondeur, situé ici entre la poignée et le logement de la lame, puis faites pivoter le corps de la scie jusqu'à ce que la lame ait la profondeur désirée (1). Serrez le levier. Pour couper une pièce d'un bout à l'autre, réglez la lame de manière à ce que la dent la plus basse dépasse de $\frac{1}{4}$ de pouce la face inférieure de la planche.

Scie à semelle à glissières

Elles sont munies d'un bouton de réglage de la profondeur qui permet au corps et à la lame d'être levés et abaissés en ligne droite par rapport à la semelle. Ainsi, la poignée est toujours dans le même angle, quelle que soit la profondeur de coupe.

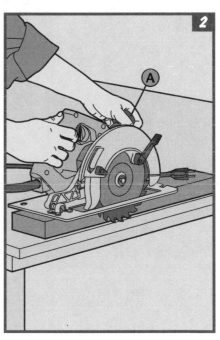

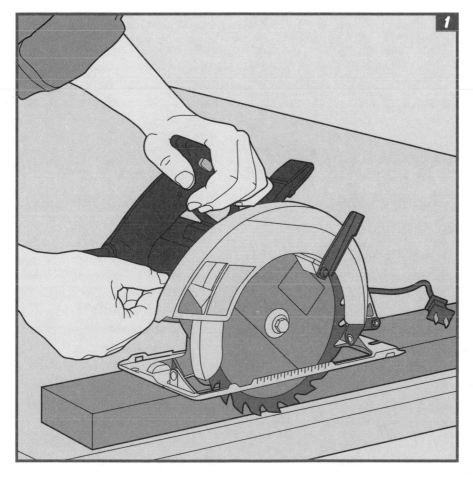

☞ Placez la scie sur une pièce de bois à couper comme vous le feriez avec une scie à semelle pivotante, puis desserrez le bouton de réglage de la profondeur (A) situé à l'avant de la scie montrée ici (2).

☞ En tenant la semelle fermement sur la pièce de bois, abaissez ou levez le corps et la lame à la profondeur désirée.

RÉGLER L'ANGLE DE LA LAME

1. Faire pivoter la semelle

🔨 Vous pouvez faire des coupes à angle en inclinant la semelle.

🔨 En vous assurant qu'elle est débranchée, placez la scie de côté sur une table de travail afin d'avoir accès au bouton de réglage de l'angle (A).

🔨 Desserrez le bouton, puis faites pivoter la semelle jusqu'à ce qu'elle ait à l'angle de coupe désiré, tel qu'indiqué sur la fausse équerre (1). Serrez le bouton.

🔨 Si vous faites une coupe précise, vérifiez l'angle, tel que montré à l'étape 2.

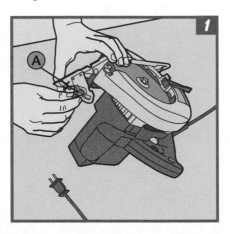

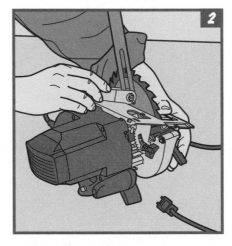

2. Vérifier l'angle de coupe

🔨 Ajustez la fausse équerre sur l'angle de coupe désiré au moyen d'un rapporteur.

🔨 Placez la scie à l'envers sur une table de travail et escamotez le protège-lame inférieur.

🔨 Tenez la fausse équerre sur la scie de manière à ce que sa poignée repose à plat contre la semelle et que sa lame soit à égalité contre la lame de la scie, entre deux dents. S'il y a un espace entre la fausse équerre et la lame de la scie, desserrez le bouton de réglage de l'angle et inclinez la semelle jusqu'à ce que la fausse équerre touche la lame sur toute sa longueur (2). Serrez le bouton de réglage.

TRACER UN CHEMIN DE COUPE SUR LA SEMELLE

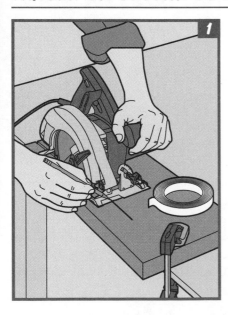

Faire une marque de référence

Lorsque vous vous préparez à faire une coupe avec une scie circulaire, il n'est pas toujours facile d'aligner l'avant de la semelle sur la marque de coupe de la pièce de bois. Même si la semelle de certaines scies est dotée d'une marque à aligner sur le chemin de coupe de la lame, cette marque n'est pas toujours précise. Tracez vos propres lignes de référence sur la semelle pour ne plus avoir à vous

inquiéter de l'alignement.

🔨 Coupez en partie une planche (chute de bois).

🔨 Débranchez la scie, puis ramenez-la d'un pouce ou deux, en laissant la semelle reposer à plat contre la planche.

🔨 Posez une bande de ruban-cache sur la semelle et tracez une marque sur le ruban-cache, en ligne avec le trait de scie (1). La prochaine fois que vous utiliserez la scie, alignez votre marque sur la ligne de coupe de la pièce de bois à couper.

UTILISER DES OUTILS MANUELS

La plupart des travaux de réparation et de rénovation effectués dans une maison requièrent l'utilisation d'outils manuels. Que vous ayez besoin de tracer une ligne de coupe sur une planche, de planter un clou ou de serrer un boulon, la réussite de votre projet dépendra de l'usage approprié des outils.

Comme disent les spécialistes : «Mesurez deux fois et ne coupez qu'une fois». De nombreux travaux commencent par une simple marque faite à l'aide d'un ruban à mesurer, d'une équerre ou d'un niveau. Prendre le temps de mesurer et de faire des marques précises vous aidera à bien entreprendre un projet et vous évitera le sentiment d'échec et les dépenses associées à la nécessité de recommencer.

Les marteaux sont les principaux outils de base. Ils sont polyvalents et permettent de faire de robustes travaux de charpente mais aussi des travaux fins d'ébénisterie. L'utilisation correcte des marteaux améliorera la qualité de vos travaux et permettra d'éviter certains désagréments, comme les surfaces bosselées, les clous pliés et les pouces endoloris.

LES OUTILS DE MESURE ET DE MARQUAGE

Utiliser une équerre de menuisier

Utilisez une équerre de menuisier pour vérifier si les bouts et les rives d'une planche sont à angle droit. Avec un crayon, tracez une ligne de coupe à un angle de 90 degrés par rapport à une rive : cela permet de s'assurer que la pièce de bois sera coupée bien droite. Vous pouvez aussi vous servir d'une équerre comme d'une règle.

☞ Pour couper une longueur de planche, faites d'abord une marque de coupe avec un ruban à mesurer et un crayon, en commençant à partir d'un bout.

☞ Placez le long bras de l'équerre le long de la rive de la planche, et le bras court à plat sur la surface de manière à ce que le bord extérieur de l'équerre soit aligné sur la marque de coupe.

☞ En tenant fermement l'équerre, tracez une ligne avec un crayon bien aiguisé le long du bord

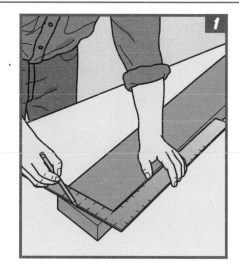

extérieur du bras court de l'équerre pour prolonger la marque jusqu'à l'autre rive de la planche (1).

Utiliser une équerre combinée

L'équerre combinée a plusieurs usages, le plus pratique étant de permettre de vérifier et de tracer des angles de 45 et de 90 degrés, car un côté du corps de l'outil est à 90 degrés par rapport à la règle

et l'autre à 45 degrés. La bulle de la fiole située dans le manche indique si la surface contre laquelle vous tenez l'équerre est de niveau. Tel que montré à l'étape 2, une équerre combinée peut aussi être utilisée pour tracer une ligne parallèle à une rive.

☞ Desserrez l'écrou de retenue du manche et faites-le glisser le long de la règle de manière à ce

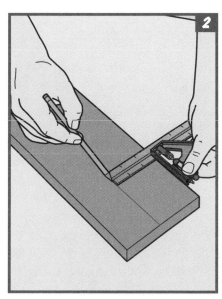

que le côté à 90 degrés du manche indique la mesure désirée. Resserrez l'écrou.

☞ Placez le côté à 90 degrés du manche contre la rive de la planche. Avec un crayon placé au bout de la règle, faites glisser le corps de l'outil le long de la rive pour tracer la ligne (2). En pointant le corps de l'outil dans la direction opposée à celle du trajet, tel que montré, vous éliminerez les vibrations et le broutement en traçant la ligne.

Utiliser un niveau de menuisier

Le niveau de menuisier est utilisé pour tracer des lignes parfaitement horizontales ou verticales ou pour vous assurer qu'une surface est parfaitement horizontale ou verticale.

☞ Pour tracer une ligne parfaitement horizontale (ou de niveau) sur un mur, placez le niveau à plat contre le mur. Faites pivoter les bouts du niveau jusqu'à ce que la bulle de la fiole horizontale soit au centre des lignes parallèles.

☞ Avec un crayon bien aiguisé, tracez une ligne sur le bord supérieur du niveau (3).

☞ Tracez une ligne parfaitement verticale (ou d'aplomb) de la même manière, en vous référant cette fois à la bulle de la fiole verticale.

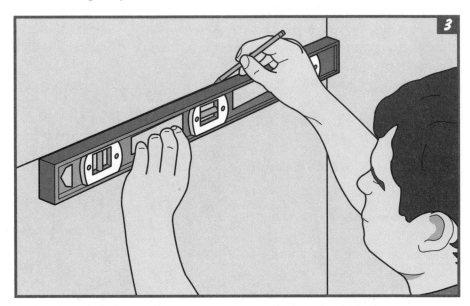

LES MARTEAUX

Planter des clous

On utilise les marteaux pour planter des clous lors de deux types de travaux : le travail grossier de charpenterie (comme la fixation d'un colombage à une lisse) d'une part, et le travail de menuiserie fine (fixer une plinthe à un mur) ou d'ébénisterie (assembler un meuble) d'autre part. En charpenterie, la vitesse de clouage est plus importante que l'apparence. En menuiserie, c'est le contraire. Dans les deux cas, protégez vos yeux en portant des lunettes de sécurité chaque fois que vous clouez. En ébénisterie, il est important d'éviter d'endommager la surface du bois avec des coups de marteau mal placés. Un truc d'ébéniste est d'utiliser une pièce de panneau dur perforé.

☞ Placez la pièce de panneau perforé sur le bois à clouer, insérez le clou dans un des trous et tenez-le bien droit avec vos doigts.

☞ Tapez légèrement sur la tête du clou jusqu'à ce que le clou tienne tout seul, puis enlevez vos doigts.

☞ Continuez de planter le clou (1) jusqu'à ce que le marteau touche au panneau perforé. Enlevez ce dernier et terminez avec un chasse-clou.

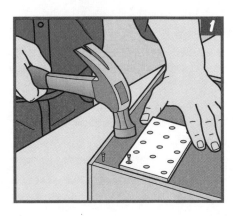

SCIER COMME UN PRO : LES COUPES TRANS- VERSALES, LONGITUDINALES ET À ONGLETS

La technique de sciage dépend du type de coupe à effectuer. Les coupes transversales («tronçonner») sont faites d'une rive à l'autre du bois, perpendiculairement au grain. Les coupes longitudinales («refendre») sont faites sur la longueur d'une planche, dans le sens du grain. Les coupes à onglets sont des coupes à angle (souvent de 45 ou 60 degrés) et requièrent l'utilisation d'une boîte à onglets. Une boîte à onglets comporte habituellement une scie à dos et son support ajustable, un indicateur d'angle de coupe, et un support pour la pièce à couper. La boîte à onglets est pratique aussi pour faire des coupes à 90 degrés.

Votre capacité à faire des coupes nettes et droites dépend en grande partie de l'état de votre scie et de la préparation de votre travail. Utilisez toujours l'outil approprié : une égoïne ou une scie à dos pour les coupes transversales, une scie à refendre pour les coupes longitudinales, et une scie à dos avec une boîte à onglets pour les coupes à angle. Quelle que soit la scie utilisée, assurez-vous que les dents sont bien aiguisées. Pour de bons résultats ainsi que pour votre sécurité, fixez la pièce de bois à couper à une surface stable (banc d'établi ou chevalet de sciage) avec des serre-joints, et prenez garde à vos mains!

CONSEIL DE SÉCURITÉ *Protégez vos yeux avec des lunettes de sécurité lorsque vous coupez. Portez aussi un masque antipoussière pour éviter d'inhaler des particules de bois.*

COUPE TRANSVERSALE

1. Tracer la ligne de coupe

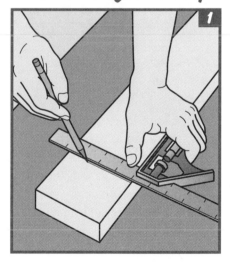

Vous pouvez faire une ligne de coupe grossière avec un crayon, mais pour des travaux de menuiserie ou d'ébénisterie, faites une entaille dans le bois avec un couteau utilitaire pour l'empêcher de fendre.

☞ Avec un ruban à mesurer, faites une marque de coupe sur la planche, à un bout.

☞ Alignez la règle d'une équerre combinée sur la marque, en tenant le corps de l'outil contre la rive de la planche.

☞ En tenant fermement l'équerre, tracez au crayon ou au couteau utilitaire une ligne le long du bord de la règle afin de prolonger la marque sur la surface du bois (1).

☞ Prolongez la ligne jusqu'à l'autre rive de la même manière.

2. Commencer la coupe

☞ Placez la planche sur une table de travail, la ligne de coupe dépassant de la table de quelques pouces. Fixez avec un serre-joint.

☞ En prenant une position confortable derrière la pièce de bois,

tenez la scie de manière à ce que la lame soit alignée sur votre bras et votre épaule, et qu'elle soit perpendiculaire à la planche.

☞ Posez la lame tout juste contre le côté extérieur de la ligne de coupe à un angle de 20 degrés par rapport à la planche.

☞ Avec l'index de votre main libre, maintenez la lame bien droite. Avec l'autre main, tenez le manche avec un doigt étendu contre lui pour bien guider la scie (2).

☞ Pour commencer à couper, appuyez légèrement sur le manche et tirez la lame vers le haut lentement jusqu'à environ la moitié de sa longueur. Soulevez complètement la lame, puis retournez à la position de départ.

☞ La lame alignée sur la ligne de coupe, et perpendiculairement à la table de travail, faites plusieurs mouvements de coupe toujours vers le haut jusqu'à ce que le trait de scie ait une profondeur de $\frac{1}{8}$ de pouce.

3. Continuer la coupe

Tenir la scie de manière à ce que la lame ait un angle de 90 degrés par rapport à la planche permet de couper très rapidement mais il peut en résulter des rives rugueuses et éclatées.

☞ Une fois le trait de coupe établi, tenez la scie de manière à ce que la lame soit à 45 degrés de la planche (3). (Le manche de certaines scies est doté d'un guide d'angles.)

☞ Prolongez graduellement les mouvements de va-et-vient de la coupe. Tenez le manche fermement et appliquez une pression

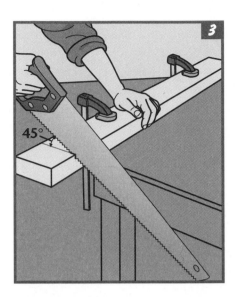

uniforme, en coupant dans le bois avec des mouvements vers l'avant.

LA COUPE LONGITUDINALE

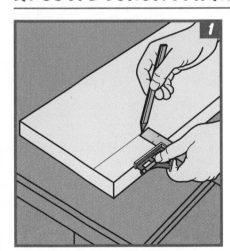

1. Tracer la ligne de coupe

☞ Réglez une équerre combinée de manière à ce que sa règle prolonge le corps de l'outil sur la largeur de coupe désirée.

☞ Placez le manche contre la rive de la planche.

☞ En tenant un crayon contre le bout de la règle de l'équerre, faites glisser le manche sur la rive de la planche en traçant une ligne de coupe avec le crayon (1).

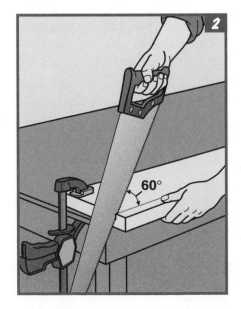

2. Commencer la coupe

☞ Avec un serre-joint, fixez la planche sur une table de travail, la ligne de coupe dépassant du bord de la table.

☞ Placez la lame de la scie tout juste du côté extérieur de la ligne de coupe à un angle de 20 degrés par rapport à la planche.

☞ En maintenant la lame alignée sur la ligne de coupe et perpendiculaire à la planche, effectuez plusieurs mouvements de coupe vers le haut pour faire un trait de coupe d'environ $\frac{1}{8}$ de pouce.

☞ Une fois la coupe réalisée, continuez de scier en levant graduellement le manche jusqu'à ce que la lame ait un angle d'environ 60 degrés par rapport à la planche (2).

ANNEXE

LA COUPE LONGITUDINALE (SUITE)

3. Continuer la coupe

La lame des scies à refendre possède moins de dents par pouce que les lames d'égoïne ou de scie à dos, et offre donc moins de résistance. Comme les coupes sont faites dans le sens du grain, la lame peut être tenue à un angle plus élevé par rapport à la planche afin de scier plus rapidement.

☞ La lame placée à un angle de 45 à 60 degrés par rapport à la planche, continuez la coupe longitudinale (3). Effectuez des mouvements

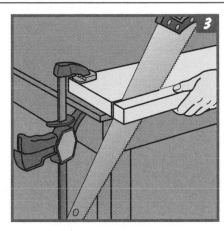

de haut en bas lents et réguliers, en insérant la lame jusqu'à ce que le bois soit à 1 pouce du manche en

descendant et à 3 pouces du bout de la lame en remontant.

☞ Tenez la partie à couper avec votre main libre pour l'empêcher de s'affaisser. Si vous refendez une longue planche, fixez la partie à couper avec des serre-joints, à environ 1 pied de l'endroit où vous coupez : insérez un clou dans le trait de lame afin que le scie ne bloque pas.

☞ Complétez la coupe longitudinale avec de courts mouvements de haut en bas, en tenant la lame de manière à ce qu'elle soit presque perpendiculaire à la planche.

LA COUPE À ONGLET

1. Préparer la planche à couper

Avant de commencer, assurez-vous que la boîte à onglets est sécuritaire. La plupart de ces boîtes ont une base qui peut être vissée ou fixée à la surface de travail avec des serre-joints. Si votre boîte à onglets est différente de celle montrée ici,

installez-la selon les directives du fabricant concernant l'installation.

☞ Faites une marque de coupe au bord de la surface de la planche.

☞ Soulevez la scie à dos de la base et placez la planche de manière à ce que sa rive soit contre l'appui et que la marque de coupe soit alignée sur le guide de la lame.

☞ Débloquez le support de la scie à dos et faites-le pivoter pour qu'il ait l'angle désiré en utilisant l'indicateur, puis bloquez (1).

2. Faire une coupe à onglet

☞ Tenez la planche fermement avec votre main libre (si la planche est longue, fixez-la avec serre-joint), et abaissez la scie.

☞ Appliquez sur le manche, et vers

le bas, une pression douce, et commencez à couper en tirant la lame lentement vers vous.

☞ Continuez de couper avec des mouvements lents de l'avant vers l'arrière, en tenant la lame horizontalement par rapport à la planche (2).

☞ Continuez de scier jusqu'à ce que la planche soit coupée.

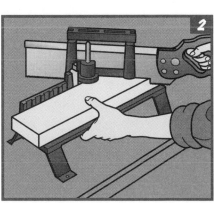

LES COUPES AU CISEAU À BOIS

Les ciseaux à bois méritent d'avoir une place de choix dans votre atelier. Ce sont les outils idéaux pour faire des encoches et des renfoncements peu profonds (comme les mortaises) dans le bois. Ils permettent aussi d'ébarber (ou adoucir) rapidement des coupes raboteuses faites avec d'autres outils. Le tranchant bien aiguisé d'un ciseau garantit une coupe nette et précise.

Les ciseaux à bois sont offerts dans une variété de styles et de grosseurs. Il existe des ciseaux spécialisés pour la sculpture et les travaux fins d'ébénisterie, mais vous pourrez accomplir presque toutes les tâches voulues avec un jeu de ciseaux ordinaires et un jeu de ciseaux longs. Les ciseaux ordinaires sont conçus pour être frappés avec un maillet afin d'enlever de grandes quantités de copeaux. Les ciseaux longs ne requièrent que la pression d'une main pour effectuer un travail plus fin. Les deux types de ciseaux peuvent avoir différentes largeurs, en général de $1/8$ à 2 pouces. Lorsque vous utilisez un ciseau ordinaire, choisissez-le doté d'une lame de la même largeur que celle de la coupe à effectuer. Pour les travaux avec un ciseau long, utilisez un ciseau dont la lame est légèrement plus étroite que la coupe à effectuer.

CONSEIL DE SÉCURITÉ *Portez toujours des lunettes de sécurité pour protéger vos yeux lorsque vous utilisez un ciseau.*

FAIRE DES ENCOCHES

1. Enlever du bois

Pour ce travail, utilisez un ciseau ordinaire avec une lame aussi large que l'épaisseur de la planche.

🔨 Avec un crayon, tracez la ligne de coupe de l'encoche sur la planche. Avec des serre-joints, fixez la planche, ligne de coupe vers le haut, à une table de travail.

🔨 Coupez un trait dans la rive supérieure de la planche avec une scie à dos pour déterminer le bout de l'encoche. Cessez de couper lorsque la lame atteint le fond du trait. (Cette coupe permettra d'enlever au ciseau le bois nécessaire sans le faire éclater.)

🔨 En tenant le ciseau horizontalement, le côté biseauté de la lame vers le haut, placez le bout de la lame contre le bout de la planche à environ $1/8$ de pouce sous la rive supérieure.

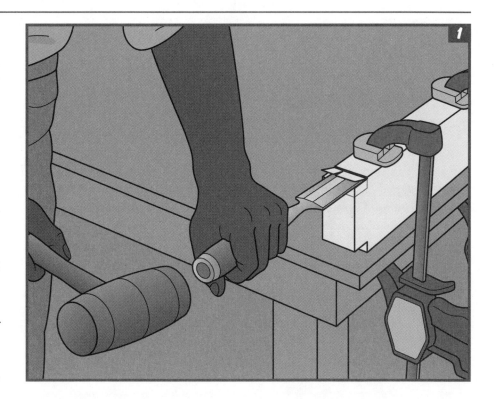

🔨 Frappez à répétition sur le manche du ciseau avec un maillet jusqu'à ce que la lame atteigne le trait de scie (1).

🔨 Continuez d'enlever des couches de bois d'environ $1/8$ de pouce jusqu'à ce qu'il ne reste que $1/8$ de pouce à enlever.

ANNEXE

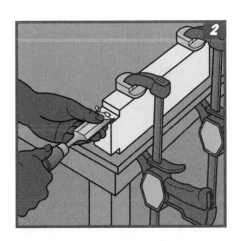

2. Nettoyer l'encoche

☞ Enlevez le dernier $\frac{1}{8}$ de pouce en n'appliquant que la pression de la main sur le ciseau.

☞ Une main tenant le manche du ciseau horizontalement, saisissez la lame, partie biseautée vers le haut, entre votre pouce et vos doigts de l'autre main.

☞ Appliquez doucement une pression sur le ciseau, en avançant la lame jusqu'au trait de coupe initial (2). Enlevez du bois jusqu'à ce que vous atteigniez la marque du fond de l'encoche.

CONSEIL DE SÉCURITÉ *Poser votre pouce sur la face biseauté de la lame et votre index contre le bout de la planche protégera vos mains de la lame.*

FINIR UNE COUPE BRUTE

Faire une rainure

Vous pouvez faire une rainure dans une planche en coupant les côtés avec une scie, puis en enlevant les débris au moyen d'un ciseau long dont la lame est légèrement plus étroite que la rainure.

☞ Fixez les bouts de la planche avec des serres-joints en bois et fixez le tout à une table de travail avec des serres-joints à coulisse, de manière à ce que la rainure soit au-dessus.

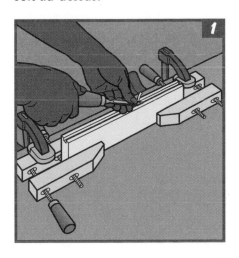

☞ En tenant le ciseau horizontalement, la partie biseautée vers le haut, saisissez la lame, un pouce sur la lame biseautée et votre index contre la planche et le côté plat de la lame.

☞ En coupant dans le sens du grain, appliquez une pression vers l'avant pour enlever le bois en fines couches (1). Nettoyez les éclats de bois au fur et à mesure.

Faire une courbe

Les scies à ruban et scies sauteuses sont idéales pour faire des courbes, mais elles peuvent laisser un bois aux rives un peu trop rugueuses pour l'usage que vous lui destinez. Utilisez un ciseau long pour adoucir ces coupes.

☞ Fixez la pièce de bois à une table de travail avec des serres-joints, en protégeant la table avec une planche d'appui et la planche travaillée avec une plaquette de bois placée sous la mâchoire des serres-joints.

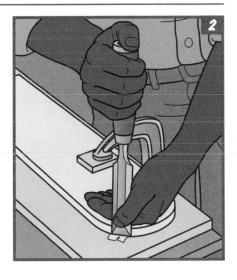

☞ Tenez la lame du ciseau entre le pouce et l'index d'une main, le côté plat à la verticale contre la courbe. Placez les autres doigts sur la surface du bois.

☞ Saisissez le manche du ciseau avec votre autre main et poussez la lame vers le bas, en vous servant de la force du haut de votre corps au lieu de la seule pression des mains (2). Enlevez les copeaux, en faisant le tour de la courbe dans un léger mouvement de gauche à droite.

APPLIQUER DE LA COLLE ET POSER DES SERRE-JOINTS

L'adhérence de deux pièces de bois collées peut être plus résistante que les liens entre les fibres du bois qui constituent une planche. Une bonne adhérence dépend de trois facteurs : la colle, les surfaces jointes et la pression des serre-joints. Pour coller deux surfaces de bois, utilisez de la colle blanche ou de la colle jaune de menuisier. Assurez-vous que les surfaces sont égales et lisses, et que les serre-joints appliquent la pression qui convient.

Vous trouverez ici des techniques de collage de deux rives ensemble, de deux planches biseautées, et d'un goujon dans un trou. Ces techniques vous serviront dans toutes les occasions où vous devez coller. Peu importe ce que vous collez, essuyez l'excédent de colle avec un linge humide dès que les serre-joints sont posés. Si vous laissez sécher toute une nuit, vous devrez racler ou poncer.

Les serre-joints servent de mains supplémentaires dans un atelier : ils maintiennent les pièces solidement et en position pendant que vous travaillez. Vous n'aurez jamais trop de serre-joints. Vous vous servirez fréquemment des serre-joints présentés ici : serre-joint à coulisse ou à tuyau, serre-joint en bois, serre-joint de coin, presse en C, et serre-joint à sangle. Protégez les surfaces de votre pièce à coller avec des plaquettes de bois posées sous les mâchoires des serre-joints.

Coller des rives

Vous pouvez créer un grand panneau en collant ensemble les rives de plusieurs planches. Vous aurez besoin d'un serre-joint à coulisse ou à tuyau pour chaque 12 à 18 pouces de longueur de planche.

☞ Déposez sur votre table de travail suffisamment de serre-joints pour soutenir les planches à des intervalles de 24 à 36 pouces. Pour chaque planche, placez une rive sur les serre-joints. Utilisez une chute de bois aussi longue que les planches pour les protéger des mâchoires des serre-joints.

☞ Appliquez de la colle sur une rive de chacune des planches à joindre, en l'étalant également avec un petit pinceau. Déposez les planches à plat.

☞ Serrez les serre-joints juste assez pour tenir les planches ensemble. Ne serrez pas trop car la colle ressortirait et les planches pourraient gauchir.

☞ Centrez un serre-joint sur la face supérieure des planches entre chaque paire de serre-joints déjà posée. Serrez les serre-joints en alternance jusqu'à ce qu'un peu de colle ressorte des joints (1).

☞ Essuyez l'excédent de colle.

Coller un meuble

À cause du grain d'extrémité dans les coins montrés ici (les bouts des panneaux de côté), les joints de colle doivent être renforcés. Dans ce cas-ci, des rainures sont coupées dans les bouts des panneaux du haut et du bas, et les vis, clous ou goujons sont plantés dans les côtés à travers les rainures.

☞ Déposez deux serre-joints à coulisse ou à tuyau sur une table de travail, puis étalez la colle sur les rainures des panneaux du haut et du bas, ainsi que sur les bouts des panneaux des côtés.

☞ Au besoin, faites-vous aider pour assembler le meuble, puis posez les serre-joints.

☞ Protégez les côtés du meuble avec des plaquettes de bois et serrez les serre-joints juste assez pour tenir le meuble ensemble.

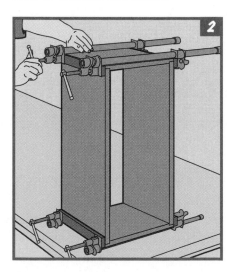

🔨 Posez deux autres serre-joints le long du haut du meuble (2), en utilisant des plaquettes pour protéger le bois.

🔨 Serrez tous les serre-joints un peu à la fois jusqu'à ce que la colle commence à ressortir des joints.

🔨 Assurez-vous que les coins sont d'équerre avec une équerre de menuisier ou en mesurant les diagonales opposées. Au besoin, posez un autre serre-joint le long de la plus longue des diagonales et serrez jusqu'à ce que le meuble soit d'équerre.

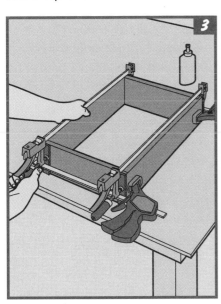

Assembler les tiroirs

Les joints de coin peuvent être faits de différentes manières : du simple joint agrafé aux queues d'aronde sophistiquées faites à la main. Dans l'exemple présenté ici, le devant et l'arrière ont des rainures pour recevoir les côtés. Étant donné que l'avant d'un tiroir s'use plus vite que l'arrière, renforcez les joints entre l'avant et les côtés avec des vis, des clous ou des goujons.

🔨 Étalez de la colle sur les surfaces à joindre puis assemblez le tiroir et déposez-le sur une table de travail.

🔨 Posez deux serre-joints à coulisse courts le long de l'avant et du dos, en serrant juste assez pour maintenir le tiroir ensemble.

🔨 Posez deux autres serre-joints à coulisse le long des côtés du tiroir, en alignant les barres sur les rives supérieures (3). Utilisez des plaquettes de bois pour protéger les tiroirs des mâchoires des serre-joints.

🔨 Serrez les serre-joints jusqu'à ce que la colle ressorte des joints. Essuyez l'excédent, puis assurez-vous que les coins sont d'équerre. Posez un autre serre-joint sur la plus longue des deux diagonales, et serrez jusqu'à ce que le tiroir soit d'équerre.

Utiliser des serre-joints à sangle

Les serre-joints à sangle appliquent une pression égale dans plus d'une direction et sont particulièrement pratiques pour l'assemblage de pièces dont les coins sont biseautés. Posez les serres-joints en suivant les directives du fabricant. Le serre-joint présenté ici a une sangle de nylon, un tendeur à rochet, quatre protecteurs de coin, et une clé pour serrer.

🔨 Appliquez la colle sur les surfaces à joindre, puis assemblez les pièces et déposez le meuble sur les rives.

🔨 Entourez le meuble d'une sangle de nylon près du bas, et glissez un protecteur sous la sangle à chaque coin.

🔨 Insérez la sangle dans le tendeur à rochet et tirez.

🔨 Posez le deuxième serre-joint sur le tour du haut du meuble.

🔨 Serrez alternativement les tendeurs du haut et du bas en tournant le rochet vers la droite avec la clé (4).

Coller des coins biseautés

Si vous faites et collez des cadres pour tableaux, les serre-joints de coin sont indispensables. Celui présenté ici maintient les quatre coins d'un cadre en un seul assemblage. D'autres assemblages peuvent être faits au moyen de quatre serre-joints individuels.

🔨 Appliquez une généreuse couche de colle sur les bouts biseautés du cadre (le grain d'extrémité absorbe plus de colle que les rives).

Assemblez le cadre et déposez-le à plat sur votre table de travail.

Placez les équerres le plus loin possible les unes des autres et posez le serre-joint sur le cadre. Poussez les équerres contre les coins du cadre.

Serrez les écrous des équerres un peu à la fois (5) jusqu'à ce que les joints soient serrés et que la colle commence à ressortir. Enlevez l'excédent. Assurez-vous que les coins sont d'équerre et ajustez les écrous au besoin.

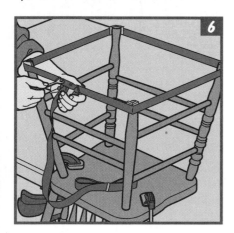

Assembler une chaise

Les serre-joints à sangle sont utiles aussi pour tenir ensemble des pieds et des barreaux de chaise.

Avec de petits serre-joints à coulisse, maintenez la chaise à l'envers sur votre table de travail.

Mettez de la colle dans les trous du siège et des barreaux.

Assemblez la chaise, en insérant les pieds dans les trous du siège, et les barreaux dans les trous des pieds.

Avec un maillet en caoutchouc, tapez sur le bout des pieds pour les asseoir fermement dans les trous.

Entourez la sangle sur le bout des pieds et glissez un protecteur de coin entre chaque pied et la sangle. Faites glisser la sangle dans le tendeur à rochet et serrez bien. Continuez de serrer en tournant le rochet vers la droite avec la clé (6).

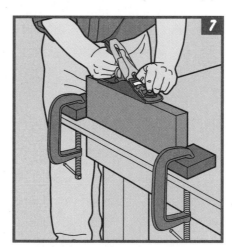

Maintenir fermement une pièce à travailler

Avec un peu d'imagination, vous pouvez vous servir de deux serres en C et de deux petits blocs de bois comme d'un étau. L'installation présentée ici permet de bien dégager une pièce à travailler.

Placez la pièce près d'un des coins de la table de travail et un bloc de bois contre chaque bout.

Fixez chaque bloc de bois avec une presse en C. Posez les serre-joints de manière à ce que les manettes se trouvent sous la table et ne vous nuisent pas (7).

Maintenir une pièce debout

L'installation présentée ici permet de transformer deux serre-joints à coulisse courts et deux serre-joints en bois en paire de mains additionnelle pour tenir, dans ce cas-ci, une étagère droite tandis qu'on pose une bande sur une rive.

Maintenez les coins du bas de la pièce avec des serre-joints en bois, les rives inférieures des serre-joints et de la pièce à égalité.

Posez l'assemblage sur votre table de travail et fixez-les au moyen de serre-joints à coulisse, puis commencez votre travail (8).

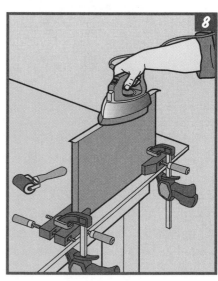

TECHNIQUES DE SCIAGE DE BASE AVEC SCIE CIRCULAIRE

La scie circulaire est un outil de coupe polyvalent. Elle est particulièrement utile pour couper de grands panneaux et de longues planches, mais c'est un outil qui peut être dangereux : travaillez prudemment. Placez le cordon d'alimentation sur votre épaule pour éviter de le couper, portez des lunettes de sécurité pour protéger vos yeux, et évitez de porter des vêtements amples. Assurez-vous que la lame ne touche pas la rive de la pièce de bois à couper lorsque vous mettez la scie en marche.

Le procédé est légèrement différent selon que vous faites des coupes transversales (contre le grain) ou longitudinales (parallèles au grain). Quelle que soit la direction du grain, ajustez la profondeur de coupe en fonction de l'épaisseur du bois. Lorsque la pièce de bois est soutenue par un chevalet, vérifiez la profondeur de coupe en rétractant le protège-lame et en déposant le long bord extérieur de la semelle sur un côté de la pièce à travailler. Poussez la lame contre la pièce de bois et ajustez-la de manière à ce qu'elle dépasse de la face inférieure sur une longueur de dent de scie.

Pour faire des coupes précises, servez-vous d'un guide. Il existe dans le commerce des guides de coupe, mais vous pouvez aussi vous en faire un avec une chute de bois de ¾ de pouce d'épaisseur. Lorsque vous fixez le guide de coupe à votre pièce de bois au moyen d'un serre-joint, assurez-vous que les têtes des serre-joints ne nuiront pas à la scie.

LES COUPES TRANSVERSALES

1. Préparer la coupe

🔨 Mesurez et marquez la pièce de bois avec un crayon ou un couteau utilitaire.

🔨 Fixez la pièce de bois à deux chevalets de sciage avec des serre-joints.

🔨 La semelle (A) reposant sur le bois, alignez la lame sur la ligne de coupe (1).

🔨 Placez le guide de coupe contre la semelle et maintenez-le en place sur la pièce à couper avec des serre-joints.

CONSEIL DE SÉCURITÉ *Lors de la préparation, assurez-vous que la scie est débranchée.*

2. Faire la coupe

🔨 Le bord de la semelle contre le guide de coupe et la lame éloignée de la pièce de bois, mettez la scie en marche.

🔨 Tenez la scie fermement et guidez la lame lentement dans la ligne de coupe (2).

Note : *Si la lame bloque, coupez le moteur et retirez un peu la lame. Soutenez la partie à couper avec un chevalet, puis continuez.*

ANNEXE

LES COUPES LONGITUDINALES

1. Faire un espaceur pour trait de scie

Un espaceur pour trait de scie est inséré dans la coupe, tout juste derrière la scie, pour empêcher la lame de bloquer lors des longues coupes longitudinales. Les espaceurs sont vendus dans le commerce mais il sont faciles à réaliser chez soi.

☞ Coupez une pièce de 2 pouces sur 4 dans un panneau dur de $\frac{1}{8}$ de pouce d'épaisseur, et deux pièces de 2 pouces de longueur dans un contreplaqué de $\frac{3}{4}$ de pouce.

☞ Collez ou vissez les pièces ensemble de manière à ce que la pièce en panneau dur s'insère entre les deux pièces de contreplaqué, le long d'un côté long (1).

Note : *Pour insérer un espaceur pour trait de scie, coupez d'abord le moteur de la scie, et retirez la lame légèrement. Pour les très longues coupes longitudinales, ayez plusieurs espaceurs à la portée de la main et insérez-les à environ tous les 2 pieds.*

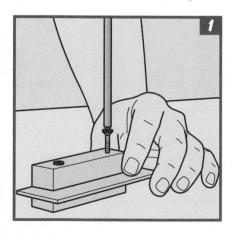

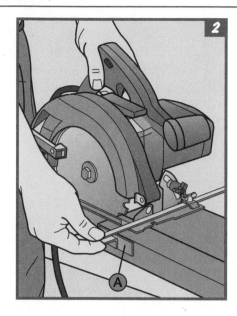

2. Régler un guide de coupe longitudinale

Utilisez un guide de refente commercial pour la coupe de sections longues et étroites en partant d'un bout d'une planche. Suivez les directives du fabricant pour installer le guide de coupe.

☞ Mesurez et marquez la pièce à couper.

☞ Fixez à deux chevalets la pièce à couper avec des serre-joints.

☞ Alignez la lame sur la ligne de coupe et ajustez la face du guide de coupe longitudinale (A) de manière à ce qu'il soit appuyé sur la rive du bois (2).

☞ Bloquez le guide en position.

CONSEIL DE SÉCURITÉ *Assurez-vous que la scie est débranchée lorsque vous installez un guide de coupe longitudinale.*

3. Faire la coupe

☞ Le bord du guide de coupe à égalité avec le bout de la planche, mettez la scie en marche et guidez lentement la lame dans le bois le long de la ligne de coupe.

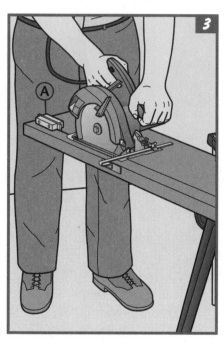

☞ Gardez le guide contre la rive de la planche pendant que vous coupez (3).

Note : *Si la lame bloque, éteignez le moteur de la scie et retirez un peu la lame. Insérez un espaceur (A) dans le trait de scie à quelques pouces derrière la scie. Continuez de couper, en insérant d'autres espaceurs au besoin.*

COUPER DANS DU BOIS ÉPAIS

Couper un poteau

Pour faire une coupe transversale dans une pièce de bois plus épaisse que la profondeur de coupe maximale de la lame, faites des passes sur les côtés opposés de la pièce.

🔨 Tracez une ligne de coupe sur une face de la pièce et prolongez-la tout le tour avec une équerre combinée.

🔨 Fixez la pièce à deux chevalets avec des serre-joints.

🔨 Réglez la lame à la profondeur de coupe maximale.

🔨 Avec des serre-joints, fixez un guide de coupe bien droit à la pièce et guidez la lame le long de la ligne de coupe.

🔨 Retournez la pièce de bois à l'envers de manière à ce que le trait de coupe soit face au sol et fixez à nouveau le guide avec des serre-joints.

🔨 Coupez la pièce une deuxième fois (1).

SCIER DU CONTREPLAQUÉ

1. Construire un support pour le panneau

Pour faire une coupe longitudinale dans un grand panneau de contre-plaqué, déposez ce dernier sur deux 2 x 4 soutenus par des chevalets. Les 2 x 4 devraient avoir la même longueur que le contreplaqué et dépasser de 1 pied des chevalets. (Pour une coupe transversale, voir l'étape 5.)

🔨 Distancez deux chevalets, et posez un 2 x 4 dessus.

🔨 En portant des lunettes de sécurité, clouez le 2 x 4 aux chevalets avec des clous ordinaires de 3 pouces.

🔨 Placez un deuxième 2 x 4 en travers des chevalets et clouez-le (1).

🔨 Placez le contreplaqué sur les 2 x 4.

2. Renforcer la ligne de coupe

Pour éviter que les rives du contre-plaqué n'éclatent, coupez dans du ruban-cache.

🔨 Mesurez et tracez une ligne de coupe avec un cordeau à craie.

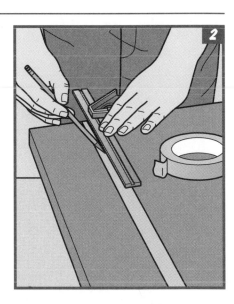

🔨 Couvrez la ligne de coupe de ruban-cache et tracez le début d'une ligne de coupe à chaque bout du contreplaqué en vous servant d'une équerre combinée et d'un crayon (2). Utilisez ces marques pour alignez le guide de coupe comme à l'étape 3.

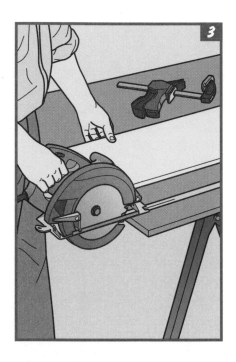

3. Installer un guide de coupe

Pour un long guide de coupe, utilisez la rive finie d'une pièce de panneau d'aggloméré de ¾ de pouce d'épaisseur. Le guide de coupe devrait avoir environ 10 pouces de largeur et être au moins aussi long que le contreplaqué.

🐦 Placez le guide de coupe sur le contreplaqué.

🐦 Déposez la semelle de la scie sur le contreplaqué et alignez la lame sur la ligne de coupe.

🐦 Aboutez le guide de coupe contre la semelle de la scie (3) et fixez le bout du guide de coupe avec un serre-joint.

🐦 Avant de fixer l'autre bout du guide de coupe, assurez-vous qu'il est à la même distance de la ligne de coupe.

4. Faire une coupe longitudinale

🐦 La semelle de la scie aboutée contre le guide de coupe, mettez le moteur en marche en vous assurant que la lame ne touche pas au bois.

🐦 Coupez en maintenant la semelle contre le guide de coupe (4).

Note : *Si la lame bloque, coupez le moteur, retirez-la un peu, et insérez un espaceur à quelques pouces derrière la scie. Continuez de couper en insérant d'autres espaceurs au besoin.*

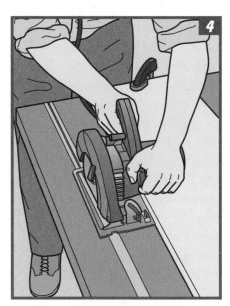

5. Faire une coupe transversale dans un panneau

Pour couper transversalement un panneau, placez-le sur de longs 2 x 4 déposés sur le sol.

🐦 Placez un 2 x 4 sur le sol à tous les 12 pouces d'intervalle.

🐦 Tracez une ligne de coupe.

🐦 Rapprochez deux 2 x 4 afin qu'ils soient à 3 pouces de chaque côté de la ligne de coupe.

🐦 Placez du ruban-cache sur la ligne de coupe et tracez à nouveau la ligne sur le ruban.

🐦 Fixez un guide de coupe droit avec des serre-joints.

🐦 Commencez à couper, en vous agenouillant sur le panneau et en plaçant la plus grande part de votre poids sur le 2 x 4 voisin de la ligne de coupe (5).

Note : *Avant de prendre place sur le panneau, éteignez le moteur de la scie et reculez légèrement la lame.*

ENTRETIEN ET UTILISATION DE LA TOUPIE

On appelle souvent la toupie l'outil universel parce qu'elle permet de faire beaucoup de choses : donner une forme à une rive de bois, creuser des rainures, et même découper des cercles.

La toupie n'est presque jamais utilisée à main levée. Si vous vous servez d'une fraise à guide, le roulement à billes de la fraise guidera la toupie pendant la coupe. Sans fraise à guide, vous devrez installer un guide ou utiliser un gabarit.

Il existe deux types de toupies : la toupie ordinaire et la défonceuse. Elles fonctionnent sensiblement de

la même façon, sauf pour commencer une coupe intérieure. La toupie ordinaire doit être inclinée sur sa base pour amener la fraise sur le bois, tandis qu'une défonceuse peut reposer à plat sur la pièce lorsque la fraise pénètre dans le bois.

Il existe des dizaines de profils de fraises, mais deux grandes catégories : les fraises pour rives, qui découpent une forme le long d'une rive, et les fraises pour rainures, qui creusent des rainures, des cercles et autres coupes intérieures. Les fraises à tranchant de carbure valent la dépense : elles dureront pratiquement toujours.

LE RÉGLAGE DE LA TOUPIE

1. Enlever la base

Sur la plupart des toupies, vous devrez enlever la base (A) avant de changer la fraise.

☞ En vous assurant que le moteur de la toupie est éteint, retournez l'outil à l'envers sur une surface de travail et desserrez la vis de blocage de l'ajustement de la profondeur (B).

☞ En tenant la vis de blocage d'une main, tournez vers la gauche la manette d'ajustement de la profondeur (C) aussi loin que possible (1). Puis, soulevez la base.

2. Changer la fraise

Utilisez les deux clés fournies par le fabricant pour enlever la fraise.

☞ La toupie débranchée, placez une clé autour de l'axe pour le tenir fermement et placez l'autre clé autour de l'écrou du collet. Desserrez l'écrou en serrant fortement les clés l'une vers l'autre entre vos mains, les doigts entrecroisés (2).

☞ Soulevez la fraise à la main. N'utilisez pas de pince pour l'enlever.

☞ Soufflez ou brossez la poussière hors du collet et insérez une nouvelle fraise jusqu'au fond. Remontez-la de $1/16$ de pouce lorsque vous revissez l'écrou du collet.

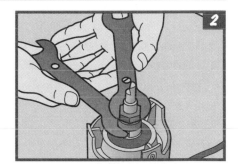

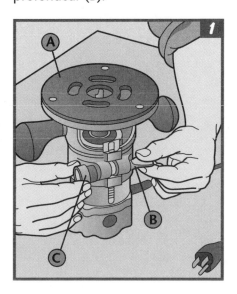

3. Libérer une fraise coincée

☞ Donnez des coups secs sur la fraise avec une chute de bois (3) jusqu'à ce que vous la retiriez.

☞ Nettoyez le collet et insérez une nouvelle fraise.

Régler la profondeur de coupe d'une défonceuse

☞ Déposez la toupie sur la pièce à travailler comme vous le feriez avec une toupie ordinaire, puis desserrez complètement la manette de blocage (A) de la tige de l'échelle de profondeur (B).

☞ Poussez le corps de l'outil vers le bas jusqu'à ce que la fraise soit alignée sur la marque de profondeur.

☞ Serrez la poignée de blocage de la colonne pour bloquer la fraise en fonction de la profondeur voulue (4). Resserrez la manette de blocage de l'échelle de profondeur.

☞ Desserrez la poignée de blocage de la colonne pour laisser la toupie remonter à sa position de départ. Une fois le moteur de la toupie en marche, vous pourrez plonger la fraise à la profondeur voulue.

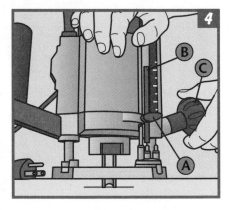

Régler la profondeur de coupe d'une toupie ordinaire

La profondeur de coupe est la longueur de fraise qui se prolonge au-delà de la base. Pour les coupes profondes, il est préférable d'atteindre la profondeur voulue en faisant deux ou trois passes au lieu d'une seule coupe.

☞ Marquez la profondeur de coupe sur la rive de la pièce à travailler puis, la toupie débranchée, posez l'outil à plat sur la pièce de manière à ce que la fraise surplombe la rive marquée.

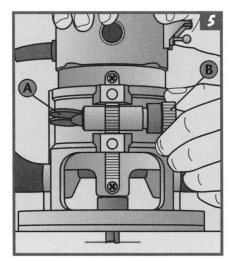

☞ Desserrez la vis de blocage de l'ajustement de la profondeur (A) et tournez la poignée de l'ajustement de la profondeur (B) pour lever ou abaisser la fraise de manière à ce que le bout du bord d'attaque soit aligné sur la marque de la profondeur (5).

☞ Serrez la vis de blocage pour bloquer la fraise à la profondeur voulue. Si vous voulez une coupe d'une profondeur spécifique (½ pouce, par exemple) et non faite en fonction d'une marque, la procédure est semblable. Placez tout simplement la toupie à l'envers

sur une table de travail et mesurez de la base au bout du bord d'attaque pour ajuster la profondeur.

LES COUPES DE BASE

Direction de la coupe

☞ Déplacez toujours la toupie dans le sens contraire du sens de la rotation de la fraise (1). Cela signifie que vous devez déplacer la toupie dans le sens contraire des aiguilles d'une montre lorsque vous donnez une forme à une rive extérieure, et dans le sens contraire pour une coupe intérieure. Cela vous aidera à garder le contrôle de la toupie.

☞ Tirez l'outil vers vous au lieu de le poussez devant vous.

☞ Appliquez toujours une pression

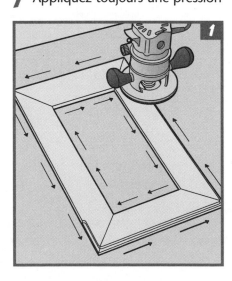

égale. Si vous déplacez la toupie trop lentement, elle laissera des marques de brûlure sur le bois. Si vous la déplacez trop vite, vous risquez d'abîmer le bois.

Couper une rive avec fraise à guide

🔨 Avec des serre-joints, fixez à votre table la pièce à travailler en la faisant dépasser de quelques pouces du bord de la table.

🔨 Placez la toupie sur un bout de la pièce de bois, sans que la fraise touche au bois. Mettez la toupie en marche.

🔨 En gardant la base à plat contre la surface, avancez lentement la fraise dans la rive de la pièce

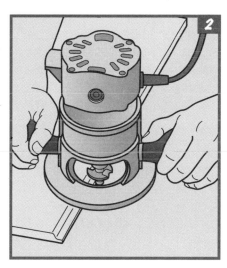

jusqu'à ce que le roulement à billes du guide de la fraise entre en contact avec la rive. Tenez la toupie à deux mains.

🔨 Tirez l'outil vers vous prudemment et fermement (2), en laissant le roulement à billes appuyé fermement contre la rive du bois en tout temps, jusqu'à ce que la coupe soit terminée.

🔨 Éteignez le moteur de la toupie une fois la fraise éloignée de la pièce de bois.

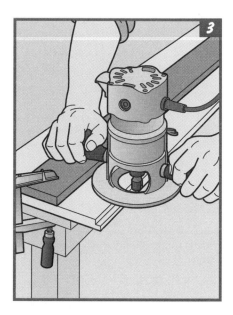

Couper une rive sans fraise à guide

Vous devez utiliser un gabarit de commerce ou un guide fait maison si la fraise de votre toupie ne comporte pas de guide.

🔨 Fixez la pièce de bois à votre table de travail, puis tracez la coupe à un bout.

🔨 Tenez la toupie au-dessus de la pièce de bois de manière à ce que la fraise soit alignée sur la marque, et réglez la profondeur de coupe. Puis, la fraise toujours alignée sur la marque, fixez avec des serre-joints une longue planche aux rives parfaitement droites qui servira de guide sur la face supérieure de la pièce à travailler, et contre la base de la toupie.

🔨 Coupez la forme de la rive comme avec une fraise à guide, mais la base appuyée fermement contre la planche tout au long de la coupe (3).

Creuser une rainure

Pour creuser une rainure, vous aurez besoin d'un guide pour maintenir la toupie en ligne droite. Vous pouvez utiliser une planche droite qui servira de guide-maison, ou utiliser un gabarit commercial (accessoire vendu par le fabricant de la toupie), tel que montré ici.

🔨 Tracez l'emplacement de la rainure et fixez la pièce à travailler à votre table de travail. Placez la toupie sur le bois de manière à ce que la fraise soit alignée sur le tracé. Réglez la profondeur de coupe.

🔨 Dans le cas du gabarit présenté ici, insérez les tiges du guide dans les trous usinés de la base. La fraise alignée sur le tracé, appuyez le guide à plat contre la rive du bois et bloquez.

🔨 Dans le cas de la défonceuse présenté ici, placez l'outil à plat à un bout de la pièce de bois, le guide bien appuyé contre la rive. Mettez le moteur en marche et pressez vers le bas jusqu'à ce que la fraise pénètre dans le bois.

🔨 Tirez la défonceuse le long du tracé, le guide contre la rive de la pièce de bois (4).

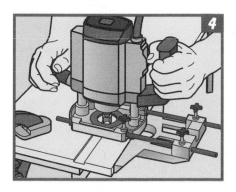

LEXIQUE

Avoyeuse (saw set) :

Outil permettant d'assurer que les dents d'une scie conservent leur profil et leur angle.

Baguette d'angle (corner bead) :

Baguette formant un angle arrondi et destinée à protéger un coin.

Biseau (bevel) :

Coupe à angle pour laquelle la lame est inclinée de côté de manière à ce que la pièce de bois soit plus longue sur une face que sur l'autre.

Chambranle (door jamb) :

Encadrement de bois d'une porte prémontée.

Chantourner (curve-cutting) :

Couper suivant un profil courbe.

Chute de bois (scrap wood) :

Surplus d'une pièce de bois produite par le sciage.

Clé à douille (socket wrench) :

Clé constituée d'une poignée sur laquelle peuvent s'adapter des douilles de différentes dimensions comportant un certain nombre de pans et permettant de serrer et desserrer des écrous logés dans un cylindre profond.

Cliquet (ratchet) :

Organe mécanique destiné à limiter le mouvement d'une roue dentée dans un seul sens.

Colombage (wall stud) :

Pièce verticale utilisée dans les charpentes.

Crépine (strainer) :

Plaque perforée placée à l'entrée d'une conduite pour empêcher le passage de solides.

Dame vibrante (power tamper) :

Outil doté d'un mécanisme qui produit des vibrations ou des percussions permettant le compactage (« pilonneuse »).

DDFT (disjoncteur détecteur de fuite à la terre) (GFGI) :

Dispositif électrique qui coupe le courant presque instantanément lorsqu'il détecte un courant vagabond.

Débouchure (knockout) :

Ouverture amorcée dans une plaque de métal et qu'il faut retirer pour faire passer un câble.

Dégauchisseuse (jointer) :

Machine servant au dressage du bois sur toutes ses faces (« corroyeur »).

Demi-varlope (jack plane) :

Long rabot servant à dégrossir.

Disjoncteur (circuit breaker) :

Dispositif de protection installé au tableau de distribution qui se déclenche lors d'une surcharge afin de couper l'alimentation en courant du circuit.

Ébarbures (burrs) :

Arêtes rugueuses que le coupage ou le perçage ont laissée sur une surface de métal.

Entretoise (blocking) :

Élément de raidissage des solives et incorporé entre celles-ci.

Étai (support) :

Pièce de forme allongée destinée à reporter une charge sur un point d'appui.

Fausse équerre (combination square) :

Équerre à manche mobile permettant de reporter ou de mesurer n'importe quel angle.

Faux cadre (rough framing) :

Charpente de l'ouverture dans laquelle une porte ou une fenêtre est insérée.

Fil de mise à la terre (ground wire) :

Fil vert ou de cuivre dénudé dans un câble ou une boîte électrique qui relie à la terre le courant vagabond.

Furet (drain auger) :

Tige métallique semi-rigide munie d'une poignée ou d'un moteur et utilisée pour déboucher les canalisations.

Gâche (strike plate) :

Pièce métallique percée et fixée à un chambranle et dans lequel s'engage le pêne d'une serrure, pour maintenir une porte fermée.

Lisse basse (sole plate) :

Élément horizontal auquel l'extrémité inférieure des montants d'un mur est fixée.

Mandrin (chuck) :

Partie d'une machine rotative assurant la fixation d'un outil.

Onglet (mitre) :

Coupe d'une pièce à angle plus ou moins aigu.

Pêne (latch bolt) :

Pièce mobile d'une serrure dont l'extrémité pénètre dans la gâche.

Pistolet thermique (heat gun) :

Outil électrique qui ramollit la peinture et facilite le décapage.

Queue d'aronde (dovetail) :

Assemblage dont le tenon et la mortaise vont s'élargissant en forme de queue d'hirondelle.

Rodoir (seat-dressing tool) :

Outil qui use une pièce par frottement pour qu'elle s'adapte parfaitement à une autre.

Rondelle (washer) :

Joint, habituellement en caoutchouc, qui empêche les fuites dans les dispositifs de plomberie.

Sablière (top plate) :

Élément horizontal réunissant l'extrémité supérieure des poteaux auxquels il est cloué.

Scie à guichet (keyhole saw) :

Scie à main dont la lame est étroite.

Scie-cloche (hole saw) :

Scie cylindrique (posée à une perceuse) pour découper de petites ouvertures rondes. Aussi appelée emporte-pièce.

Soffite (soffit) :

Surface horizontale sous un avant-toit.

Solin (flashing) :

Garniture d'étanchéité placée en surface ou incorporée dans une construction.

Solive (joist) :

Élément de bois horizontal utilisé pour appuyer un plancher, un plafond ou un toit.

Tarière (ou bêche tarière) (posthole digger) :

Outil en forme de vis conique actionné en rotation pour creuser dans les terrains meubles.

Têtière (latch assembly faceplate) :

Face de la cloison d'une serrure à travers laquelle passe le pêne.

Tire-fond (lag screw) :

Grosse vis à bois à tête carrée.

Trop-plein (overflow opening) :

Orifice pour l'écoulement d'un excès de liquide.

Vastringue (spokeshave) :

Rabot très court muni de deux manches latéraux.

Vis taraud (self-tapping screw) :

Vis à tôle dont le filet spécial permet de former le filetage du trou dans lequel on la visse par refoulement de la matière.

Source : Le grand dictionnaire terminologique de l'Office de la langue française : www.olf.gouv.qc.ca

ANNEXE

CONVERSION DES MESURES IMPÉRIALES ET MÉTRIQUES

Utilisez les données présentées dans ce tableau pour convertir une mesure d'un système à l'autre. Vous n'avez qu'à multiplier la mesure par son facteur de conversion. Par exemple, 3 pouces = 76,2 millimètres (3 x 25,4).

DU SYSTÈME IMPÉRIAL AU MÉTRIQUE

LONGUEUR
1 pouce = 25,4 millimètres (mm)
1 pouce = 2,54 centimètres (cm)
1 pied = 30,48 centimètres (cm)
1 pied = 0,30 mètre (m)
1 verge = 0,91 mètre (m)

SUPERFICIE
1 pouce carré = 6,45 centimètre carrés (cm²)
1 pied carré = 0,09 mètre carré (m²)
1 verge carrée = 0,84 mètre carré (m²)

VOLUME
1 pouce cube = 16,39 centimètres cubes (cm³)
1 pied cube = 0,03 mètre cube (m³)
1 verge cube = 0,76 mètre cube (m³)
1 once liquide = 28,41 millilitres (ml)
1 gallon = 4,55 litres (L)

POIDS
1 once = 28,35 grammes (g)
1 livre = 0,45 kilogramme (kg)

TEMPÉRATURE
Pour convertir en Celsius une mesure en Fahrenheit, soustrayez 32 du °F et divisez par 1,8

DU SYSTÈME MÉTRIQUE À L'IMPÉRIAL

LONGUEUR
1 millimètre (mm) = 0,04 pouce
1 centimètre (cm) = 0,39 pouce
1 mètre (m) = 39,37 pouces
1 mètre (m) = 3,28 pieds
1 mètre (m) = 1,09 verges

SUPERFICIE
1 centimètre carré (cm²) = 0,16 pouce carré
1 mètre carré (m²) = 10,76 pieds carrés
1 mètre carré (m²) = 1,20 verges carrées

VOLUME
1 centimètre cube (cm³) - 0,06 pouce cube
1 mètre cube (m³) = 35,31 pieds cubes
1 mètre cube (m³) = 1,31 verge cube
1 millimètre (ml) = 0,04 once liquide
1 litre (L) = 1,76 chopine
1 litre (L) = 0,88 pinte
1 litre (L) = 0,22 gallon

POIDS
1 gramme (g) = 0,04 once
1 kilogramme (kg) = 2,20 livres

TEMPÉRATURE
Pour convertir en Fahrenheit une mesure en Celsius, multipliez le °C par 1,8 et ajoutez 32

ÉQUIVALENCES MÉTRIQUES POUR MÈCHES

POUCE	MILLIMÈTRES (MM)	POUCE	MILLIMÈTRES (MM)
1/64	0,40	17/64	6,75
1/32	0,79	9/32	7,14
3/64	1,19	19/64	7,54
1/16	1,59	5/16	7,94
5/64	1,98	21/64	8,33
3/32	2,38	11/32	8,73
7/64	2,78	23/64	9,13
1/8	3,18	3/8	9,53
9/64	3,57	25/64	9,92
5/32	3,97	13/32	10,32
11/64	4,37	27/64	10,72
3/16	4,76	7/16	11,11
13/64	5,16	29/64	11,51
7/32	5,56	15/32	11,91
15/64	5,95	31/64	12,3
1/4	6,35	1/2	12,7

SUPERFICIE ET CIRCONFÉRENCE D'UN CERCLE

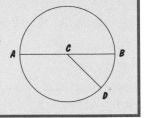

SUPERFICIE = $\pi\ r^2$
π (pi) = 3,14
r^2 = le rayon multiplié par le rayon

CIRCONFÉRENCE = $2\pi\ r$
A–B = diamètre
C–D = rayon

LAMES POUR SCIE SAUTEUSE

TYPE DE LAME	USAGE	DENTS PAR POUCE
COMBINÉE / TOUT USAGE	Pour des coupes droites ou courbes; les lames dotées de plus de dents produisent des coupes plus nettes	6 à 12
COUPES BRUTES	Pour des coupes rapides, droites ou courbes	4 à 8
COURBES / SPIRALES	Coupes à la configuration complexe; les lames dotées de plus de dents produisent des coupes plus lisses	8 à 20
MÉTAL	Pour couper différents types de métaux et différentes épaisseurs	14 à 36
À BOUT AMINCI	Pour couper du bois, de la mousse ou du caoutchouc très fins	Sans dents
À GRAINS ABRASIFS	Bord de carbure pour couper les carreaux de céramique, le plastique, la fibre de verre et les panneaux durs	Sans dents

LAMES POUR SCIE CIRCULAIRE

TYPE DE LAME	USAGE	NOMBRE DE DENTS (lame de 7 1/4 po)
POUR TRONÇONNER	Pour des coupes transversales nettes (à travers le grain du bois)	100
POUR REFENDRE	Pour des coupes longitudinales brutes et rapides (dans le sens du grain du bois)	20-36
COMBINÉE / TOUT USAGE	Pour tronçonner et refendre; les lames dotées de plus de dents produisent des coupes plus lisses	24-75
CONTREPLAQUÉ / PANNEAUX	Pour des coupes nettes dans le contreplaqué et le bois vernis; les petites dents font moins éclater le bois	140-200

CALIBRE SUGGÉRÉ POUR CORDON RALLONGE

INTENSITÉ NOMINALE DE L'OUTIL (AMPÉRAGE)	CALIBRE SUGGÉRÉ POUR DIFFÉRENTES LONGUEURS DE CORDONS RALLONGES		
	50 pi (15 m)	82 pi (25 m)	100 pi (30 m)
1 à 3	16	16	16
4 à 5	16	16	14
5 à 7,5	16	14	12
7,5 à 10	14	12	10
10 à 14	12	10	10
14 à 16	10	10	8

Utilisez ce tableau pour déterminer le calibre minimal requis pour un cordon rallonge. Plus l'intensité nominale de l'outil utilisé est élevée et plus son cordon est long, plus le cordon doit être gros. Par exemple, pour un outil doté d'un moteur de 3 ampères, utilisez un cordon rallonge de 100 pieds (30 mètres) de calibre 16 au minimum.

ANNEXE